营销制胜

房地产营销
标准化体系搭建的
48个关键节点

朱晓波 著

中国法制出版社
CHINA LEGAL PUBLISHING HOUSE

朱晓波 资深实战营销专家、人才培养专家，在华为、美国友邦、碧桂园3家世界500强公司从事营销管理和人才培养工作20多年，致力于营销人才培养、营销管理实践及企业大学构建，为企业培养了大量中高层管理人员及专业技术骨干。

2013—2015年任碧桂园集团营销学院院长，作为创始院长，带领团队研发了系列营销课程，对全集团营销人员进行分层级、阶梯式培训。作为项目主要负责人，联动总部和区域营销精英，共同打造了碧桂园营销标准化体系，并创造性地将IT行业的IPD集成产品开发思想运用到房地产营销标准化体系构建中。营销标准化体系将碧桂园20多年的营销经验形成了300多个节点的标准化动作，融入了业务管理、资金管理、知识管理、进度管理、部门协同多个模块，实现线下执行和线上监管并行机制，是迄今为止业界最为齐全和完备的营销管理体系。营销标准化构建、落地实施及持续迭代为碧桂园从400多亿元到1000亿元，从1000亿元到7000多亿元的业绩跨越增长打下扎实的业务基础。

2016年创建易达咨询公司，致力于房企营销体系构建和人才培养。被清华、北大房地产营销总裁班长期聘为营销讲师，是多个地产集团公司的顾问，是《营销标准化体系构建》和《房地产营销操盘实战沙盘》国家课程版权拥有者。2016年起至今进行了近600场营销内训和公开课，服务企业超过200家，并为多家百强房企搭建了营销标准化体系。

个人微信号

序

业绩跨越增长下的营销动力

很多人希望关于2020年的一切都是一场梦，尽管它是真实的存在。2020年暴发的新型冠状病毒肺炎疫情（以下简称新冠疫情）注定要被载入史册，它影响了我们的生活，改变了我们的认知，对世界产生的深远影响目前还无法估量。

新冠疫情下的2020年无疑是艰难的，各行各业都受到了不同程度的创伤，房地产行业也不例外。疫情暴发高峰期，工地停工，线下售楼部关闭，很多项目零成交，销售回款大幅下降。进入2020年下半年，随着国内疫情基本得到控制，房企开始发力，有的抓住疫情复苏后的城市结构性机遇，强化营销，加快推盘抢收，在逆境下实现销售业绩持续增长。根据中国指数研究院监测显示，2020年共计166家房企跻身百亿军团，销售额平均增速为14.4%，百亿企业的权益销售额共计10.7万亿元，市场份额约为61.8%，创历史新高。

与逆势增长相反的是，部分房企并没有经受住疫情的考验，人民法院公告网显示，2020年发布破产公告的房企就有400多家。一面是业绩高歌猛进，另一面是企业破产倒闭，俨然是“冰火两重天”的格局。

进入2021年，面向新的10年，面对不确定的环境和竞争日益加剧的市场，房企如何适应变化和抵御风险？实现持续和超越周期的增长的关键是什么？行业未来发展趋势如何？

预测未来最好的办法是回顾过去，从过去中寻找答案。为此我们以10年为周期，回顾中国房地产的历史，尤其是销售和增长情况。过去10年全国房地产销售情况如下图所示：

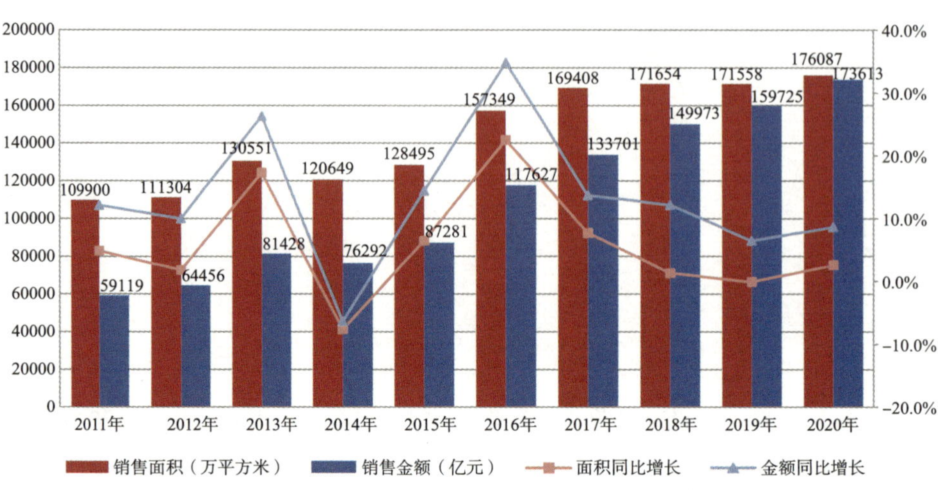

序图　2011—2020 年全国商品房销售面积、销售金额及其同比走势（数据来源于国家统计局）

从总体销售数据上看，商品房销售面积从 2011 年的 109900 万平方米到 2020 年的 176087 万平方米，10 年增长了 60.2%。除了 2014 年和 2019 年同比有所下降，其余年份都是同比保持增长。从销售金额上看，从 2011 年的 59119 亿元到 2020 年的 173613 亿元，增长了 193.7%。除了 2014 年，其他年份都保持同比增长。如果用销售金额除以销售面积，还可以得到全国商品房销售均价。2011 年的全国商品房销售均价为 5379.3 元 / 平方米，2020 年为 9859.5 元 / 平方米，价格上涨了 83.3%。

无论是销售面积、销售金额还是销售均价，过去 10 年都有大幅增长，房地产的“大蛋糕”已从 10 年前的 5 万亿元，上升到 2020 年的 17 万亿元，创历史新高。尽管 2020 年暴发了新冠疫情，但是并没有挡住房地产行业增长的步伐，房地产行业在整个国民经济增长中进一步发挥了压舱石的作用。从数据上看，2011—2020 年无疑是中国房地产快速增长的 10 年。风雨过后是彩虹，相信经历过新冠疫情的考验，经历过激烈竞争后的洗牌，中国房企会越来越成熟，房地产行业还有继续成长的动力。

分析了全国商品房总体销售数据，聚焦个体数据。国内房企过万家，逐一分析并不现实，笔者选择了历年销售额 TOP10 的房企作为代表进行分析。具体如下表所示：

序表　2011—2020年中国房地产TOP10房企销售额排名（数据来源于克而瑞，单位：亿元）[①]

年份	2011年		2012年		2013年		2014年		2015年		2016年		2017年		2018年		2019年		2020年	
排名	企业	销售额	企业	销售额	企业	销售额	企业	销售额	企业	销售额	企业	销售额	企业	销售额	企业	销售额	企业	销售额	企业	销售额
1	万科	1210	万科	1418	万科	1741	万科	2120	万科	2627	中国恒大	3732	碧桂园	5500	碧桂园	7287	碧桂园	7330	碧桂园	7494
2	中国恒大	808	绿地控股	1078	绿地控股	1625	绿地控股	2080	中国恒大	2050	万科	3622	万科	5239	万科	6069	万科	6249	中国恒大	6965
3	绿地控股	776	保利发展	1018	万达集团	1301	万达集团	1501	绿地控股	2015	碧桂园	3090	中国恒大	5132	中国恒大	5511	中国恒大	6019	万科	6921
4	保利发展	732	中海地产	935	保利发展	1251	中国恒大	1376	万达集团	1512	绿地控股	2513	融创中国	3620	融创中国	4600	融创中国	5279	融创中国	5463
5	中海地产	720	中国恒大	923	中海地产	1170	保利发展	1362	中海地产	1492	保利发展	2203	保利发展	3150	保利发展	4050	保利发展	3856	保利发展	4576
6	万达集团	560	万达集团	905	碧桂园	1097	碧桂园	1250	保利发展	1471	中海地产	1925	绿地控股	3042	绿地控股	3812	绿地控股	3686	中海地产	3453
7	碧桂园	430	绿城中国	510	中国恒大	1083	中海地产	1152	碧桂园	1402	融创中国	1500	中海地产	2014	中海地产	2688	中海地产	3136	绿地控股	3389
8	龙湖集团	381	华润置地	500	华润置地	681	世茂集团	708	华润置地	851	华夏幸福	1200	龙湖集团	1560	新城控股	2204	新城控股	2308	绿城中国	2892
9	华润置地	366	碧桂园	475	世茂集团	671	华润置地	700	融创中国	731	绿城中国	1136	华夏幸福	1538	华润置地	2106	世茂集团	2091	华润置地	2428
10	世茂集团	315	世茂集团	460	绿城中国	554	融创中国	658	华夏幸福	725	万达集团	1100	华润置地	1512	龙湖集团	2007	华润置地	2028	世茂集团	2404

① 为了便于排版，表中数据四舍五入取整数，销售数据口径是以企业操盘为口径。

从序表可以看出，尽管过去10年TOP10房企名单不断变化，但总体上升趋势非常明显。2011年TOP1—10房企销售额总计6298亿元，2020年TOP1—10房企销售额总计45985亿元，10年同比增长了630.2%，远大于全国商品房销售金额193.7%的增长。2011年TOP1—10房企占全国市场份额约为10.7%，到2020年市场份额已升至26.5%。

从TOP10房企的增长速度和所占市场份额，可以得出一个结论，尽管过去10年全国房地产总体销售额增长了近两倍，但是头部房企增长幅度远大于房地产行业的平均增长，这说明房地产规模化效应越来越明显，行业集中度在不断增加，大鱼吃小鱼、强者恒强的趋势越来越明显。

在这个快速增长的赛道上，大家PK的不是速度，而是加速度。有的房企上榜又掉榜，并非业绩没有增长，而是增长速度不够快。当然，这个榜单中也有常青树，如万科、碧桂园、中国恒大、中海地产、保利发展。这5家房企连续10年都在TOP10房企榜单内，充分显示出它们的持续增长和抗风险能力。这几家标杆企业各有千秋：名列榜首次数最多的是万科，净利润率最高的是中海地产，产业布局最多的是中国恒大，最具战略预见能力的是保利发展。如果仅比较增长速度，根据序表数据，碧桂园10年间增长1642.8%，增长速度最快。2017年碧桂园首进世界500强，排名第467位，到2020年已升至第147位，排名高居全球上榜房企首位。如此高速的增长，不仅国内少见，在世界范围内也不多见。

碧桂园创造了业绩增长的奇迹，人们不禁要问："奇迹是如何产生的？""跨越增长最核心的动力是什么？"

针对上面的问题，从不同角度给出的答案不尽一致。单从营销角度来看，笔者认为碧桂园的跨越增长主要有三方面原因：一是针对不断变化的市场的正确营销战略和创新；二是营销人才培养和梯队建设；三是营销标准化体系的全面落地实施。上述三点，最能体现营销专业价值和推广意义的是营销标准化体系构建及落地。营销标准化体系构建是碧桂园营销中心于2013年下半年提出的，指出为实现跨越千亿及持续增长目标，必须构建营销标准化体系。通过标准化体系搭建及落地，规范营销动作，确保项目进入不同城市、不同区域，营销打法不变形，从而助力集团规模化发展及跨越增长。

笔者时任碧桂园营销学院院长兼营销标准化项目主要负责人，在营销中心职能部门、区域和项目营销精英的集体智慧和共同参与下，营销标准化体系历经半年构建完毕，并于2014年中旬在各项目落地。碧桂园营销标准化构建了房地产营销全程标准化体系，打造了迄今为止房地产最为复杂的业务标准化和精细化的管理链条。标准化管理以时间为轴，以营销节点为管理抓手，通过对300多个节点的管理和监控，全面实现从单项目到多项目、从粗放式到精细化、从目标到过程的全方位管理。营销标准化的落地实施及后续不断地优化迭代，为碧桂园跨越千亿、成为房企领头羊、挺进世界500强，打下了坚实的业务链基础，为持续地跨越增长注入了营销动力。

笔者经历了营销标准化构建的全过程，深刻体会到营销标准化体系构建对企业跨越增长的重要性。正因如此，笔者于2016年创办易达咨询，核心就是以跨越式增长为目标，以营销标准化建设为核心，打造具备房企自身特色的营销体系，助力企业规模化发展和业绩跨越式增长！易达咨询四年来已经为20多家房企搭建了营销标准化体系，助力房企跨越式增长。实践证明，营销标准化体系可以适合于任何房企，无论是已经成为行业标杆的千亿房企，还是年度销售额不到10亿元的小型企业，都可以借力营销标准化实现规模化发展。

因考虑篇幅，本书从300多个节点中选出48个最具代表性的营销节点。这些节点的执行效果直接影响营销业绩的达成和项目经营目标的实现。节点以时间为轴，覆盖营销全过程，包括市调、定位、策略、推广、渠道、案场、销售、销管等各模块。在节点描述上，汇聚了标杆房企营销的成功经验，强调实用性和实战性。

新冠疫情给房企最大的启示是，在不确定的时代，我们无法预测风险，更无法回避风险，企业能够做好的就是练好内功，培养抵御风险的能力，有一套标准化、正规化的营销打法和一支能打胜仗、打硬仗的营销铁军，在遇到突发情况时显得尤为重要。

营销不仅是跨越增长的原始动力，更是企业赖以生存的法宝，转危为安的利器，业绩制胜的根本！

前言

营销标准化概念及 48 个节点分布

不以规矩，不能成方圆。

——《孟子·离娄章句上》

营销制胜的 48 个节点分布在营销标准化时间轴上，因此在讲解节点分布之前首先要了解标准化的基本概念。标准化不是一个新概念，更不是舶来品。《孟子·离娄章句上》中“不以规矩，不能成方圆”，是古代关于标准的经典表述。如果说标准是一个准则、一个规矩，那么标准化则是一个过程。从定义上来说，在一定的范围内获得最佳秩序，复制成功经验，制定共同和重复使用的规则活动，称为标准化。

撇开概念层面，从企业经营的角度，标准化被广泛运用于企业生产领域和经营领域。麦当劳的创始人雷·克洛克认为：“每一个细节都坚持标准化，而且持之以恒地执行，才能保证成功！”正是基于标准化体系，麦当劳的经营模式才能够被成功复制、输出，并实现规模化发展。麦当劳从一家为过路司机提供餐饮的快餐店，迅速发展为全球有三万多家连锁店的快餐业龙头企业，离不开标准化体系的运营和全面实施。

有些企业对于自己耗费巨资获得的开发经验和宝贵教训的“记忆”十分短暂，项目虽然做了一个又一个，但每操作一个新项目时，还是会犯曾经犯过的错误，一次次重复交学费。有了标准化，企业就会减少犯同样的错误。通过标准化的落地实施，企业沉淀成功经验，确保不同区域、不同项目都能采用相同的流程和方法，给客户提供相同服务，避免执行偏差，减少同样错误的发生，少交学费，这也是标准化对企业的价值。

一、营销标准化的概念

营销标准化是指站在全程营销的角度，以时间轴为顺序，规范每个营销动作的时间、标准及成果，形成标准化的营销工作体系。

在上述定义中，有三个关键信息，一是全程营销，说的是从摘牌、示范区开放、开盘直至项目交付的营销全过程。二是以时间为轴，强调了营销标准化是在整个营销时间轴上展开。三是营销工作体系，既然是工作体系，说明里面既包括专业层面，如策划、销售、销管，也包括管理层面，如流程管理、团队管理、费用管理等。

标准化并非企业初创时期就需要，而是当企业有了一定规模、一定经验沉淀，尤其是企业由本地化向外规模化扩张的时候，需要搭建标准化系统，确保在其他区域、其他项目上不走形、不变形。房地产营销，由于其行业属性和专业特征，在构建营销标准化时机上呈现出不一样的特征。具体来说，房企需要标准化，是由于房企规模化发展过程中存在的四个痛点。

痛点1：员工多

房企规模化扩张，一定会有新员工不断加入，无论是新入职场的大学生，还是有一定经验的员工，刚到企业时面临的问题都是怎样融入公司和快速上手的问题。大学生是一张白纸，需要从头开始学习；有一定经验的员工面临的是适应问题，因为不同企业的营销模式、打法不尽相同，需要适应。为了解决新人融入和适应问题，通常的方法是培训和老带新。新员工入职，开展为期2—3周乃至更长时间的培训；安排有经验的老同事对新同事进行辅导。这两招适用于企业稳步发展阶段，不适用于企业跨越增长阶段。如企业要实现三年平均50%以上的年度业绩增长，或项目要求从摘牌到开盘只有4个月甚至更短时间，在这两种情况下，新人入职的速度就会很快，传统的培训和老带新不仅跟不上节奏，还会影响整个项目的营销效率，所以必须压缩新人融入周期、加快新人上手进度。

由于完善的营销标准化体系是一个知识沉淀的系统，系统中包括营销的规范、制度、流程、打法、案例、技巧，新人可以先自学，自学后不懂再问，这样可以缩短新人上手时间，不用等集中培训或者不断问老同事，提升了效率。所以，新人不断加入需要标准化体系的建立，依托标准化体系的知识平台可以节省培训的时间，加快新人的成长速度。

痛点 2：节点多

营销全程从摘牌到开盘、交付，不仅时间上要求紧，要做的事情也非常多。营销标准化体系如果颗粒度做得细，会有 350 多个节点，其中开盘前就有 300 个节点。以 5 个月开盘为例，基本上每个月就有 60 个节点，平均每天就是 2 个节点，其中包括周末。绝大部分节点从开始到完成都要一个周期，短则 2—3 天，长则一个多月，这就意味着在同一天并行的节点平均可能会超过 2 个。高峰时期，如开盘前 15 天，每天需要执行的节点达到 10 个以上。有一个节点执行不到位，有瑕疵，就会给目标实现带来影响。就好比程序中的 Bug（漏洞），只要 Bug 存在，早晚就会出现问题。在实际操盘过程中，出现问题往往不是因为营销操盘手专业性不强、不熟练，而是太忙给耽误了。所以需要一个提醒机制，告知每一个节点什么时间开始，什么时间完成。

举一个容易理解的例子，经常出差的人会有这样的体会，就是很容易落下 1—2 件东西，不是忘记打领带，就是忘记水杯或者充电宝、翻页笔等。笔者也常有这样的问题，直到有一次，笔者列了一个清单，贴在了书房的墙上，题目叫出差清单："身份证、手机、钥匙、衬衣、领带、名片、翻页笔、投影仪转换头、刮胡刀、鼠标、水杯、笔、笔记本、电脑……"每次出差前，笔者都会对照检查一下，从此出差再也没有落下过任何东西。

列出差清单就是标准化的一个小动作，将要带的物品进行了标准化的归类总结，起到一个提醒作用。同样地，营销标准化通过对每一个节点设置起始和完成时间，及时提醒项目营销操盘手或者相关专业模板要开始节点的操作，通过节点的设置不仅解决了专业性的问题，同时起到一个提醒的作用。

痛点 3：项目多

房企规模化发展，项目越来越多，从几个项目到几十个、上百个项目。以年销售 200 亿元规模的房企来说，如一个项目平均 5 亿元，就有 40 个项目。头部房企碧桂园、中国恒大、万科有 6000 多亿元业绩规模，就有 1000 个以上的项目。一般行业的项目负责人管理 1—2 个项目，多的也不会超过 10 个项目。地产营销管理，尤其是集团和区域的营销管理，是典型的多项目管理。分公司或者区域营销负责人，少则负责 7—8 个项目，多则几十个项目。集团营销中心负责人管理上百个项目的情况比比皆是。尽管可以通过矩阵管理和三级管控把项目管理分到区域、分到项目，但不可否认的是，对这些项目的监控是总部的职责。房企主要的收益都来自项目，总部的核心价值是支持和保证项目业绩目标的达成。如何支持、如何保证、如何实现对多项目监控、如何提早发现项目存在的问题，是营销总部面对的难题。

通过搭建营销标准化体系，可以有效解决多项目管控的问题。主要的解决办法分两步，首先是对节点进行分类，按照重要性将节点分成总部监控、区域监控、项目监控三级，对节点进行分级管理和监控，提高管理效率；其次是当节点出现异常时自动报警，节点异常可能是时间上延迟（如示范区开放延迟），也可能是效果不佳（如认筹量不足）。通过节点分级告警机制，总部或者区域营销负责人可以在线上对各个项目的营销情况进行监控，了解项目营销进度，发现问题，从而实现多项目的营销管理。

痛点 4：协同多

地产开发是在同一时间轴上多部门多模块的协同，是工程、设计、运营、营销、物业等不同专业联合运营的结果。工程有工程节点，运营有运营节点，设计也有自己的计划。在项目越来越多、专业分工越来越强的背景下，如何确保协同成为难点。房地产项目开发过程中，各模块彼此推诿的现象非常普遍。通过营销标准化可以有效地解决协同问题，因为标准化在实施过程中，要求项目以节点为管理抓手，通过管理各个节点的落地执行倒逼各个模块的协同。比如，示范区开放的节点，就是一个涉及多个专业（工程、设计、营销、物业）的协同，示范区要达到按时按质开放，各个专业就要做好协同，否则节点就不能按时实施。

二、营销标准化的阶段

营销标准化阶段是指依据营销关键事项节点，将营销全过程分成不同阶段。通俗地讲，就是从拿地到开盘究竟要划分成哪些阶段。不同企业，营销模式不同，划分的阶段也不同，比较简单的如万达早期的营销时间只有四个阶段。

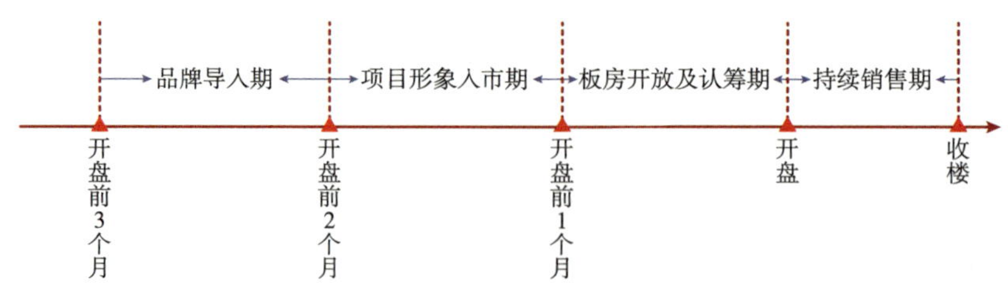

图 1　万达早期营销阶段

如图 1 所示，营销时间轴以开盘时间倒推，前 3 个月到前 2 个月为品牌导入期，前 2 个月到前 1 个月为项目形象入市期，前 1 个月为板房开放及认筹期，以及开盘后的持续销售期。通过万达的营销阶段划分，我们可以看出其营销特点，如在摘牌前期的营销动作并没有被纳入，营销阶段是从开盘前 3 个月开始。

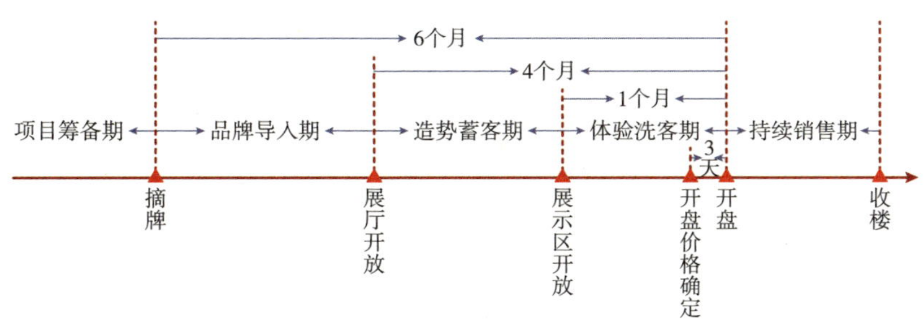

图 2　云星集团营销时间轴

图 2 是云星集团“6413”营销标准化。从营销时间上看，从摘牌到开盘为 6 个月，展厅开放到开盘为 4 个月，展示区开放到开盘为 1 个月，开盘价格确定到开盘为 3 天。云星集团营销时间轴根据关键的营销节点（摘牌、展厅开放、展示区开放、开盘价格确定、开盘、收楼）分成五个阶段，分别是项目筹备期、品牌导入期、造势蓄客期、体验洗客期、持续销售期。相对于万达早期的营销阶段划分，云星集团的营销有两个特点：一是摘牌前期有了营销动作；二是突出了蓄客和洗客的动作。

通过上面的案例，我们可以看出，营销阶段主要是以关键节点进行划分，如摘牌、展厅开放、展示区开放、开盘、收楼等，这一点各房企大同小异，标准化真正形成差异的是阶段命名和节点的设置。阶段命名的不同和房企自身特色有关系。开发商的核心竞争力有三项：品牌力、产品力、营销力。以哪一项为主要竞争力，从营销不同阶段的命名中可以看出来。如图 3 的营销时间轴示例，在展厅开放前品牌导入安排了两个阶段，分别是品牌起势期和品牌体验期，从这个营销阶段的命名可以看出这是一个典型突出品牌力的开发商，一方面把品牌体验馆节点纳入关键节点，另一方面细分品牌起势期和品牌体验期两个阶段。

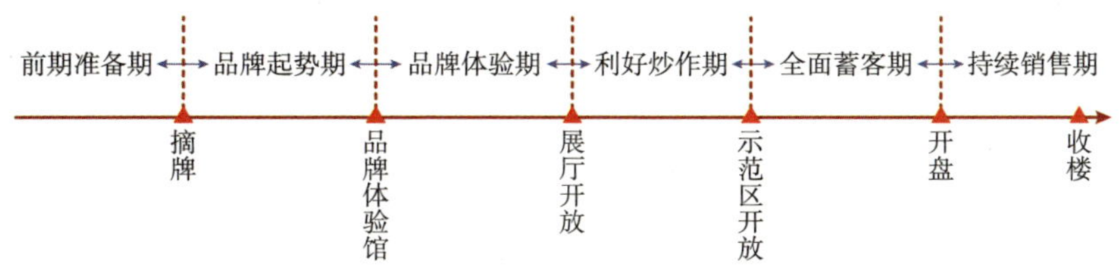

图 3　营销时间轴示例

营销操盘之所以要划分阶段，主要意义有两点。

一是从管理角度来讲，划分阶段可以统一内部术语，提升沟通效率，避免鸡同鸭讲、各说各话。例如，在开盘前的一个月，如果没有统一，关于营销阶段就会出现各种版本，如“开盘冲刺期”“硬广强拓期”“体验洗客期”等，沟通不一致会影响沟通效率。最简单的情景是汇报营销进度的时候，对同一时间段大家的叫法不同，会让听汇报的人觉得困惑，究竟项目处于哪一个阶段呢？

二是没有标准的阶段划分会导致大家对这个阶段的工作和要达成的核心任务在理解上有偏差，同样是开盘前期，名称不同，代表的核心打法不同。“开盘冲刺期”强调开盘前的工作强度和关键性；“硬广强拓期”强调开盘前期的线上密集投放、线下拓客的密集铺排，强调线上线下的配合；“体验洗客期”强调产品体验，通过示范区和户型的体验进一步实现意向客户的转化，挤压水客。所以，给营销进行阶段命名有非常重要的实操意义，能够体现该房企营销操盘特点。

三、支撑业绩的48个营销标准化节点分布

序中说过，整个房企营销过程可以分出300多个营销节点，本书梳理出48个节点，并以序号标出（如图4所示），这48个节点是整个营销过程中最值得关注的主要节点，是支撑业绩达成的48个关键节点。

关于这48个营销节点的说明如下。

第一，48个节点有6个划定阶段的关键节点，以红色三角表示，分别是摘牌、营销总体策略、展厅展点开放、示范区开放、开盘、交付，这6个关键节点之间构成了营销阶段的划分，分别是摘牌准备期、项目筹备期、品牌导入期、形象入市期、开盘冲刺期和持续销售期。其他42个节点以蓝色圆点标出。

第二，48个节点所处的阶段划分是基于大多数房企的营销时间轴特征，值得指出的是，在摘牌后到营销总体策略之前加了一个项目筹备期，是考虑到很多项目摘牌后要做大量的筹备工作，包括广告公司招采、销售模式和销售目标确定等，这些工作都隶属于项目筹备工作。筹备工作的完成以营销总体策略确定为标志，后续开始做品牌导入、产品形象出街等。

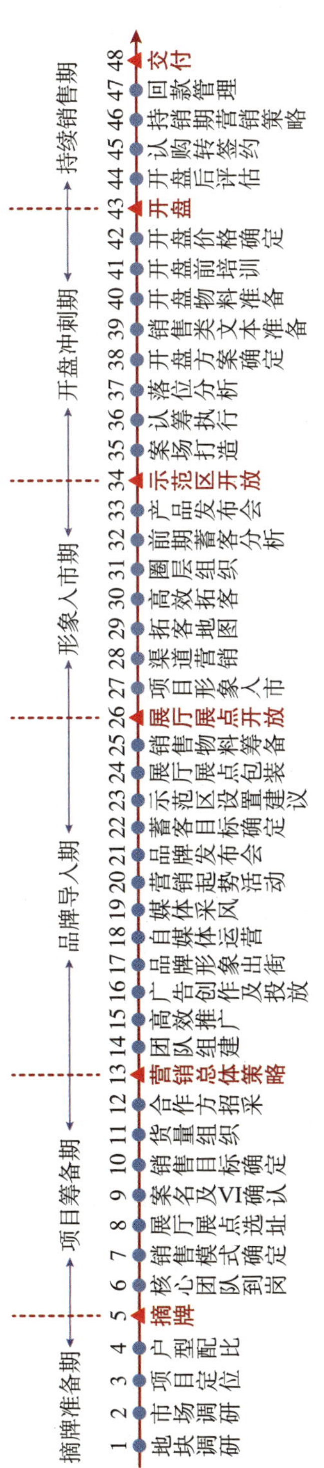

图 4　48 个营销标准化节点

第三，营销全程有很多节点，选择这48个节点，基于两个原则。一是这些节点对业绩达成具有直接影响，一旦节点没有执行到位就会影响开盘或者持续销售的目标实现。有一些节点并没有纳入进来，如“示范区开放前培训”“业主答谢会”等。这些节点也是营销过程中的组成部分，之所以没有选中，是因为同48个节点相比较而言，它们没有那么重要，或者说如果执行出现一些偏差，并不会对项目带来根本性影响，后续弥补也来得及。二是这些节点都是区域要关注的。一般规模化的房企都会有总部、区域、项目这三层，根据管理权限，可以划分总部关注、区域关注、项目关注。标准化的所有节点都是项目层面要关注的，总部要管理的项目比较多，关注的节点一般不会超过5个，基本就是摘牌、示范区开放、开盘、回款、交付这5个，区域或者分公司层面要关注的节点比总部多。上述48个节点是综合笔者搭建营销标准化体系的经验，结合20多家搭建营销标准化的房企梳理总结出来的，大都是区域层面要关注的节点。如果说总部关注的是业绩导向，那么区域关注的就是营销过程中的关键，如调研、定位、团队、推广、渠道、认筹等。

第四，对于有些节点，不同企业叫法不同，存在多个名称的情况，比如：

- “营销总体策略”亦称“营销策略总纲”“营销总案”；
- “示范区”亦称“展示区”；
- “交付”亦称“收楼”；
- “持续销售期”亦称“常销期”“续销期”；
- “展点”亦称“临展点”；
- “展厅展点开放”是“展厅开放”和“展点开放”的统称，有的项目只有展点没有展厅，有的两者都有。

第五，现对节点进行了1—48的编号和排序，总体上是按照时间顺序，也有先后顺序，但由于节点属性不同，有些节点对时间要求并不严格，故节点的前后顺序不一定完全按照上面的时间轴排列。比如，“示范区设置建议”节点可能在“品牌发布会”之前，也可能在之后，“开盘前培训”和“开盘物料准备”节点顺序可能互换。还有的节点是持续进行的，如“渠道营销”和“案场打造”，在持续进行过程中，就会出现和其他节点并行的情况。

这48个营销标准化节点是营销从粗放式走向精细化、从经验化走向标准化的营销管理抓手，是多项目管理的工具，是部门协同的催化剂，更是支撑业绩达成的关键。

目录 contents

节点 1

地块调研

节点背景

夫地形者，兵之助也。料敌制胜，计险厄远近，上将之道也。知此而用战者必胜，不知此而用战者必败。

上面这段话出自《孙子兵法 · 地形篇》，意指“地形是用兵打仗最重要的辅助要素，判断敌情、夺取胜利首先要考察地形，只有了如指掌，作战才能取得胜利”。把这句话用在房地产营销上也非常合适，地产营销如同打仗，拿一块好地，并在前期对地块进行周密调研，就好比在战场上占据了有利地形，并熟知地形周边情况，是取得业绩胜利的保证。

房地产是一个严重依赖资金的行业，从投资开发角度讲，房企的核心竞争力有三项：融资能力、拿地能力、开发能力。拿地能力就是对土地价值进行判断和投资决策的能力，有人直言，“项目的成败 70%在于拿地”，拿地的重要性不言而喻。

将地块调研工作列为 48 个关键节点的第 1 个节点，不仅因为从时间上讲，地块调研是项目开发的首个节点，同时也因为其重要性。翔实严谨的地块调研、全面厘清地块属性及有利不利因素，不仅为是否竞拍该地块提供科学的依据，更为后续项目定位把握方向，为项目营销打好坚实的基础。

节点内容

一、土地分类

作为基础知识，做地块调研首先要了解土地分类情况，根据《中华人民共和国土地管理法》，土地根据所有权分为国家所有和集体所有。城市市区的土地属于国家所有。农村和城市郊区的土地，除由法律规定属于国家所有的外，属于农民集体所有。宅基地和自留地、自留山，属于农民集体所有。

土地根据用途分为：农用地、建设用地和未利用地。农用地是指直接用于农业生产的土地，包括耕地、林地、草地、农田水利用地、养殖水面等；建设用地是指建造建筑物、构筑物的土地，包括城乡住宅和公共设施用地、工矿用地、交通水利设施用地、旅游用地、军事设施用地等；未利用地是指农用地和建设用地以外的土地。进行地块调研的用地通常指建设用地。

二、地块调研的五大要素

地块调研的工作成果集中体现在地块调研报告中，不同房企地块调研的内容不尽相同，有的仅限于地块调研本身，有的则包括市场调研，有的还把产品定位、户型配比、价格定位都包括其中。为了将地块调研内容和后面的市场调研、项目定位区分开来，本书中地块调研节点特指地块本身的调研，即地块本体调研，通常地块本体调研有五大要素。

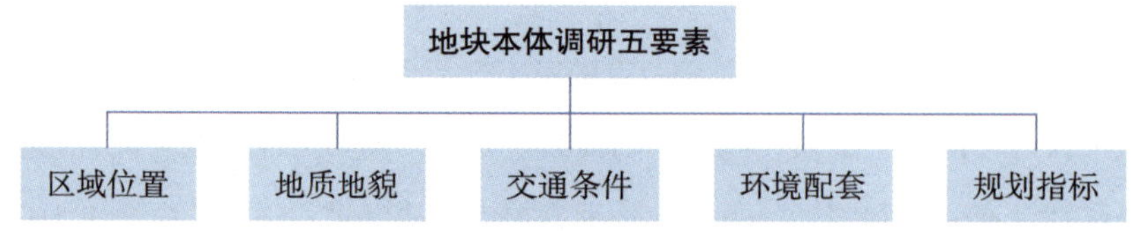

图 1–1　地块本体调研五要素

地块调研主要从图 1–1 所示的五要素入手，即区域位置、地质地貌、交通条件、环境配套、规划指标。在地块调研时，针对五大要素进行详细调研，五大要素缺一不可。

1. 区域位置

项目的区域位置，一般简称区位。区位是指特定地块所处的空间位置及其相邻地块间的相互关系。区位，从小的方面来说，指的是项目开发场地；从大的方面来说，指的是项目地块所在区域，除地理位置外，还包括该位置所处的社会、经济、自然环境或背景，以及在该位置进行房地产开发投资所需支付的成本高低和所面临的竞争关系等。

在项目区域位置的调研中，对位置的把握应有动态的发展眼光，不能只停留在目前的节点。现代城市土地在过去自主开发的基础上，通过土地利用规划自觉地形成了若干明显的功能分区，如商业区、居住区、工业区等，这是项目所处区域现阶段的功能属性，未来发展需要依托当地城市发展规划，了解其未来规划的功能属性，只有清楚把握该区域的未来规划方向，才能准确地对地块的区位价值进行剖析，这也是地块调研的核心关键所在。

通常用区位图描述地块的区域位置，区域图分成广义区位图和狭义区位图。广义区位图将项目置于全市范围，看的是该地块在城市的位置（如图 1–2）。狭义区位图将项目置于该地块所处的区域，看的是该地块在该区的位置（如图 1–3），有的地块区域图会显示周边的配套（如图 1–4）。

区域位置的核心是看区域价值，主要从三个方面判断区域价值，分别是距离、区域成熟度和城市发展方向。

（1）距离

距离指的是地块到市中心的距离，离市中心越近，价值越大。城市不同，对距离的敏感度也不同。离一线城市中心 10 公里和离四线城市 10 公里，客户的感知度肯定是不一样的。城市越小，对距离越敏感。节点案例 1 是某房企投资拿地时对地块距离的要求。

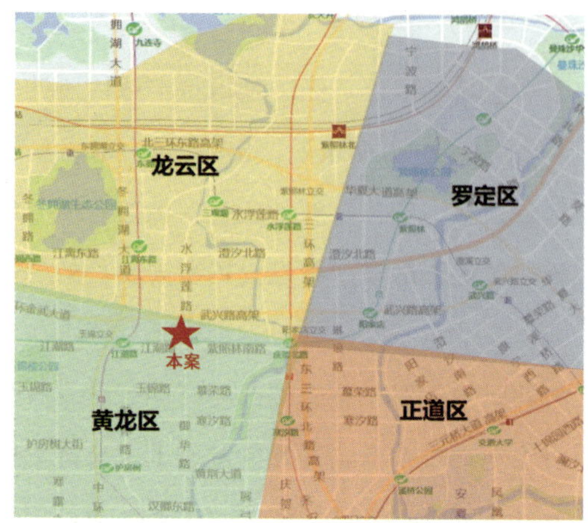

图 1-2　地块广义区位①

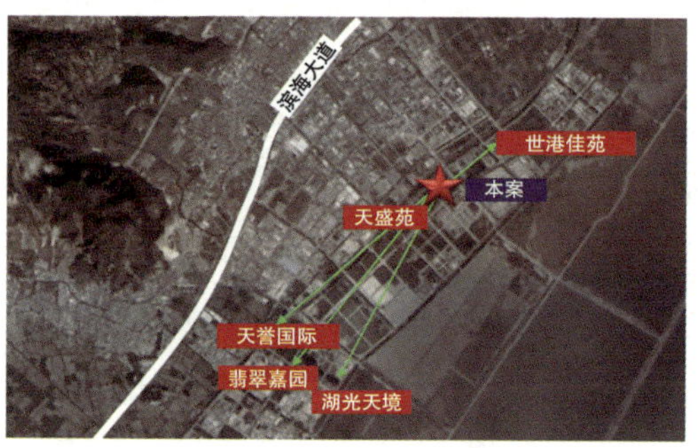

图 1-3　地块狭义区位

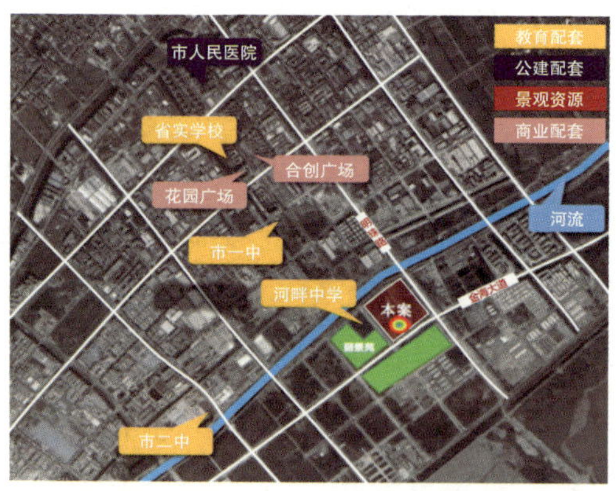

图 1-4　某地块区位——周边配套

① 书中地图多为虚拟，图中行政区、道路名、小区名、建筑物、地块、项目名等属于虚构。

【节点案例 1】某房企对地块距离的要求

- 县级市：地块以县中心为主，距离县中心 5 公里以内为宜，远离县城边缘 5 公里的地块均要谨慎；
- 一般地级市：以市区、城郊结合处为主，近郊（5—8 公里）尚可，远离市区 10 公里地块需谨慎；
- 中大型城市：城郊（3—8 公里）、近郊（8—15 公里）为佳，远离市区 30 公里地块要重点考虑资源、配套及地块规模。

（2）区域成熟度

区域成熟度指的是区域的发展配套情况，尤其是教育、生活、医院、娱乐的配套，区域成熟度的核心是人气，人气越旺，成熟度越高。

（3）城市发展方向

城市发展方向指的是所处区域是否在市政规划中的发展方向，如果所处地块在城市发展方向上，地块的区域价值就大。

值得注意的是，区域价值判断的三个维度要综合判断，在不同城市，这三个维度的重要性不一样，价值判断也不同。一般的顺序是先距离，再区域成熟度，最后是城市发展方向。有些地块调研人员将城市发展方向看得比区域成熟度更重，结果在一些城市新区，尤其是三线城市高价拿地，最后由于人气不足，客户不足，销售情况不佳。需要提醒的是，有些城市新区，虽然处于城市发展方向上，道路通畅，水电气、网络等基础设施完备，规划亮丽，有的甚至规划了运动场和大型公园，但是由于人气不足，客户不认可，最终导致销售乏力。

2. 地质地貌

地块交付一般都会写清楚地块是三通一平（通电、通路、通水、土地平整），五通一平（通上水、通下水、通电、通路、通信、土地平整），还是七通一平（道路通、给水通、电通、排水通、热力通、电信通、燃气通、土地平整），这只是对地块大概的描述，具体地块信息还需进行实地调研，即对地质地貌的调研，主要有以下几点。

- 地块呈什么形状？形状是否不规则？地块是否方正？
- 地块内部是否平整？内部是否存在建筑、植被等？是否需要拆迁？
- 地块内部是否存在水平高差？如果存在高差，地势走势是什么样的？

- 地块东至哪里？西至哪里？南至什么位置？北到什么区域？
- 周边有无明显的优势自然资源，或者劣势自然资源，即地块不利因素？

在地块地质地貌调研中，最为关键的就是地块是否存在明显不利因素，如地块内部是否存在塌陷区、垃圾填埋场，周边是否有铁路、高架桥、高压线、变电站、坟地等。有些不利因素很明显，一眼就能观察得到，而有些不利因素则不易察觉，如未认真调研，了解不足，盲目拿地推进，后续一旦发现问题，将对项目销售带来巨大的负面影响。因此，对地块不利因素的调研要更为深入，谨防遗漏重大不利因素，对项目后期销售带来较大的影响。

【节点案例 2】某地块四至及有利因素和不利因素

有利因素	· 地处湖山区，为重点发展区域，政策扶持力度大； · 交通通达性好，紧邻高铁站及汽车站，交通便利； · 生态环境突出，有一线河景。
不利因素	· 土地周边商业当时均处于建设 / 规划中，暂无商业氛围； · 地块北侧与道路存在 17 米高差，不利于人流导入； · 周边有变电站，客户抗性较大。

图 1　地块四至及有利、不利因素

为了准确地获知地块的有利和不利因素，一定要将现场勘查做实做细。现场勘查其实就是看地，有些看地的人至今仍有一个误区，认为看地就是站在地块边上望一望有没有拆迁，施工是否方便，有没有高压线等，而忽略了现场勘查是一项需要仔细观察、认真推理思考的过程，尤其是对不利因素，如机场、焚烧站、高压线、发电站等，要多思考、多推演。

关于地块勘查有“四看”。

- 远近都要看：不要仅局限于地块本身，要考虑周边因素对地块造成的影响，因此不仅要仔细勘查地块内部，还要重视对周边的勘查；
- 天上地下看：天上地下都要看，上看异味、噪声、附着物，下看矿井管线和溶洞；上山要看周边、林地和土方，下水要看水质、水源，上下游要考虑防洪要求；
- 看不到要看：退让、防洪、标高等要求不是很直观，但是看到周边有机场、雷达、天线、军事设施、大兴水利设施就要考虑是否有特殊的规划要求；
- 分时分段看：有些问题集中在特定时段发生，如沙尘暴等，那么就需要在那个时间段专门考察。

除了“四看”，还需要多一些联想和思考，比较常见的是建筑限高和红线退让这两个问题。

- 建筑限高：可以从机场、雷达、气象台、微波、卫星地面站、电视塔、电台、军事设施、名胜古迹风景区等联想到建筑的限高；
- 红线退让：地上管线、高压线、地下光缆、电缆、各种地下管网、市政道路、以及日照间距、水源地保护、建设道路设施等。

下面以机场为例，说明关于联想的思路和逻辑。

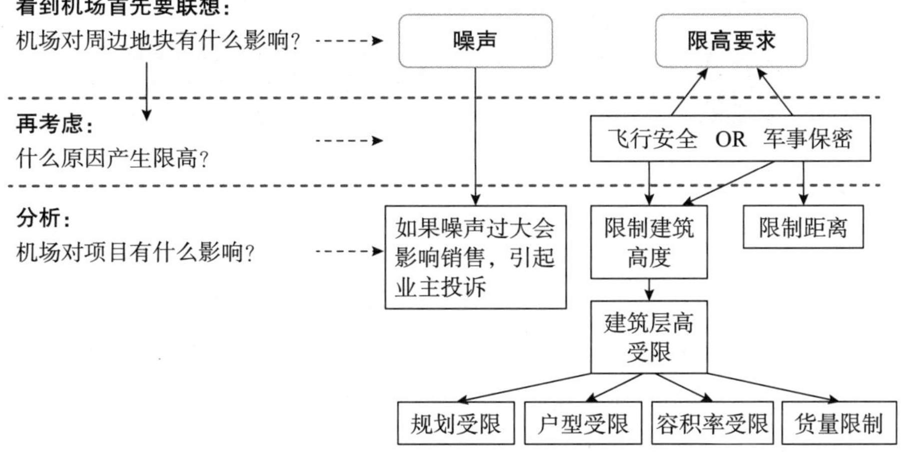

图 1-5　机场限高的联想

3. 交通条件

项目交通条件，就是了解项目地块与标志性建筑物、大型商业综合体、高速路口、轨道交通等位置的距离，以及到这些位置相对应的交通条件，即交通通达性。

对交通条件的调研，除了现有条件，还包括未来规划的交通路线，主要如下。

· 道路交通（包括城市普通道路、城市主干道、城市快速路、高速路等）；

· 公共交通（此处主要是指公交，即公交站点、公交线路、公交车数量等）；

· 轨道交通（主要是地铁、有轨电车、轻轨、高铁、城铁等轨道交通的情况）。

交通可以分成对外交通和对内交通，对外交通主要指以区域或者本市为单位的交通情况，对内交通主要是市内交通，如地铁、环路、轻轨等，如图 1–6 所示。

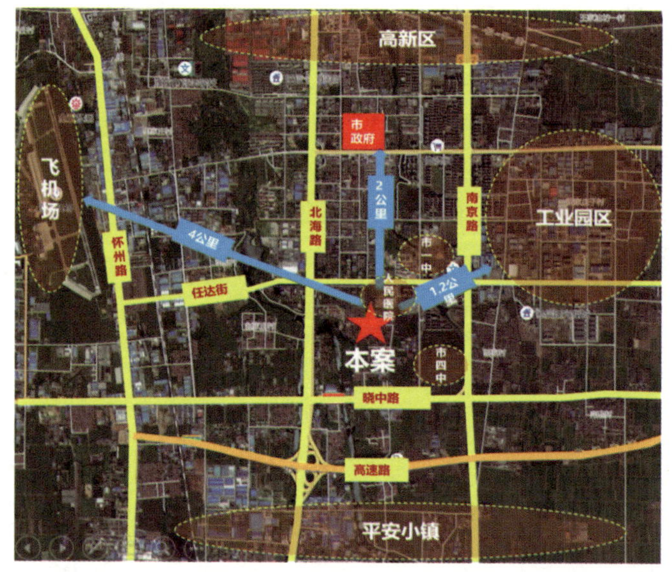

图 1–6　对内交通

4. 环境配套

项目地块周边环境调研，主要包括医疗、教育、商业、生活、娱乐休闲、景观等方面的配套设施情况，是社区未来生活便利性的直接体现，调研内容具体如下。

· 医疗配套（社区卫生所、诊所、大型医院、药店等）；

· 教育配套（幼儿园、小学、中学、大学、培训机构等）；

· 商业配套（社区便利店、超市、菜市场、商业街、大型购物中心等）；

· 娱乐配套（图书馆、体育场、博物馆、健身中心、公园等）。

5. 规划指标

地块规划指标主要是项目的规划用途、占地面积、建筑面积、容积率、限高等一系列限制条件，一般在地块招拍挂时，都会公布相应的规划指标，项目的规划指标是项目的基础，需要清楚了解项目的各项规划指标，如表 1–1 所示。

表 1–1　项目规划指标 ①

地块编号	用地性质	用地面积（m^2）	容积率	建筑面积（m^2）	限高（m）	建筑密度（%）	绿地率（%）
02—15	R2	24152	1.1	26567	12	30	35
02—23	R2	17067	1.3	22187	18	30	30
02—11	R2	13314	1.6	21302	18	40	30
02—27	B4	20355	2.2	44781	30	45	30
02—16	B4	10735	2.2	23617	30	45	30
02—18	S4	3407	0.1	341	12	10	30
小计	—	89030	—	138795	—	—	—

三、地块调研注意事项

首先，要做好事前计划，有序开展，避免事先无规划、盲目展开实地调研，最后像无头苍蝇一般不知从何入手，抱着“能看多少是多少、看一个是一个”的散乱态度，导致地块调研缺乏系统性和整体性。在地块实地调研之前，要收集地块的各类信息，了解地块的基础资料，对地块调研进行整体通盘考虑，规划好实地调研的重要事项和时间安排，到达地块之后按计划开始实地调研。

其次，在地块调研过程中多拍照、勤记录。所谓“好记性不如烂笔头”，随身携带笔记本或者录音笔，将重要信息及时记录下来，有助于后续的回顾和整理。还要多拍照，因为视觉相比文字更能有效地传递信息，地块内部情况、四至、周边配套、地铁站、公交站等，只要是能拍照的，最好都拍照留存，以备后续不时之需。

① 项目用地性质中不同的英文和数字组合代表不同意思，表 1–1 中 R2 为二类居住用地，B4 为公共设施用地，S4 为交通设施用地。

节点时间

地块调研节点开始时间一般为项目立项之后，持续约 10 天，即立项后 1 天开始，立项后 10 天结束，如果从摘牌倒推，一般为摘牌前 30 天开始，在摘牌前 20 天结束，追求高周转的企业可以将开始时间再提前，如摘牌前 40 天开始。

节点 TIPS

地块调研的核心是围绕地块价值判断展开，其关键词是“价值”。地块价值包括区域、地段、配套、交通、规划指标等。价值决定价格，通过对地块价值的全面评估，才能对“是否参与地块竞拍”“什么价格可以接受”，做出准确判断。

对于地块存在的不利因素应该进行详尽调研，为了避免调研存在盲区，建议在调研过程中与熟悉当地的居民多接触，和超市老板、物业经理等人群多沟通，因为这些人群一般在当地居住时间较长，对地块最为了解。事实证明，很多有经验的调研人员就是在和熟悉当地的居民聊天中得知了相关地块的不利因素。

地块面积越大、地价越高，前期做的调研工作时间也应该越长，对于超级大盘更需要在地块所属地多驻地 1—2 周，了解当地风土人情、生活习惯、购房需求等，以免出现调查不细致，最后拿错地，导致投资失败。

节点 2

市场调研

节点背景

市场自己会说话，市场永远是对的，凡是轻视市场能力的人，终究会吃亏的。

——威廉·欧奈尔

威廉·欧奈尔（William J. O'Neil）是美国著名成长性企业投资大师，他在 50 年的投资生涯中，一直强调尊重和研究市场的重要性。他认为，市场永远是对的，无论是投资还是销售，要取得好的业绩，就必须了解市场、洞悉需求、了解客户、熟悉竞品，而这个了解的过程就是市场调研。在房地产开发过程中，地块本体调研之后就是市场调研，如果说地块调研的核心是了解地块属性，从而判断地块的价值，其核心关键词是“价值”，那么市场调研则是对当地房地产市场、客户、竞品项目进行全方位的了解分析，了解整个市场环境以及竞争对手情况，从而为项目定位奠定市场分析基础，以免出现定位错误，市场调研的关键词是“竞争”。

节点内容

首先，我们通过一张市场调研综述表来看看市场调研都包括哪些内容，表 2–1 是某项目市场调研综述表模板，该项目主要规划产品为洋房。

表 2–1　市场调研综述表

城市概况	全市常住人口为 ××万人，其中城区人口（××区）为 ××万人。××年 GDP 总量为 ××亿元，人均 GDP 全省第一。

续表

市场概况	××年，全市商品房供应面积为 ×× 万 m^2，销售面积为 ×× 万 m^2，供需比为 ××；商品房销售额为 ×× 亿元，全市商品房销售均价为 ×× 元 /m^2，同比上涨（下降）××%。
产品情况	洋房在售面积集中在 ××—×× m^2；其中热销面积：两房，××—×× m^2；三房，××—×× m^2；四房，××—×× m^2。城市中心区的均价约为 ××元 /m^2（毛坯），项目所在区域内洋房价格水平为 ××—××元 /m^2（毛坯）。
竞品分析	全市销售（金额 / 面积）冠军是 ××项目，年去化 ××万 m^2，××亿元，成交均价为 ××元 /m^2（毛坯）。其中该项目热销户型面积为 ××房的 ××—×× m^2 户型。项目周边核心竞品有三个，分别是 ××、××和 ××。
客户分析	当地洋房客户以刚需型客户为主，本地客户占比为 ××%，外地客户占比为 ××%（以 ××区域客户为主），返乡置业客户占比为 ××%。该区域客户最为关注的是总价和教育资源。

上述市场调研综述表从五个方面对市场进行了概括，这五个部分的具体内容如下。

一、城市概况

城市概况内容广泛，针对城市概况内容调研的维度不同、颗粒度也不同，有的简单，有的细致。比较全面的城市概况包括：城市综述、城市宏观经济数据、城市交通、城市发展规划以及城市房地产相关政策五个方面。

1. 城市综述

城市综述是对一个城市的概要介绍，从历史、地理、面积、人口等做一个简单介绍，城市综述就好比城市的一张名片，如下面对黄石市的介绍。

图 2-1　黄石市

黄石，湖北省地级市，位于湖北省东南部，长江中游南岸，东北临长江，与黄冈市隔江相望，北接鄂州市鄂城区，西靠武汉市江夏区、鄂州市梁子湖区，西南与咸宁市咸安区、通山县为邻，东南与江西省九江市武宁县、瑞昌市接壤。黄石是中华人民共和国成立后湖北省最早设立的两个省辖市之一，武汉城市圈副中心城市，长江中游城市群重要成员，华中地区重要的原材料工业基地，全国资源枯竭转型试点城市，也是国务院批准的沿江开放城市。2017 年 6 月，黄石市被命名为国家卫生城市。

黄石市总面积 4583 平方公里，截至 2017 年 3 月末，下辖 4 个市辖区、1 个县，代管 1 个县级市，设有 1 个国家级开发区，全市常住人口 268.93 万人。2018 年，全市完成地区生产总值 1590 亿元。（摘自百度百科）

2. 城市宏观经济数据

城市宏观经济数据通常包括 GDP 国民生产总值、固定资产投资和房地产开发投资、城市社会消费品零售总额、人均收入水平等，主要用于说明城市经济水平、房地产投资力度及居民消费能力。

（1）GDP

GDP 是城市经济状况最核心的指标，反映的是该城市经济实力和增长趋势。如图 2–2 所示，该市从 2001 年开始 GDP 稳定增长，2004 年以来，GDP 增长幅度稳定在 14.5% 以上水平。虽然 2009 年 GDP 增长幅度下滑，但依然保持高位运行，GDP 也超过 4000 亿元。

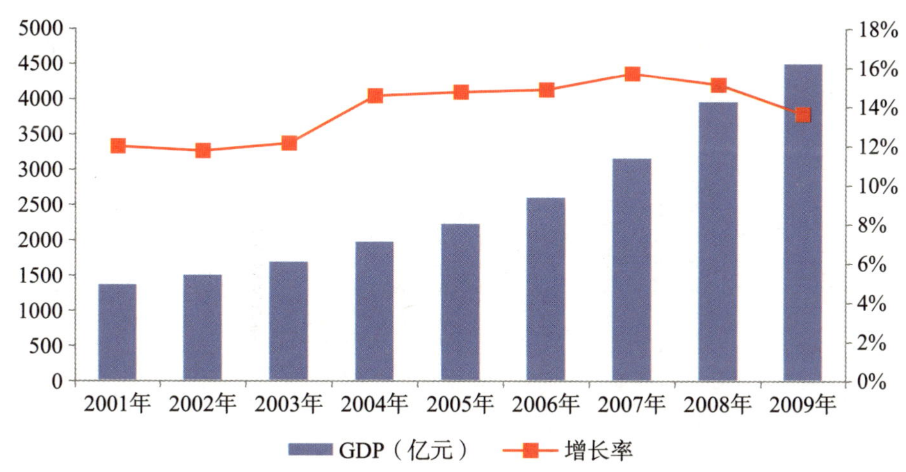

图 2–2　2001—2009 年某市 GDP 数据

（2）固定资产投资和房地产投资

固定资产投资和房地产投资反映的是当地在固定资产和房地产的投资情况。这两类投资一般合在一张表中出现，并可以分成两种比较方法。第一种是以本市为单位，同比过去几年的固定投资额。如图 2-3 所示，从中可以看出该市 2012—2016 年固定资产投资总体呈增加趋势，房地产投资基本稳定，略有波动，2016 年同比有所下滑。

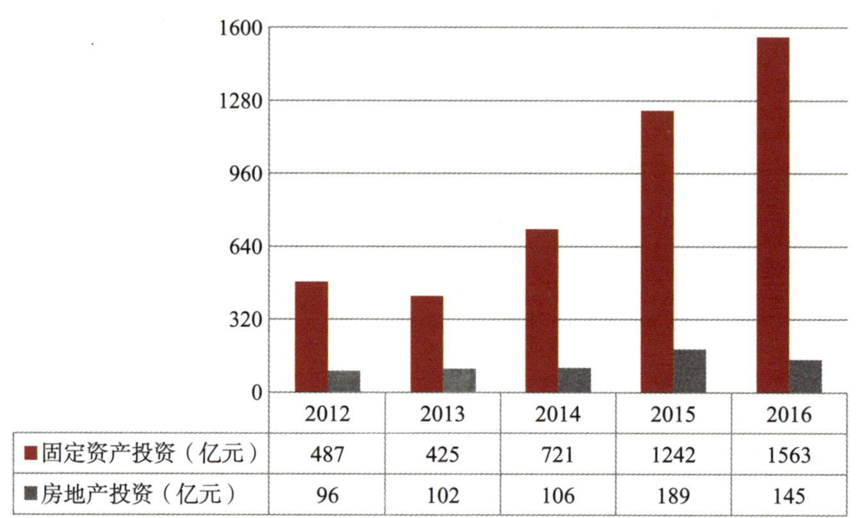

	2012	2013	2014	2015	2016
固定资产投资（亿元）	487	425	721	1242	1563
房地产投资（亿元）	96	102	106	189	145

图 2-3　2012—2016 年某市固定资产投资和房地产投资情况

第二种是将该城市与其他城市进行横向比较，图 2-4 是将 2017 年盐城和江苏其他地级市固定投资和房地产投资数据进行比较，从中可以看出 2017 年盐城房地产开发投资相比江苏其他地级市处于中等位置。

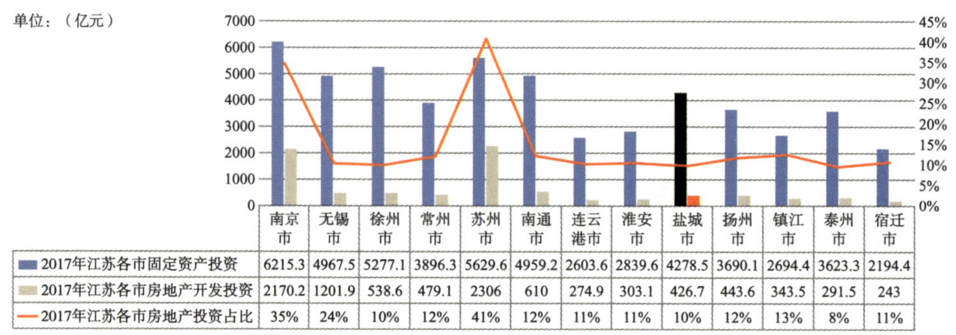

	南京市	无锡市	徐州市	常州市	苏州市	南通市	连云港市	淮安市	盐城市	扬州市	镇江市	泰州市	宿迁市
2017年江苏各市固定资产投资	6215.3	4967.5	5277.1	3896.3	5629.6	4959.2	2603.6	2839.6	4278.5	3690.1	2694.4	3623.3	2194.4
2017年江苏各市房地产开发投资	2170.2	1201.9	538.6	479.1	2306	610	274.9	303.1	426.7	443.6	343.5	291.5	243
2017年江苏各市房地产投资占比	35%	24%	10%	12%	41%	12%	11%	11%	10%	12%	13%	8%	11%

图 2-4　2017 年盐城及江苏主要城市固定投资和房地产开发投资数据（数据来源于各市统计局）

（3）社会消费品零售总额

社会消费品零售总额有时简称社零，反映的是该市居民的消费能力，如图 2-5 所示，该市社会消费品零售总额在 2012—2016 年逐年递增，增长速度虽有所下降，但仍保持在 12% 以上，表明整个城市的消费能力越来越高。

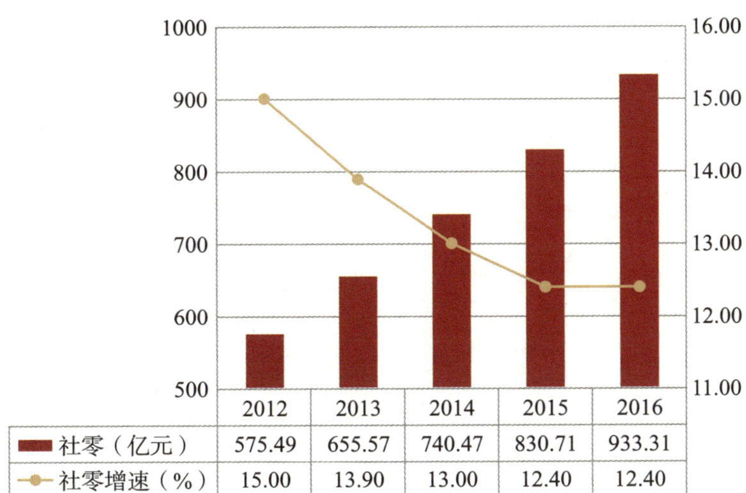

	2012	2013	2014	2015	2016
社零（亿元）	575.49	655.57	740.47	830.71	933.31
社零增速（%）	15.00	13.90	13.00	12.40	12.40

图 2-5　某市社会消费品零售情况

（4）可支配收入情况

可支配收入是指居民家庭获得并且可以用来自由支配的收入，反映的是居民的收入水平，如图 2-6 所示。从地产销售角度看，此指标影响产品的定价以及户型配置。如果当地居民的可支配收入不高，则房产总价不可以过高，面积不可以过大，否则超过当地居民购买能力，就会出现滞销。

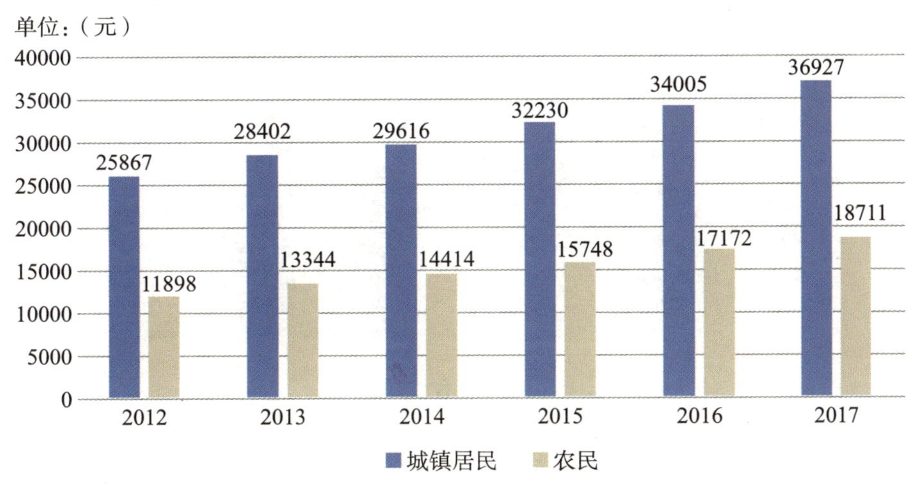

图 2-6　2012—2017 年某市城镇居民和农民可支配收入

3. 城市交通

对城市的交通情况做概要描述，如图 2-7 所示。

图 2-7　2019 年盐城交通情况

4. 城市发展规划

城市规划一般在城市规划局网站或者相关网站都能搜到，主要调研了解城市发展方向与地块关系，地块所在区域的市政公建配套、重点产业、道路等规划情况。

图 2-8　城市发展规划

5. 城市房地产相关政策

城市房地产相关政策包括预售条件、限购、限贷、限售等政策，如图 2-9 所示。

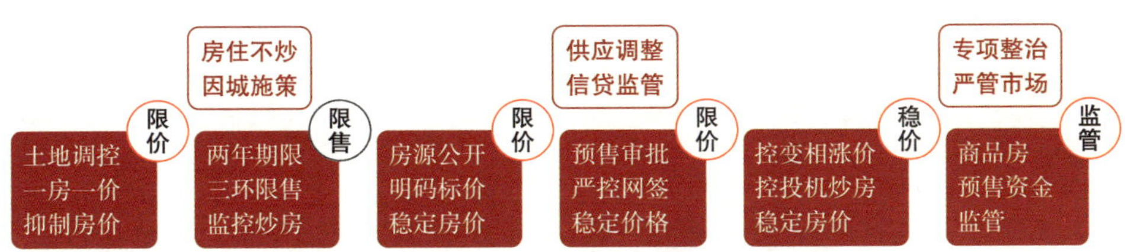

图 2-9　某市房地产相关政策

二、市场概况

房地产市场概况，主要为城市整体市场的调研，包括一级市场的土地市场、二级市场的住宅和商业市场。

1. 土地市场成交情况

土地市场成交情况主要包括土地成交走势和该市各区成交情况。土地成交走势如图 2-10 所示，2014 年该市土地成交总量占地面积为 632.04 万 m^2，同比回落 11.88%，成交建筑面积为 1813.86 万 m^2，同比下滑 14.84%，平均容积率出现下滑态势，2014 年同比回落 3.37%。

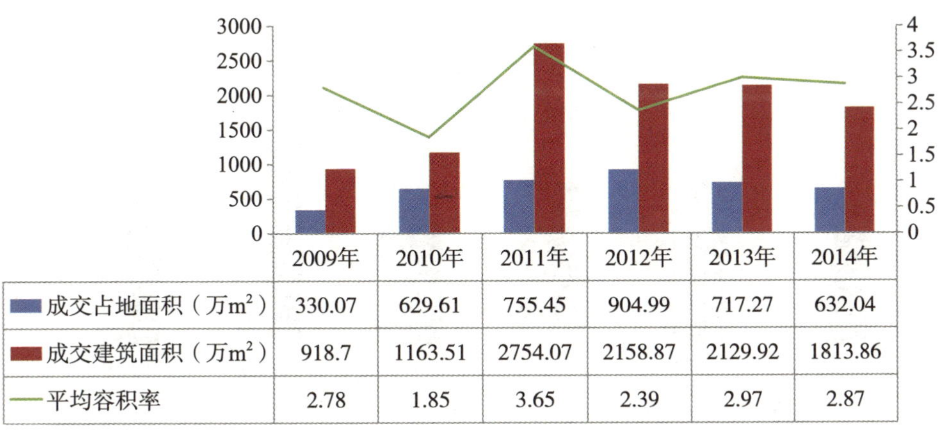

	2009年	2010年	2011年	2012年	2013年	2014年
成交占地面积（万m^2）	330.07	629.61	755.45	904.99	717.27	632.04
成交建筑面积（万m^2）	918.7	1163.51	2754.07	2158.87	2129.92	1813.86
平均容积率	2.78	1.85	3.65	2.39	2.97	2.87

图 2-10　2009—2014 年某市土地市场成交情况

某市各区土地市场成交情况如图 2-11 所示，从各区域的成交价格来看，成交金额较大区域是市正区，受成交量和成交单价的影响，该区域总成交金额达到 23.09 亿元，占全市销售金额的 24.35%；而楼面地价最高的则是龙云区，达到 1778 元 /m^2，楼面地价位列全市第一。道里区楼面地价也较高，达到 1772 元 /m²。

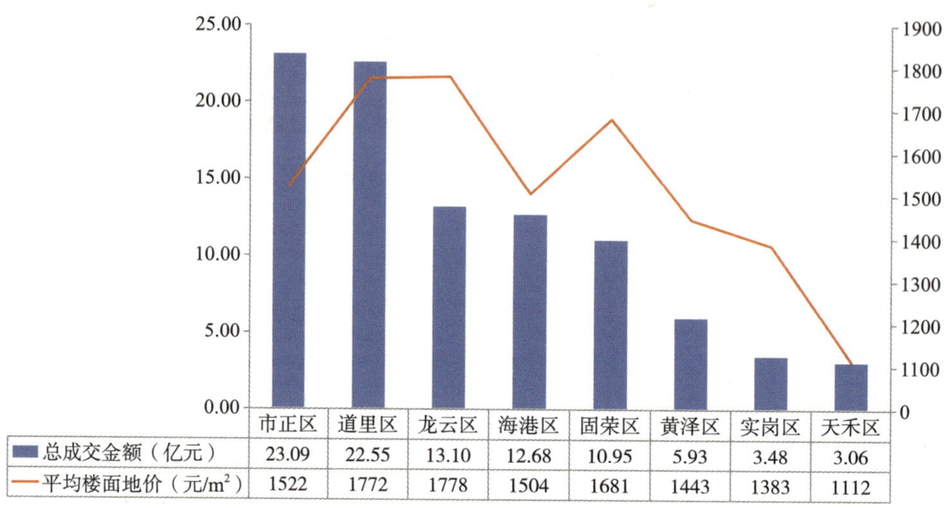

图 2-11　某市区域土地成交情况

2. 住宅供销走势

住宅供销走势反映的是住宅供货、销售以及价格走势，从图 2-12 中可以看出，该市同比 2018 年、2019 年供需大幅下降，城市容量触底，但是价格仍在上涨。

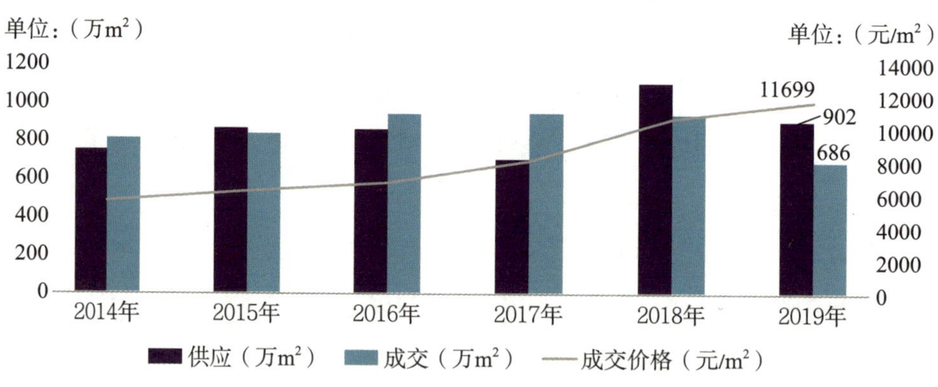

图 2-12　2014—2019 年某市住宅市场供销走势

3. 住宅成交结构

住宅成交结构反映的是住宅市场上不同面积段的成交占比情况，如图 2-13 所示，其中 80—120m² 占比超 70%，是目前市场的主力户型。

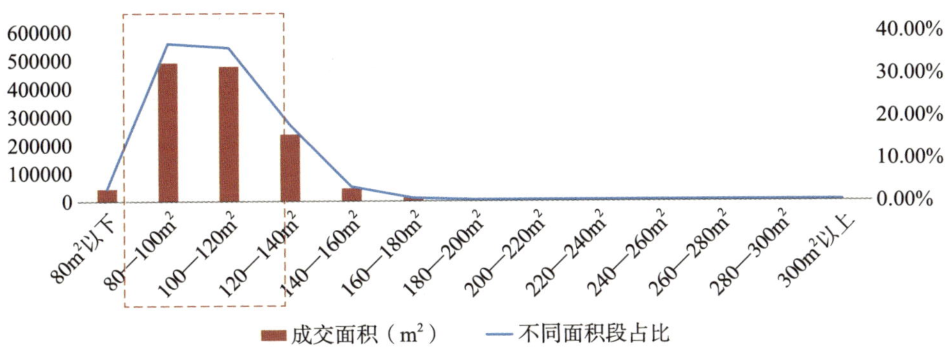

图 2-13　2018 年某市住宅成交面积段占比

4. 住宅市场存量

住宅市场存量反映的是住宅存量情况，如图 2-14 所示，包括库存情况、月均销量，做的更细致还可以包括各区域的存量情况，如表 2-2 所示。存量越大，去化周期越长，说明市场环境不好，投资拿地要谨慎。

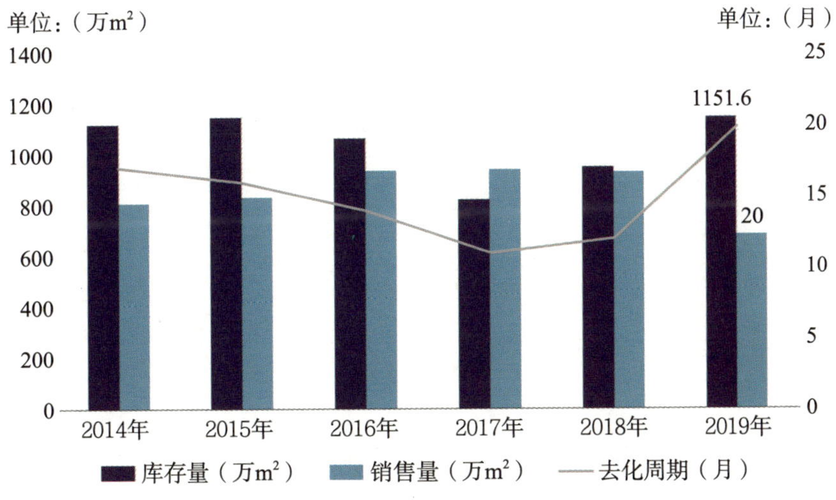

图 2-14　2014—2019 年市场存量情况

表 2-2　2019 年各区存量市场情况

区域	库存（万 m²）	月均销量（万 m²）	去化周期（月）
龙岗区	193.0	9.8	20

续表

区域	库存（万 m^2）	月均销量（万 m^2）	去化周期（月）
市明区	279.5	8.5	33
鹿湖区	361.0	22.9	16
达里区	55.1	2.4	23
沈当区	51.1	2.6	19
画世区	125.5	5.2	25
夏汤区	86.4	6.6	12
总计	1151.6	58	20

存量情况还可以从不同面积段进行分析，由此可以看出哪个面积段的库存多，从而为后面的产品定位提供参考。如表 2-3 所示，商品住宅库存主要集中在 100m^2 以下的产品，占比 54%。

表 2-3 不同面积段的存量情况

面积段（m^2）	库存量（m^2）	库存套数（套）	去化周期（月）	库存套数占比（%）
80 以下	318546	5282	24	20
80—100	853435	9329	11	34
100—120	453235	4164	7	15
120—140	568413	4368	8	16
140—160	264452	1790	12	7
160—180	125404	736	17	3
180—200	75435	400	13	1
200—220	46906	225	8	1
220—240	50016	216	31	1
240—260	46622	189	17	1
260—280	32073	119	36	0.4
280—300	40635	101	13	0.3
300 以上	34434	100	34	0.3

5. 商业市场—商圈分析

以上供销走势、成交结构、存量不仅适用于住宅，同时也适用于商业公寓房。如果项目商业部分涉及商铺、商业写字楼、商业综合体，则要做相应的商业特征的市场调研，其中就包括商圈分析，如图 2–15 所示，该市以老城中心商业为核心，逐渐外拓，形成天湖、宏达、正龙、岗顶等外拓商业区，本案位置在天湖商圈南部边缘。

图 2–15　市内核心商业区分布

除了市内核心商业区分布，还可以调研本案周边的商业分布，如图 2–16 所示。

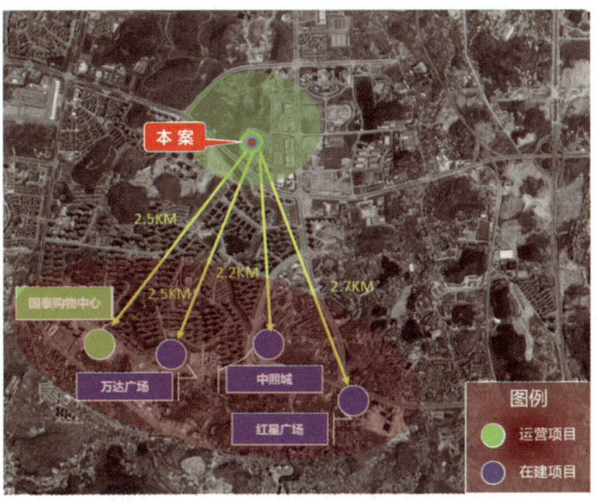

图 2–16　项目周边商业区分布

6. 商业市场—租金 & 入驻率

写字楼和商铺市场分析有两个关键指标，分别为租金（图 2–17）和入驻率（表 2–4），通过这两个关键指标可以判断该市商业写字楼和商铺的市场情况，以及该地块的投资效益。

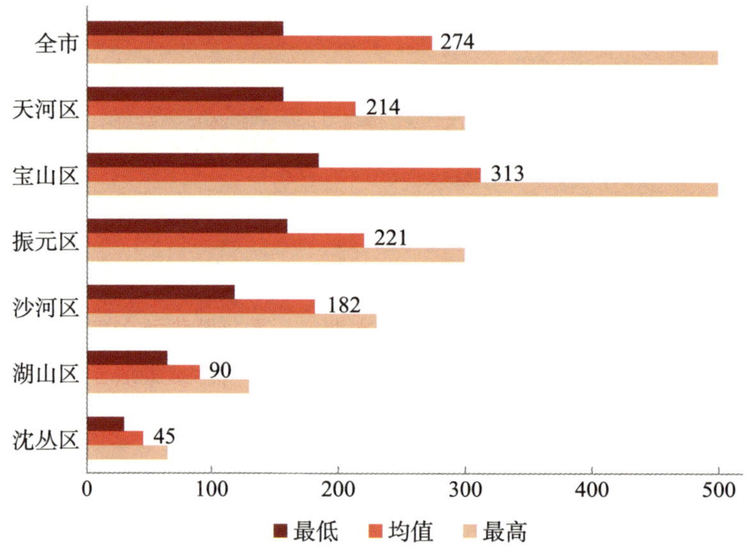

图 2–17　全市甲级写字楼租金水平对比（单位：元 / 月每平方米）

表 2–4　本区主要写字楼入驻率

项目名称	月租金	入驻率	企业类型
嘉禾国际	45—55 元 /m^2	50%	大型企业、银行等
六和大厦	50—55 元 /m^2	70%	金融、财税等企业
万隆广场	45—60 元 /m^2	80%	贸易、科技、地产等企业
中泰大厦	45—50 元 /m^2	85%	金融、地产、贸易等企业

三、产品情况

产品情况主要基于市场板块划分，分析各个板块区域主流产品、产品面积、产品价格、推售情况、去化情况、存量以及客户偏好等。如图 2–18 所示，可以看出该市 2019 年 11 月的主力产品是 60—90m^2 的刚需产品，共销售 718 套，占总成交量的 64%，说明在当前市场，小户型刚需产品很受欢迎。

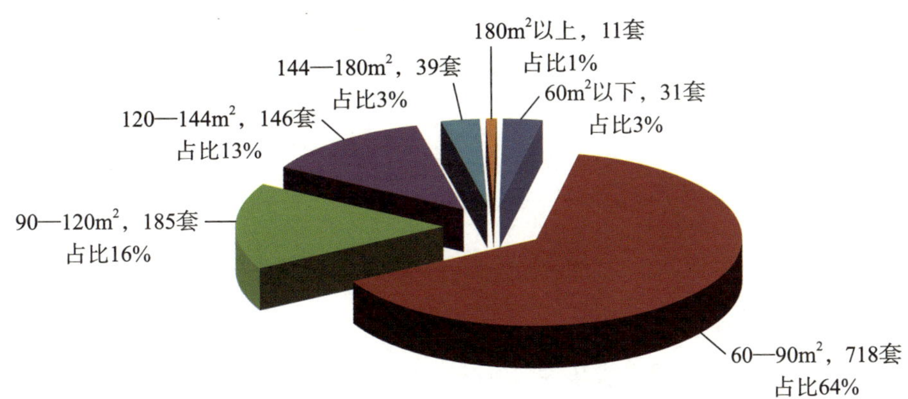

图 2-18　2019 年 11 月产品成交情况

产品情况也可以针对不同面积段进行分析，如表 2-5、表 2-6 所示的市场别墅和小高层产品销售情况分析。

表 2-5　市场别墅产品分析

楼盘	别墅产品	产品面积（m^2）	开盘时间	价格（元 /m^2）	销售情况
山阅城	联排 双拼	252—345	2012 年 12 月	成交价 13500	252m^2 销售 8 套，310—320m^2 销售 6 套，345m^2 销售 5 套
天誉湾	联排 独栋	联排 161—240，独栋 268—527	一期 2012 年 12 月，二期 2013 年 8 月	联排 13000—14000，独栋 20000 以上	一期去化率为 79%，二期小联排去化率为 95%
玉兰禾府	联排	210—229	2012 年 12 月	20000	联排销售去化率为 32%，价格高，销售缓慢
巨和豪苑	联排	264—304	2012 年 5 月 27 日	17500	总价高，后期销售缓慢

表 2-6　小高层产品分析

楼盘	产品类型	产品面积（m^2）	开盘时间	价格（元 /m^2）	销售情况
山阅城	小高层	86—135	2012 年 12 月	成交价 8950	共售出 28 套
天誉湾	小高层	124—130	2012 年 12 月内部认购	折后价 8100	第一批小高层中 124—130m^2 基本全部认购完
中泰城	小高层	91—180	2013 年 8 月中旬	成交价 9100	已售 157 套，90—130m^2 最好销
紫汀雅园	小高层	88—180	2013 年 4 月	均价 13000	去化率为 55%，140m^2 以下相对好销

续表

楼盘	产品类型	产品面积（m^2）	开盘时间	价格（元/m^2）	销售情况
馨园华府	高层、小高层、多层	80—180	2012年1月	均价12000	去化率为85%，130m^2以下相对好销

四、竞品分析

市场调研的核心是研究竞争性，所以竞品分析是市场调研非常重要的一环，做竞品分析首先要选取竞品，竞品选取主要基于以下两个方面。

- 区位客群相同：与项目位于同一区域，或核心客户分布与项目有较大重叠度；
- 区域标杆项目：具备大型物业开发经验的一线开发企业，或者项目客群质量较高，且具备辐射区域能力的标杆性项目。

确定好竞品项目之后，就开始进行竞品项目分析。竞品项目分析主要是分析竞争项目的产品、价格、推售情况、去化情况、存量以及未来的推盘计划等。

竞品分析包括以下几个要素。

1. 竞品分布

竞品分布以本项目同区域、同地段的竞品为主，其他区域对本区域、本地段客户有吸引力的热销项目，也可一并列出。

图2-19　项目竞品分布

2. 主要竞品销售数据

为了全面展示竞品数据，可以将竞品销售以排名形式列出，如表 2-7 所示。

表 2-7　竞品销售排名

排名	项目名称	成交套数	成交面积（m^2）	本月成交均价（元 /m^2）	成交套均面积（m^2）
1	书香门第	301	22019	6293	73
2	海景湾	174	20682	9883	119
3	新世界城	95	12497	14096	132
4	天河新城	137	12095	7957	88
5	世茂金湾	79	9983	11466	126
6	青岛小镇	42	8705	14791	207
7	银杏苑	90	8501	7792	94
8	金泽府	93	8323	7415	89
9	凤凰湾	79	7832	8549	99
10	山海湾	83	7245	9240	87

3. 热销户型借鉴

对同区域的热销户型进行分析，为后续的产品定位和户型配比提供参考。

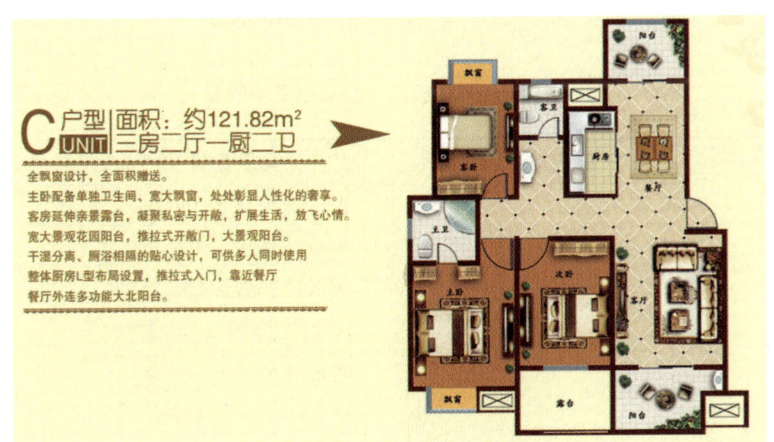

图 2-20　城市热销户型借鉴

4. 主要竞品分析

主要竞品分析包括效果图、规划、产品、户型等，如图 2-21 和表 2-8 所示。

<table>
<tr><td>地址</td><td colspan="5">龙河桥头右侧</td></tr>
<tr><td>开发商</td><td colspan="5">龙祥源置业有限公司</td></tr>
<tr><td>占地面积</td><td>7 万 m²</td><td>容积率</td><td>3.0</td><td>建筑面积</td><td>26 万 m²（商业 4.66 万 m²）</td></tr>
<tr><td>总户数</td><td colspan="2">1700 户</td><td colspan="2">车位数</td><td>1190</td></tr>
<tr><td>建筑形态</td><td colspan="5">10 栋高层住宅，4 栋多层商业（整体 3F，局部有吊 1F、吊 2F）</td></tr>
<tr><td>开盘时间</td><td colspan="5">2015 年 1 月首开 5、6、13、14 号楼，4 月开 9、10、11 号楼</td></tr>
<tr><td>后期推盘</td><td colspan="5">预计年底加推 7、8、12 号楼</td></tr>
<tr><td>销售均价</td><td colspan="5">已推 4 栋住宅售罄，均价 4700 元 /m²</td></tr>
<tr><td>面积区间</td><td colspan="5">83—108m²</td></tr>
</table>

图 2-21　竞品项目效果和基本信息

表 2-8　竞品户型、套数和基本信息

楼栋	梯户数	楼层数	户型及数量	总计
在售 9、10、11 号楼	3 梯 6 户	32 层	$83m^2$（两房）：256 套 $99m^2$（三房）：128 套 $96m^2$（三房）：256 套 $108m^2$（四房）：128 套	768 套
待售 7、8、12 号楼	3 梯 6 户	32 层	$83m^2$（两房）：384 套 $99m^2$（三房）：192 套 $96m^2$（三房）：384 套 $108m^2$（四房）：192 套	1152 套

五、客户分析

客户分析，主要是选择一个或以上的典型竞争项目，分析其主要客户来源区域、购买目的、年龄构成和置业次数等，以此判断项目未来客户的基本情况。

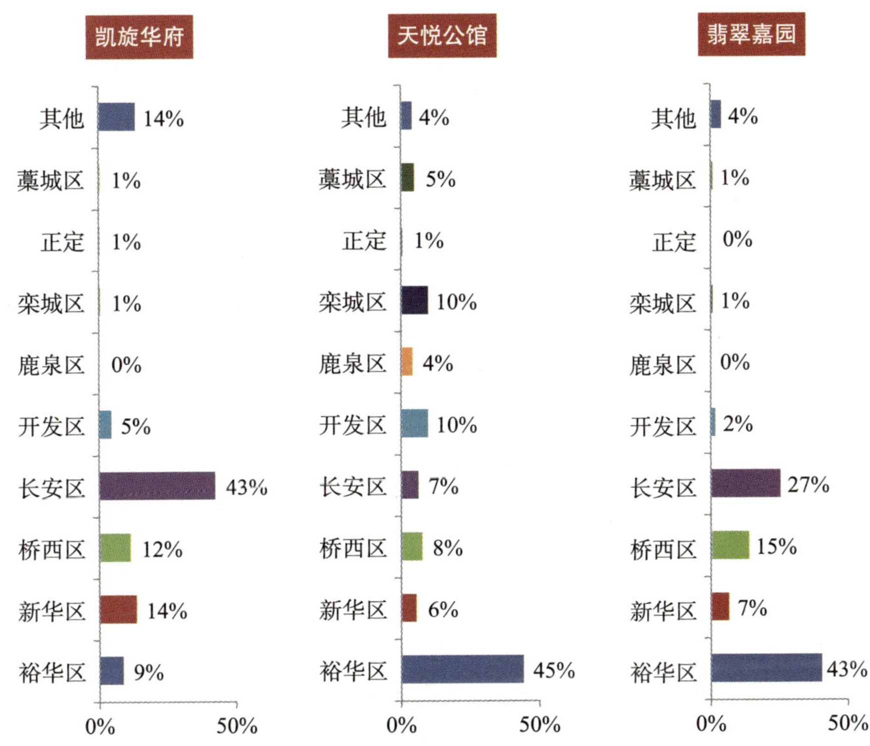

图 2-22　三个主要竞品的客户来源

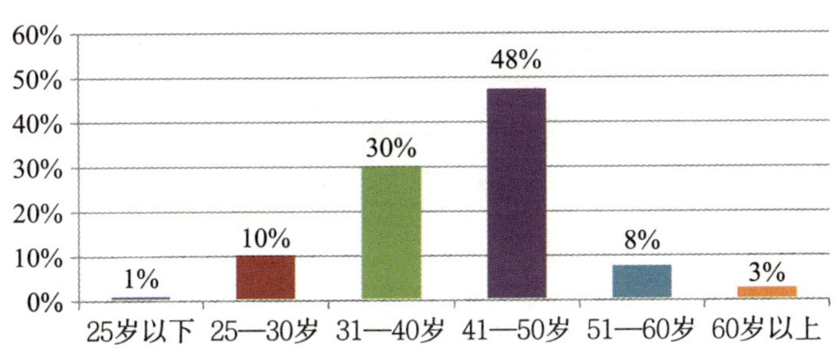

图 2-23　客户年龄构成

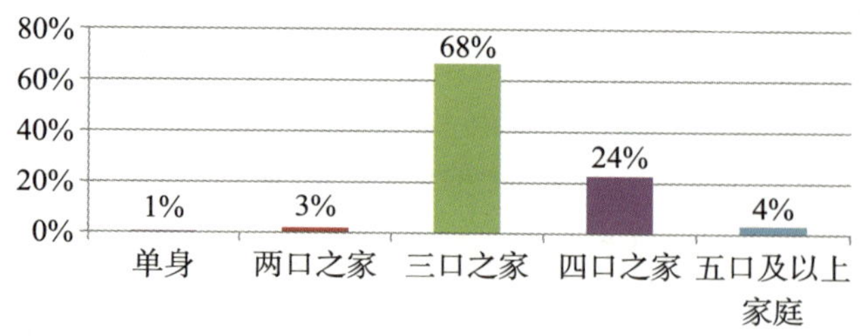

图 2-24　客户家庭结构

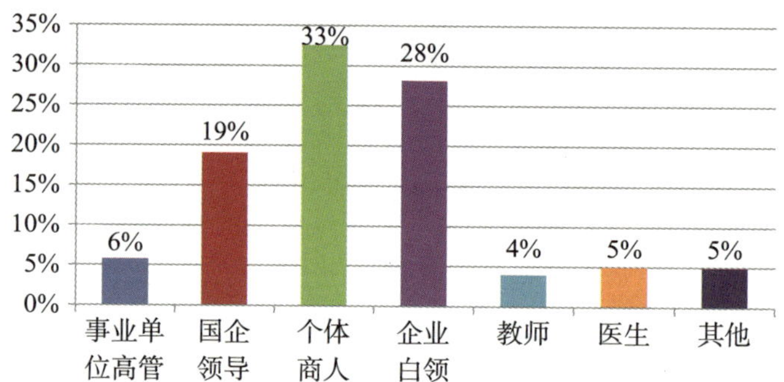

图 2-25　客户职业构成

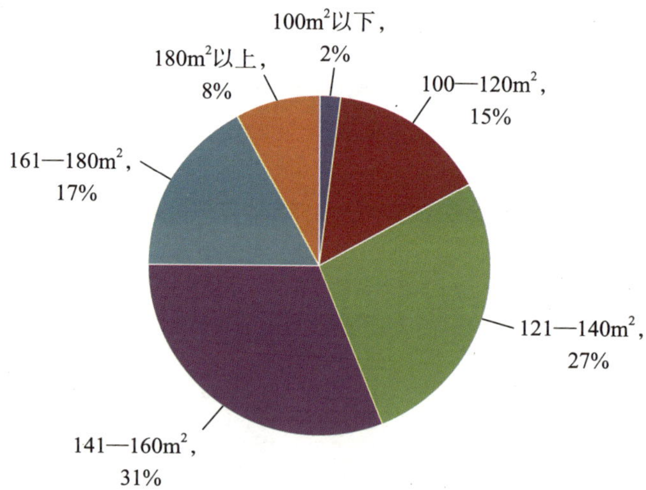

图 2-26　客户意向面积段及占比

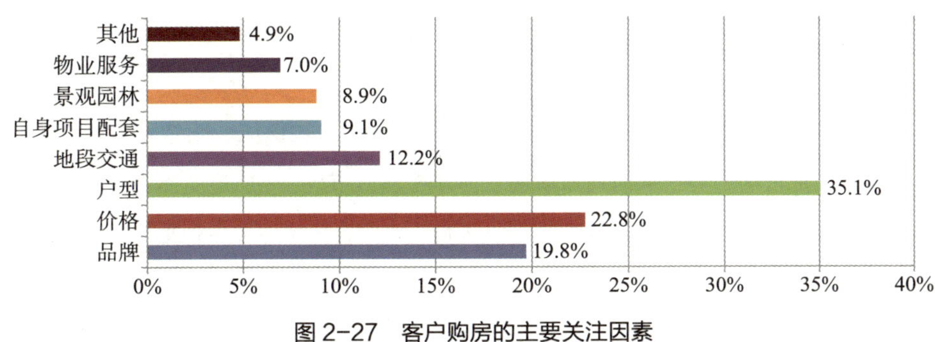

图 2-27　客户购房的主要关注因素

客户分析要做得细致，还可以加入客户价格预期、置业目的、认知途径等特征分析，如图 2-28 系列组图所示。

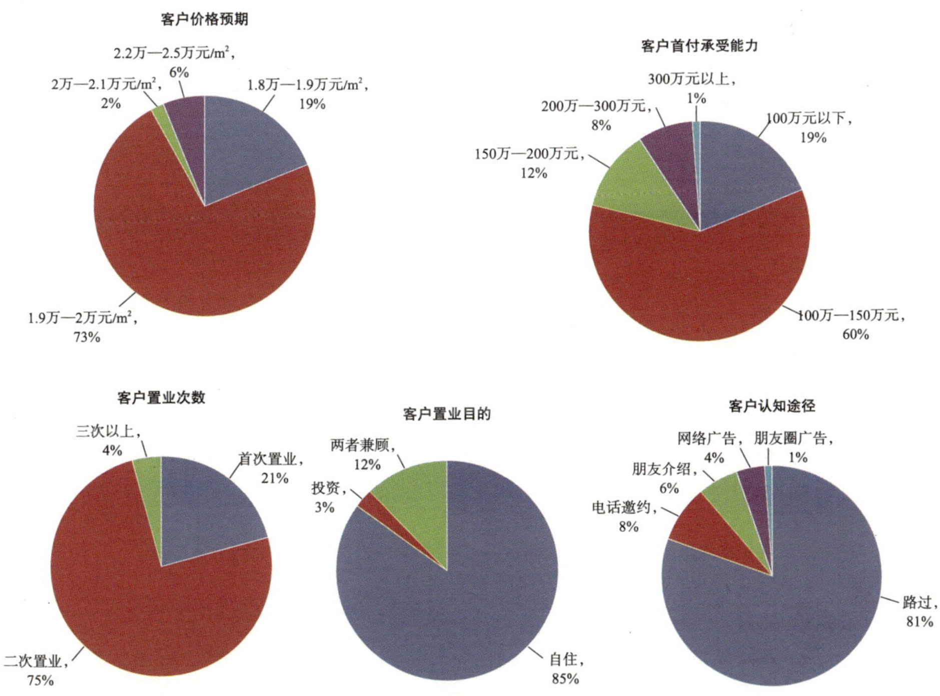

图 2-28　客户价格预期、首付承受能力、置业次数、置业目的及认知途径

节点时间

市场调研一般与地块调研同时展开，可参考地块调研节点的起始时间。

节点 TIPS

市场调研要以数据为基础，而不是靠主观臆断。通过供应、销售、价格三大核心数据，分析市场走势，从而判断市场总体环境和入市机会；通过竞品销售数据、户型分布，分析竞争情况并为产品定位提供依据；通过竞品成交客户的来源、年龄、职业、意向面积段的比例分析，对项目潜在客户进行描摹，从而实现精准客户定位。

市场调研要有系统性和整体性，提前对市场、竞品、客户进行了解，并做好调研计划，避免事先无规划、盲目地展开市场调研。要了解城市概况和整体市场情况，可以从各地规划局、统计局、房管局网站进行查询。进行竞品和客户调研，最好能找到地产同行进行了解，通过联系人进行明调和踩盘，这样得到的竞品和客户情况更为真实。

节点 3

项目定位

节点背景

我用 40 多年的时间告诉全球从事商业的人如何创造客户，创造客户的前提在于如何精准定位。

——杰克·特劳特

商业中的定位概念，最早由杰克·特劳特于 1969 年提出，并在四十多年的实战中不断得以丰富和完善。2001 年，定位理论被美国营销协会评为“有史以来对美国营销影响最大的观念”，杰克·特劳特也由此被誉为“定位之父”。在特劳特的概念里，定位就是“如何让你在潜在客户的心智中与众不同”。从营销理论上看，特劳特的创新和独树一帜在于，他认为定位不是围绕产品进行的，而是围绕潜在客户的心智进行的，也就是说，将产品定位于潜在客户的心智中。

找到差异性和竞争性，并将之有效地传递给客户，改变客户认知，这是定位的实质。定位理论传入国内，在很多行业得到了运用。本节点所指的项目定位，就是定位理论在房地产行业的具体应用。项目定位就是通过本体调研、市场调研，分析市场、客户、产品、竞品，分析优势和劣势，最终找到自己独特的差异性和竞争性。项目定位的核心目标就是塑造项目独有的属性，借此使得项目或产品在目标客户心中建立起特殊的地位或者鲜明的形象，一想到某类特征，客户会第一时间想起你并选择你，而不是选择其他项目。

节点内容

如图 3–1 所示，项目定位是在前期地块本体调研和市场调研的基础上得出的，有的房企项目定位报告一般会将地块本体调研和市场调研中的主要内容纳入报告中。由于本体调研和市场调研在节点 1、节点 2 中已经体现，本节点直接进入项目定位内容。

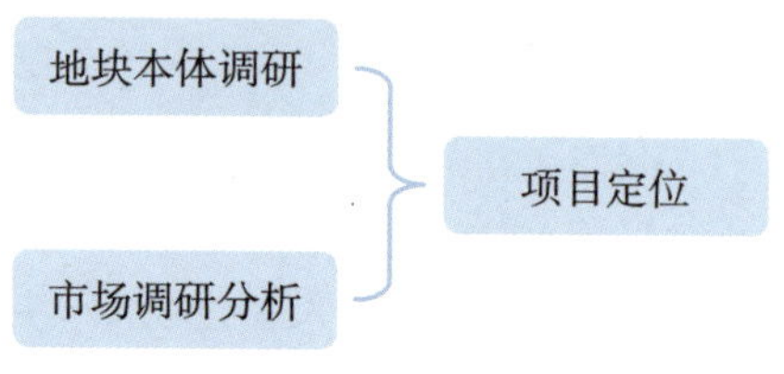

图 3–1　项目定位推导

项目定位有五大输出，分别是总体定位、客户定位、产品定位、形象定位、价格定位，有的项目定位没有这么全，但至少要有客户定位、产品定位、价格定位三项。

一、总体定位

总体定位体现了项目最核心的价值点、竞争性和差异性。如图 3–2，武汉华润万象汇项目总体定位为“武汉之心 · 292 万 m^2 · 都汇聚合体”，突出了武汉华润万象汇的核心地段、超大规模以及商业综合体的竞争定位。

图 3–2　武汉华润万象汇项目总体定位[①]

① 本书中的项目广告、文案大都做了裁剪，如删除了电话、二维码等，并不代表项目真实出品，请留意。

二、客户定位

客户定位就是在项目现有资源的基础上，发现和锁定目标客户群，了解客户需求价值链，并对意向客户进行描摹，包括年龄、职业、来源、类型等。

1. 客户细分

客户细分是将客户从购买实力、年龄、家庭结构等维度对客户进行区隔，进行客户细分有以下四个界定。

- 身份：客户没有贵贱之分，但有购房需求的偏差；
- 单位：客户细分是基于家庭，而不是个人；
- 背景：不是当前，而是生命全周期；
- 购买力：不仅要研究需求，更要分析购买力。

根据以上标准对客户进行细分，会形成不同客户分类，不仅国内标杆房企的客户分类不同，国内、国外也不尽一致。如图 3–3 所示的美国地产的客户细分，就是以客户的生命周期和支付能力两个维度对客户进行细分，如首次置业者，就是年龄小、收入低的群体，而富足成熟家庭就是年龄大、收入高的群体。

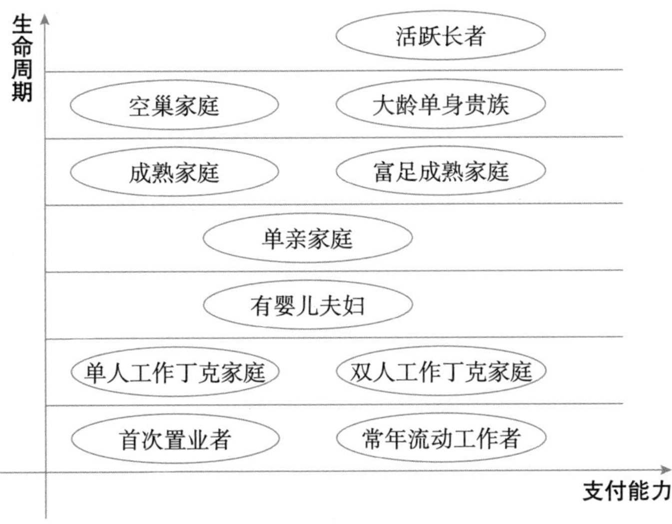

图 3–3　美国地产的客户细分

万科按照经济实力和家庭生命周期将客户分为五类，如图 3-4 所示，分别是经济务实、社会新锐、望子成龙、健康养老、富贵之家。

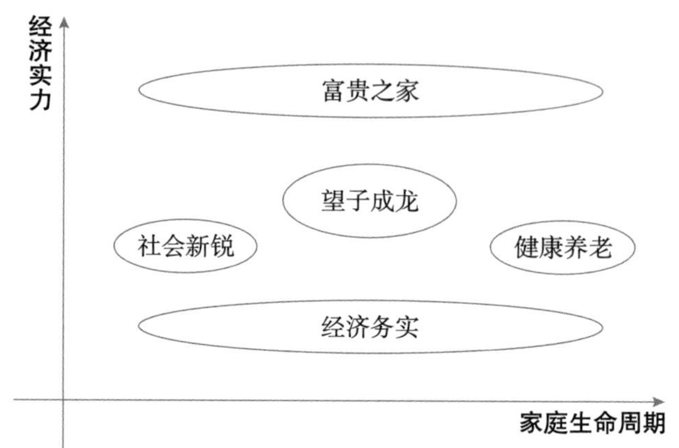

图 3-4　万科的客户细分

对这五类客户细分人群的详细描述如表 3-1。

表 3-1　万科五类客户的详细描述

价值维度	家庭生命周期	细分指标	详细描述
社会新锐	青年之家	业主年龄、是否与父母（老人）同住	年龄 25—44 岁的青年或青年伴侣（无孩子、无父母）
	青年持家		年龄 25—34 岁或者已经结婚的青年 + 父母（老人）
望子成龙	小太阳	孩子年龄、是否与父母（老人）同住	0—11 岁小孩 + 业主
	后小太阳		12—17 岁小孩 + 业主
	三代孩子		老人 + 业主 +18 岁以下孩子
健康养老	老人一二三代	有老人家庭的直系代数	（准）空巢中年或老年、老人 + 中年夫妻、老人 + 中年夫妻 +18 岁以上孩子
富贵之家	富贵之家	家庭年收入	收入（包括教育、职务等资源）远高于其他家庭的家庭
经济务实	务实之家	家庭年收入	收入（包括教育、职务等资源）远低于其他家庭的家庭
	中年之家	业主和子女的年龄	中年夫妇 +18—24 岁的孩子

2. 客户定位过程

和市场调研一样，客户定位过程各有差异，图 3-5 所示的是一种定位方法，仅供参考。

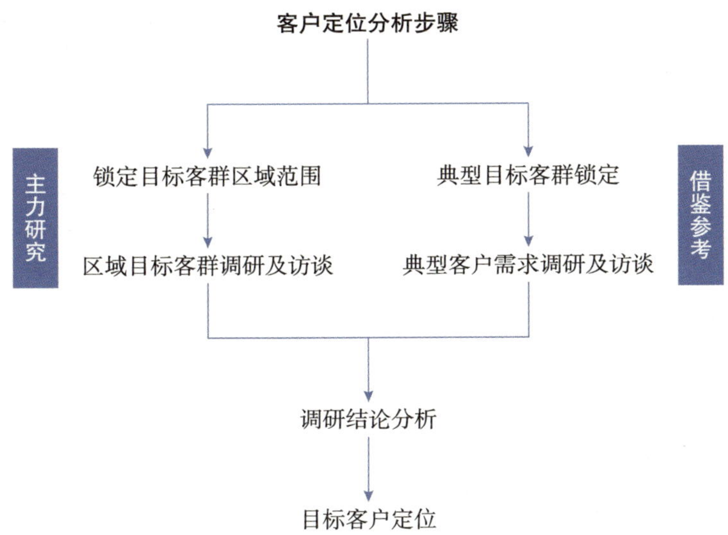

图 3-5　客户定位的推导过程细分

在这个步骤中，先是锁定目标客户的区域方位以及典型目标客户，然后是对区域目标客群和典型客户的调研。在目标客户推导过程中，客户调研是很关键的一步，客户调研工作是否细致，直接决定了客户定位的准确性。

细致的客户调研可以分为下列步骤。

- 调研重点需解决的问题（客户需求情况、目标群体区位、意向产品、地块吸引要素、产品期望）；
- 调研前期准备（调研方式、调研样本、问卷设计）；
- 定量调查问卷发放原则及方法（调查范围、样本量、样本的选择、调查方法、调查时间）；
- 调研内容分析（针对每个调研问题进行定量和定性分析、重点叙述）；
- 调研结论（客户对地块的区位认知度、客户来源、置业需求、置业目的、产品需求、户型偏好、预期价格、预期首付或预期付款方式等）。

对客户进行调研后的分析结果，可以参考表 3-2。

表 3-2 典型客户访谈结果

区域	客户基本特征	置业目的	产品面积（m^2）	总价承受能力（万元）	产品因素	对区域位置认可度	代表项目
西部区域	刘女士，40 岁，对外贸易，家庭年收入 200 万元以上，四世同堂	居住、改善	400 以上	1000—1300	地段、开发商、服务、升值空间	不认可	龙锦台
	赵先生，45 岁，从事证券行业，家庭年收入 100 万元，两口之家	居住、改善	220—300	600—800	地段、周边配套、交通、面积	不认可	紫金院
	宋先生，41 岁，IT 行业，家庭年收入 80 万元，三口之家	日常居住	250—300	600—700	地段、交通、学区房	地段不错、有些乱	豪园
北部区域	齐先生，40 岁，私营企业主，家庭年收入 60 万元，三口之家	居住、改善	130—160	400—500	地段、环境、物业管理	不认可	福熙大道
	张先生，31 岁，酒店，家庭年收入 200 万元以上，五口之家	日常居住	400 以上	1000—1400	地段、整体形象	不认可	福喜苑
东部区域	任女士，30 岁，私营企业主，家庭年收入 200 万元以上，两口之家	日常居住、投资	400 以上	1000—1400	地段、整体形象	不了解	霄云公馆
	李先生，35 岁，建筑行业，家庭年收入 200 万元，三口之家	日常居住	200—300	600—800	地段、环境、升值空间	不认可	万和公馆
南部区域	张先生，26 岁，私营企业主，年收入 200 万元，三代同堂	自住、投资	190—220	500—600	地段、户型、整体形象、其他增值服务	认可：位置不错，未来有发展空间	公园里
	某先生，33 岁，私营企业主，年收入 150 万元，三代同堂	投资	300 左右	700—900	地段、升值空间	认可：交通方便	公园里
	王先生，45 岁，金融行业，家庭年收入 100 万元，三口之家	日常居住	150—200	500—600	地段	认可：位置不错	紫熙台

客户职业分布
60%
40%
20%
0%
55%
36%
9%
公司职员
经商
公司高管
客户家庭结构
四口之家，10%
单身，27%
三口之家，18%
二人世界，18%
小太阳家庭，27%

客户购房目的
婚房 36%
（自住）环境改善型 28%
投资 18%
（自住）功能改善型 9%
子女学区房 9%
0% 10% 20% 30% 40%
客户现有住房套数
3套及以上，9%
无住房，9%
2套，9%
1套，73%

客户现有住宅面积
60%
40%
20%
0%
55%
36%
9%
75—105m2
105—125m2
125—145m2

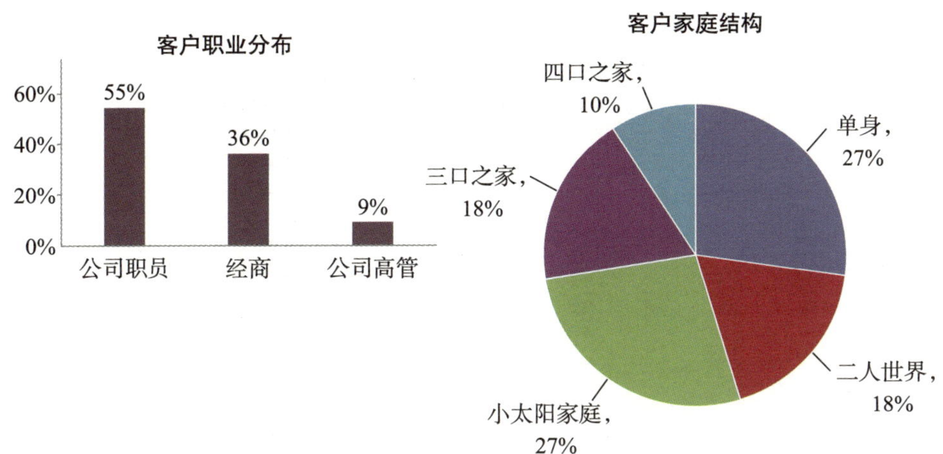

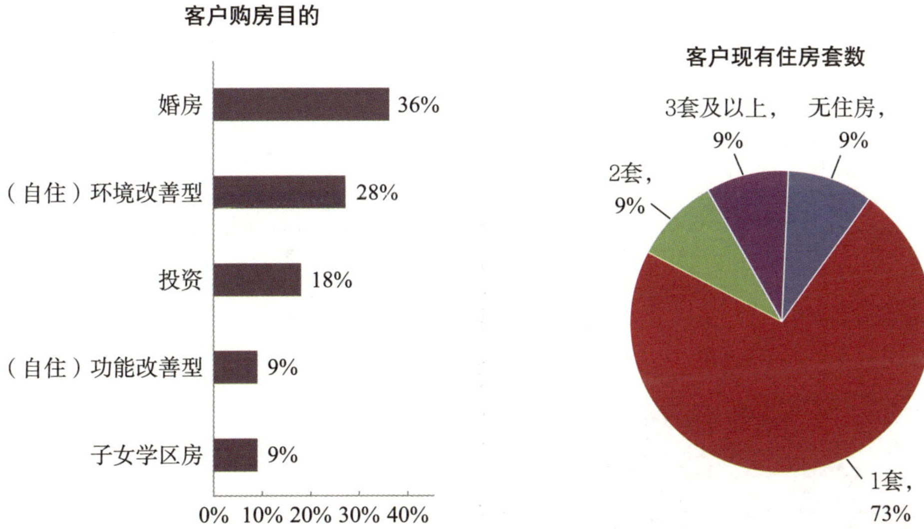

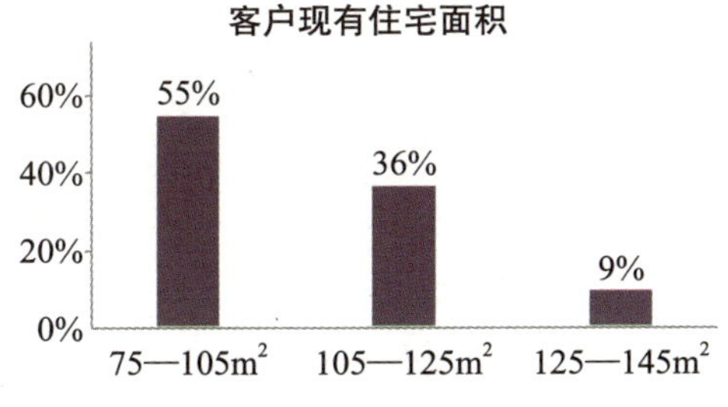

图3-6 洋房客户特征

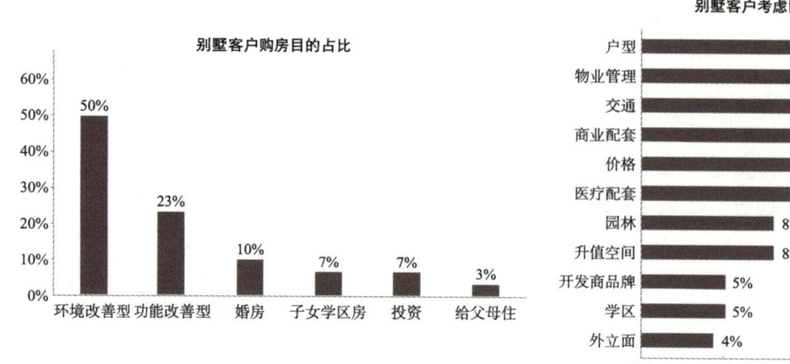

图 3-7 别墅客户特征

3. 客户定位结论

客户定位结论有比较简单的，如“地缘改善型客户，三口之家、四口之家为主，企业高级白领为多”，也有比较具体的，如图 3-8 所示的客户定位，就分成了核心客户、重要客户、潜在客户。

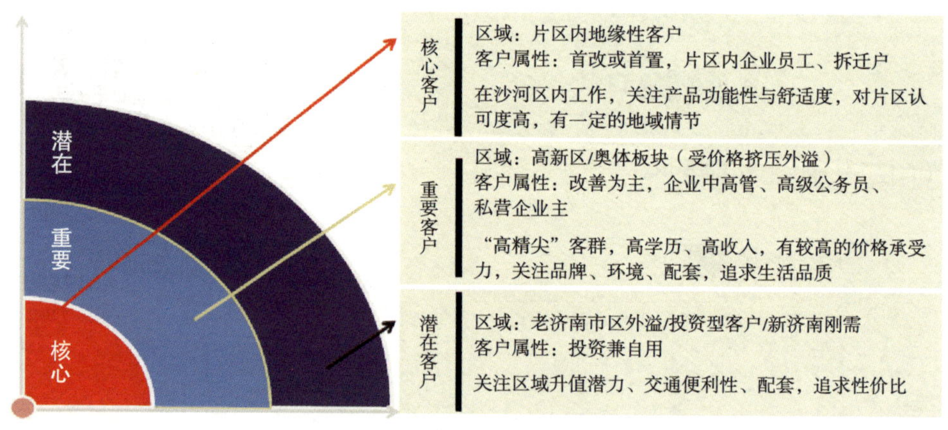

图 3-8 客户定位

三、产品定位

产品定位是在市场调研、客户定位后对产品做定位，对产品规划、户型配比、户型设计等提出定位建议。

1. 产品规划

产品规划是基于规划指标，通过对竞争区域的竞品进行调研，结合客户需求和项目用地条件，进行项目物业的规划，商业 / 住宅占比、楼型定位、梯户比等都要进行考虑，如图 3–9 所示。

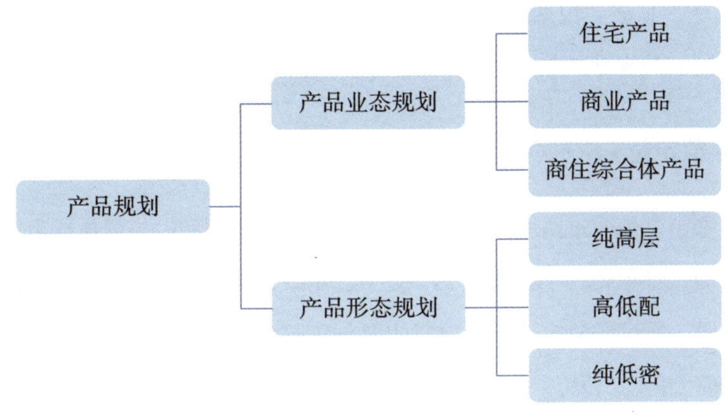

图 3–9　产品规划

2. 户型配比

基于土地价值的判断，通过市场分析判断市场发展趋势和容量，找到入市产品的机会，结合目标客户的置业需求和购买力，得出户型配比。由于户型配比的内容比较多，详细内容将在节点 4 展开。

表 3–3　户型配比表

分类	面积（m^2）	套数预估	套数比例（%）
高层	90	300	21.1
	102	300	21.1
小高层	106	200	14.1
	120	200	14.1
洋房	135	160	11.3
	155	160	11.3
联排	240	80	5.6
双拼	300—350	20	1.4
总计		1420	100

3. 户型设计

在确定户型面积段后，就进入具体的户型设计环节。在同等面积下，户型设计主要考虑的要素包括户型整体的功能空间布局是否合理，是否方正实用，各个功能空间的面宽和进深的尺度大小，南向开间的个数、通透性、采光效果、通风效果等，还有附加值是否足够，包括露台、阳台、飘窗的配置等，这些在不同的城市对应政策也有所不同，要根据城市的政策尽量做到附加值的最大化。

四、形象定位

项目形象定位是通过高度的提炼和概括，将项目特点和优势聚焦成市场和客户关注的热点，通过形象传播引起客户的兴趣和好感。形象定位主要包括项目形象外观、案名、定位语。通过形象定位统一项目的形象和调性，满足客户心理诉求。形象定位可以从以下两个角度出发：

- 从产品角度，即项目属性或特性，如“殿堂级的精装豪宅”；
- 从客户角度，对目标客户生活态度或者生活方式进行表述，如“汤臣高尔夫别墅——只给事业巅峰的成功人士”。

针对不同的项目形象，广告画面的设计有所不同。如图 3-10 所示，广告以金黄色为主色调，突出豪宅高端的调性。

图 3-10 形象定位

五、价格定位

户型配比建议确定后，结合市场情况和客户接受度进行各类产品的初步定价，依靠权重定价法推出住宅、商业、车位的价格；并对各类型产品从单价、总价、首付、月供等方面与竞品相比，进行市场验证，检验各类产品的市场竞争力。

如表3-4所示，通过市场比较法加权分析，该项目预计毛坯售价为11308元/m^2，通过初步测算（按毛坯建安3000元/m^2），楼面价在4433元/m^2及以内能保持相对合理的利润率。

表3-4　价格定位表

市场		阅山府	国际新城	丽景苑	天誉花园
参考权重		30%	25%	25%	20%
当前均价（元/m^2）		9935	11710	10137	11899
比价要点	配套	0	200	–200	100
	交通	0	100	400	0
	地段	0	200	300	–100
	环境	0	400	100	–300
	景观	0	400	0	–200
	规划	200	400	–200	0
调整后价格（元/m^2）		10135	13410	10537	11399
市场比较法定价（元/m^2）		11307			

节点时间

项目定位节点在地块本体调研和市场调研之后，一般在摘牌前20天开始启动，在摘牌前10天完成。

节点TIPS

项目定位是摘牌前极为重要的工作，是各部门对项目整体定位的初判，定位报告中所体现的成果，属于摘牌前的项目初步定位。摘牌之后，即进入项目筹备阶段，需要根据市场及客户的变化进行深化定位。进入销售阶段，常常还需要根据客户的反馈对前期定位进行改造和升级，进行产品的二次定位塑造。因此，对于房地产项目而言，项目定位不是一劳永逸的，而是要不断根据市场和客户检验结果进行优化调整。

节点 4

户型配比

节点背景

房子行不行，主要看户型。

房地产业内流传的这句话，充分说明了户型对于房子的重要性。从产品角度而言，户型对于房子，就好比酒精度对于酒，属于产品最核心的属性。户型布局是否科学，设计是否合理，关乎着客户的居住体验。

本书将户型配比放在摘牌前，是考虑大部分房企的户型配比节点是在摘牌前进行的。户型配比为项目规划提供相应的户型及其分配比例，是项目产品定位后的细化。好的户型配比方案，不仅可以吸引客户，赢得销售，同时也能够提升项目利润，提升土地盈利系数。

节点内容

户型配比是指不同产品与户型，如别墅、高层、多层、洋房等分配组合户型的占比。户型配比节点的工作主要分为四步：第一步为前期调研，主要是了解市场、客户和产品；第二步是清晰产品规划，包括熟悉公司产品、产品配置要求和利润价格要求；第三步是配置测算，对配比进行方案测算和对比；第四步是户型配置报批，进行文件的撰写并报批，这一步要了解具体的报批要求以及进行合理性评估。

一、前期调研

前期调研的目的主要有三，分别是熟悉市场、研究客户、了解竞品。通过调研找到市场所需，寻求市场的机会点、竞争突破点，挖掘项目自身特色，最终找准客户、做对产品。前期调研围绕市场、客户、产品展开，这些内容在摘牌前期的市场调研中可以找到部分内容，但又不完全一致。在做户型配比过程中，调研工作要做得更为细致，更聚焦于产品和户型。

1. 研究市场

研究市场的重点在于调研市场容量是否充分，包括以下几个部分。

- 城市人口总量，市区人口总量，经济发展水平；
- 过往几年的商品房供应量、成交量、积存量；
- 市场主流需求是什么，供求关系如何；
- 市场是否有产品空白，如别墅、LOFT 等；
- 有无供不应求的领域，如大平层。

2. 研究客户

研究客户主要是研究客户的特征与需求，主要包括目标客户特征，即客户来自哪个区域，具体位置和数量，客户对理财方式的地方性特征（付款方式、周期），还有目标客户的需求，如客户对住房的需求：面积段、户型间隔、使用功能等，客户对产品的敏感点在哪里，“买点”在哪里，客户在居住习惯及户型选择上有哪些忌讳等。客户的需求越准确、清晰，就越能够给到客户匹配的户型。

需要知道的是，客户在不同时期对产品的诉求不同，如 2020 年年初暴发的新冠疫情，经历了 2 个多月的“宅家”体验，客户对住房、户型的要求发生了深刻变化，以下是客户调研中对户型、产品反应的共同诉求。

- 卫浴干湿分离；
- 南北通透、通风效果好；
- 玄关加设洗手、消毒功能；
- 大厨房、大储藏、强大收纳空间；
- 人脸识别、语音梯控、声光控制等免接触式设计更受欢迎；

• 医疗配套、公共花园、餐饮配套、健身场所成为疫后客户的首要关注配套。

3. 研究产品

研究产品首先要熟悉当地建筑规范，如面积计算规范、日照要求、外立面要求、防震要求及其他相关规范要求。其次要研究竞品的畅销产品，包括销售好、去化快项目的规划及产品类型，主力竞品各类产品的比例及去化情况，客户对竞品产品的评价等。通过研究产品，一方面找到市场上的热销户型，另一方面在做户型配比的时候，也可以做一些差异化，从而赢得市场。

【节点案例 1】某项目户型配比

表 1　竞品项目户型配比

类型	户型	面积（m^2）	套数	比例（%）	备注
高层（30F）	3 房 1 厅 1 卫	86	406	30.0	主力产品
	3 房 2 厅 2 卫	102	680	50.3	主力产品
	3 房 2 厅 2 卫	112	170	12.6	
	4 房 2 厅 2 卫	126	48	3.6	
	4 房 2 厅 2 卫	134	48	3.6	
总套数			1352		

表 2　本项目户型配比

类型	户型	面积（m^2）	套数	比例（%）	备注
高层（18F）	3 房 2 厅 2 卫	94	68	6.8	
	3 房 2 厅 2 卫	105	482	48.0	主力产品
	3 房 2 厅 2 卫	118	230	22.9	主力产品
	4 房 2 厅 2 卫	140	162	16.1	
别墅	4 房 2 厅 2 卫	209	30	3.0	
	5 房 2 厅 4 卫	251	32	3.2	
总套数			1004		

某项目在做户型配比时，参考了同地段卖的最好的竞品户型配比，如表 1 所示，竞品主力户型是面积段 102m^2，3 房 2 厅 2 卫，由此推断本项目的主力产品也是以 3

房 2 厅 2 卫为主，但是考虑到产品要有差异化，最后得出以 105m^2 为主，同时增加市场稀缺的别墅产品，最后实现了开盘清盘的佳绩。

二、清晰产品规划

户型配比的第二步是熟悉公司产品规划要求，清晰公司产品配置以及利润价格要求。

1. 熟悉公司产品

产品包括公司现行的产品，如产品库及升级产品等。很多企业都有自己的产品系列和产品库，要做户型配比首先要知道产品系列和标准。

2. 清晰公司产品配置要求

公司现行产品的各项配置要求，如城市要求、户型要求、面积要求、容积率要求等。

3. 清晰公司利润价格要求

公司利润指标，如一二线城市整体利润率要求、三四线城市整体利润率、别墅毛坯利润率等；价格指标，包括拿地价格及各类产品的销售均价、装修价格等，具体参考公司自身情况。

各房企有自身的产品规划和要求，图 4–1 是某房企不同城市产品配置要求，供参考。

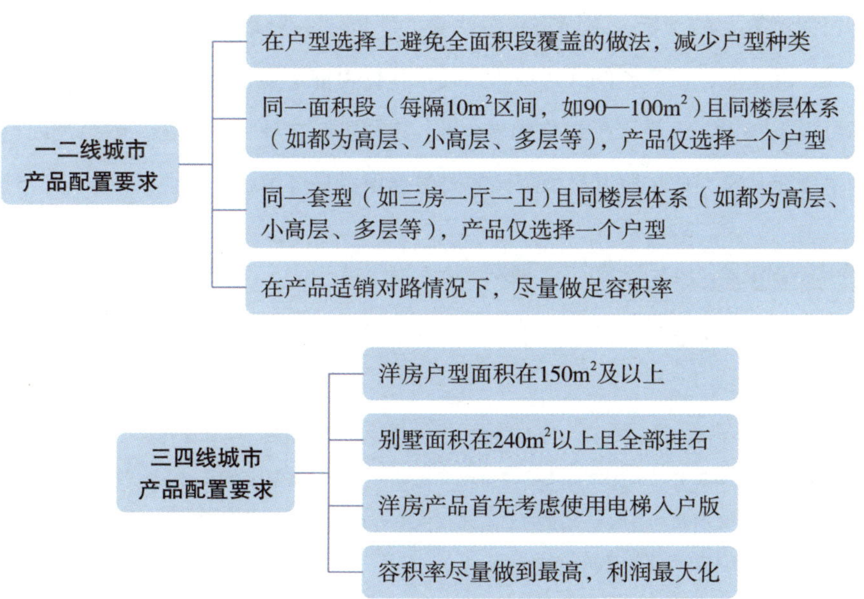

图 4–1　某房企不同城市产品配置要求

三、户型配置测算

做户型测算并最终选择户型，其关键是看衡量的标准，标准确定了，衡量户型的方法论也就成熟了，所以做户型配比首先要理解户型配比的指标。户型配比的指标比较多，包括容积率、净利润、利润率、现金流、亩产利润、土地成本、建造成本等，如表 4–1 所示。

表 4–1　地块户型配比测算表①

产品	容积率	占地（亩）	层数	户型面积（m^2）	套数	总建面（m^2）	预估价值		预估单方开发成本			净利润（万元）	亩产利润（万元）	利润率（%）
							单价（元）	总货值（亿元）	土地成本（元）	建造成本（元）	税费及附加（元）			
双拼	0.55	63.49	3	241/244	96	23280	9500	2.21	1689	5096	1302	3289	52	15
	0.55	64.48	3	267	92	24564	9500	2.33	1689	5096	1302	3471	54	15
高层	2.2	36.92	16	141	384	54144	4985	2.70	425	3420	683	2474	67	9
	2.1	5.24	15	141	52	7332	4985	0.37	425	3420	683	355	64	9
	2	23.67	15	263	120	31560	4985	1.57	464	3388	683	1420	60	9
底商	0.6	7.96	1	—	—	5985	9500	0.57	823	3159	1302	2523	317	44
合计	8	201.76	—	—	744	146865	—	9.75	—	—	—	13513	67	14

户型测算中的指标，不同房企关注重心不同，一般来说关键性指标有容积率、净利润、现金流、亩产利润这四项。这几个指标可能不能同时满足，满足了容积率，产品可能不畅销，满足不了去化和现金流；薄利多销，项目卖得快，现金流回得快，利润率可能又守不住。所以户型配比需要根据项目具体情况和企业的要求综合判断。

【节点案例 2】户型配比方案对比

某项目规划方案利润对比，以下两个户型配比方案哪个更优？

① 亩产利润：每亩土地上所包含的净利润金额。计算公式：净利润 / 占地亩数。

· 土地成本：此表中的土地成本是以楼面地价体现，即单位建筑面积平均分摊的土地价格。

· 建造成本：除土地成本及税费外的开发建设成本，包括前期工程费用、建筑安装费用、基础设施费用、公共配套设施费用。

· 预估容积率：每个建筑单体其总建筑面积与所占地面积的比值（该占地包括其周边附属的土地，如花园、道路面积）。

表1 地块户型配比测算表

类别	方案一					方案二				
容积率	1.5					1.5				
产品	双拼	联排	多层	小高层（无地下车库）	商铺	双拼	联排	小高层（无地下车库）	中高层（一层地下车库）	商铺
建筑面积占比（%）	20	12.9	13.5	53.6	0.9	21.2	19.3	27.5	30.6	1.4
售价（元/m^2）	4800	3800	2500	3000	8500	4800	3800	3000	3500	8500
亩产利润（万元/亩）	67					80				
净利润率（%）	20					21				
开发周期	开工后4个月可售			开工后5个月可售		开工后4个月可售		开工后5个月可售	开工后8个月可售	
现金流	投入2亿元，首年资金回收2.1亿元					投入2.3亿元，首年资金回收1.5亿元				

分析：

1. 容积率：两方案相同，均为1.5；

2. 产品结构：方案二的别墅产品比方案一多；

3. 整体亩产利润：方案一比方案二少13万元/亩；

4. 净利润率：方案一比方案二少0.1%；

5. 成本分析：方案一比方案二首期投入少0.3亿元；

6. 现金流分析：方案一首年回收率105%，方案二为65%。

结论：

从项目整体运营效益来看，方案一更优。方案一的亩产利润和净利润不如方案二，但由于方案一没有建地下室，节减了开发成本，而且方案一的产品均能在短期内销售，消化周期比方案二短1—2年，相比之下能更快速地回笼资金，避免存货占用过多资金成本，提高资金周转率。

如果户型配比以一个指标为单位，则相对简单一些，如追求利润最大化，甚至可以采用公式去计算。

【节点案例 3】达到利润最大化的算法

某地块的规划设计条件为：容积率≤1.5，限高 23 米。该地块只建低层和多层住宅，那么在容积率不超过 1.5 的情况下，低层和多层住宅如何配比才能使得利润率达到最大？

P：总利润；P_1=低层住宅单位面积的利润；P_2=多层住宅单位面积的利润。

S：总占地面积；S_1=低层住宅占地面积；S_2=多层住宅占地面积。

R：容积率；R_1=低层住宅容积率；R_2=多层住宅容积率。

总利润 $P=P_1S_1R_1+P_2S_2R_2=P_1S_1R_1+P_2(S-S_1)R_2$

即 $P=P_2SR_2+(P_1R_1-P_2R_2)S_1$

对于某一地块，各产品类型的售价、成本和税费确定后，可算得单位面积利润。故上述 P_1、P_2、S 为已知量。P 为关于 S_1 的一次函数。

当 $\frac{P_1}{P_2}>\frac{R_2}{R_1}$ 时，总利润 P 随 S_1 增长；即如果低层住宅单位面积的利润除以多层住宅单位面积的利润大于多层住宅容积率除以低层住宅容积率，那么总利润 P 随低层住宅占地面积 S_1 增长而增长，反之总利润 P 随多层住宅占地面积 S_2 增长。

四、户型配置报批

根据市场情况、项目定位、市场不同户型的销售情况、客户群对住宅的居住习惯及要求、地块经济技术指标的相关规范限制（如容积率、限高、90/70 政策等）、产品竞争力策略、产品户型比例、销售情况、利润测算等因素，挑选出最合适市场、最具竞争力的产品户型。

如有项目因定位特殊、政府指定性要求、地块指标限制等因素，在不影响项目开发进度的情况下，可提出新户型的研发申请，主要从以下几个方面对户型进行需求研判。

- 必要性：现在是否有通用产品可应用，能否通过修改立面或间隔即可满足项目需求；
- 可行性：项目新设计或修改的要求是否涉及展力墙结构调整，户型核心筒结构可否满足户型设计 / 修改需求；

- 时间性：户型设计 / 修改所需时间多长（参考时间约为 1 个月），是否会影响项目开发进度；
- 合理性：新户型设计或户型调整修改要根据实际市场需求或结合地块区域内特定的指标而提出（硬性指标：如限高、地块户型面宽进深限制、套型限制），修改要具有普遍适用性，能满足绝大部分客户需求。

节点时间

户型配比节点时间，不同房企差异较大。有的户型配比会和项目定位同步，户型配比内容会体现在项目定位报告中，有的则在项目定位之后。总体上，大部分户型配比时间节点在摘牌前 15 天开始，在摘牌前 5 天完成。

节点 TIPS

户型配比对项目而言极为重要，事关项目业绩达成和经营目标的实现。户型配比有两大原则：一是适销对路原则，也就是要配置当地热销的户型，不要货不对路，出现滞销；二是兼顾利润、现金流原则，好的户型配比既能满足客户的需求，还能为企业创造较好的利润和持续不断的现金流。

户型配比过程中一个常见的误区是不管市场情况如何，一味强调将容积率做满，做到不损容。实际户型配比过程中，容积率做满不难，如多配置一些高层。从项目经营和市场角度看，容积率做满的优点是有更多的货值和货量，可以卖更多的货。缺点是在有些市场，不损容的产品（如高层）去化速度慢，去化周期长，现金回流慢。在下行市场，整体去化速度不快的情况下，建议考虑损容的方式，搭配一些去化快的产品，从而实现快速回款，确保现金流的安全。

节点 5

摘牌

节点背景

地产开发的最大意义是使土地价值发挥到最大。

房子虽然和其他产品一样，具有产品属性，可以交易，可以买卖，但是房地产有其特有属性，和一般产品相比，其最大的特点是房子是不动产，是寄托于土地资源上的稀缺产品。全世界的房子都是独一无二，不可复制的。所以一旦摘牌，开发商就有了土地开发的权利，同时赋予了其使命感。除了业绩目标、利润和现金流，还需要思考的终极问题就是如何使土地价值发挥到最大。土地价值发挥到最大的标志是让人们的居住、生活变得更加美好。住宅项目，环境优美、邻里和谐；商业项目，车水马龙、人多铺旺，而不是成为烂尾楼，或者入住率极低，乃至于被称为“鬼城”。

摘牌后，让土地增值，把土地价值发挥到最大，这是每一个房地产开发人员的神圣使命。

节点内容

摘牌是指土地拍卖成功，竞买人获得土地开发权利。关于土地获取有以下几个基本概念。

一、土地获取基本知识

土地交易主要有一级市场和二级市场。土地一级市场是土地使用权出让市场，即国家通过其指定的政府部门将城镇国有土地或将农村集体土地依法征用为国有土地后出让给使用者的市场。土地二级市场是土地使用者将土地使用权转让、出租，进入流通领域进行交易的市场。

土地使用权获取方式主要有以下三种。

1. 以出让方式取得

是指国家将土地使用权在一定年限内出让给土地使用者，由土地使用者向国家支付土地使用权出让金的行为。土地使用权出让的最高年限规定如下。

- 居住用地七十年；
- 工业用地五十年；
- 教育、科技、文化、卫生、体育用地五十年；
- 商业、旅游、娱乐用地四十年；
- 综合或者其他用地五十年。

出让方式主要包括招标、拍卖、挂牌三种形式。

（1）土地招标

招标出让国有土地使用权，是指市、县级人民政府土地行政主管部门发布招标公告，邀请特定或者不特定的公民、法人和其他组织参加国有土地使用权投标，根据投标结果确定土地使用者的行为。

招标出让过程中，土地主管部门根据出让土地的具体情况编制招标文件，并实施投标的登记。投标人在登记时必须缴纳投标保证金，并提交营业执照的副本、法定代表人证明等文件。投标人在按照招标文件的要求编制标书后，在规定的时间内将标书密封投入指定标箱。经由专家组成的评标委员会按照评标标准对企业提交的投标文件进行评审后，在规定的时间地点开标。在中标人确定后，招标人应向中标人发出《中标通知书》，中标人在《中标通知书》约定的时间，按照招标文件与土地管理部门签订《国有土地使用权出让合同》。在公开招标中投标企业投标的价格是重要的评标因素，但为了防止土地开发的后续资金无法到位而出现土地闲置浪费现象，开发商的从业经验和实力也是评标委员们重点关注的因素。

（2）土地拍卖

拍卖出让国有土地使用权，是指市、县级人民政府土地行政主管部门发布拍卖公告，由竞买人在指定时间、地点进行公开竞价，根据出价结果确定土地使用者的行为。

土地主管部门根据被拍卖土地的特征编制拍卖文件，竞买人在竞买申请截止日期前提出竞买申请，缴纳不少于拍卖文件规定的保证金，并提交法定代表人证明书等资信证明。竞买人通过审查后，得到印有编号的竞买标志牌，拍卖会在拍卖公告规定的时间、地点进行。参加的竞买人不能少于三人，否则将终止拍卖。在拍卖中最终的成交价格必须高于拍卖方所制定的底价，否则将终止拍卖。拍卖成交后，竞得人按照《拍卖成交书》规定的时间和土地管理部门签订《国有土地使用权出让合同》。土地拍卖中最重要的原则是“价高者得”，与其他形式的拍卖原理相同。

（3）土地挂牌

挂牌出让国有土地使用权，是指出让人通过发布挂牌公告，按公告规定的期限将拟出让宗地的交易条件在指定的土地交易场所挂牌公布，接受竞买人的报价申请并更新挂牌价格，根据挂牌期限截止时的出价结果确定土地使用者的行为。挂牌出让流程如下。

- 出让人至少在挂牌开始日前20天发布挂牌公告，公布挂牌出让宗地的基本情况和挂牌时间、地点；
- 竞买人在提出竞买申请前，到现场踏勘标的物，查阅标的物相关资料及交易文件，有异议或疑问的，应在提交竞买申请前提出；
- 公告规定的时间内，竞买人持竞买申请书、营业执照副本、房地产开发资质证明、身份证明办理竞买申请，并缴纳竞买保证金；
- 根据挂牌文件要求，对竞买人的开发资质、诚信记录等进行审查，对符合条件的通知其参加挂牌活动；
- 在挂牌公告规定的时间和交易场所，出让人将宗地的地块情况、最新报价情况等信息挂牌公告，并不断接受新的报价、更新显示挂牌报价；
- 在挂牌公告规定的截止时间确定竞得人，竞得人与出让人签订成交确认书，同时缴纳定金，活动结束后10个工作日内，出让人将挂牌出让结果公布，并退还竞买保证金；
- 竞得人应按照成交确认书约定的时间，与出让人签订《国有土地使用权出让合同》。

招标、拍卖、挂牌这三种形式的主要区别如下。

- 招标：买家暗中出价，然后在规定时间、地点开标，价高者得；
- 拍卖：现场拍卖，当众报价，价高者得；
- 挂牌：各买家报价，挂牌时间截止时最高报价者得。

2. 以划拨方式取得

是指经县级以上人民政府依法批准，在土地使用者缴纳补偿、安置等费用后，将土地交付其使用，或者将土地使用权无偿交付给土地使用者使用的行为。以划拨方式取得土地使用权的，除了法律、行政法规有规定的以外，没有使用期限的限制。划拨土地使用权包括土地使用者缴纳拆迁安置、补偿费用和无偿取得两种形式。前者一般是城市的存量土地和征用集体土地；后者一般为国有的荒山、沙漠等。不论何种形式，土地使用者均无须缴纳土地使用权出让金。

3. 以转让方式取得

是将使用权再进行转移的行为，即土地使用者将土地使用权单独或者随同地上建筑物一同转移给他人的行为。转让方式包括出售、交换和赠与等方式。原拥有土地使用权的一方称为转让人，接受土地使用权的一方称为受让人。

土地二级市场是指出让土地使用权的转让或再转让，它体现的是土地使用者之间因土地交易而产生的责、权、利的关系。进入土地二级市场的国有土地使用权主要是出让土地使用权。土地二级市场的交易方式主要有转让、出租、抵押、股权合作等。

区分一级市场和二级市场，应以交易主体为主要依据，土地一级市场体现着政府（土地所有者）与土地使用者的关系，土地二级市场体现着土地使用权人之间的交易行为。交易行为在土地所有者与土地使用者之间发生，都属于一级市场的范畴，如政府初次出让土地等；交易的主体是不同的土地使用者，则属于二级市场的范畴，如土地转让、出租和抵押等。

二、摘牌

摘牌是指土地拍卖成功，与土地挂牌相对应。拍卖出让是按指定时间、地点，出让方在公开场所用叫价的办法将土地使用权拍卖给出价最高者（竞买人），即完成土地摘牌。各房企摘牌流程大同小异，节点案例1是某房企土地摘牌流程规范，供参考。

【节点案例 1】某房企土地摘牌流程

表 1　土地摘牌流程规范

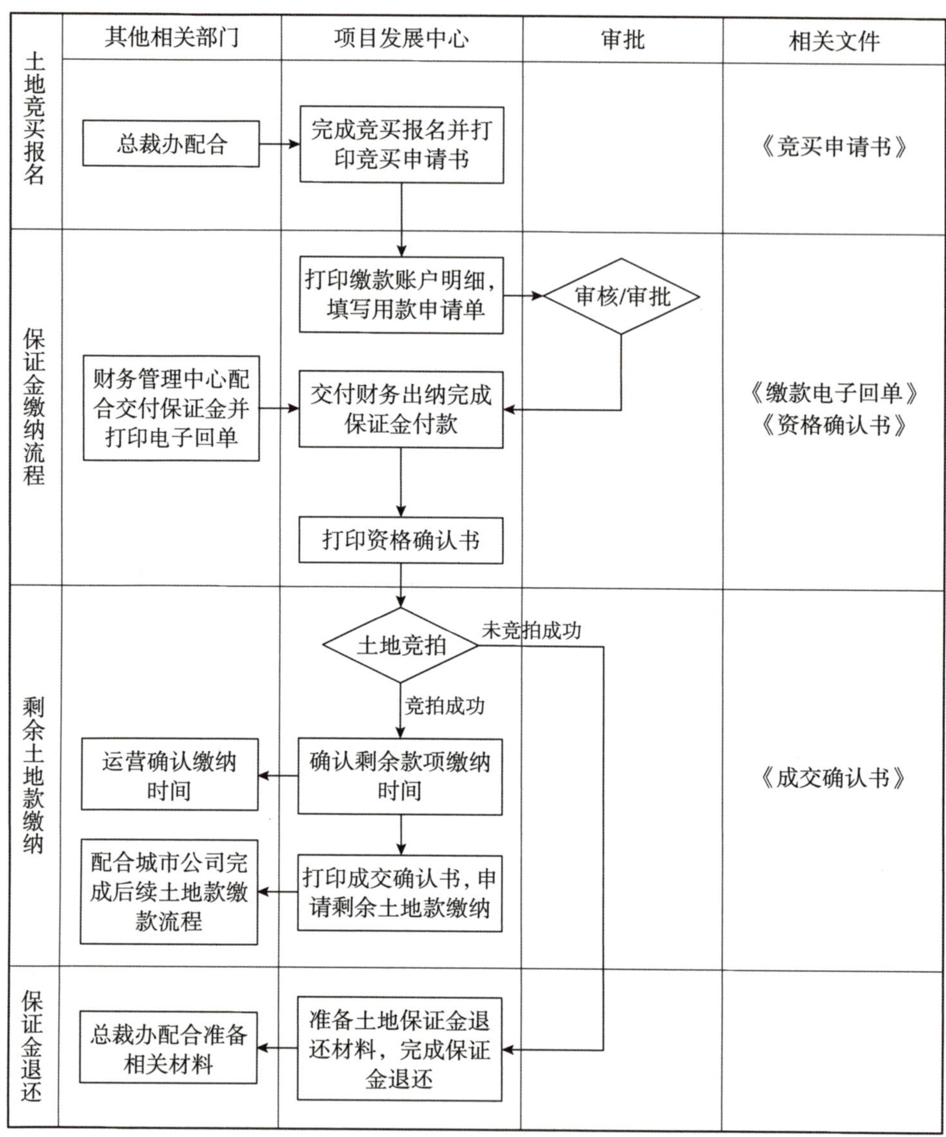

节点时间

摘牌节点时间一般为政府规定的时间，摘牌节点属于营销标准化中的基准节点，即其他节点以基准节点为时间坐标系，由基准节点时间倒推其他节点的起始时间。

营销标准化中常用的基准节点包括摘牌、示范区开放、开盘、交付。

节点 TIPS

摘牌时间由政府主导，公司主要跟进人是投资拓展部门，作为营销负责人要时刻关注摘牌的时间。很多强调高周转的房企，在摘牌前期已经做了很多的准备动作，如展厅寻址、示范区动线设置、广告公司招标、品牌导入方案等。一旦摘牌确认，相关营销动作就要立刻执行，如城市户外宣传大牌、企业品牌宣传软文等，如果摘牌前置工作没有做到位，就会出现整个营销动作的后延，影响营销整体进度。

节点 6

核心团队到岗

节点背景

一个公司的快速发展得力于聘请到好的人，尤其是需要聪明的人才。

——比尔·盖茨

比尔·盖茨这句话中的“好的人”指的是素质全面、胜任岗位的人，而“聪明的人才”不仅能胜任现在，更能适应转变、匹配未来。关于人才对企业的重要性，有很多的名人名言。之所以挑选这句，是觉得特别匹配房地产行业。大部分房企都不会满足于现状，都在追求快速成长，但是能够做到持续快速成长的并不多，其中一个关键因素就是是否拥有优秀的人才。因为房企的竞争，归根结底是人才的竞争。万科能长时间领跑行业，无外乎是前瞻性地制订了契合战略的人才计划，如 2002 年启动的“海盗计划”，2007 年实行的“007 计划”，仅 3 年后的 2010 年万科又加快了寻找新一批人才的步伐，启动了号称业内最大规模招聘的“千里马计划”。中海地产长期稳居房企 TOP10 榜单，离不开其对人才的重视，中海地产的大学生招聘已自成体系，中海地产的“海之子”计划被正式确定为新接纳毕业生的代言符号和概念名称。

正因为人才之重要，在 48 个节点中，安排了 3 个与人才培养有关的节点，分别是“核心团队到岗”“团队组建和培训”“开盘前培训”。对一个新项目来说，核心团队是项目的大脑，掌握着项目的营销方向。俗话说“兵熊熊一个，将熊熊一窝”，核心团队的综合素质关乎项目业绩能否实现，所以核心团队的组建和选拔，对于项目来说非常关键。

节点内容

一、核心团队的人员构成

一般来说，项目营销核心团队由三个人组成，其中一个是项目营销负责人，负责前期项目所有的营销筹备及推进工作，最后对业绩达成负总体责任。在营销负责人之下，一般会有两个直接下属配合项目营销负责人的工作，分别是策划负责人和销售负责人，其中策划负责人负责项目定位、前期项目筹备、合作单位的确定、销售道具的准备、营销活动的策划与执行，以及开盘筹备等策划条线的工作；销售负责人负责项目销售团队的组建、培训、考核上岗，以及后期的销售工作，对项目销售结果直接负责。

图 6-1 项目营销核心团队架构

通常，营销负责人上面还有一个项目负责人，对项目整体负责，由于本书主讲营销的标准化节点，故此处项目负责人不在营销团队架构之列。但在实际操盘中，核心团队应该包含项目负责人，负责各部门协调和整个项目的推进。

一般情况下，营销核心团队标配就是上述三人，不同企业由于其开发模式不同，也会增加渠道负责人或内勤负责人，如图 6-2 所示，分别负责渠道拓展工作以及行政后台工作，具体架构根据各企业各项目具体情况设置，其核心目的是快速推动项目工作，最终促进项目的销售。

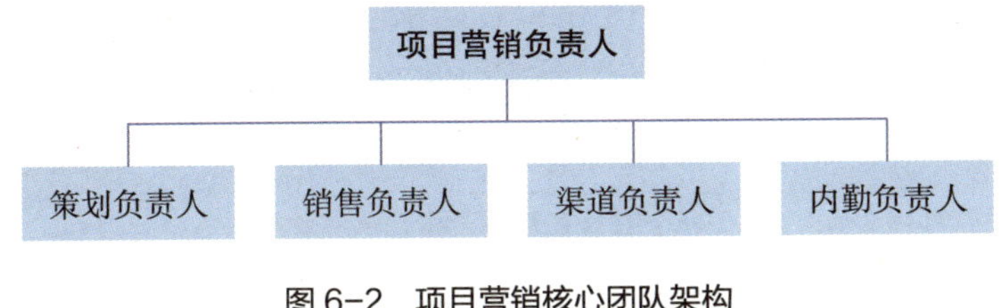

图 6-2 项目营销核心团队架构

二、核心团队的人员选聘

核心团队人员一般来源于两个渠道，一是内部征集或者竞聘的人员，二是外部招聘的人员。目前大部分房企主要采取的是第一种方式，主要原因有两点，一是基于项目开发进度的要求，为快速推进项目，内部选聘或指定速度更快，而外部招聘通常需要 1—2 个月的时间，进度慢。二是因为内部人员相对熟悉企业的具体情况和流程，进入工作状态相对较快，而外部招聘人员还需要一个适应和了解的过程，对项目的启动和推进有所不利。

基于以上因素，核心团队人员招聘来源于两个渠道，即内部征集、竞聘和外部招聘，从流程上来讲分为两步。

第一步，区域或分公司营销管理部负责人，根据新项目的摘牌进度和项目具体情况，适时优先提出内部招聘计划，由公司人力资源部门主导本区域内部人员的竞聘和营销中心内部征集工作；

第二步，人力资源中心招聘组负责外部招聘工作统筹，根据内部竞聘和征集情况，在内部无法征集到合适的候选人时，应立即启动外部招聘工作。

完成第一步内部竞聘和征集、第二步外部招聘之后，核心团队相关人员上报分管营销的副总裁进行审定，审批通过即可通知相关人员，该交接的交接工作，该入职的办理入职手续，在节点规定的时间内，完成核心团队人员的到岗工作。

三、核心团队人员的任职资格

在核心团队招聘过程中，需要清晰核心团队人员的任职资格，最好有明确的《岗位说明书》，下面是几个关键岗位说明书案例，供参考。

【节点案例 1】关键岗位说明书

表 1 《销售经理（销售负责人）岗位说明书》

岗位标示信息	姓名	×××	隶属单位	××××公司
	岗位名称	项目销售经理	岗位编码	001
	直接上级	项目营销经理	直接下级	置业顾问

续表

<table>
<tr><td>设岗目的</td><td colspan="2">负责所属项目的销售管理工作，组织销售团队完成公司绩效考核指标。</td></tr>
<tr><td>职责与工作任务</td><td colspan="2">一、制订项目全年销售工作计划及阶段性销售计划，根据市场情况和工作进展情况及时提出调整建议并拟出调整方案；
二、负责本项目销售代理招标；
三、负责本项目各项销售业务流程，拟定本项目认筹、认购商品房买卖、银行按揭等各项协议合同；
四、制定本项目销售价格体系，及时跟进市场调整价格体系及优惠策略；
五、负责有关销售协议、合同的最后审核把关；
六、监控管理现场销售部门达到公司各项要求；
七、组织销售部门完成公司绩效考核指标，负责不定期提交本项目销售情况分析报告；
八、负责本项目市场调研工作的组织执行，收集、整理并反馈与本项目业务相关的政策、市场等信息；
九、负责监控公司各项规章制度在本项目部的执行情况；
十、负责汇总本项目部成员及客户对广告宣传效果的反馈意见，根据销售进度情况对宣传推广工作提出建议；
十一、完成项目后评估报告；
十二、负责下属员工的绩效考核工作，对员工培训工作提出建议；
十三、完成领导交办及其他需协作的工作。</td></tr>
<tr><td>岗位工作关系</td><td colspan="2">向上：向项目营销经理汇报；
向下：管理置业顾问等；
平行：策划经理。</td></tr>
<tr><td rowspan="3">任职要求</td><td>知识及教育水平要求</td><td>市场营销、房地产经营与管理等相关专业全日制本科及以上学历。</td></tr>
<tr><td>工作经验要求</td><td>五年以上同等岗位相关工作经验。</td></tr>
<tr><td>基本技能与素质要求</td><td>1. 具备房地产营销专业知识，熟悉房地产销售相关工作流程；
2. 拥有沟通协调能力、应变能力及现场把控能力，具备较好的敬业精神和职业操守。</td></tr>
</table>

表2 《策划经理（策划负责人）岗位说明书》

<table>
<tr><td rowspan="3">岗位标示信息</td><td>姓名</td><td>×××</td><td>隶属单位</td><td>××××公司</td></tr>
<tr><td>岗位名称</td><td>策划经理</td><td>岗位编码</td><td>008</td></tr>
<tr><td>直接上级</td><td>项目营销经理</td><td>直接下级</td><td>策划专员、助理</td></tr>
</table>

续表

<table>
<tr><td>设岗目的</td><td colspan="2">统筹项目策划工作，建立项目在市场上的良好的口碑形象，实现项目的快速去化。</td></tr>
<tr><td>职责与工作任务</td><td colspan="2">一、项目整体营销策略
1. 对项目进行整体定位，并撰写报告；
2. 负责项目整体营销策划工作，在项目策划阶段编制项目营销推广方案；
3. 负责项目销售环境的策划（外展点、展示区等）；
4. 负责营销工作中配合项目经理解决销售现场运营中出现的各类问题。
二、项目推广策划执行
1. 负责编制项目推广策划并执行；
2. 负责制订项目营销费用计划，并控制费用；
3. 负责推广执行过程中与合作公司的对接；
4. 负责营销资料的设计、审核、制作、发布执行；
5. 负责和项目有关的营销活动执行；
6. 负责广告效果评估。
三、日常协调工作
1. 搜集广告代理公司、各类媒体、制作单位的信息，建立广告服务商信息库；
2. 负责服务商服务方案评审、实施监控、服务评价、日常协作与管理工作；
3. 日常工作报表、方案等撰写。</td></tr>
<tr><td>岗位工作关系</td><td colspan="2">向上：向营销经理汇报；
向下：策划专员、助理等；
平行：销售经理、渠道经理等。</td></tr>
<tr><td rowspan="3">任职要求</td><td>知识及教育水平要求</td><td>全日制本科及以上学历，广告、市场营销、中文、新闻等相关专业。</td></tr>
<tr><td>工作经验要求</td><td>3 年以上房地产策划或品牌策划工作经验，有过至少 2 个完整的全程策划案例。</td></tr>
<tr><td>基本技能与素质要求</td><td>1. 在专业领域富有创新精神，具备较强的推广文案撰写能力和分析判断能力；
2. 性格外向，思维敏捷，具备良好的职业素养和工作激情，沟通组织能力较强。</td></tr>
</table>

表3《项目渠道经理（渠道负责人）岗位说明书》

<table>
<tr><td rowspan="3">岗位标示信息</td><td>姓名</td><td>×××</td><td>隶属单位</td><td>××××公司</td></tr>
<tr><td>岗位名称</td><td>渠道经理</td><td>岗位编码</td><td>003</td></tr>
<tr><td>直接上级</td><td>项目营销经理</td><td>直接下级</td><td>渠道专员</td></tr>
<tr><td>设岗目的</td><td colspan="4">根据项目销售目标，组织部门人员进行渠道拓客，完成集团制定的销售目标。</td></tr>
<tr><td>职责与工作任务</td><td colspan="4">一、根据销售目标组织制定渠道拓客策略，并制订相应的执行方案，保证客户量；
二、根据执行方案将渠道拓客工作分配给下属拓客专员，督促完成渠道拓客任务；
三、维护与已有的销售渠道客户的关系，将项目的最新销售政策传达给渠道客户；
四、与案场策划、销售人员进行配合，共同完成渠道拓展和推广活动；
五、负责渠道团队的体系搭建、团队建设，确保团队人员的战斗力；
六、负责对部门员工进行渠道拓客及销售培训；
七、控制渠道拓客的成本，防止出现超出预算的状况；
八、解决在渠道拓客过程中的突发问题，注意维系企业的品牌及声誉；
九、负责下属拓客专员的业绩考核工作。</td></tr>
<tr><td>岗位工作关系</td><td colspan="4">向上：向营销经理汇报；
向下：渠道专员等；
平行：销售经理、策划经理等。</td></tr>
<tr><td rowspan="3">任职要求</td><td>知识及教育水平要求</td><td colspan="3">全日制本科及以上学历，房地产、市场营销、中文、新闻等相关专业。</td></tr>
<tr><td>工作经验要求</td><td colspan="3">3年以上房地产销售或渠道拓客管理工作经验，有过至少3个完整的渠道拓客项目案例。</td></tr>
<tr><td>基本技能与素质要求</td><td colspan="3">1. 具备良好的沟通协调和人际关系处理能力，能与渠道客户建立良好的合作关系；
2. 具备良好的领导和管理能力；
3. 具备认真负责、吃苦耐劳的精神；
4. 具备能激发员工的工作热情和积极性的能力。</td></tr>
</table>

表4《内勤后台负责人岗位说明书》

<table>
<tr><td rowspan="3">岗位标示信息</td><td>姓名</td><td>×××</td><td>隶属单位</td><td>××××公司</td></tr>
<tr><td>岗位名称</td><td>内勤经理</td><td>岗位编码</td><td>009</td></tr>
<tr><td>直接上级</td><td>项目营销经理</td><td>直接下级</td><td>项目文员</td></tr>
<tr><td>设岗目的</td><td colspan="4">协助销售经理开展项目销售工作，负责数据统计及各类其他文件的整理和归档。</td></tr>
</table>

续表

<table>
<tr><td>职责与工作任务</td><td colspan="2">一、协助项目销售经理和销售人员汇总销售数据；
二、制订分类的统计报表及部门销售业绩的统计、查询、管理；
三、负责建立、整理客户档案、销售合同，建立有效的客户信息档案，确定销售行为的合法性；
四、协助各类销售会议的组织和安排工作；
五、负责接收和传递项目员工各种报销报表和申请；
六、负责及时提供销售人员所需的各类文件资料；
七、负责起草、打印销售部各类文件；
八、协助销售经理进行业务谈判；
九、严守公司秘密，完成上级主管交办的其他工作。</td></tr>
<tr><td>岗位工作关系</td><td colspan="2">向上：向营销经理汇报；
向下：项目文员等；
平行：销售经理、策划经理等。</td></tr>
<tr><td rowspan="3">任职要求</td><td>知识及教育水平要求</td><td>全日制本科及以上学历，房地产、市场营销、中文、新闻等相关专业。</td></tr>
<tr><td>工作经验要求</td><td>2 年以上房地产销售内勤工作经验，有过至少 2 个完整的项目操作案例。</td></tr>
<tr><td>基本技能与素质要求</td><td>1. 具备良好的沟通表达、组织协调能力，吃苦耐劳；
2. 熟练操作各类办公软件。</td></tr>
</table>

节点时间

营销工作要快速开展，摘牌之后就应立刻启动核心团队到岗，一般持续 1 周，即摘牌后 1 周内核心团队到岗完毕。

节点 TIPS

核心人员的及时到岗，直接关系到项目营销整体的进度。为了加快核心人员到岗时间，在摘牌前期，就要进行核心人员的考查。等到摘牌成功后，人员就可以直接上岗。需要指出的是，为了规模化快速增长，房企在发展过程中出现人员冗余不完全是坏事，虽然增加了人力成本，但是也为后续规模化发展储备了人才，节省了招聘时间，降低了项目开发的时间成本。

节点 7

销售模式确定

节点背景

选择比努力重要，眼光比能力重要。

营销要出业绩，不仅要有“低头拉车”、埋头苦干的精神，更要有“抬头看路”的眼光。很多时候，“选择比努力重要，眼光比能力重要”。比如，项目摘牌后，首先要面临的问题是“用自销团队销售”，还是“用代理团队销售”，这个问题的结果就是销售模式的确定。目前销售团队主要有两类，一是代理公司销售团队，二是开发商自行组建的团队，也称为自销团队。由此可以组合出四种销售模式，究竟选择哪一种销售模式，没有统一和标准的答案。既要看项目规模、产品特征以及企业自身情况，也要看市场环境和竞品等因素，所以销售模式的选择对营销管理层来讲需要综合判断，认真选择，如果过于草率，随便选择一种模式，很有可能影响销售效率，达不到预期目标。模式选择得好，事半功倍；选择不好，事倍功半；在事关全局的方向性选择上，选择比能力还要重要。

节点内容

一、销售模式分类

根据销售的具体责任人不同，销售模式可以分成自建团队模式、独家代理模式、联合代理模式以及协同销售模式。需要指出的是，这里的销售模式选择指的是案场内的销售。

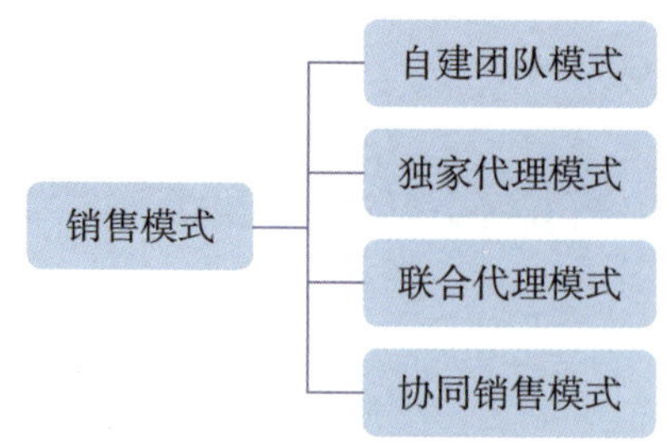

图 7-1　四种销售模式

1. 自建团队模式

自建团队模式（以下简称自销）是由开发商自行组织人员负责全部项目的销售、策划、后台、渠道管理等营销工作。

自销模式的优势在于，自销团队由开发公司自身组建，便于管理和控制。公司的销售目标和意图，能直接传递到销售一线，不会因理念理解和执行力度方面的偏差而造成失误。客户反馈的需求信息能通过自销团队在最短时间内传达到公司的管理层，便于公司对房屋的品质、户型、配套及服务等方面及时做出调整。在发生如客户投诉等情况时，公司也能通过销售人员反映的真实情况，迅速做出直接的应对和调整。

另外，从团队人员的稳定性来看，自销团队的人员流动性要小于代理公司，对公司的归属感和对项目的成就感要强于代理公司的销售人员。因熟悉公司的运作模式，自销团队的人员更容易接受相关制度管理，减轻公司的管理负担，具有相对的稳定性。

相对于优势而言，自销模式也有以下弊端。

- 新进城市组建自销团队需要一段时间，要提前启动工作，如人员招聘不顺利，有可能影响项目的营销进度；
- 相对于代理公司，自销团队在部分区域缺乏客户基础，影响销售进度；
- 相对于代理公司成熟的当地市场研究团队，自销团队对竞品信息和市场行情的了解有一定的局限性或滞后性。

那么，在什么情况下采用自销模式呢？

不同房企的做法和理解不同，通常下列情况下可以采用自销模式。

- 项目当地没有成熟的代理公司，或者项目处于远郊，代理公司不愿意合作；
- 项目所在地已有一个或多个地产项目且公司发展相对成熟，对当地市场情况有较深了解并具有充分资源，则可以采用自销模式；
- 虽然是新进城市，但项目营销团队具有强大的专业能力、丰富的业务资源、成熟的管理经验、系统的员工招聘和培训，也可以尝试采用自主销售模式；
- 渠道占比较高的项目，从营销费用可控的角度，选择自销模式较合适。

确定自销模式后，自销团队组建需遵循以下基本原则。

- 各区域公司 / 城市公司应统一规范自销团队的福利标准，对于基础福利应给予支持；
- 自销团队应保持统一的品牌标识体系，包括但不限于工牌、服装、办公用品、销售道具等；
- 自销团队的晋升机制应明确，保留自建团队到开发团队的晋升通道；
- 自销团队应建立“龙虎榜”机制，定期对业绩进行排名，对业绩好的进行相应表彰，对业绩差的给予处罚或者末位淘汰；
- 自销团队应有团队建设相关机制或规范，保持核心凝聚力。

2. 独家代理模式

独家代理模式是指开发商用一家代理公司承担项目所有销售及部分策划推广工作，其优势在于成熟的代理公司长期直接面对市场，有经营中积累的丰富经验，对全流程销售代理的各个环节都比较熟悉，对市场把握、营销策划和推广有专业的眼光和判断，能弥补部分开发商对于当地市场、客户、产品研究的不足。而且代理公司具有相关渠道搜集信息并开展市场研究，可以较准确地向开发商提供当地市场走势、客户需求和购房群体的支付能力等一些对项目成败至关重要的要素，可以使开发商规避市场风险，不犯盲目投资的错误。此外，代理公司和开发商合作可以形成优势互补的关系。开发商专心于项目的整体投资、规划和建设，代理公司则及时提供市场信息，营造项目的品牌效应并专注于楼盘的推介和销售。两者协作，能在加快项目投资回笼、推动项目良性循环并梳理市场品牌的同时，促进各自的发展。

独家销售代理在同一环境中没有可参照的竞争对手，业绩的高低难以比较，在费用开支由开发商大包干的前提下，这种机制对代理公司缺乏竞争压力，在实际操作中，许多代理公司在代理权到手后，由于缺乏竞争而产生了销售惰性。

另外，遇到市场变化时，部分代理公司可能出于对自身利益的考虑，误导开发商做出一些错误的决策，如房价的不实调整、项目的盲目投入、代理费用的不合理增加等；或者在楼盘广告宣传和人员安排上刻意压缩开支，影响楼盘的销售力度和进度，影响开发商对市场的真实判断并做出错误决策。

独家代理模式适用于缺乏后续操作项目能力的临时性地区公司，进入新的城市或区域，项目体量较小、销售时间较短，且没有客户基础或者品牌沉淀，可以采用独家代理模式，实现快速蓄客快速销售。

3. 联合代理模式

联合代理模式是指开发商同时委托两家或以上代理公司进行项目所有销售及部分策划推广工作。

联合代理模式带来竞争，引发代理工作的积极性与危机感，通过设置淘汰规则等方式，形成优胜劣汰的竞争机制，有利于提高销售工作的效率。而且代理公司在当地拥有更多的客户及品牌资源，有利于项目销售及扩大项目品牌知名度，也可以尝试将一部分销售推广压力与成本转嫁到代理公司方，进而降低项目营销成本，提升对于代理公司工作成果的考核，高奖高罚，业绩导向机制明朗，提升置业顾问的销售动力。

联合代理模式的劣势在于容易产生恶意争抢现场客户的现象，所以联合代理模式应重点关注不同代理团队之间的客户确认、业绩确认及其他案场管理工作，避免产生客户争抢等恶性竞争，损失项目及品牌口碑。而且相对自建销售团队，联合代理模式的优胜劣汰容易造成人员流动，需重点关注人员离职后的客户维护问题以及新入职员工的培训及时性。由于代理公司经营理念存在差异，会出现培训、制度传达、对客户的服务标准不统一现象，在一定程度上增加了开发商营销管理人员对于案场管理工作的难度。

相对于独家代理模式，联合代理模式更适用于：新进城市，需要专业代理公司拓展市场、梳理品牌开发的刚需或改善项目；或者项目体量较大，销售难度高、销售任务重，依靠一个代理团队无法完成拓客任务，需要大规模协同运作的项目。

4. 协同销售模式

协同销售模式是由开发商自建销售团队和代理公司团队合作销售的模式，开发商负责制订项目整体策略定位和推广计划，自销团队和代理公司协同进行拓客、渠道搭建、行政后台，必要时代理公司做一些推广动作，提升拓客效果，实现销售目标。

协同销售模式的优势是销售代理面对开发商的竞争，会选用较强人员搭配，同时开发商的自建销售团队也能从中学习代理公司某些成熟的做法，促进和提高自己的销售技巧和业务水平。由于自销团队参与销售，联合销售模式在遇到市场下行，代理公司能力不足或者投入度不够的情况时，自销团队可以起到及时补位的作用，避免了销售被动。

协同销售模式的劣势同联合代理模式类似，容易出现恶性竞争、争抢客户，增加案场管理的难度。

项目体量较大，大规模运作的刚需类或改善类项目；项目销售难度较大且具有一定销售规模的高端类项目；新进入的地理区域，需要专业代理公司拓展市场、梳理品牌开发的刚需或改善项目，都比较适用于协同销售模式。此外，进入销售瓶颈期的项目，为激发销售团队的工作积极性，引入竞争机制，也可以采用协同销售模式。

二、销售模式的选择原则

一般来说，渠道占比超过 50% 的项目、年销售额低于 5 亿元的项目，采用自销模式比较适合，年销售额在 10 亿元以上的非豪宅 / 别墅项目，套数多，建议采用自销加代理模式。其余项目销售模式的选择需结合项目所在城市发展、市场情况、区域竞争以及项目自身定位而确定。

【节点案例 1】某项目销售模式的选择历程

项目刚进入某二线城市，由于对当地市场不熟悉，且没有客户基础，刚开始选择了独家代理模式，由一家全国性的代理公司作为独家代理公司。项目初期效果良好，代理公司案场置业顾问整体素质比较高，销售力强，加上市场环境不错，每月的销售去化目标均能完成。但随着第二年国家出台调控政策，市场急转直下，该全国性代理公司当地资源不足，也难以应对，并且因为销售受阻，代理团队积极性普遍不高。这时，项目组综合考虑决定转换销售模式，选择联合代理模式，引进另外一家当地代理公司（其最大优势在于当地有很多二手房门店，客户资源积累深厚），通过联合代理模式导入更多客户资源，并且通过制定每月奖惩考核指标，加强代理团队竞争意识，激发代理团队积极性。当地代理公司进场后，积极开展导客活动，效果明显，客户量大幅增加，同时全国性的代理公司也有了危机意识，开始加大对项目的资源投入，项目在市场低迷的情况下，较好地完成了集团指标，受到了集团的表彰和奖励。在后续进入二期阶段时，由于对市场及客户有了相对的认识，最后项目组建立了自销团队，顺势转变为协同销售模式。项目总负责人说道："后续随着越来越了解市场和客户，也不排除会直接采用自销模式。"

以上是一个通过选择合适的销售模式取得佳绩的案例。从标杆房企的成长道路上我们可以看到越来越多的房企走向规模化，快速化发展后建立自销团队，自销团队对企业跨越式增长的意义在于以下几个方面。

- 自销团队的组建和逐步扩大，为企业储备营销人才，尤其是为营销项目负责人、策划经理这些营销关键岗位提供了人才梯队的保障；
- 在市场下行环境，自销团队的忠诚度、稳定性是代理团队无法比拟的；
- 自销团队成长后可以沉淀营销打法、营销文化，为公司持续增长打下坚实的知识和经验沉淀。

节点时间

销售模式选择一般在核心团队到岗之后开始，持续 1 周，即摘牌后 1 周开始，2 周内结束。

节点 TIPS

销售模式的选择不是一成不变的，也不是一旦选定就不可更改的，而是需要根据项目的销售推进情况进行调整。例如，项目初期由于体量大且回款时间紧迫，这时选择联合代理模式，可以最大限度地实现项目的去化和资金的回笼。到尾盘阶段，由于项目存量较少，且回款时间没有那么紧迫，就可以选择自销模式，以达到利润的最大化。销售模式的确定不仅在新项目前期，在项目顺销过程中，也可以进行销售模式的切换。通过灵活运用不同的销售模式，剔除已无资源的代理方，引进新的代理方，新的代理方将投入新的资源，激发销售的积极性，最终实现项目的快速去化。

节点 8

展厅展点选址

节点背景

地产营销如打仗，主战场在示范区和售楼部，分战场在展厅和展点。

经验丰富的营销操盘手习惯将地产营销比作打仗，在管理中会将战场上的语言用到营销管理中，如“冲刺”“阵地”“制高点”“高举高打”等。打仗和营销确实有着相似的地方，打仗争的是地盘，营销抢的是客户。由于购房客户的高额、低频特征，房地产行业对客户的争夺，比其他行业更激烈，更适合用“抢”这个字。因为一旦客户和竞品成交，在短时间内再购房的概率很低。从这个角度看，房地产营销比其他行业更像作战。作战需要战场，地产营销的主战场在示范区和售楼部，是集中展示产品、呈现品牌、增强客户体验并最终实现成交的地方；分战场是展厅和各级展点，通过展厅或展点的客户接待，让客户提前了解产品，传递价值，从而实现尽早蓄客，为示范区开放做好准备。

从摘牌到示范区或售楼部开放，短则 3—4 个月，长则 6—8 个月。在这么长的时间里，如果没有一个阵地用于项目形象展示和客户接待，会影响项目造势和蓄客效果。因此很多项目在示范区未亮相之前，会设置外部展示区如展厅或展点，增强客户体验，提高蓄客效率。有的房企将展厅开放节点列为营销标准化的关键节点之一，可见此节点的重要性。为了展厅展点的按时开放，在核心团队到岗后，就可以进行展厅展点的选址工作。只有前期选址工作做好了，后面的装修工作、销售物料准备工作才能同步进行，所以选址工作需要前置，列在了摘牌后的第三个工作节点。

节点内容

一、展厅展点基本概念

展厅和展点从概念上来讲都属于外部展示区，所以亦称为外展点，外部是相对于项目地块位置而言的。无论是展厅、展点还是售楼部，这三者的核心作用都是一致的，都用于项目展示和客户接待，属于营销阵地范畴。

展厅和售楼部的最主要区别在于位置，售楼部无论是永久的，还是临时的，一般都在项目所属地块内或者周边，便于销售。在售楼部介绍项目、接待客户的同时，带客户去看实体板房和项目。展厅离项目有一段距离，是项目在外场的推广和接待客户的阵地。

展点的本义是展示的地点，从这个概念上看，展厅属于展点的范畴。展点分为 4 级，通常认为 1 级展点是展厅，2—4 级展点是普通展点，本书所说展点属于普通展点概念。展厅同普通展点相比，主要区别是规模和配置。具体多大面积，硬件配置如何，开发商往往根据自己的经验设定规范。

1. 展厅分类

展厅按照规模可以分为以下三种。

（1）城市展厅

在市内商业发达、人流量大的地方设置，主要展示该城市的一个或者多个项目。如果项目在市郊，离市内比较远，货量又比较大，通常要设置展厅，将项目的展示窗口由郊区拉到市内，缩短客户触达半径，如图 8-1 所示。

图 8-1　城市展厅

（2）旗舰展厅

在一二线城市设置，展示该市已开发的项目以及开发商重点的度假项目。有的旗舰展厅专门为一个大盘度假项目所设，如图 8–2 所示的中国恒大海花岛旗舰展厅。

图 8–2　恒大海花岛旗舰展厅

（3）国际展厅

也称为国际展销中心，在国内一线城市或者国外发达城市设置，展示该企业面向国际销售的项目，如图 8–3 所示的碧桂园新加坡国际展销中心。

图 8–3　碧桂园新加坡国际展销中心

2. 展点分类

普通展点同展厅相比面积小，配置的功能区也有限，可以是租赁的商铺，或者搭建的临时建筑。普通展点又区分为 2—4 级。

2 级展点为设置在大型商超内的一定面积的展区，根据面积设置洽谈区、区位图、单体模型，面积为 20—50m^2。有洽谈区，能同时容纳 4—6 位客户进行沟通，是 2 级展点的主要特征，如图 8–4 所示。

图 8–4　2 级展点

3 级展点为在人口密集的地方设置的展位，如社区、广场、会展，一般放置一张接待台和资料架，面积为 10m^2 左右，设 1—2 名接待人员，有接待台是 3 级展点的主要特征。

图 8–5　3 级展点

4 级展点比较简单，仅有资料架、展架等，没有接待台，接待人员可设可不设。

设置城市展厅、展点的主要意义有以下四点。

- 扩展客户：通过城市展厅、外展场、展点的宣传及展示，可以让更多客户对项目有初步认识，起到对外告知的作用，拓展本项目的客户群；

- 形象展示：通过城市展厅店招、沙盘展示、展位设计、海报、宣传页等媒介传达公司品牌及项目信息，初步展示项目形象，突出项目特征；
- 促进销售：可以集中诚意客户，积累诚意客户，增加销售；
- 品牌宣传：展示企业品牌，提升品牌知名度，这一点城市展厅的作用尤为明显。

二、展厅选址

1. 展厅选址三大原则

展厅选址，首先要明确三大原则。

- 目标客户集中的区域：选取客户集中分布的城市、区域，并选取该城市、区域人流密集的场所，最大限度地让目标客户认识、认同本项目，引起客户的关注；
- 昭示性好、通达性强的区域：选取地段繁华、交通便利、昭示性强的场所，如大型商场、超市、酒店等，最大限度地提升企业品牌、项目的曝光度；
- 与项目联动交通便捷的区域：选址应考虑如何将此处积累的意向客户有效转化至项目售楼处，应选择与项目售楼处交通顺畅的场所，便于客户到达或设置看房班车，如果是城市展厅，应考虑交通的通达性及客户往返成本。

根据以上三大原则，进行展厅选址，选址确定之后一般需要撰写展厅选址方案，上报审批通过后具体执行，下面就来看展厅选址方案如何撰写。

2. 展厅选址方案的撰写

首先，需要提供多个方案以供领导选择，如果最终选择一个展厅，需提供三个方案进行参考，即一个首选方案、两个备选方案；如果选择两个展厅，需提供五个方案进行参考，即两个首选方案，三个备选方案；以此类推。

表 8-1　展厅首选方案及备选方案

选址属性	要求	首选方案一	备选方案二	备选方案三
地址	所属商圈（填写所属商圈的名称）、区位情况			
距项目地距离	距离（m）			
日均人流量	××人			

续表

选址属性	要求	首选方案一	备选方案二	备选方案三
租赁区域面积	租赁几层及每层的面积分布			
物料状态	毛坯 / 带简装			
城市道路区域	是否位于城市主干道上			
地址广场状态	门前停车位情况 / 数量 / 收费标准			
门头昭示性	门头是否清晰可见，有无绿植遮挡			
外立面要求	外立面可否改造			
租期	时间期限及支付方式（半年一付、一年一付、两年一付）			
租金	是否含物业费、转让费、中介费、税费			

在选址方案中需要在地图中标明项目所在地、三个方案所在地、所属商圈，并附上各方案的照片。

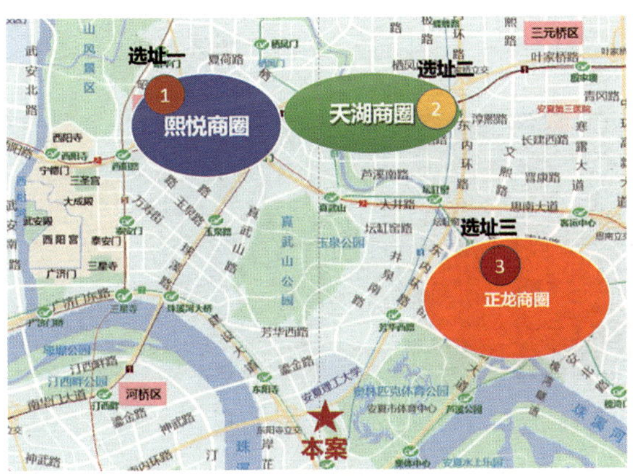

图 8-6　项目展点选址位置分布

3. 展厅选址照片要求

选址审批，最重要的是能够让审批人看到具体情况，包括外围、内部、装修等，所以展厅选址对照片要求比较高。从数量上看，至少有 10 张以上照片；从内容上看，照片需能清晰展示选址的外立面、内部装修情况及空间布局、周边车流量人流量、周边商圈及附近业态等情况。

以下为照片拍摄要求及示例。

（1）外立面

选址商铺外立面 1 张，远景图 1 张，示例如图 8-7、图 8-8。

图 8-7　商铺外立面

图 8-8　商铺远景图

（2）内部照片

显示商铺内部情况的照片 3 张以上，示例如图 8-9。

图 8-9　商铺内部

（3）周边环境

以拍摄者站在商铺门前背对商铺的角度，从向左看、向前看、向右看至少 3 个角度拍摄 5 张以上照片，其中含 1 张全景照片，示例如图 8-10 至图 8-13。

图 8-10　商铺向右视角

图 8-11　商铺向左视角

图 8-12　商铺向前视角

图 8-13　商铺向前全景视角

4. 展厅选址注意事项

展厅选址中，如果选择底商、会所等产权单位，注意产权归属情况，需确保该单位产权清晰、无产权纠纷、无法院查封记录等，避免后续签约及使用过程中引起不必要的麻烦。

此外，需重点沟通确定租赁时间、租赁具体费用、付款方式、物业情况、最早可入驻时间等，如需装修，还需要确定是否能够提供装修所需平面图等。

在展厅选址进行接洽谈判时，租赁时间需根据项目营销、工程进度进行动态把控，租赁时间不宜过长，避免因意外原因导致展厅废弃等现象出现。如果有长远打算、准备长期使用的城市展厅，则可以根据项目情况，适当延长租赁时间。

在展厅选址过程中，多拍照、勤记录，随身携带笔记本或者录音笔，将重要信息及时记录下来，有助于后续的回顾和整理。除了选址报告内要求的外立面、内部装修、外部环境相关照片之外，其他只要是能拍照的，最好都拍照留存，以备后续不时之需。

三、展点选址

展点选址较展厅选址要简单一些，主要有两大原则。

原则一：目标客户集中的区域，选取区域内大型商场、超市、购物中心设置展点，用于区域内潜在客户的接待；

原则二：区域人流密集的场所，选取地段繁华、交通便利、人流密集的场所，如商超、购物中心等，最大限度地让目标客户认识、认同本项目，引起客户的关注。

根据上述两大原则进行展点选址，选址确定之后一般需要撰写选址方案，上报审批通过后具体执行，展点选址方案同上文展厅选址方案大致相同，不再展开论述。

节点时间

展厅展点选址一般和销售模式确定同步进行，即摘牌后 1 周开始，2 周内结束。

节点 TIPS

在展厅展点选址之前，可适当了解竞品项目选择的位置，一般竞品项目入市较早，积累了很多客户信息，相对比较了解客户所在区域，如果与竞品项目区域、产品、客户等各方面都比较类似，可以适当参考竞品项目的展厅展点位置，进行本项目展厅展点的选址。

很多房企重视示范区，对展厅展点重视不够，从而给销售埋下隐患。从营销角度看，展厅展点的价值不仅是蓄客阵地、项目展示的窗口，更重要的是通过展厅展点的到访人数、到访途径、客户关注点，检验项目前期的推广效果，评估项目定位（尤其是产品定位和客户定位）是否准确、营销策略是否正确，从而尽早发现定位或者策略偏差的问题。如果这些问题发现太晚，等到示范区开放到访不足、认筹量不够，再来补救往往来不及，从而错失销售良机。所以，通过设立展厅展点，实质上是给营销设立了一道防火墙，能提前暴露问题，并尽早解决，避免留下隐患，影响业绩目标达成。

节点 9

案名及 VI 确认

节点背景

案名是楼盘的第一个广告，也是最好的广告。

案名就像人的姓名一样，很多时候未见其人，先闻其名，好的名字往往先给人留下好印象。所以，一个好的案名、美观大方的 LOGO 设计、有审美价值的 VI（视觉识别）体系，非常重要。好的案名可以为项目加分，提升项目的知名度。相反，如果案名拗口难记，且 VI 设计单调乏味，不符合大众审美口味，有可能会对项目起到负面作用，需要重视案名和与之相关的 VI 体系设计，不可掉以轻心。

节点内容

案名和 VI 体系放在一起，是因为它们同属于品牌的范畴，随户外广告一起出街，下面先看看案名。

一、案名

案名，即楼盘名称。作为楼盘的识别符号，案名是房地产广告的第一要素，是楼盘各个时期广告使用频率最高、消费者接触最多的楼盘文字。案名是楼盘寓意的象征，一个好的案名，常常建立在深厚的文化底蕴之上，将项目定位、设计理念、优势特性等以简约而响亮的名称推向市场，形成对购房者的第一波引导冲击。

1. 案名命名原则

案名虽然是楼盘的名称，但它不同于一般商品的名称，对命名有一定的要求，它有以下几项命名原则。

（1）便于传播

一个新的项目进入市场，首先接触客户并被其认知的是案名。一个吸引眼球的案名主要在于两个方面：一是新颖独特，也就是我们常说的“不一样”，独特的案名能够引起客户关注并加强记忆；二是简洁明了，便于记忆和口碑传播，如万科产品系列中的万科青春家园、四季花城、城市花园等，就比较好记、好传播。

（2）调性吻合

每个优秀楼盘都有独特的项目气质，所以案名的调性必须与项目的形象特征相吻合，突出项目的个性特色。刚需盘、改善盘、高端盘的客户定位不同，调性应不同，案名也应不同。像“泰禾院子”这样的中式化名字，就很容易让人联想到四合院、中式别墅的产品，而案名“丽景花园”则容易让人联想到小区花园式景观。如果开发的楼盘是针对普通工薪阶层的，就不适合取“金域豪苑”这样的名称，针对成功人士或都市新贵一族的，就不应取“青春家园”之类的刚需楼盘名称。案名要和产品调性相吻合，否则就无法有效区隔客户。

（3）文化底蕴

优秀的案名要具有好的文化底蕴和一定的审美价值，如“蔚蓝海岸”项目，从案名上看，其倡导的是一种滨海生活方式，从案名中就能感受到滨海生活的惬意和浪漫，给人一种浓浓的海洋文化。如“远大·理想城”，突出精神追求，面向有事业心的群体；案名“书香名第”，突出人文追求与文化内涵，面向高素质的文化人；“亲子公寓”“颐养园”等，突出对孩子的培养，对老人的孝敬等。除了文化底蕴，案名作为项目的第一传播源还必须注意项目所在地的文化特征，避免项目案名出现歧义，与当地文化相冲突或与当地喜好相背离，尤其要注意地方文化中的忌讳之处，这往往需要注意案名的发音、谐音和文字含义等方面的内容。

（4）字数要适中

好的楼盘命名，不仅要富有文化内涵，更应言简意赅，让受众接触楼盘名字后会对未来生活产生美好的联想。因此，楼盘名称一定要精短、通俗易懂，容易传播和记忆。一般以 2—5 个字为宜，名字太长达不到较为理想的传播效果。

2. 案名命名方法

一般来说，房地产企业住宅项目案名的命名方法主要有以下四种。

- 企业品牌＋城市，如兰州碧桂园；
- 企业品牌＋产品系列，如建发央著、建发泱誉；
- 企业品牌＋产品特征，产品特征包括地段（如金水花园）、景观（如莱茵河）、功能（如奥林匹克园）、建筑风格（如纽伦堡）、配套（如清华园）、户型（如御品大宅）等；
- 根据产品气质取名，不加企业名，借案名带给人的独特印象为产品塑造各种品质、意境或气质。在昆山花桥有一个项目，主打投资性小户型精装LOFT，案名叫"壹克拉"，这是一个充满女性化元素的案名，从案名上就能打动女性客户群体。

对于商业项目来讲，命名比较简单，一般包括以下方式。

- 区域＋企业品牌＋中心/广场/大厦/城等，如北京绿地中心、北海万达广场；
- 区域＋企业商业品牌＋中心/广场/大厦/城等，如淮北吾悦广场、西单大悦城；
- 区域＋产品特征，如北京蓝色港湾。

以下是一个关于案名的案例。

【节点案例1】西安翰林世家命名分析

（1）案名寓意：翰林世家旨在昭示项目所处区位的文教优势，将市场需求与项目品质紧密结合予以表达。

（2）案名和目标消费群体：项目位于西安市文教资源最集中的地方，其目标客户一般对子女教育的关注度最高，望子成龙、望女成凤心切，案名正隐含地表达了这一诉求。

（3）案名和项目品质：翰林一直是皇家御用，用翰林世家作案名能够起到传承大唐文脉、提升项目品质的作用。

（4）案名与广告推广、口碑传播：有充分的延展空间，方便口碑传播。

二、VI 体系

1. 概述

VI 全称 Visual Identity，即企业 VI 视觉设计，通译为视觉识别系统。VI 是以 LOGO 标志、标准字、标准色为核心展开的完整的、系统的视觉表达体系。将企业理念、企业文化、服务内容、企业规范等抽象概念转换为具体符号，塑造出独特的企业形象。

图 9-1　项目的 VI 体系

VI 包括很多要素，严格意义上讲凡是企业对外视觉呈现的都属于 VI 范畴，VI 设计一般包括基础部分和应用部分两大内容。视觉识别系统分为基本要素系统与应用要素系统两方面。

- 基本要素系统：企业名称、企业标志、企业造型、标准字、标准色、象征图案、宣传口号等。
- 应用要素系统：产品造型、办公用品、企业环境、交通工具、服装服饰、广告媒体、招牌、包装系统、公务礼品、陈列展示以及印刷出版物等。

对于房地产项目而言，基础要素系统包括案名、LOGO、标准化字等，应用要素系统主要包括以下四类。

- 工作用品类应用：安全帽、合同书、便签纸、各式表格用纸、卷宗纸、桌牌、烟灰缸、贵宾卡、圣诞卡、贺年卡、请柬、台历、挂历等；
- 广告模板应用：报纸广告、电视广告、杂志广告、公司简介、网页、海报和POP、杂志或增刊广告、户外看板、路牌广告、候车亭广告、灯箱广告、工地围墙、楼体案名展示、主入口案名展示等；
- 生活体验馆包装应用：室外指示系统、室内指示系统、商业和会所招牌规范、接待台背景板、阳光销售宣言、风险提示、户型展板、项目价值展板、车位租售展板、销售团队公示牌、销控板、价格公示板、玻璃贴规范、办公区名牌、洗手间名牌、温馨提示牌、签约处等区域名牌、防撞贴、公布栏、看房车、客户专线；
- 样板房 / 样板区包装应用：看楼通道包装、样板房大堂包装、样板房鞋套、样板房包装、楼梯间包装。

项目应用要素系统包括但不限于以上应用物料，可根据项目自身实际需求选择增加。

2. LOGO

LOGO 是徽标或者商标的外语缩写，是一个企业的标志，在 VI 体系中占有最重要的位置，甚至是 VI 的灵魂，国际名牌如可口可乐、奔驰、华为、苹果、爱马仕等，其 LOGO 设计无一不是独具匠心，让人印象深刻。对于项目来说，LOGO 能让购房者记住项目，了解项目文化、调性，起到对项目的识别和推广作用。

项目 LOGO 设计中，需要结合以下五点。

- 识别性：要求 LOGO 必须容易识别，易记忆，色彩和构图要简单；
- 差异性：要与其他 LOGO 有区别，要有自己的特性；
- 内涵性：设计 LOGO 一定要有它自身的含义，不能只追求形式漂亮而缺乏内涵；
- 结构性：LOGO 不同的结构会给人不同的心理意识，如品牌汽车的 LOGO 大都采用平衡对称结构，就是考虑给客户稳定、稳固的心理暗示；
- 色彩性：LOGO 常用的颜色为三原色（红、黄、蓝），这三种颜色纯度比较高，比较亮丽，更容易吸引人的眼球。

【节点案例 2】华润置地 LOGO 解读

图 1　华润置地 LOGO

华润置地 LOGO 比较有特色，上面五个要点中尤为突出的是内涵性，华润蕴含“中华大地，雨露滋润”的美好寓意，华润企业标志的设计意念源自盛唐书法宗师颜真卿的书法。颜体的“华”字中间由四个“人”字组成，由此启发而创作的华润标志，表明华润与悠久灿烂的中国文化一脉相承。四个“人”字又像一组向上的箭头，寓示着华润事业蒸蒸日上；标志中琥珀黄色正方形象征大地，寓意华润心系祖国，扎根于中华沃土。白色的“人”字从琥珀黄的底色中鲜亮地跳出来，代表勇于面对挑战，积极创新的精神。

LOGO 不是一成不变的，而是随着不同阶段进行迭代，每一次变化都是企业发展到一定阶段的体现，比较典型的是龙湖和万科，它们在企业发展过程中进行了 LOGO 的迭代和形象的升级。

【节点案例 3】龙湖新 LOGO 解读

旧版　Longfor 龙湖地产

新版　LONGFOR 龙 湖

图 1　龙湖新旧 LOGO 对比

龙湖地产于 1993 年创建于重庆，以“善待你的一生”为理念，以园林景观、物业服务作为其项目亮点，在业界树立口碑并高速成长，稳居房地产行业前列。2018 年 8 月，在龙湖创建 25 周年之际，龙湖集团启用全新的 LOGO。龙湖新版 LOGO

紧扣空间创意，以空间符号与L巧妙同构，以“取景框”为表现形式，寓意定格龙湖为客户创造“有生命的空间，有温度的服务”画面，为客户提供温暖可感知的空间和服务。标识整体风格简洁、扁平，更加聚焦“龙湖”核心品牌资产，品牌辨识度进一步提升。色彩方面，保留了蓝色作为主色调，但选用了视觉感受更明快的浅蓝色，更显年轻活力。新LOGO去掉了地产，是为了配合“龙湖地产”更改为“龙湖集团”，意味着龙湖不局限于地产，而是面向多产业发展。

品牌房企LOGO变化最多的还属万科，万科LOGO的每一次变化都是一次品牌和形象的升级。

【节点案例4】万科LOGO变化史

VANKE®万科®地产
建筑无限生活

图1　第一代万科LOGO（2007年前）

从设计层面，第一代万科LOGO采用了比较常用的替字设计法，把A变化成一些图形元素。LOGO包含的元素比较多，有Vanke、万科、地产、一条线、建筑无限生活，还有2个版权标志®，共包含6组元素，要素数量偏多，不利于用户记忆。从Slogan看，“建筑无限生活”的含义为“万科建造的房子，给生活带来了无限的可能性”，寓意不错，但还是感觉属于一个建筑公司，没有体现房地产开发的更多内涵。

图2　第二代万科LOGO（2007—2015年）

第二代万科LOGO从设计元素来看，比第一代有较大提升。文字类型的元素只留下2个，一个非常醒目的红色V组成正方形，四平八稳，有建筑的风格，也有网友解读像麻将桌，有中国风。Slogan的含义为“万科产品全生命周期的覆盖和呵护，让业主体会到人生的美好”。识别度和 Slogan 的含义都提升了一大截。但是作为房地产企业，房子应该稳固，LOGO 中的字体倾斜值得商榷，节点案例 3 中龙湖的旧版 LOGO 同样存在这个问题。

图 3　第三代万科 LOGO（2015 年 5 月 1 日至今）

2015 年 5 月 1 日，在米兰世博会开幕之际，万科发布了新的集团企业标识，也就是图 3 的第三代 LOGO。新 LOGO 采用无图形、中英文字为主的设计，主要是与国际主流设计接轨，体现公司国际化、充分利用全球资源的发展方向。字体也不再倾斜，扶正了，红色的正方形去掉了，保留红色的英文。Slogan 保留了“赞美生命”，增加了“共筑城市”，体现了万科从房地产开发商到城市运营商的转变。整体上，第三代万科 LOGO 各方面都实现了升级换代，并且与万科发展战略相契合。

节点时间

项目案名及 VI 确认一般在核心团队到岗之后即可开始，持续 3 周，即摘牌后 1 周开始，4 周内结束。

节点 TIPS

营销是一门传播学，好的产品名字能够降低传播成本，让客户快速记忆和传播，不好的名字不但让人记不住，也无法形成传播效应，所以在案名上要下功夫，不可草率。另外，在好记、易传播的基础上，项目案名及 VI 需围绕定位、目标客群以及项目完整价值展开，能够凸显项目气质，以及地段、资源等核心优势。好的案名和优秀的 VI 能为营销加分，助力销售。

节点 10

销售目标确定

节点背景

企业的任务必须转化为目标，企业管理人员必须通过这些目标对下级进行领导并以此来保证企业总目标的实现。

——彼得·德鲁克

1954 年，现代管理学之父彼得·德鲁克（Peter F. Drucker）出版《管理的实践》，书中提出了一个具有划时代意义的概念——目标管理（Management By Objectives），从此管理学成为一门学科。目标管理是德鲁克所提出的最重要、最有影响的概念，并已成为当代管理学的重要组成部分。它的主要贡献之一就是使我们能用自我控制的管理代替由别人统治的管理。他人驱动变成个人驱动，这是目标管理最大的意义。

目标管理广泛运用于地产行业，以营销为例，项目摘牌完成了，核心团队到岗，确定了销售模式以及项目案名和 VI 后，下一步就要确认全年的销售目标，围绕全年的销售目标再做目标分解，分解到首开目标、加推目标。当目标明确后，营销的一系列动作就围绕销售目标进行分解，包括货量铺排、推广执行、阶段性蓄客目标、渠道策略、团队打造等，整个营销过程从管理角度看是严谨的目标管理，房企将项目开发的任务转换成销售目标，将销售目标再分解成各个模块的目标，以及实现该目标的执行动作。

销售目标设定好了之后，就可以做营销的预算规划，和很多行业的营销费用一样，地产营销的费用和销售目标直接关联，按照一定的比例可算得营销总体费用。

由于房地产行业本身的特性，销售额比较大，少则 1 亿—2 亿元，多则几十亿元、上百亿元，对应的项目营销费用也从几百万元到几千万元。正因为数额比较大，需要对项目营销预算费用进行规范，先确定全年销售目标，再确定预算制定，报批后开始使用费用。

节点内容

本节点主要分为两个部分，第一部分为年度销售目标确定，第二部分是全年营销预算规划，年度销售目标确定是全年营销预算规划的前提。

一、年度销售目标确定

年度销售目标主要为两项——签约目标、回款目标，有的房企还将签约套数、去化率纳入销售目标。确定年度销售目标的主要过程分为以下四步。

1. 分析项目整体货量构成

根据项目基础信息和经济指标，分析项目整体土地规划及货量构成，包括总占地、建筑面积、容积率、产品预估均价、总货值等。

➢**总占地面积**：525亩；
➢**总建筑面积**：70万㎡；
➢**总货值**：40亿元（加上综合楼、会所及车位，货值为42亿元）；
➢**共规划**（部分地块规划未确定）：独栋42套、双拼250套、洋房5316套、商铺325套；
➢**容积率**：2.0

图 10-1　项目整体货量构成

2. 考虑现金流要求

有的项目追求高周转，对现金流要求比较高，如要求投入资金半年内现金流为正，这样确定首开目标和年度目标时就要考虑满足现金流要求，如节点案例 1 所示。

【节点案例 1】基于高周转的销售目标确定

项目共 153.6 亩，容积率为 2.5，建筑面积为 25.6 万 m^2，总货值预估为 14.8 亿元，土地款共 3.6 亿元，示范区、货量区、营销及其他费用支付峰值约 1 亿元，要求六个月实现经营性现金为正，开盘货量预计 80% 去化，回款为签约额的 80%，开盘的均价为 7000 元 /m^2，年度要求总货值去化 70%，由此可以推算：

- 半年首开回款目标：3.6+1=4.6 亿元
- 首开签约目标 = 4.6 亿 ÷ 0.8 = 5.75 亿元
- 首开可售面积 = 5.75 ÷ 0.7 ÷ 0.8 = 10.3 万 m^2

年度目标：14.8 × 0.7 =10.36 亿元

3. 分析市场及产品建议

了解当地市场近 1 年的销售情况并与项目本身进行对比，具体包括以下几项。

- 市场情况：近一年市场容量、价格趋势、成交分析、供求比例关系分析；
- 竞品分析：知名开发商进驻开发情况、各类产品毛坯 / 精装销售均价、去化情况；

项目名称	滨湖雅苑				
项目位置	金龙大街156号				
开发商	中正置业有限公司				
占地/建面	83467㎡/241915㎡		产品类型	板塔结合 低层 多层 高层	
总户数	1456户	容积率	2.1	绿化率	35%
首开时间	2017年12月19日		物业费用	3.30元/㎡·月	
待售面积段	98—115㎡		当期售价	均价13300元/㎡（含2500元/㎡精装）	
认筹金	10万元		楼栋数	26栋	

最新情况：滨湖雅苑计划于2018年6月24日开盘加推4#、5#、6#楼高层，建面98—129m^2(三房)，98m^2，196套；115m^2，64套；129m^2，132套，共计392套精装房源，均价13300元/m^2(均含精装2500元/m^2)。项目于2018年6月14日开始认筹，认筹361套，认筹金10万元。

图 10–2　竞品分析

- 竞品热销产品类型、面积区间、客户偏好等，如图 10–3、图 10–4 所示；

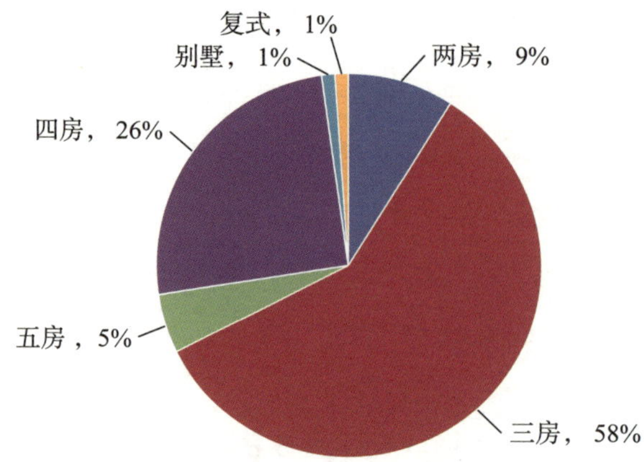

项目	两房（套）	三房（套）	四房（套）	五房（套）	复式（套）	别墅（套）
碧水湾		345	130			24
滨江公园	190	747	396			
江滨豪苑		672	56			26
丽景天下	58	68	81	128		
碧水龙庭		292	178	102		
盛世嘉苑	144	384	292		58	
天御湾	25	122	22			
合计	417	2630	1155	230	58	50
占比	9%	58%	26%	5%	1%	1%

图 10-3　竞品房型供应情况

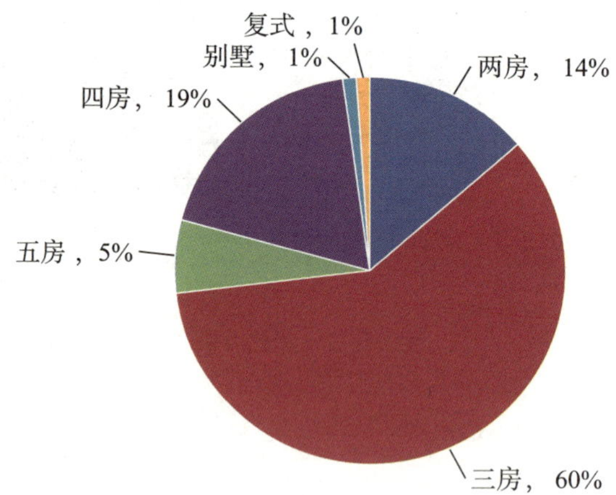

项目	两房（套）	三房（套）	四房（套）	五房（套）	复式（套）	别墅（套）
碧水湾		149	36			4
滨江公园	167	397	195			
江滨豪苑		407	33			14
丽景天下	58	51	24	90		
碧水龙庭		177	58	73		
盛世嘉苑	140	328	151		15	
天御湾	25	118	19			
合计	390	1627	516	163	15	18
占比	14%	60%	19%	5%	1%	1%

图 10–4　竞品房型成交情况

- 本项目货量构成、面积区间及所占比重、预计开盘时间等。

通过上述数据对比，可测算本项目全年销售货量预估、销售均价及去化率。

4. 销售目标分解

根据项目规模、开发节奏，测算当年销售目标，并初步将当年销售目标分解至各月销售指标，如图 10–5 所示。

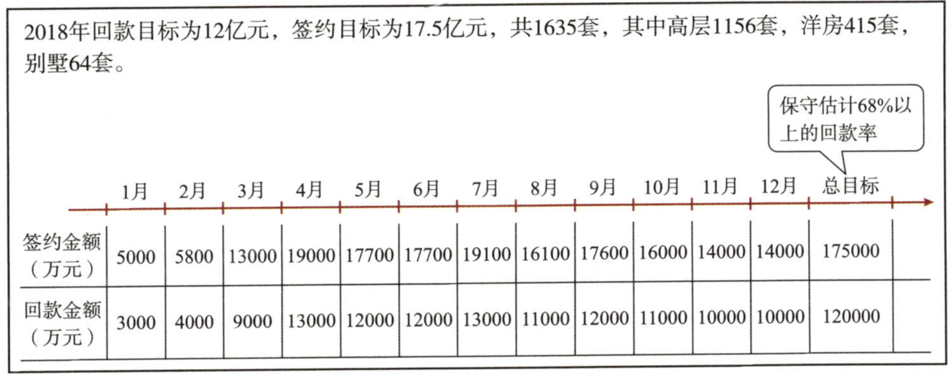

2018年回款目标为12亿元，签约目标为17.5亿元，共1635套，其中高层1156套，洋房415套，别墅64套。

保守估计68%以上的回款率

	1月	2月	3月	4月	5月	6月	7月	8月	9月	10月	11月	12月	总目标
签约金额（万元）	5000	5800	13000	19000	17700	17700	19100	16100	17600	16000	14000	14000	175000
回款金额（万元）	3000	4000	9000	13000	12000	12000	13000	11000	12000	11000	10000	10000	120000

图 10–5　项目全年销售目标分解模板

5. 完成开发推售节奏示意

根据上述确定的项目开发周期、当年开发货量节奏完成对应新项目的开发示意图，直观显示项目开发及推售计划。

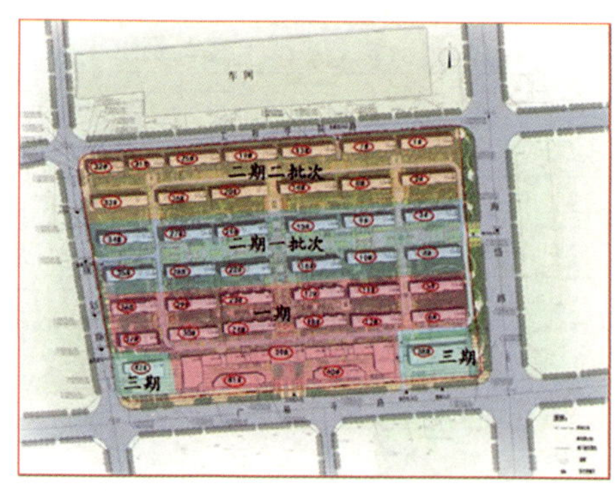

一期（洋房、叠拼、商业街）
5#6#11#12#17#18#23#24#29#30#36#37#

二期一批次（洋房）
3#4#9#10#15#16#21#22#27#28#34#35#

二期二批次（洋房）
1#2#7#8#13#14#19#20#25#26#31#32#33#

三期（酒店、幼儿园）
38#酒店、42#幼儿园

图 10-6　项目开发推售节奏示意

二、全年营销预算规划

1. 营销费用界定

不同房企对营销费用界定不同，本书将营销费用分成共性科目和个性科目两种，共性科目是应该纳入营销费用的范畴，个性科目由不同房企根据自身情况选择性纳入。

（1）共性科目

共性科目主要是推广费用，包括广告策划、线下活动、发布会、销售道具物料制作费、公关活动费，以及给到合作公司或个人的费用，包括销售代理费、渠道分销、市场调研、策划顾问等。

（2）个性科目

- 可售样板房、售楼处费用：指样板房、售楼处所发生的室内设计与装饰、家私家电等费用，可售样板房、售楼处的建筑设计、工程施工等费用一般不计入营销费用；
- 现场包装费：指因项目营销需要所发生的项目工地围档、导示牌的制作安装、示范体验区的包装等费用；
- 人工费用：包括人员工资、奖金、保险、福利等，如项目存在自销人员，则该费用中包含自销人员领取的费用及佣金、奖励等；
- 行政费用：包括办公费、水电能源费、会议费、租赁费、物业服务费、差旅费、房产交易服务费及日常物耗费等。

表 10-1 是某房企营销费用科目，供参考。

表 10-1　营销费用科目

<table>
<tr><td rowspan="4">营销费用</td><td>人工费用</td><td>包括人员工资、奖金、职工福利费、社会保险、其他保险、住房公积金、补贴及津贴、辞退福利、劳动保护费、职工股份支付、培训费用、工会经费、职工教育经费、个人劳务费等；如项目存在自销人员，则该费用中包含自销人员领取的费用及佣金、奖励等</td></tr>
<tr><td>行政费用</td><td>包括办公费（为售楼处办公费用，公司所在城市办公地址的租赁费用不得分摊至营销费用）、水电能源费、会议费、租赁费、物业服务费、报刊费用、业务招待费、环境费、差旅费、市内交通费、车辆使用费、IT 费用、通信费、邮递费用、咨询评估费、人力资源招聘费、劳务外包费、房产交易服务费及日常物耗费等</td></tr>
<tr><td>营销推广费用</td><td>包括媒介广告费、推广活动费、策划及咨询费、销售代理费及佣金、渠道费用、宣传资料费、示范区（及售楼处）物业费等；带租约销售模式下支付给第三方的定位、策划、咨询等服务费用及租赁佣金</td></tr>
<tr><td>折旧及摊销</td><td>包括固定资产折旧、土地使用权摊销、无形资产摊销等</td></tr>
</table>

2. 营销费率

营销费率计算如下：

营销费率 = 当期发生的市场营销费 ÷ 当期认定销售额

不同房企、不同项目的营销费率有所不同，同一项目在不同时期，营销费率也可以有变化，营销总部或者营销中心会对营销费率做统一的要求，如表 10-2 所示。

表 10-2　营销费率标准

<table>
<tr><th>类别</th><th colspan="2">业态</th><th>标准（取费基数为签约金额）</th></tr>
<tr><td rowspan="4">销售</td><td colspan="2">住宅（含办公性质公寓）</td><td>1.8%</td></tr>
<tr><td colspan="2">商业</td><td>2.0%</td></tr>
<tr><td rowspan="3">写字楼</td><td>市场客户整售</td><td>1.2%</td></tr>
<tr><td>定制写字楼</td><td>0.5%</td></tr>
<tr><td rowspan="5">物业</td><td>散售</td><td>2.0%</td></tr>
<tr><td colspan="2">车位、储藏间等</td><td>0.5%</td></tr>
<tr><td colspan="2">一级土地</td><td>1.0%</td></tr>
<tr><td rowspan="2">带租约销售商业、写字楼</td><td>租赁费用</td><td>提报租赁及销售方案后确定</td></tr>
<tr><td>营销费用</td><td>参照上述标准</td></tr>
</table>

有时也会针对不同项目情况做出营销费率的变化，如表10-3所示。

表10-3　不同项目营销费率标准

项目类型	费用分类	营销费率标准（%）		
		一二线城市	三四线城市	度假项目
新项目	推广活动费	1.40	0.65	4.00
	薪酬后勤费	1.10	1.10	1.70
	日常支出类	0.38	0.38	0.45
	渠道拓客费	0.26	0.30	0.80
	合计	3.14	2.43	6.95
在售项目	推广活动费	1.20	0.50	2.50
	薪酬后勤费	1.10	1.10	1.70
	日常支出类	0.35	0.35	0.40
	渠道拓客费	0.22	0.25	0.60
	合计	2.87	2.20	5.20

3. 全年预算申报

结合年度销售目标与月度销售计划，填写全年营销费用预算规划申报表。其中营销费用主要包括：项目销售推广、物料包装以及与营销相关的各类服务、展示、促销而发生的费用，具体费用体现在预算科目中，表10-4为某房企预算科目内容，供参考。

表10-4　预算科目内容

1	媒介广告	8.2	现场导识
1.1	报纸广告	8.3	绿植鲜花包装
1.2	网络广告	8.4	其他
1.3	户外广告	9	物业公司及第三方服务费
1.4	广播／电视	9.1	在售项目专线车运营
1.5	数据营销	9.2	物业服务
1.6	杂志广告	9.3	其他
1.7	其他	10	营销展示区费用
2	推广活动	10.1	临时售楼处

续表

2.1	销售活动	10.1.1	临时售楼处建筑工程
2.2	巡展 / 外展	10.1.2	临时售楼处精装工程（硬装）
2.3	专项展览	10.1.3	临时售楼处装饰（软装及配饰）
2.4	定点派单	10.1.4	租金
2.5	其他	10.2	永久售楼处
3	促销费用	10.2.1	永久售楼处装饰（软装及配饰）
3.1	员工介绍	10.2.2	待拆改装修
3.2	老客户推荐	10.3	临时样板间
3.3	企业俱乐部会员	10.3.1	临时样板间建筑工程
3.4	物业费惠让	10.3.2	临时样板间精装工程（硬装）
3.5	其他	10.3.3	临时样板间装饰（软装及配饰）
4	销售代理费及佣金	10.3.4	租金
4.1	代理佣金	10.4	永久样板间
4.2	销售奖励	10.4.1	永久样板间装饰（软装及配饰）
4.3	转介及联动费用	10.4.2	待拆改装修
4.4	其他	10.5	临时售楼处及样板段景观绿化工程
5	广告策划及咨询	10.6	售楼处及样板间运营费用
6	市场调研费	10.6.1	能耗
6.1	可研阶段	10.6.2	安保
6.2	可研后阶段	10.6.3	其他
7	销售资料	10.7	售楼处、样板间过维修期及养护期后的维修及养护费用
7.1	销售画册	10.8	销售通道费用
7.2	销售模型	10.9	整改费用
7.3	其他	10.10	其他
8	包装制作	11	其他市场营销费用
8.1	现场包装		

通常情况下，项目年度营销费用预算一经确定，除非预算目标、项目节点、整体性规划设计等发生重大变化，否则不得进行调整。超额使用须事先提交申请，说明原因，并上报审批。

节点时间

销售目标确定通常和年度预算规划同步进行，不同项目该节点时间差异较大，快的摘牌后两周内就确定了销售目标，慢的要到摘牌后一个多月才能确定下来。

节点模板

本节点有三个模板，分别为《项目年度销售目标申报表》《项目全年销售目标分解表》及《项目全年预算规划申报表》。

【模板 1】《项目年度销售目标申报表》

区域	项目	开盘时间	产品	××年货量						预估销售					
										保底目标			激励目标		
				开盘货量			开盘后于年内持续加推货量								
				套数	面积	金额	套数	面积	金额	套数	面积	金额	套数	面积	金额
合计															

【模板 2】《项目全年销售目标分解表》

月度		1月	2月	3月	4月	5月	6月	7月	8月	9月	10月	11月	12月
项目名称	单月任务（万元）												
	前置节点												
	推售节点												
	销售任务（万元）												
	预约任务（未开盘项目或产品适用）												

【模板 3】《项目全年预算规划申报表》

费用分类		时间周期		价格与结算		付款情况	
科目	费用预算	开始时间	结束时间	合同价格	结算价格	已付	未付
市场营销费用							
媒介广告							
推广合同							
促销费用							
销售代理费及佣金							
广告策划及咨询							
市场调研费							
销售资料							
包装制作							
物业公司及第三方服务费							
销售展示区费用							
其他市场营销费用							

节点 TIPS

年度销售目标并非一成不变，而是根据市场变化做调整。市场环境好，可上调销售目标；市场环境下行，可恰当降低目标。目标管理的内核是通过设立目标，激励和驱动团队，培养团队使命必达的精神。目标过高且无法实现，会影响士气；目标过低，又起不到激发斗志的作用。所以，在动态的市场环境下，科学设定和调整目标是营销管理层长期且非常重要的工作。

对首开项目，每个阶段的营销费用分配应该是不同的，尽管各房企做法不同，但是在示范区开放后的开盘冲刺阶段，费用占比应该比其他阶段高，通常所占比例要到 60%—70%，因为这个时候营销主阵地已经建好，需要大量客户来访并完成成交，应该是线上密集投放、线下人力密集铺排的时机。好钢用到刀刃上，钱也要用在关键时刻，将大部分营销费用用在示范区开放后，这样才能取得好的营销效果。

节点 11

货量组织

节点背景

家中有粮，心中不慌。

从地产营销角度看，粮就是货量，“有钱有货，营销易做”说的就是项目有营销费用，还有足够的货量支撑，业绩达标就有希望。尽管货量供应主责在工程部门，但是作为营销负责人一定要时刻关注货量进度，从营销角度、市场角度对货量提出要求，提出建议。货量组织贯穿项目开发全过程，营销管理者需要在此过程中对货量进行实时关注。

节点内容

货量组织包括开盘货量组织、开盘后货量评估、二次加推、销售监控、存货分析、新货加推等，贯穿营销全过程，如图 11-1 所示。

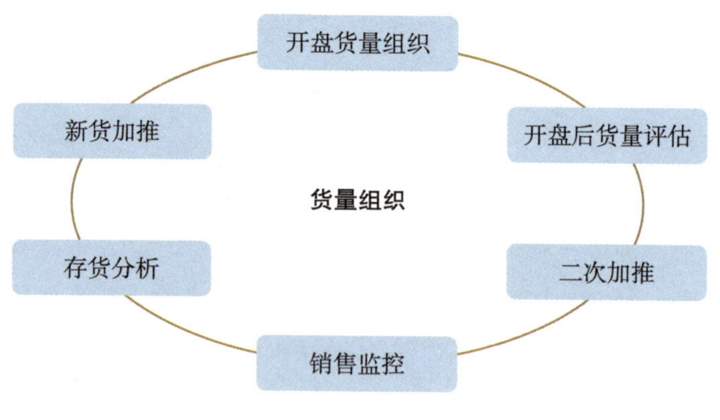

图 11-1　货量组织

无货则无法达成业绩，有货但卖不出去，会造成资金沉淀和压力，所以从营销角度看，货量组织的核心工作是对存货和新货的处理。对存货要去化，对新货要针对市场情况阶段性推货。

一、货量组织的四大原则

1. 业绩为先

第一个原则是业绩为先，所有货量组织的前提目标都是达成销售目标，所以货量组织的首要原则就是业绩为先，以业绩最大化为原则进行货量组织和筹备。

2. 内外结合

如图 11-2 所示，货量组织要内外结合，内因是地段、产品、户型、价格，外因是地产政策、市场容量、竞品情况、客户需求，内外结合才能得到良好的货量组织策略。

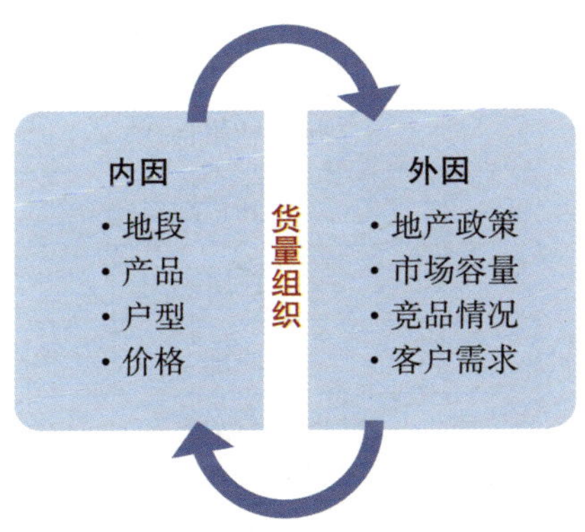

图 11-2　决定货量组织的内因和外因

3. 适销对路

适销对路，就是所卖产品符合市场需求，如现在市场上的热销产品是三房的改善型产品，对两房的刚需型产品抗性比较大，那么我们在推货的时候就需要少推或者不推刚需型产品。以业绩为目标组织货量，其最重要的一点就是要适销对路，如果没有市场需求，空谈货量组织，即使推出货量也没用。

4. 以销定产

第四个原则是以销定产，以销量来确定产量。以销定产在工业领域已经很普遍了，但是在房地产行业还未引起重视，有货就卖、盲目供货，不顾市场是否能够消化的现象时有发生。以销定产在最大程度上保证推出的产品能够快速销售出去，保持销售的通畅，这也是货量组织的一大原则。

二、开盘货量组织

新项目开盘货量组织主要从销售目标、市场情况、蓄客情况以及实际工程进度情况四个方面综合进行考量，从而确定开盘货量。

1. 销售目标

销售目标一般为总部下达的目标指令，从总部下发的销售目标出发，对目标进行分解，再对项目货量进行盘点，从而确定首期开盘货量，如表11–1所示。

表11–1　销售目标分解及货量盘点表（亿元）

销售目标分解	年度销售目标	20
	首开目标	12
总货量盘点	住宅	16
	商铺	3
	公寓	4.5
	车位	0.5
	其他	0.3

2. 市场情况

除了销售目标，还需要对市场情况进行分析，从而评估开盘货量。对市场情况，主要从城市分析、竞品分析和政策导向三个方面进行分析。

（1）城市分析

主要包括城市人口状况、经济发展水平、商品房供需量、商品房新货供应量、商品房存货量等，具体如图11–3所示。

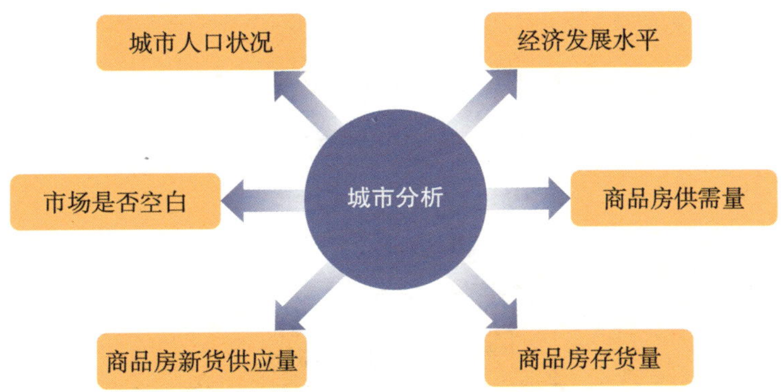

图 11-3　货量组织之城市分析要素

（2）竞品分析

从竞品选择、竞品货量、竞品品质、竞品售价四个方面进行综合考虑，具体如图 11-4 所示。

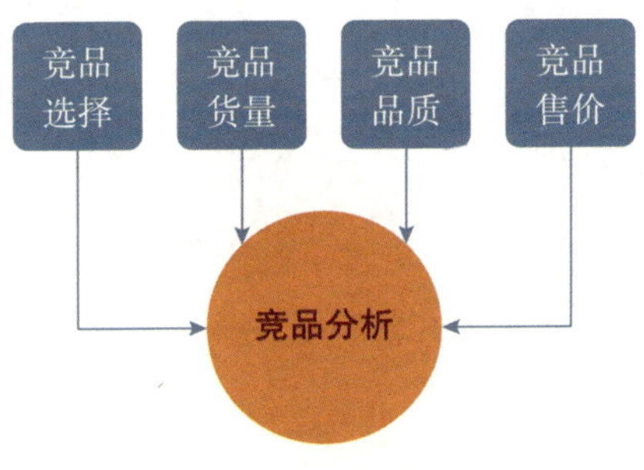

图 11-4　货量组织之竞品分析要素

（3）政策导向

主要为当地房地产政策，包括当地预售条件及购房的限购限贷政策。通过分析当地政策，评估取得预售的时间，并做相应的货量铺排。

3. 蓄客情况

衡量蓄客情况主要是通过来电、来访、排卡、认筹等数据，可以根据数据判断客户意向度。如果蓄客情况好，如筹货比高，达到 4：1 以上，就可以考虑多推货，一方面满足客户购房需求，另一方面也可以多去化，提升业绩。如果筹货比低，就需要考虑少推货，避免卖散。

4. 实际工程进度情况

当然，也要考虑实际工程进度情况，结合工程进度进行货量组织。

结合以上评估参数，根据销售目标、市场分析、客户需求、实际工程情况合理评估开盘货量。关于开盘货量组织，可参考以下案例。

【节点案例 1】开盘货量调整

表 1　开盘货量分析

项目总占地 215 亩，2014 年 3 月 10 日摘牌，总货量约 2307 套 18 亿元	
计划首期开盘货量：1799 套 14.75 亿元（其中超豪 8 套 0.38 亿元；双拼 42 套 1.37 亿元；洋房 1719 套 12.49 亿元，商铺 30 套 0.51 亿元），后续加推货量：508 套 3.25 亿元（高层）	调整为：先开发东地块（别墅 50 套 1.75 亿元、洋房约 756 套 5.5 亿元）作为开盘货量试探市场，视首期销售情况再定后续供销计划，并视筹客情况调整工程

整体市场供大于求：根据成交数据显示，截至 2014 年 4 月 30 日，全市共 657 个上市楼盘，库存高达 4.65 万套，约 686 万 m^2；其中 4 月新上市的 7 个竞品销售均不理想，住宅市场供大于求的情况较为严重。

销售持续低迷：4 月住宅上市 2838 套（成交 737 套，成交率 26%），五一黄金周销售同比下降 45%，4 月整体较 1 月下降近 39%，且呈现以价换量趋势（部分项目打出 5 字头价格）。

经研究先开发东地块（别墅 50 套 1.75 亿元、洋房约 756 套 5.5 亿元）作为开盘货量试探市场。

三、开盘后货量评估

开盘后货量评估主要包括定价方面评估和产品方面评估。

1. 定价方面评估

根据销售情况、市场走向及时进行价格评估和调整。

2. 产品方面评估

产品评估包括以下几个方面。

- 户型评估：热销户型、设计缺陷改良建议；

- 后续规划评估：户型选取及比例的评估调整；
- 后续货量评估：评估现有货量及后续货量供求；
- 交付标准评估：依据销售情况评估调整；
- 交楼时间评估：与项目部保持密切沟通，根据施工进度评估风险。

开盘后市场存在不可预测性，要重点对以下因素进行分析。

- 后续货量开发是否存在困难；
- 是否影响货源补给；
- 是否影响业绩计划。

若市场存在萎缩征兆，可考虑放缓部分后续货量的开发，但是要考虑放缓后复工的便捷性，同时考虑正常施工单位的竣工交付是否会受到影响。若市场存在较大需求，可考虑加快后续货量的开发。

开盘后货量组织需要重点跟进供货进度，具体手段如下。

- 货量赶工协调：定期与项目对接供货进度，厘清风险困难，于风险初期即与项目协商赶工及推售策略安排，争取项目支持，并协助项目完成赶工费用估算。
- 寻求资源协助：对影响销售而项目本身难以决策解决的困难，应主动配合项目进行利弊分析，提出合理解决方案并呈报区域、集团总部申请协助、风险上报。

四、新货加推

项目开盘热销后，进入二次加推和新货组织阶段，整个货量组织如图 11-5 所示。

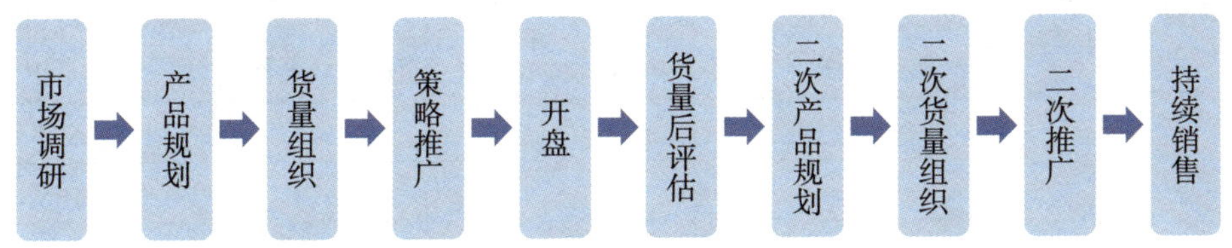

图 11-5　货量组织全过程

针对新货组织，高周转的企业会加快供货进度，如图 11-6 所示，从摘牌到开盘用 4—5 个月时间，二次开盘用 2—3 个月时间，在经过 N 次迭代后实现清盘。

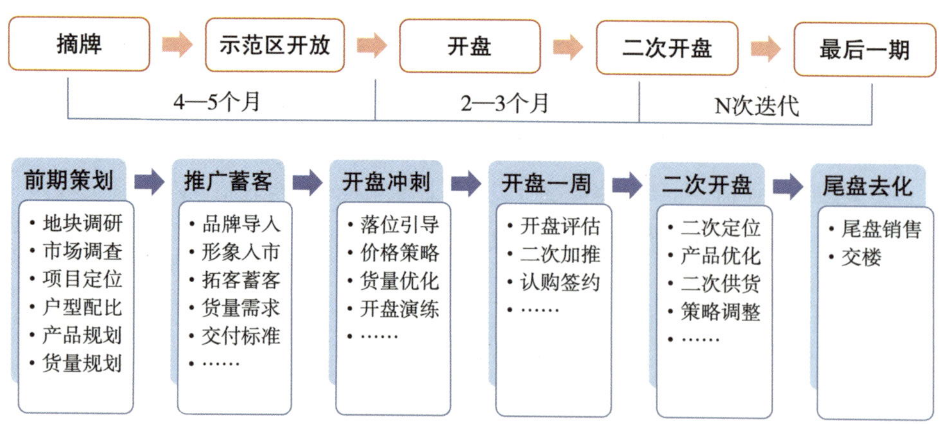

图 11-6　营销全过程中的货量组织

节点时间

货量组织从摘牌后进行筹备，贯穿营销全过程，是一项需要全程关注的节点。

节点模板

货量组织有三个模板，分别是《货量组织表》《后续新货进度评估表》及《货量调整表》。

【模板 1】《货量组织表》

项目	货量分类	苑区	产品	截至 ×× 年 ×× 月 ×× 日总可售货量			截至 ×× 年 ×× 月 ×× 日认购情况			去化率	畅 / 滞销分析
				套数	面积	金额	套数	面积	金额		
	流入存货										
	年内已供新货										
	小计										

【模板 2】《后续新货进度评估表》

	货量评估	苑区	产品	套数	面积	金额	计划供货时间	项目实际可供时间	销售需求时间	评估原因说明
后续将供新货	风险预警类									
	小计									
	策略调整类									
	小计									
	规划调整类									调整原因分析，调整前后货量变化
	小计									
	正常推进									
	小计									
全年货量总计										

【模板 3】《货量调整表》

<table>
<tr><td rowspan="3">苑区</td><td rowspan="3">产品</td><td colspan="6">首期开盘 / 售货量及销售情况</td><td colspan="9">后续新货评估调整情况</td><td rowspan="3">调整原因</td></tr>
<tr><td colspan="3">开盘 / 售推售货量</td><td colspan="3">开盘 / 销售情况</td><td colspan="4">评估调整前</td><td colspan="4">评估调整后</td><td rowspan="2">特殊说明</td></tr>
<tr><td>套数</td><td>面积</td><td>金额</td><td>套数</td><td>面积</td><td>金额</td><td>套数</td><td>面积</td><td>金额</td><td>供货时间</td><td>套数</td><td>面积</td><td>金额</td><td>供货时间</td></tr>
<tr><td></td><td></td><td></td><td></td><td></td><td></td><td></td><td></td><td></td><td></td><td></td><td></td><td></td><td></td><td></td><td></td><td></td><td></td></tr>
<tr><td></td><td></td><td></td><td></td><td></td><td></td><td></td><td></td><td></td><td></td><td></td><td></td><td></td><td></td><td></td><td></td><td></td><td></td></tr>
<tr><td></td><td></td><td></td><td></td><td></td><td></td><td></td><td></td><td></td><td></td><td></td><td></td><td></td><td></td><td></td><td></td><td></td><td></td></tr>
</table>

节点 TIPS

货量是营销业绩达成的载体，市场好的时候供货不足或市场下行时库存很多，这两种情况都直接影响业绩目标实现。为了避免供货不足和存货太多，营销需要做好以下三件事。

一是及时向项目、工程方反映市场整体情况、项目销售情况、竞品销售情况，对供货及时提出建议，做到信息交圈，供货及时，避免出现沟通盲区。

二是以销定产，卖多少，市场能消化多少，就供多少货，不盲目供货。

三是避免散卖，散卖是指一个单元去化不到 70%，又推出新的单元，导致每个单元都有不少的库存。散卖虽然能新增销售，但是很快会把新货转入积存，给后面的销售带来压力，增加库存积压风险。

节点 12

合作方招采

节点背景

移动互联时代，只有合作共赢的心态，才能走得更远。

在移动互联时代，分工越来越细，各行业专业性越来越强，企业要做强做大，就需要好的合作伙伴，共享资源，实现共赢。地产项目自摘牌后要进行一系列的线上线下推广活动，这些活动离不开合作方的专业支持，合作方涉及项目代理、广告设计、推广、制作、装修等各个方面和环节，合作方的优劣直接决定着营销业务的好坏，一定程度上也决定着销售的结果，因此对合作方招标采购应该给予充分的重视。

节点内容

一、招标方式

合作方主要包括销售代理公司、广告公司、设计公司、全案公司、微信等新媒体服务公司、渠道公司、电商合作公司、物料印刷制作公司、模型沙盘制作公司、多媒体展示制作公司、宣传片拍摄制作公司、绿植租赁公司、软硬装公司、物业公司等，供应商的选择，需根据不同营销业务的特点采用不同的招标采购方式。

营销类招标采购方式包括邀请招标、竞争性谈判、询价、直接委托四种方式。

- 邀请招标：以投标邀请函的方式邀请特定的几家（一般不少于 3 家）有效单位，即无任何关联关系的 3 家单位。投标文件中应包括技术合作方案、商务合作方案。

- 竞争性谈判：相对于邀请招标，以简易的工作流程邀请特定的几家（一般不少于 3 家）法人或者其他组织进行采购谈判。一般情况下，投标文件中应包括技术合作方案、商务合作方案。
- 询价：选择不少于 3 家单位提供加盖公章的价单进行报价，并对其进行比选及商议。
- 直接委托：对于意向合作单位在战略合作范围内且合作金额在一定数额（如 1 万元）以下的，或意向合作单位在战略合作范围外且合作金额小于一定数额（如 5000 元）的，可以采取直接委托形式。直接由意向合作单位提供加盖公章的价单进行报价及价格商议。

依照营销采购分类办法，不同类型的营销业务采购招标需采用不同的方式，不同的公司也有不同的规定，表 12-1 为某房企营销招标采购方式分类汇总表，供参考。

表 12-1　营销招标采购方式分类汇总表

<table>
<tr><th colspan="2" rowspan="3">采购分类</th><th rowspan="3">采购内容</th><th colspan="4">招标采购方式</th></tr>
<tr><th>招标方式</th><th colspan="3">非招标方式</th></tr>
<tr><th>邀请招标</th><th>竞争性谈判</th><th>询价</th><th>直接委托</th></tr>
<tr><td rowspan="2">营销类</td><td>重要营销技术类</td><td>1. 代理公司；
2. 广告公司、设计公司、全案公司；
3. 电商合作；
4. 其他认为有必要的重要技术类采购</td><td>不区分金额</td><td>——</td><td>——</td><td>——</td></tr>
<tr><td>一般营销技术类</td><td>1. 宣传片拍摄；
2. 渠道公司；
3. 物业公司；
4. 微信、新媒体服务类；
5. 多媒体展示类；
6. 模型沙盘制作；
7. 其他一般营销技术类采购</td><td>>30 万元</td><td>5 万元 <× ≤ 30 万元</td><td>5000 元 <× ≤ 5 万元</td><td>≤ 5000 元</td></tr>
</table>

续表

<table>
<tr><th colspan="2" rowspan="3">采购分类</th><th rowspan="3">采购内容</th><th colspan="4">招标采购方式</th></tr>
<tr><th>招标方式</th><th colspan="3">非招标方式</th></tr>
<tr><th>邀请招标</th><th>竞争性谈判</th><th>询价</th><th>直接委托</th></tr>
<tr><td rowspan="3"></td><td>年度战略采购类</td><td>1. 媒体框架；
2. 印刷；
3. 物料制作；
4. 短信；
5. 绿植租摆；
6. 其他重复性高、标准化强的采购</td><td>——</td><td>——</td><td>>1 万元</td><td>≤ 1 万元</td></tr>
<tr><td>重大营销类</td><td>1. 同一城市同一供应商年度累计合作金额超 30 万元；
2. 单项采购金额超过 20 万元；
3. 非技术类采购</td><td>>30 万元</td><td>5 万元 <x ≤ 30 万元</td><td>5000 元 <x ≤ 5 万元</td><td>≤ 5000 元</td></tr>
<tr><td>一般营销类</td><td>单笔金额未超过 20 万元的非技术类采购</td><td>——</td><td>5 万元 <x ≤ 20 万元</td><td>5000 元 <x ≤ 5 万元</td><td>≤ 5000 元</td></tr>
<tr><td rowspan="3">非营销类</td><td rowspan="2">技术类</td><td>售楼处、样板间硬装</td><td colspan="4">不区分金额，按成本招投标管理办法</td></tr>
<tr><td>售楼处、样板间软装配饰</td><td colspan="4">集中采购情况下，不区分金额，按成本招投标管理办法；非集中采购情况下，参照营销类招采分类办法</td></tr>
<tr><td>非技术类</td><td>售楼处、样板间固定资产采购</td><td colspan="4">不区分金额，按固定资产管理标准进行</td></tr>
</table>

二、招标采购的流程

确定好招标采购方式之后，采购管理按以下流程进行，如图 12-1 所示。

供应商入库	发出采购邀请	采购申请及定标	合同订立	采购执行	验收及履约评价	付款

图 12-1　指标采购全流程

1. 供应商入库

营销采购申请发起前，应首先完成相关供应商入库管理工作。拟定邀约入库的供应商需具备所提供服务的相关资质，有同行业多项成功案例的供应商优先。

2. 发出采购邀请

供应商入库后，根据采购事项需求，由营销部负责该招标事项的人员向满足要求的供应商（一般不少于 3 家）发出采购邀请，其中采购需求、回标要求需清晰、可量化。

3. 采购申请及定标

收到供应商回标或报价后，应根据不同采购事项的定标要求，初步确定意向合作单位。同等条件下，应遵循合理低价中标原则。

随后，在线上发起相应采购流程，明确意向合作单位，并依据流程要求其提供包括但不限于各投标单位加盖公章的报价单等要件。流程审批通过后，采购事项正式生效。

4. 合同订立

一般情况下，合同订立一般在定标后 4—7 个工作日内或具体采购执行前完成，如遇特殊情况无法照此执行，则应至少保证在采购执行前发起合同审批的线上流程。有的房企，对于低于一定数额（如低于 10000 元）的报销类事项，无须进行合同订立流程。

一般来说，对于因发生临时调整需要调整合同内容、采购金额的，原则上仅允许进行同类事项数量上的增减、单价调减以及事项调减，不允许调增单价或增加采购申请中未涉及事项。根据调整后的采购事项，发起合同审批流程时需详细说明调整理由。对于涉及调增单价或增加采购申请中未涉及事项的，需重新进行采购申请。

5. 采购执行

实际采购活动必须在采购申请审批通过后执行。应注意，过程中根据采购业务的特点留好执行证据、证明，作为后续验收凭证。

6. 验收及履约评价

采购执行结束后，必须根据采购业务特点进行成果验收，并对于供应商在本次采购合作中的实际完成情况给予评价。对于验收中因质量问题、临时采购调整等原因导致合作金额变化的，在验收凭证中应说明原因，并由甲乙方人员共同签字确认。对于已经签署合同的，应重新订立合同或通过补充协议对原合同金额进行更正。

对采购品类验收，各房企有自己的要求，以下是一个验收示例，供参考。

【节点案例 1】采购品验收要求

- 实物类采购：要有甲方人员签字确认的收货单，数量、品质要与采购要求保持一致；
- 广告发布类采购：要有能证明发布日期的照片、截屏；
- 活动类采购：要有现场照片、甲方人员签字确认的物料验收清单；
- 短信类采购：需提供短信发送报告，包含发送量、发送时间、发送内容、发送号段等内容，并由供应商加盖公章；
- CALL 客类采购：以效果付费的 CALL 客类采购需提供成交清单；非效果付费的此类采购可依照合同约定，提供工作人员数量、拓客天数、拓客数量、拓客成交情况表等内容；
- 广告公司采购：根据合同约定，按月进行月度工作成果验收，需提供提报方案、设计稿件等内容；
- 服务类采购：根据合同约定，提供可反映服务质量、服务成果的相关证明；
- 其他采购：依照合同约定执行，至少应包含可反映本次采购执行质量和执行效果的相关证明。

7. 付款

申请付款时，应做到合同、发票、验收单、结算单等资料齐全、手续完备，并应将相应付款计划列入项目月度营销费用滚动支付计划。

在已签订合同的情况下，如出现计划支付金额与合同金额不一致时需区分以下内容。

- 采购事项一致或调减、单价一致或调减、仅数量增减的情况，需签订补充协议并按照实际验收凭证完成支付；
- 采购事项一致、单价因特殊原因调高，需重新进行事项签报，说明单价变动原因；
- 不允许实际采购事项与合同规定的采购事项变更的情况发生。

对于已完成的招标采购事项，一般应对该事项招标采购过程中的各类文件进行严格管理和归档，原则上至少保存 3 年，且由专人管理，以便后期资料查询及审计检查。

节点时间

合作方招采一般在摘牌后 2 周开始，摘牌后 1 个月内结束。

节点模板

本节点有两个模板，分别是《广告招标邀请函》《代理公司竞标评分表》。

【模板 1】《广告招标邀请函》

________公司：

××项目为宣传项目形象、推广项目品牌，拟公开招标优秀广告策划公司作为长期合作伙伴，得悉贵公司在广告宣传、策划创意方面经验丰富，业绩卓著，特诚邀贵司参与本案的广告策划竞标事务。

一、公司简介

……

二、项目概况

1. 项目介绍；
2. 区域优势；
3. 项目周边情况；
4. 户型信息；
5. 项目的核心卖点。

三、邀标事务

（一）委托任务

负责 ××项目广告策划、宣传推广服务，中标机构将要参加本项目的全案策划、宣传推广工作，包括但不限于参加广告策划、营销推广例会及不定期召开的项目分析会，提交相关广告策划报告和营销推广包装设计与执行，营销活动、营销事件策划与组织、参与等。

（二）中标权益

代理负责广告策划、宣传推广服务，并收取相应费用。

（三）我方可提供的项目资料

我项目可提供项目设计规划文本或其他宣传资料，具体可联系……

（四）招投标程序

第一步：发放邀标书；

第二步：自愿参加本次招投标活动的单位备齐相关材料报名登记；

第三步：招标方进行资格审核。

（五）投标方资格审核

参与竞标的候选广告公司的基本要求如下：

1. 在近 ××年内，曾经服务过的地产项目至少在 ××个以上，规模在 ××万 m^2 以上的中大型项目至少在 ××个以上；

2. 在近 ××年内，曾经服务过当地大型房地产开发企业的项目，或全国排名前 ××强房地产企业的项目；

3. 在本项目周边（××范围内）服务同类型的房地产项目，特殊情况经批准后可以不受此限制。

（六）投标文件制作要求

1. 标书要件之一

入围广告公司需要提供《××项目策划推广、广告包装、形象推广建议书》，其形式为：文字表述 + 图片提示。投标方应结合自身策划推广经验及对品牌、对当地市场的理解，将招标方已提供的项目概况及定位体系有机结合，形成自身的广告策划、营销策略和整合推广结论。内容至少应包含以下部分。

（1）项目理解：包括市场格局解读、目标客户解读及描述、项目解读及项目定位、产品价值点梳理四个方面的内容。

（2）营销规划：包括年度整体营销策略、产品开盘推广策略与主题演绎、平面创意及演绎、年度事件及活动营销建议。

（3）其他备注：须附有相关设计稿并附简短文字说明。

2. 标书要件之二

候选广告公司需要介绍公司及项目人力资源配备情况，具体包括以下几方面。

（1）贵司已有业绩及公司简介；

（2）本案拟派的团队人力资源及其业绩、经验介绍；

（3）请详细阐述公司资源、实力、优势，以及可为我司提供的相应服务。

3. 标书要件之三

应具体明确收费标准内容、税费及支付方式。

（七）投标文件制作答疑

本次投标活动的咨询时间为：____年____月____日至____年____月____日，咨询电话为：________，请贵公司安排相关人员前往项目实地考察并做相互深入沟通。

（八）开标、评标

招标会于____年____月____日，于________举行，请将投标文件及相关资料备齐。评标小组在现场对广告公司进行技术标及商务标的综合评分，评标小组将由我司相关专业人员组成。通过对公司策略匹配度、创作表现力、团队配备、企业资质和合作历史、服务可配合度和可管控性综合评定确定中标名次。中标人确定后，招标工作小组发出中标通知书，中标人签署中标通知书之后，将未中标结果通知所有未中标的投标人。

（九）其他事项

1. 本次竞标建立在双方互相信任的基础上，一旦参与竞标，投标单位不允许在竞标过程中退出。

2. 投标单位需递交盖公章的保证书，以保证我司所提供的所有文件资料不对外泄露。

3. 投标文件中所列收费标准仅作为双方签定总代理合同时的参考，最终以总代理合同为准。

4. 所有投标材料不返还，请自留备份。

5. 投标方保证投标内容的完全真实性，否则产生的一切后果由投标方负责。

6. 不论投标结果如何，投标单位均应自行承担因准备投标所涉及的一切费用。

7. 本招标文件的解释权归我司所有。

【模板 2】《代理公司竞标评分表》

评标大项	评标分项	分项得分	大项得分
公司综合指标（25 分）	1. 公司实力与信誉（9 分）		
	2. 公司资质年限及职业精神（6 分）		
	3. 与项目契合度与以往业绩及资源优势（10 分）		
公司技术指标（50 分）	1. 类比房地产项目市场竞争分析（8 分）		
	2. 项目定位及目标客户的把握（10 分）		
	3. 策划建议及策划思路把握：市场策略、销售目标、客源组织、价格策略（20 分）		
	4. 项目营销推广方案可行性（12 分）		
公司经济指标（25 分）	按前期策划及销售时间、销售比例、收取销售代理佣金（25 分）		
总计得分			

节点 TIPS

供应商的选择管理应该视作一项长期工作，可以基于前期的合作评估逐步建立公司的供应商库，在选择供应商时，优先选择供应商库内的合作单位，如果库中没有相关单位，再进行公开招标，让供应商的选择更有保障。建立企业供应商库之后，还需进行动态管理，定期对库内供应商单位进行评估，设定准入标准，对符合条件的供应商继续留存，不符合标准的则淘汰。

节点 13

营销总体策略

节点背景

定位是解决“是什么”和“差异性”的问题，策略是解决“怎么做”和“方法论”的问题。

定位和策略是营销中最重要的两个模块，定位是在竞争环境中面对目标客户和竞品，针对项目自身的特点和优势，研究做什么样的产品和竞争的卡位。定位的关键词是“差异性”和“人无我有”。策略是在定位之后，解决如何做的问题。策略的关键词是“如何做”和“方法论”。

营销总体策略是在地块摘牌后，根据地块所属城市区域市场分析、竞品市场分析，推导出项目定位、产品定位及形象定位，并根据定位制定项目的核心策略、推广策略、渠道策略以及价格策略，最终形成营销策略总纲。营销总体策略为项目整体的营销工作铺排计划指引，在各个企业叫法不同，有的是营销策略总纲，有的称为营销策略总案。营销总体策略是项目后续开展营销工作的纲领性文件，是后续营销动作铺排的基础，是摘牌后非常重要的节点。随着房地产市场发展越来越成熟，策略越发显示出其重要性，一个好的营销总体策略可以让项目的战术打法更明确，让项目后续推进更有方向。

节点内容

本节点所称的营销总体策略主要指项目营销策略总纲的编写及制定，营销策略总纲一般包括四个部分，分别是市场分析、销售目标、项目定位、营销策略。

一、市场分析

市场分析一般包括宏观层面的整体市场分析和微观层面的竞品市场分析。

1. 整体市场分析

整体市场分析涉及宏观政策环境、商品房量价成交走势、商品房存量分析及商品房潜在供应量分析等内容，主要分析项目所处的宏观政策环境、整体量价走势、存量情况以及潜在的供应情况，如图 13-1、图 13-2 所示。

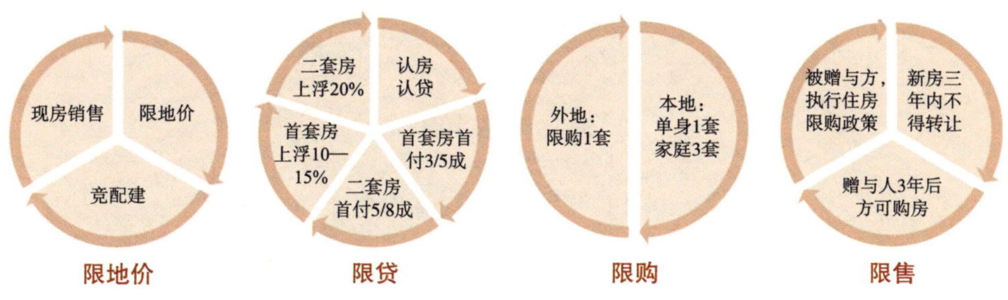

图 13-1　某市房产政策分析

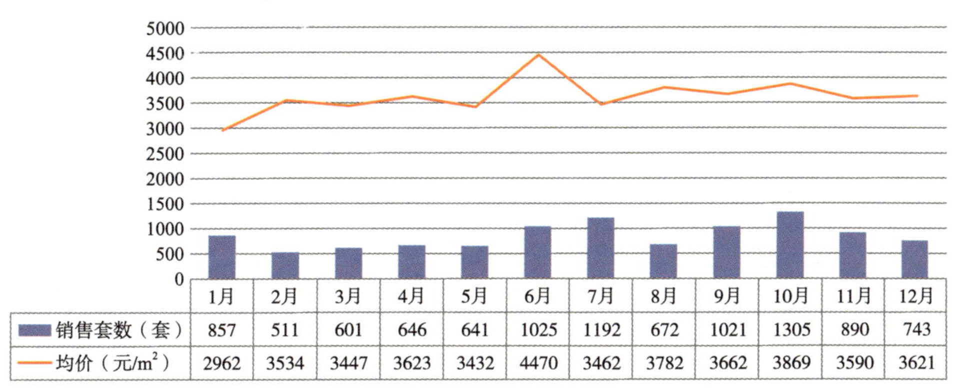

	1月	2月	3月	4月	5月	6月	7月	8月	9月	10月	11月	12月
销售套数（套）	857	511	601	646	641	1025	1192	672	1021	1305	890	743
均价（元/m²）	2962	3534	3447	3623	3432	4470	3462	3782	3662	3869	3590	3621

图 13-2　某市 2013 年商品房成交走势

2. 竞品市场分析

竞品市场分析主要是分析区域竞争对手，包括分布、主力户型等，有的竞品市场分析还会区分在售项目、待售项目、二手房等，如图 13-3、表 13-1 所示。

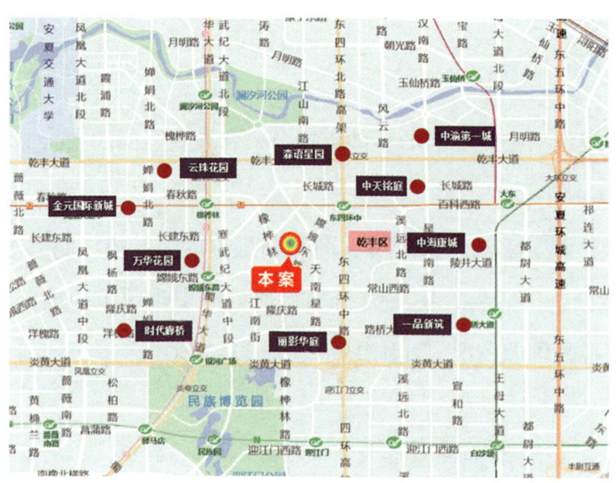

图 13-3　竞品项目分布

表 13-1　竞品项目销售情况

项目名称	占地面积（亩）	容积率	总户数（套）	已售套数（套）	剩余套数（套）	目前价格（元 /m²）	主力面积段（m²）
公园城府	141	2.5	1700	0	1700	未定	100—142
金湾御府	179	2.8	2366	0	2366	未定	100—144
科技新城	218	2.5	1600	0	1600	未定	未定
兴佳花园	388	2.5	5000	0	5000	未定	未定
华府雅苑	225	4	4473	1473	3000	7800	85—140
一品嘉园	21	6	620	320	300	6500	75—130
华侨新城	358	2.1	4000	3400	600	6800	75—130
时代东郡	18		600	300	300	6800	70—120
瑞金国际			1000	600	400	7400	80—130
合计			21359	6093	15266		

二、销售目标

在制定营销总体策略之前，本年度销售目标已经确定，在营销策略总案中将年度销售目标体现出来。

三、项目定位

项目定位主要基于市场分析及首批推售货量，主要包括客户定位、项目形象定位及产品定位、价格定位。同摘牌前的项目定位相比，做营销策略总纲的项目定位是一次深化定位，内容更细致，定位更精准。

1. 客户定位

客户定位主要包括区域内竞品成交客户地图、客户购买动因、客户购买力及成交比例、产品价值序列及综合建议等内容。

2. 形象定位

形象定位包括项目形象定位的推导逻辑、市场竞争占位、项目案名、景观、大堂、会所展示等。

3. 产品定位

主要包括项目物业规划、户型配比、户型面积建议等。

4. 价格定位

户型配比建议确定后，结合市场情况和客户接受度进行各类产品的初步定价，依靠权重定价法推出住宅、商业、车位的价格。

四、营销策略

包括核心策略、推售策略、推广策略、渠道策略和价格策略，是策略总纲的核心内容。

1. 核心策略

核心策略是项目的主要策略，是解决项目问题的核心思路，如图 13–4 所示。

核心策略：线上高举高打，线下全面开花。

周边竞品项目深耕多年，对外地新进企业排斥比较严重，因此要在短时间形成竞争力，必须高举高打，线上密集投放、线下整合渠道，多频次组织造势活动，彰显实力。

图 13–4　核心策略

2. 推售策略

推售策略是指项目如何进行推售，如先卖洋房、别墅，还是高层，抑或洋房、别墅、高层组合进行售卖，推售策略需要结合项目工程进度及工期，如图 13-5 所示。

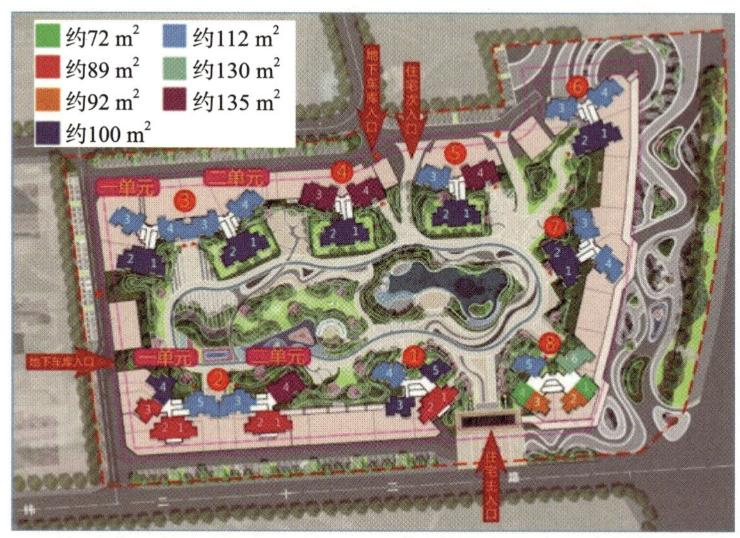

推售月份	2019.3	2019.4	2019.6	2019.8	2019.10	2019.12
推售安排	推售1栋、7栋 258套	推售5栋 125套	推售2栋 270套	推售6栋 116套	推售3栋、4栋 249套	推售8栋 123套
销售目标	206套	100套	216套	93套	200套	98套
以平均80%去化率计算						

图 13-5　推售策略

3. 推广策略

推广策略是在项目销售期内如何进行推广，线上推广有哪些媒体，线下推广及活动如何开展等。推广策略需结合项目定位及核心策略进行。推广策略通常以推广时间轴为主线（如图 13-6 所示），下列推广诉求、推广主题、推广活动、推广渠道等。

推售阶段
营销节点
8月7日
9月1日
9月15日
9月25日
10月1日
10月27日
11月2日
11月16日开盘
形象起势
产品价值输出
开盘冲刺
开盘
售楼处拓客活动
售楼处开放
线上高举高打
拓客活动
事件营销
产品推介会
认筹升级活动
阶段推广计划
推广诉求
品牌营销
品质诉求
流量活动导客
产品诉求
耀世开盘
推广主题
品质大盘 城市献礼
天河央芯 轻奢领地北
11月16日 盛大开盘
线上推广
围挡、宣传车、户外led大屏、广播、微信、搜房、安居客、网络持续发声，短信：全年持续投放
线下渠道
圈层营销，CALL客，一二手房联动
重点社区、写字楼、电梯、社区广告投放
核心工厂、企业、写字楼、社区、临街商业拓客执行，竞品项目、区域路口派单拦截客户，筛选目标客户集中带访本项目
通过认筹客户、公司领导组织周边企业、写字楼、学校等内部推介、团购活动

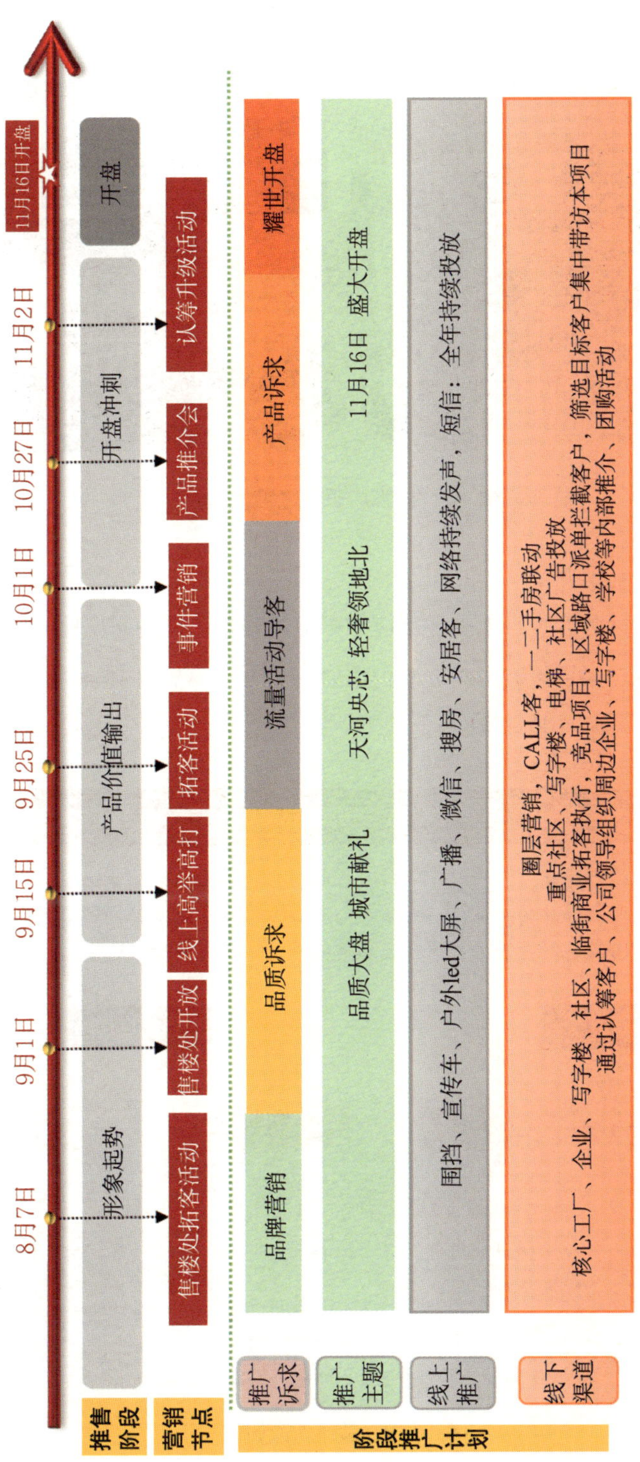

图13-6　全程推广策略

有的推广策略还包括展示策略和包装策略，如图 13–7 所示。

推广策略之包装策略：在推售商业的关键节点进行商业氛围的包装、意向主力店的包装。

图 13–7　推广策略之包装策略

4. 渠道策略

根据销售目标和客户定位推导相应的渠道策略，包括不同场地的拓客方式、外部渠道的引进等。渠道策略可以有总的渠道策略方向（如图 13–8 所示），也可以有具体的拓客方式（如图 13–9 所示）。

渠道策略："走出去"+"引进来"相结合，多种方式交叉

- 客户拓展内外部组合联动，内部拓客上，充分发挥公司内部员工，尤其是本地员工的关系网和朋友圈传播推广；外部拓客上，一方面多种形式全城地毯式搜寻，另一方面集中力量对重点客户资源逐个击破，首轮进行客户摸底和意向登记。

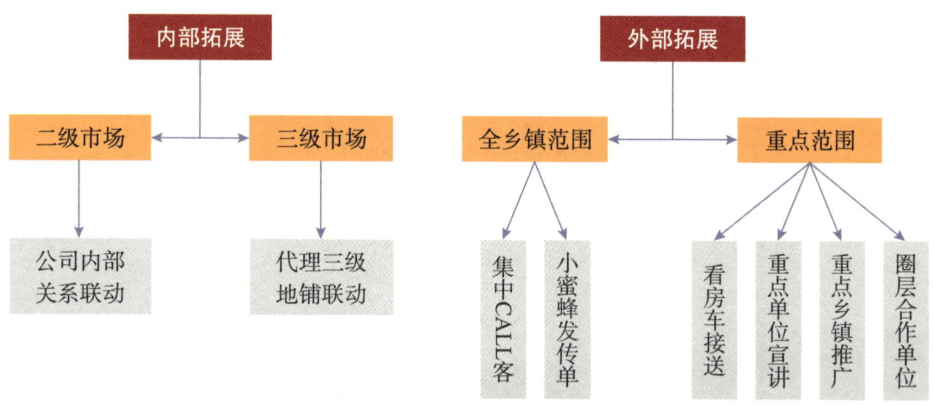

图 13–8　总体渠道策略

渠道策略

★全市各个人流量集中区域：
主要以拓客海派的形式进行。如中央大街、万达广场、绿港国际社区等，即可撒网式拓客，更有利于拓展项目知名度和影响力。
★集中改善客户较多的区域：
主要以扫楼扫铺的形式进行。散布在全市各大老城区，如翡翠小区、花园小区、富丽康城等，有在市内投资购房的需求，非常认可本区域价值。
★集中大型企业或学校的区域：
主要以大客户洽谈宣讲的形式进行。如项目周边公企事业单位、学校、办公区等。

4大主要拓客区域

图 13-9　渠道策略—客户拓展

5. 价格策略

关于价格策略的形成，主要原则是灵活运用，不能一成不变。总体价格策略，应根据不同的市场目标以及不同的产品进行制定。表 13-2 是常见的三种不同价格策略。

表 13-2　三种不同价格策略

定价策略	目标	适用情况	评价
低价策略	提高市场占有率	产品特色不明显； 楼盘开发量相对较大； 市场竞争激烈，类似产品过多； 企业以市场为导向定价	高性价比，提升消费者心理期望值； 入市容易，较快启动市场； 便于快速成交、资金回收； 首期利润不高
稳价策略	保持市场占有率	市场稳定、进入成熟阶段，成交量大； 企业对利润期望一般，价格对买卖双方都能接受	售价稳定； 在当地已有一定的品牌效应
高价策略	谋取高利润	产品具有特色、综合性能较好； 开发商信誉好； 市场上同类楼盘的供应量少，供不应求	以获得丰厚利润为目的； 树立楼盘品牌，塑造高端形象； 可能影响销售进度，影响现金流

营销总案的价格策略需体现项目入市的市场均价，市场均价通常采用市场比较法得到（如表 13-3 所示），然后再进行价格的初步测算（如图 13-10 所示）。

表 13-3　市场比较法得到均价

一期高层		项目名称		本案	锦绣家园	海珠新城	海澜一号	幸福里
		成交均价（元/m²）		Px	7200	7300	7000	7500
		权重（%）			40	30	20	10
		分值		得分	得分	得分	得分	得分
项目区位	交通	40%	12 分	7.5	9	10	9	11
	环境		10 分	8.5	9	9.5	9	9.5
	配套		10 分	10	9.5	9.5	10	9.5
	教育		8 分	7	8	8	8	8
产品品质	配套设施	45%	8 分	7	6.5	7	7	6
	绿化园林		7 分	6	7	6	7	6.5
	建筑立面		7 分	7	7	7	7	7
	赠送面积		10 分	9.5	7	8.5	7.5	7
	户型设计		8 分	8	7.5	7.5	7.5	7
	交付时间		5 分	3	3	4	5	5
品牌	发展品牌	15%	5 分	4	5	5	5	4
	营销包装		5 分	5	4	5	5	4
	物业管理		5 分	4	5	4	5	4
综合系数		100		86.5	87.5	91	92	88.5
市场比较法均价（元/m²）				6978				

□价格策略

价格初步测算

比准价格	Px均价＝∑竞品i权重×竞品i均价×本案综合系数÷竞品i综合系数 (i=1～4) ≈6978元/m²
均价预判	本项目预计至2014年5月底进入销售阶段，2014年实际销售周期为7个月，预判近一年市场情况较为平稳，产品建议均价：7000元/m²

图 13-10　价格初步测算

节点时间

通常是在全年销售目标确定后再制定总体营销策略，持续 3 周左右，即摘牌后 2 周开始，摘牌后 5 周内结束。

节点 TIPS

营销总体策略确定了项目的整体营销打法，对后续的营销工作起到纲领性的作用。在做营销总体策略时要仔细研读摘牌前的地块本体调研、市场调研、项目定位，再结合项目销售目标以及摘牌后的市场情况经过总体考量后得出。营销总体策略由策划条线主导，渠道、销售、销管等各条线参与，经过头脑风暴和反复推敲得出，并最终由营销负责人、项目负责人审批确定。由于营销策略总纲非常重要，有些房企的项目策略总纲还需报区域或者集团层面进行审批。

值得指出的是，摘牌后的营销总体策略是基于调研、销售目标、市场预判得出的，是营销前期的纲领性文件，并非一成不变。随着项目推进，项目营销应根据蓄客情况及来电、来访情况做相应分析，如果发现前期制定的总体策略有偏差，要做营销策略的调整。

节点 14

团队组建

节点背景

优秀营销团队的标准是常打胜仗，能打硬仗。

如果项目采用的销售模式是自销模式或者协同销售模式，则在摘牌后需要进行营销团队组建工作，建立一支优秀的营销团队。优秀营销团队的标准是常打胜仗，能打硬仗。常打胜仗，是指团队能不断完成新的业绩目标；能打硬仗，是指在市场下行、竞争激烈的情况下，团队能克服困难、不打折扣地完成既定目标。如果说核心团队是项目营销的大脑和指挥中枢，那么团队成员就是四肢的各个神经末梢。核心团队的战略和战术都需要由各个神经末梢完成，所以团队人员的素质、综合能力，关系着项目整体战略的具体执行和实施，若执行不到位，实施效果不好，那么策略再好也无济于事。每个项目都需要一支常打胜仗、能打硬仗的优秀营销团队。

节点内容

一、团队组建原则

组建自销团队，要遵循以下 5 个基本原则。

1. 因城施策

自销团队因城市不同而规模不同，三四线城市区域小、客群集中，自销团队大规模拓展即可实现项目快销，因此自销团队的规模可以大一些；一二线城市人口密度大，目标客群较为分散，对代理公司、渠道公司有依赖性，可以采用联合代理模式，因此自销团队的规模可以小一些。

2. 因地施策

地指的是地块和项目本体，自销团队规模因项目不同而不同，大盘项目、纯别墅项目，套数多、货量大的项目，自销团队人员编制肯定要比普通项目多。

3. 编制可控

根据项目体量、各阶段销售目标设定自销团队编制，编制一旦确定，原则上不得超编。

4. 内外结合

新组建的自销团队既要有从公司内部调派的熟悉公司工作流程的员工，也需要从本地招聘拥有当地丰富客源及专业经验的员工，做到内外结合。

5. 逐步落位

自销团队组建应该按照营销节点逐步到岗，避免人力过度冗余。

二、组织架构和编制

团队组建之前需要先确定组织架构及相关编制，组织架构和相关编制应上报审批，架构和编制审批通过后才能进行相关岗位的招聘工作计划。

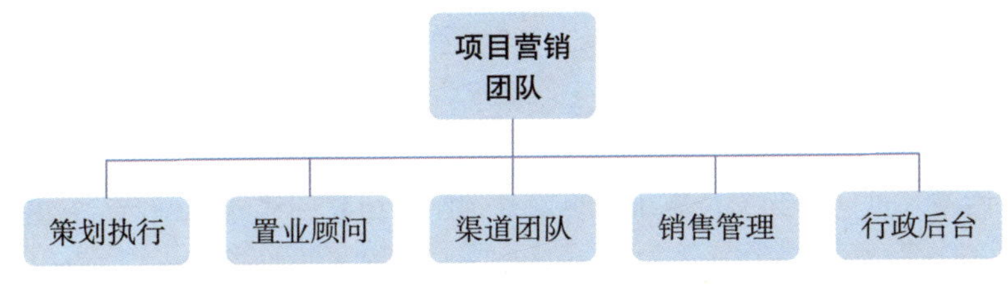

图 14-1　项目营销团队组织架构

项目营销团队没有统一的架构标准，不同房企、不同项目，架构不同，命名方式也不同。图 14-1 所示的架构中基本上所有营销板块都已纳入，但在实际操作过程中，各房企差异较大，有的仅限于案场销售，没有渠道、策划、销管和后台，有的房企将销售管理模块和行政后台合称为事务板块，有的房企销售团队就包括内场和外场，拓销一体，这样就把渠道团队和置业顾问一并纳入销售团队中。

在组织架构确定后，就可以进行项目人员编制，人员编制和项目销售额及销售模式相关，表 14–1 是某房企的项目营销团队编制，供参考。

表 14–1　某房企项目营销团队编制

项目销售金额（亿元）	销售模式	营销负责人	策划团队			销售团队				渠道团队		
		营销总监	策划经理	策划主管	策划专员	销售经理	销售主管	置业顾问	后台人员	渠道经理	渠道主管	渠道专员
＜8	自销	1	0	1	1	1	0	6—8	1	1	2	10
8—15	自销	1	1	1	1	1	0	8—10	1	1	4	20
15—30	自销	1	1	1	2	1	1	10—12	2	1	6	30
＞30	自销	1	1	2	3	1	1	12—20	2	1	8	40

三、团队组建过程

1. 制订招聘计划、建立招聘渠道

根据组织架构以及下发编制的要求，项目营销负责人及集团或区域人力资源部就现有的招聘渠道展开项目骨干人员招聘，并对当地的招聘渠道进行调查，做出完善的招聘计划和本地化招聘渠道的建立工作。

（1）招聘策略

若区域或者分公司已有管理人员储备，招聘管理岗位时可以安排储备人员进行竞聘；若储备人员达不到岗位要求，再对外招聘。招聘一线置业顾问，在基础条件达标的情况下，优先录取当地有客户资源的人员。招聘采用内部选聘和外部招聘相结合的策略，比例以各 50% 为宜。

（2）招聘途径

招聘途径通常有三种，内部推荐、网络招聘以及校园招聘。

- 内部推荐：是一个比较容易招聘到销售人员的渠道，发展公司现有人员的人脉圈，尤其是销售部门人员的人脉圈，全员朋友圈转发招聘长图，往往可以招到很多优秀且具有丰富经验的销售人员。这种基于公司内部人员日常联系的人员引进方式，比其他招聘渠道靠谱，也是自销团队招聘的最主要途径之一。

- 网络招聘：网络招聘具有速度快、效率高、成本低、覆盖面广、招聘方式灵活等优势，同时，网络招聘可以进行招聘人员背景筛选，优先选择具有从事与公司相同或相近产品销售工作经验的人员。网络招聘在招聘过程中可以继续使用原先积累的客户和资源，对于招聘销售这种需求量大、时间长的工作，网络招聘既省时又省力。目前网络招聘主流的渠道包括猎聘网、智联招聘、51job、拉勾网、boss 直聘等。
- 校园招聘：大学生没有工作经验，缺乏职业竞争优势，可塑空间大。大部分学生服从力强，比较容易接受培训，支付工资成本低，发展空间大，会比较愿意从事销售人员的工作。品牌房企在大学生招聘力度上呈现逐年增加的态势，表 14-2 是某房企校园招聘流程及管理要求，供参考。

表 14-2 某房企校园招聘流程及管理要求

序号	项目	管理标准
1	统计招聘需求	7 月各条线提报、集团人力资源部统计报批集团管理层备案
2	编制招聘方案	集团人力资源部编制校园招聘计划方案：制定招聘宣传策略、录用标准、设计薪酬水平、组建校招项目组，目标院校及行程、费用预算，报集团经理层和控股集团经理层审批；具体按权责手册执行
3	招聘渠道和时机	以校园宣讲会为主、网络招聘为辅； 以秋季招聘为主，春季招聘为辅； 9 月启动，10 月、11 月全面铺开，12 月收尾，次年 4 月根据实际情况少量补录
4	招聘质量要求	毕业生以 211、985 院校为主，省属重点院校和专业排名靠前的院校为辅
5	招聘流程	联系院校确定宣讲会时间地点、举办宣讲会、筛选简历、初试、复试（在线素质测评）、二轮复试、签约
6	入职报到	集团人力资源部于 7 月中旬发放入职报到通知

2. 招聘计划执行

若第一阶段未对全部岗位进行内部征集的，仍应先发布内部征集公告，内部征集结束之后，如未满编，则进行社会招聘，具体流程如下。

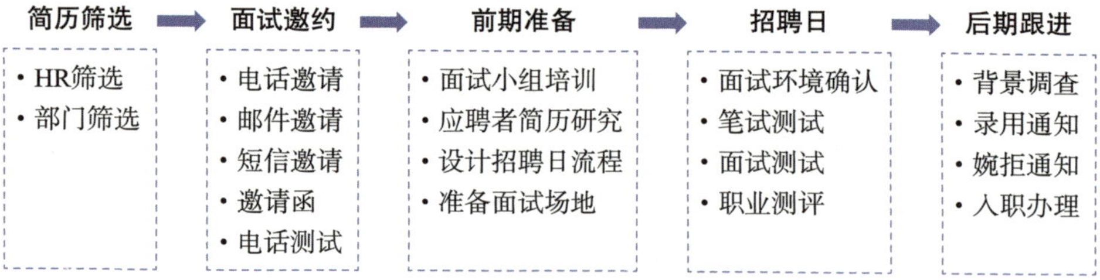

简历筛选	面试邀约	前期准备	招聘日	后期跟进
· HR筛选 · 部门筛选	· 电话邀请 · 邮件邀请 · 短信邀请 · 邀请函 · 电话测试	· 面试小组培训 · 应聘者简历研究 · 设计招聘日流程 · 准备面试场地	· 面试环境确认 · 笔试测试 · 面试测试 · 职业测评	· 背景调查 · 录用通知 · 婉拒通知 · 入职办理

图 14-2　招聘执行具体流程

招聘要求在展厅开放前（含临时接待开放）自销关键岗位到位，包括自销负责人、策划、销售管理、后台各条线负责人到岗，项目开盘前 3 个月自销团队到岗率达到 80%，在展示区开放前自销团队全部到岗。

3. 团队培训及考核上岗

团队组建结束后，需要完成团队培训，团队人员经培训后考核上岗。一般房企主要培训内容包括集团企业文化、房地产基础知识、沟通技巧、案场逼定技巧、项目概况（经济参数、区域、配套、园林、户型、物业……）等。

表 14-3　团队培训及考核上岗制度

考核项	参考内容	占比	考核对象
企业品牌、文化	企业文化、品牌说辞	20%	全团队
房地产基础知识	基础知识、沟通技巧、逼定技巧	20%	全团队
项目概况	项目销讲、销售百问	60%	全团队

从长远来看，对不同层级的营销人员培训的重点应有所不同，所以营销团队应该分层次进行团队培训，图 14-3 是营销管理人员（营销操盘手及以上）、策划团队、渠道团队、案场销售团队相对应的培训体系，供参考。

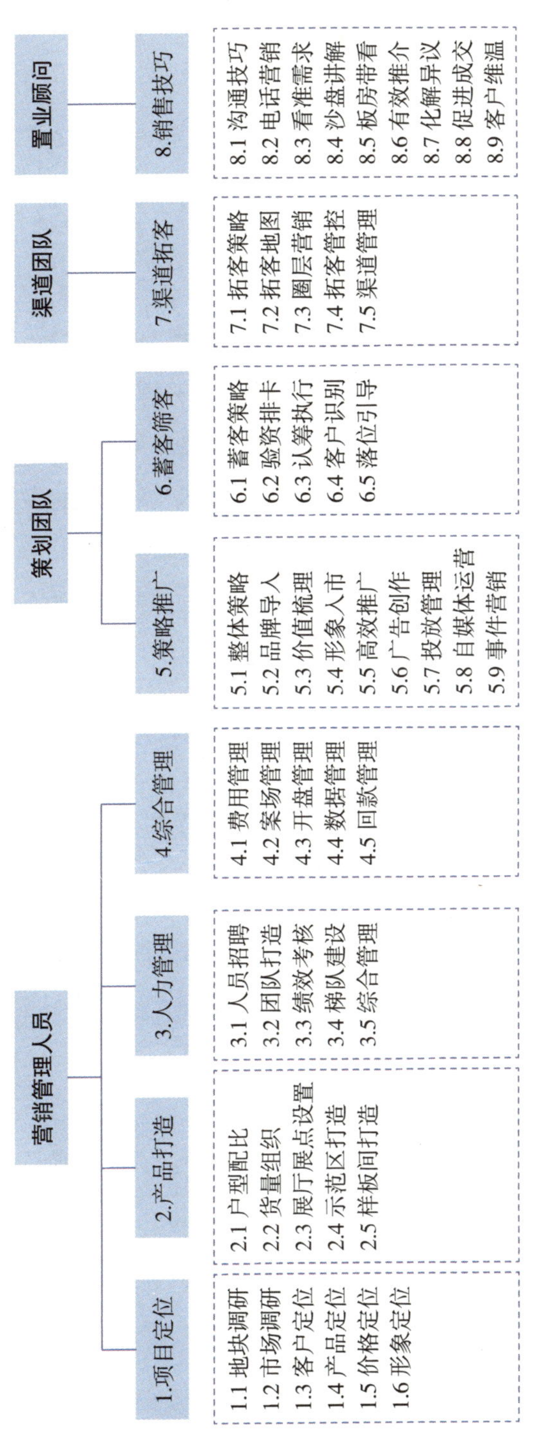

图 14-3　营销不同层级的课程体系

节点时间

团队组建一般在销售模式确定之后开始，在展厅展点开放之前完成。

节点 TIPS

衡量项目营销团队战斗力，有两个重要指标：一是业绩达成，二是人均效能。人均效能的计算方法是项目年度合同销售额除以营销团队总人数，反映的是营销团队年度人均销售业绩和综合作战能力。不同房企、不同城市、不同项目，营销管理能力和单兵作战能力不同，人均效能差异很大，从 500 万元到 5000 万元不等。营销管理层需要把人均效能指标当作一项工作抓手，从人均效能倒推项目营销团队编制，并通过人均效能及业绩达成情况对团队作战能力进行综合评估。

为了提升团队的凝聚力和标识度，营销团队应该保持统一的企业品牌标识体系，包括但不限于工牌、服装、办公用品、销售道具等，增加员工对公司的认同感和自豪感，同时为企业品牌进行宣传。

节点 15

高效推广

节点背景

成功的推销应该包括四个阶段：引起注意（Attention）、诱发兴趣（Interest）、刺激欲望（Desire）、促成购买（Action）。

——艾尔莫·李维斯

这四个阶段简称为 AIDA 模式，也称“爱达”公式，AIDA 模式是艾尔莫·李维斯（Elmo Lewis）在 1898 年首次提出的，是西方营销学中一个重要的公式。它不仅适合于产品的推销，也可以运用到营销全周期推广。新产品入市后首先要通过广告或者活动引起关注（Attention），随着客户对产品深入了解，尤其是了解产品的核心卖点和价值点，将引发客户的兴趣（Interest），通过产品体验刺激客户购买欲望（Desire），最后通过价格或销售利好促进成交（Action）。

营销策略总纲完成后，确定了整个营销操盘方向，可以开始对外做全方位的推广宣传，这就需要了解高效推广的原则及推广的行为规范。高效推广原则是以客户为主线，并在内部逻辑上符合 AIDA 模式的推广，AIDA 模式应用到房地产营销，其最大的价值是让我们理解营销推广过程是彼此连贯的，有内在的逻辑关联，而不是彼此独立的。

节点内容

一、营销推广的 AIDA 模式

营销高效推广的内在逻辑上应该符合 AIDA 模式，如图 15–1 所示。

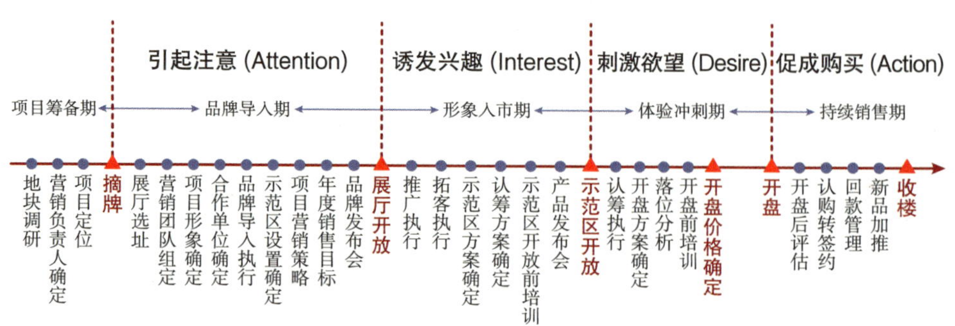

图 15-1　营销推广的 AIDA 模式

在图 15-1 中，在营销标准化时间轴上将 AIDA 模式的四个阶段匹配到营销时间轴的四个阶段，AIDA 分别对应品牌导入期、形象入市期、体验冲刺期、持续销售期，下面分开讲解。

1. 品牌导入期：引起注意（Attention）

品牌导入阶段的推广目标是品牌落地，通过户外、推广活动、品牌活动来实现品牌的落地。在品牌导入阶段由于项目形象还没有展示出来，此阶段的品牌推广主要是打企业的品牌或项目的概念品牌（如案名、LOGO 等）。从 AIDA 模式来看，这个阶段的主要目标是吸引客户关注，引起客户注意（Attention）。开发商新进城市，品牌推广的首要任务是让大家知道有项目在该城市落地了，知道其开发理念、开发规模和综合实力。如果非首进城市，而是在该城市有了新项目落地，则在品牌阶段突出新项目的名称、地址。无论是首进城市还是深耕城市，品牌导入的目的就是引起客户注意。

需要留意的是，本阶段仅仅是引起市场注意，或者说让客户知道，知道并不代表客户感兴趣。从地产项目推广来讲，打品牌只能起到让客户知道的效果，并不能让客户感兴趣，因为关于产品本身最关键的要素，如户型、交通、配套、价格等都没有出来，是不会引起客户兴趣的。

2. 形象入市期：诱发兴趣（Interest）

形象入市期的起点是展厅或者外展点的设立，通过此阶段将项目的价值和利好向市场释放，如地段价值、学区价值、景观价值、物业价值等，通过形象入市、价值点的包装来引起客户的兴趣，所以形象入市阶段完成的是从注意到兴趣，从 Attention 到 Interest 的变化。

引起顾客的兴趣，属于推销的第二个阶段，它与第一个阶段的“引起注意”相互依赖。先要集中顾客的注意力，才能引起顾客的兴趣。顾客有了兴趣，他的注意力将越来越集中。

有多少客户关注项目，可以通过客户登记数量进行统计，客户对项目是否感兴趣则需要对客户进行识别。意向客户识别方法多种多样，如是否愿意参加各种推荐活动，是否愿意和销售进行沟通。有一种比较科学的判断客户意向的做法是验资排卡。验资排卡是让客户复印身份证，去银行打印流水以证明自己有购买实力，有实力证明后可以发 VIP 卡或者入会。意向客户是不会介意这个过程的，因为得到 VIP 卡后开盘有优惠，但是非意向客户不会去折腾，尤其是去银行打印流水。

3. 体验冲刺期：刺激欲望（Desire）

经历过项目价值的宣贯，意向客户对产品产生兴趣，但谈不上有购买欲望，原因是真正的购买欲望产生需要见到产品本身，高额消费尤其如此（如费用超过 5 万元）。高额消费需要通过产品体验来激发消费者购买的欲望。这也是过去 10 年，汽车体验店越来越多的原因。房地产项目的体验主要是示范区开放。客户来到示范区，看到优美景观、精致板房、优秀户型、高端物业，产生了购买的冲动。为什么各品牌房企对示范区越来越重视，从 AIDA 模型上来看，是因为通过示范区开放实现了从兴趣到欲望的转变。

需要留意的是第三阶段“刺激欲望”，在四个阶段中起到承上启下的作用，一方面，这个阶段是对前两个阶段的验收，客户是否感兴趣最终体现在示范区售楼部的到访，没有到访，就谈不上有兴趣。另一方面，有兴趣了能不能有欲望，是实现成交最关键的一步。购房客户是否有购房欲望，最真实的表现就是认筹，无论是小筹（1000 元、2000 元），还是大筹（2 万元、5 万元）等，都是客户有欲望的表现。如果这个时候认筹量上不去，对开盘的定价、热销会带来直接的影响。

4. 持续销售期：促成购买（Action）

开盘后就进入持续销售阶段，开盘的过程就是实现从有欲望到实际成交的过程，从 Desire 到 Action 的过程，成交是整个销售全周期的最后一环，是对前面所有营销动作效果的总结。有经验的操盘手到了开盘阶段，不需要等到开盘基本上就可以预测开盘结果，因为在品牌导入、形象入市、体验冲刺阶段都留下了客户的数据，对整体蓄客情况已经很清楚，开盘只是将前期蓄客结果进行转换，换一句话说，如果开盘效果不好，可以倒推前面哪几个阶段出了问题，如图 15-2 所示。

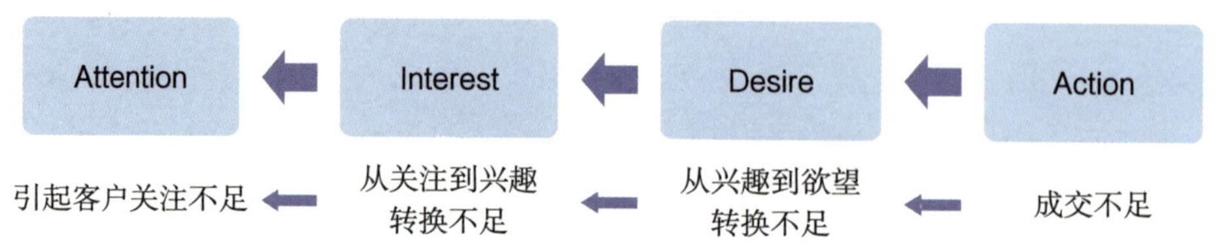

图 15-2 基于 AIDA 模式的倒推模型

需要指出的是，到了开盘期，为了提高开盘转化率，需要在“有欲望”到“成交”过程中加一个砝码，以便更好地促进成交，这个时候的砝码往往不是产品利好、价值利好，而是价格利好，优惠利好。因此，临近开盘前一周要释放的是开盘价格利好（开盘特价、折扣优惠）或者优惠利好（如送物业管理费、付款方式优惠、车位优惠等），这个时候再打项目价值利好，往往得不到好的作用。因为到了开盘阶段，客户从品牌落地、形象展示到示范区体验，之所以认筹就是因为有价值的利好，最后是否成交，还是要看价格和开盘的实质利好。

二、整体推广计划

在推广执行之前，需要根据营销总体策略及全年营销费用预算规划来铺排整体推广计划。依据营销总体策略中已确定的推广策略，铺排具体推广执行计划，如推广涉及渠道选择、媒体组合、媒体资源运用（含大众 / 户外 / 其他媒体）、媒体资源争取及合作情况、媒体铺排及投放频次等，另外线下活动也需要一起铺排计划，如表 15-1 所示。

表 15-1　项目营销推广铺排计划

<table>
<tr><td colspan="2">推广节点</td><td colspan="8">形象入市期</td><td colspan="17">体验筛客期</td><td colspan="16">开盘冲刺期</td></tr>
<tr><td colspan="2">推广主题</td><td colspan="8">奢装定义生活新高度</td><td colspan="17">宽境奢宅　礼献城市精英</td><td colspan="16">奢装豪宅荣耀启幕　礼献春城</td></tr>
<tr><td colspan="2">重点动作</td><td colspan="8">冰雪节造势活动</td><td colspan="17">示范区高端圈层活动</td><td colspan="16">开盘前造势活动</td></tr>
<tr><td colspan="2">月份</td><td colspan="25">8 月</td><td colspan="16">9 月</td></tr>
<tr><td>类别</td><td>项目</td><td>7</td><td>8</td><td>9</td><td>10</td><td>11</td><td>12</td><td>13</td><td>14</td><td>15</td><td>16</td><td>17</td><td>18</td><td>19</td><td>20</td><td>21</td><td>22</td><td>23</td><td>24</td><td>25</td><td>26</td><td>27</td><td>28</td><td>29</td><td>30</td><td>31</td><td>1</td><td>2</td><td>3</td><td>4</td><td>5</td><td>6</td><td>7</td><td>8</td><td>9</td><td>10</td><td>11</td><td>12</td><td>13</td><td>14</td><td>15</td><td>16</td></tr>
<tr><td rowspan="6">线上</td><td>107 广播</td><td></td><td></td><td colspan="17">冰雪节 + 亲子节 + 品酒会</td><td></td><td colspan="12">产品 + 包装 + 认筹等级</td><td colspan="9">产品 + 开盘</td></tr>
<tr><td>今日聚焦</td><td colspan="3"></td><td colspan="3">冰雪节</td><td colspan="17"></td><td colspan="3">发布会</td><td colspan="11"></td><td colspan="3">开盘</td><td></td></tr>
<tr><td>大众网话题</td><td colspan="9"></td><td colspan="3">亲子活动</td><td colspan="4"></td><td colspan="3">品酒会</td><td colspan="22"></td></tr>
<tr><td>大众网官微次条</td><td colspan="3"></td><td colspan="3">冰雪节</td><td colspan="24"></td><td colspan="3">推荐会</td><td colspan="4"></td><td colspan="3">开盘</td><td></td></tr>
<tr><td>微博大 V</td><td colspan="3"></td><td colspan="3">冰雪节</td><td colspan="3"></td><td colspan="3">亲子活动</td><td colspan="4"></td><td colspan="3">品酒会</td><td colspan="4"></td><td colspan="3">发布会</td><td colspan="15"></td></tr>
<tr><td>安居客</td><td></td><td></td><td colspan="15">活动主题 + 项目价值 + 认筹信息，已上线</td><td colspan="6">产品 + 认筹</td><td colspan="18"></td></tr>
<tr><td rowspan="6">线下</td><td>派单</td><td colspan="6"></td><td colspan="18">认筹 + 活动</td><td colspan="15">认筹升级 + 开盘</td><td colspan="2"></td></tr>
<tr><td>出租车</td><td colspan="18"></td><td colspan="5">冰雪节</td><td colspan="13"></td><td colspan="5">开盘</td></tr>
<tr><td>电梯框架</td><td colspan="4"></td><td colspan="7">冰雪节活动 + 认筹</td><td colspan="21"></td><td colspan="7">认筹升级 + 开盘</td><td colspan="2"></td></tr>
<tr><td>快递柜</td><td colspan="5"></td><td colspan="30">产品形象 + 核心价值点，已发稿</td><td colspan="6"></td></tr>
<tr><td>道闸广告</td><td></td><td></td><td colspan="15">冰雪节活动 + 产品 + 认筹信息，已发稿</td><td colspan="15">产品 + 认筹</td><td colspan="9"></td></tr>
<tr><td>梯前广告</td><td></td><td></td><td colspan="30">冰雪节活动 + 产品 + 认筹信息</td><td colspan="9"></td></tr>
</table>

三、推广执行

推广计划一经确定，即可开始执行，推广执行基本上围绕上面所说的三个阶段，即品牌落地、形象入市、体验冲刺进行。这三个阶段在推广重心上应各有差异，如图 15-3 所示，第一阶段以品牌来打动和驱动市场，第二阶段以产品表现来增进体验，第三阶段以热销体现项目的竞争性。

形象导入期	产品导入期	强势认筹期
熙湖大观　定义居住生活新高度	正中心·熙湖畔·奢阔瞰湖观邸	久候欣逢　园启不凡
强化企业品牌和项目品质形象实力品牌自成一方，占领区域标杆地位。	售楼处及样板间开放，强推项目产品、人文与价值，强势蓄客。	筹带筹，提升市场热度及项目知名度。
以品牌为驱动力	以产品为表现力	以热销为竞争力

图 15-3　项目三阶段推广执行

四、推广行为规范

推广行为是指通过一定的宣传推广媒介和销售形式直接或者间接、有偿或无偿地宣传推广项目的行为。推广行为主要为广告行为，包括但不限于：报纸、杂志、电视、电台、网站等公众媒体广告，招牌、横幅、灯箱、霓虹灯、显示屏、投影等户外广告，楼书、单片、折页等宣传资料，围挡、展板、告知牌、海报等案场展示，微信、微博、抖音短视频、短信、电子邮件、社交媒体等宣传形式。

推广信息内容应真实、完整、合法，严格遵守公平竞争原则，不诋毁竞争对手，不应含有虚假的内容，不应误导受众。对不确定的事实、信息，如对未来的展望、区域规划方案等，如须使用应提供官方出处，并提示相关事实内容属于不确定的状况，官方出处是指政府、科研机构以及中央、省、直辖市、自治区一级的媒体公布的数据、信息等资料。

具体的推广内容规范，国家相关规定如下。

1.《中华人民共和国广告法》第九条

广告不得有以下情形：

- 使用或者变相使用中华人民共和国的国旗、国歌、国徽，军旗、军歌、军徽；
- 使用或者变相使用国家机关、国家机关工作人员的名义或者形象；
- 使用“国家级”“最高级”“最佳”等用语；
- 损害国家的尊严或者利益，泄露国家秘密；
- 妨碍社会安定，损害社会公共利益；
- 危害人身、财产安全，泄露个人隐私；
- 妨碍社会公共秩序或者违背社会良好风尚；
- 含有淫秽、色情、赌博、迷信、恐怖、暴力的内容；
- 含有民族、种族、宗教、性别歧视的内容；
- 妨碍环境、自然资源或者文化遗产保护；
- 法律、行政法规规定禁止的其他情形。

2.《中华人民共和国广告法》第二十六条

房地产广告，房源信息应当真实，面积应当表明为建筑面积或者套内建筑面积，并不得含有下列内容：

- 升值或者投资回报的承诺；
- 以项目到达某一具体参照物的所需时间表示项目位置；
- 违反国家有关价格管理的规定；
- 对规划或者建设中的交通、商业、文化教育设施以及其他市政条件作误导宣传。

3. 在房地产推广中，其他需注意的事项

- 广告必要载明事项：预售、销售广告，应当载明房地产开发企业名称；中介服务机构代理销售的，载明该机构名称；预售或者销售许可证书号。广告中仅介绍房地产项目名称的，可以不必载明上述事项。
- 肖像姓名权、隐私权和名誉权：广告中使用他人肖像、姓名、名称的，应当征得肖像、姓名、名称权利人的书面同意。广告涉及第三人名称、姓名及其隐私、名誉的，应当取得第三人书面同意。对买受人、业主以及开发商会员的个人资料涉及隐私权的，推广主体公司负有保密义务。

- 商标商号等知识产权：广告使用的文字、图形、项目名称、地名等其他标识、内容涉及第三人商标、商号、企业名称、知识产权以及其他权利的，应当取得权利人的书面同意。广告使用企业或其他注册商标上使用 ® 标记的，所使用的商标图样应当与企业注册的图样一致。
- 花园或院落面积：除《广告法》所列的关于房源面积的表述外，除非有房产证或测绘报告，否则禁止标注花园或院落面积。
- 销售价格、折扣优惠：广告中表现的价格，应当是实际的销售价格，并且明示价格的有效期限。销售现场必须统一销售价格、折扣优惠，禁止销售人员权限范围外浮动价格、折扣优惠，如因销售需要调整，应当根据相应浮动范围、优惠程度，相应权限的领导应依实际情况判断确认。
- 广告涉及的贷款服务：房地产广告中涉及贷款服务的，应当载明提供贷款的银行名称及贷款额度、年限，如应当注明“××银行提供最高 × 成 × 年按揭”，并在广告中适当提醒限购、限贷以及其他影响买受人履行支付义务的情况。
- 广告涉及的资产评估：广告中涉及资产评估的，应当表明评估单位、估价师和评估时间；使用其他数据、统计资料、文摘的，应当真实、准确，注明出处。
- 广告涉及的其他开发商项目：广告严格限制利用其他开发商的项目形象、环境作为本项目的效果。
- 关于承诺：广告中不应含有开发商对买受人的户口、就业、升学等事项的承诺。

4. 其他禁止发布房地产广告的情况

房地产项目涉及以下情况的，不得发布广告：

- 司法机关和行政机关依法查封的；
- 违反国家有关规定建设的；
- 不符合工程质量标准，经验收不合格的。

最后需要特别注意的是，不得用中小学生和幼儿的教材、教辅材料、练习册、文具、教具、校服、校车等发布或变相发布广告。

节点时间

营销推广节点的开始时间各房企差异较大。追求高周转的项目，摘牌后 1 周内就上户外大牌，大部分项目是在营销总体策略确认后才开始启动线上和线下推广。尽管开始时间不同，但营销推广自启动后将一直持续到项目交付，是一项经常性、持续性的营销工作。

节点 TIPS

推广贯穿营销全过程，过程的管控很重要，重点是要把握三个关键点：执行动作的反馈、阶段性总结以及效果评估。其中，执行动作的反馈是为了有效管控计划执行，阶段性总结是为了确保执行效果的有效性，效果评估是为了后续推广而进行的经验沉淀。

推广的效果评估，关键看自然到访。售楼部开放前，看展厅展点的自然到访量；售楼部开放后，看售楼部自然到访量。通过每日 / 每周 / 每月的自然到访量，看总体的推广效果；通过不同推广渠道（户外、报纸、线下活动、自媒体等）的来访量、人均来访成本，判断该推广渠道是否精准有效，费效比是否高。效果不佳、费效比差的推广渠道，少投放或者不投放；效果好的推广渠道，则加大投放力度。

节点 16

广告创作及投放

节点背景

有趣却毫无销售力的广告，只是在原地踏步；但是有销售力却无趣的广告，令人憎恶。

——李奥·贝纳

李奥·贝纳（Leo Burnett）是广告界的传奇人物，其最为业界熟知的案例是万宝路，在 20 世纪 40 年代，万宝路定位为女士香烟，销量不好。在对香烟市场进行深入分析之后，李奥·贝纳对万宝路进行了全新的“变性手术”，将万宝路香烟定位为男子汉香烟，并大胆改造万宝路形象，以浑身散发粗犷、豪迈、英雄气概的美国西部牛仔为品牌形象，万宝路的重新定位和经典广告助力其在美国香烟品牌中销量一跃升至第 10 位，之后便扶摇直上。李奥·贝纳被《时代》杂志评选为 20 世纪 100 位最有影响力的人物之一，在这个人物榜里，领头是阿尔伯特·爱因斯坦，在榜单“创新巨人”这一类别里，李奥·贝纳和比尔·盖茨、华特·迪士尼排在一起，这是广告界人士迄今获得的最大殊荣。

营销需要创新和创意，而广告是创新和创意的集中体现。李奥·贝纳强调广告要兼顾销售力和有趣，这是对广告创作人的巨大挑战。因此，有不少房企把广告外包给专业广告公司，因为创造一个好的广告确实不容易，构思一个好的想法确实很难，耗时也长。“我从未见过，在任何真正伟大广告诞生的过程中，没有一点疑惑、没有堆满字的纸篓、没有殚精竭虑、没有对自我的恼怒和诅咒。”李奥·贝纳这句话正好描述了广告创作人的艰辛和不易。

节点内容

高效推广节点后接连的 6 个营销节点都隶属于推广范畴，分别是广告创作、品牌形象出街、自媒体运营、媒体采风、营销起势、品牌发布会。这 6 个节点分别从不同维度对高效推广进行了延伸。本节点为广告创作，广告创作博大精深，限于篇幅，本节点将内容聚焦在房地产领域，分广告文案、广告输出、广告投放三个方面展开。

一、广告文案

广义的广告文案泛指广告全部，包括文字、图片、排版。狭义的广告文案主要是指广告作品中的文字部分，包括广告语、标题、正文、随文。现在很多文案并没有统一格式要求，有的广告语和标题混在一起，有的正文和标题难以分清。

蔚蓝之门　仅为家族往来开放 ⟸ 标题

高端私人生活空间无限。
LA CADIERE 央谷之上，逾万平米六星级私人会所 LA CADIERE CLUB（蔚蓝会）凝炼高端私人生活场，
由亚洲最具影响力会所管理机构之一“鸿艺会”深度运营。更有国际“金钥匙”联盟服务体系加盟，让会员尽享国际名流推崇的至臻礼遇。
2009，更多缤纷始于春季。
不一样的生活，尽在蔚蓝卡地亚 ⟸ 正文

图 16-1　广告示例

不同行业，对广告文案的要求不尽相同，地产广告文案亦有其特点，总体来说对地产广告有以下建议。

1. 语言凝炼

使用客户熟悉的词汇和表达方式，尽量避免使用晦涩、生硬的语句，文字要紧紧围绕主题，体现主题思想，不能让消费者阅读后满头雾水，如下面的文案就很容易让人茫然。

> 顶级品质，犒赏精彩人生，
> 问鼎人居梦想，比肩全球。
> 伟大理想造就伟大生活，
> 铂金品质，超值回报，
> 追随时代，超越梦想。

2. 诉求单纯

没有销售力的广告没有价值，所有的广告都有其核心诉求，如引起关注、吸引客户打电话、把客户引到展厅或者售楼部等。为了吸引客户，广告的诉求应该单纯，不要体现过多要素。一般地产项目都会有多个价值点，如地理位置、周边环境、建筑体量、户型结构、社区配套、园林绿化、会所设施、物业管理等相关的内容，当阐述这些内容时，应画龙点睛，诉求单一，不要诉求过多。如图 16–2 所示的红树西岸项目广告，核心突出的是项目的隔音和降噪效果，简单且容易被客户记忆。

图 16–2　红树西岸项目广告

3. 层次分明

如果广告不讲求设计，而是简单地将图文放在一起，那这类广告的阅读量一定不高。客户没有耐心在凌乱的内容中寻求自己想要的信息，因此在设计中，层次分明就十分重要，画面整体设计排版应力求简单、明了，条理清晰，对客户在瞬间产生强有力的视觉冲击。很多时候客户也喜欢以“貌”取人，会通过硬广告的设计版式、印刷工艺等来判断项目的档次。如图 16–3 所示的淮海壹号项目广告，以灰底、白色为主色调，以久慕、久仰、久候为主题推出系列广告，凸显出产品的高端、稀缺。

图 16–3　淮海壹号项目广告

4. 不要过于诗意

刚开始进行广告创作的同事容易将“文案”和“文学”混为一谈，认为好文案一定是文采飞扬，辞藻华丽，最好带一点诗意，这些可以称为文学，却并不是文案。广告首先要告诉大家“你卖的是什么”，如图 16–4 所示的某广告页面，本身是卖度假产品，包括别墅和高层，但是“人生归去来，总是山与湖”，这样的文案，很难让人立刻想到是卖房子的。

图 16–4　某广告页面

5. 运用短句，让文案更有力度

客户在看广告时往往是缺乏耐心的，要想在极短的时间内让客户了解更多的信息，文案就必须多用短句。使用短句，容易推动叙事过程，让读者有阅读快感，如今的微信公众号文章，很多也在使用短句。短句容易挑起欲望，更容易集中表达，有奔腾之势，更有力度，容易击中客户内心的某个点，如深圳万科城文案。

深圳万科城文案

从电梯到楼梯
万科用了 20 年
阳光穿过 3 米的距离
万科走了 20 年
让深圳人的脚步慢下来
万科用了 20 年
找回当年的纯真
万科用了 20 年

二、广告输出

房地产行业竞争激烈，面对有限的客户如何尽快抢占市场、赢得销售是项目营销的核心任务。广告是项目的展示窗口，通过广告输出让客户认知项目、对项目感兴趣，并来到示范区售楼部体验，这是房地产广告的核心价值。由于地产项目的开发时间特征，我们把广告输出分成五个阶段，分别是品牌落地、价值输出、阵地开放、开盘利好、开盘热销。

1. 品牌落地

品牌落地主要是输出企业品牌（如图 16–5）或者项目品牌（如图 16–6），引起客户关注。

图 16–5　企业品牌形象

图 16-6　项目品牌形象

2. 价值输出

进入项目形象入市阶段，广告创作策略围绕项目的价值展开，包括城市价值、区域价值、土地价值、产品价值、客群价值等，这五大价值广告是项目价值的集中体现。

（1）城市价值

城市价值是以城市为视觉，描述城市未来发展、规划、前景，城市价值可以是战略规划或者市政规划，大的规划如粤港澳湾区、长三角、珠三角、自贸区等，小的规划如卫星城、科教城等。城市价值除了规划，还可以展示一个城市的传统文化、人文精神等，如图 16-7 所示的温州万科鹿城项目。

图 16-7　城市价值广告

（2）区域价值

区域价值是以项目所在区域为视觉，描述区域规划、潜力挖掘，规划层面包括高新区、大学城，商业层面包括 CBD、主城区等，如图 16-8 所示，就是典型的区域价值广告。

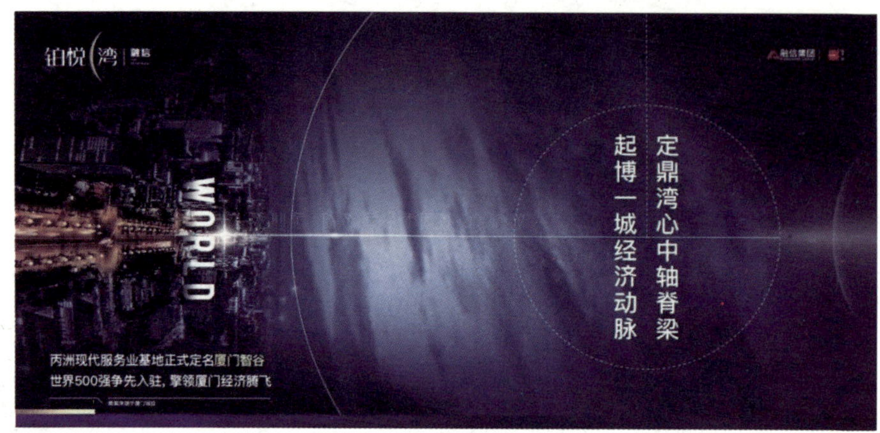

图 16-8　区域价值广告

（3）土地价值

土地价值是以土地周边配套为价值点，包括山、海、湖、河、森林等稀缺自然资源，或者医院、学校、集市、购物中心等配套。如图 16-9 所示的广告就体现了土地价值，突出的是生态环境。

图 16-9　土地价值广告

（4）产品价值

产品价值是以产品为价值点，包括独特的产品研发、优秀户型、市场稀缺产品（如 LOFT、叠拼或顶级豪宅）等。

图 16-10　产品价值广告

（5）客群价值

在广告中突出客户特点和客户价值，如成功人士、高端圈层等，如图 16-11、图 16-12 所示。

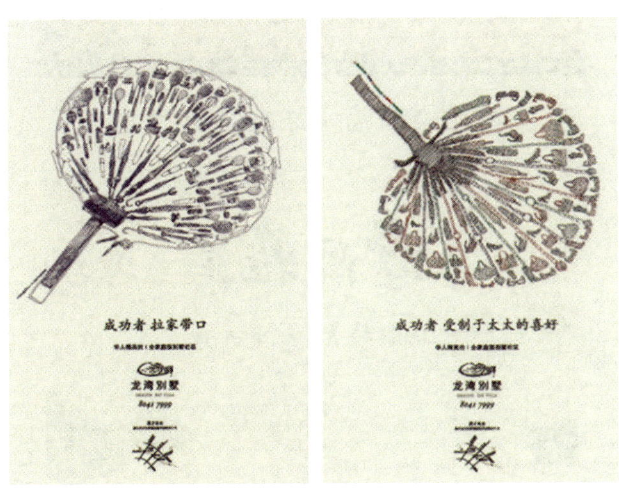

图 16-11　客群价值广告一

BONTOP GROUP

与名流雅士为邻
回归圈层

图 16-12　客群价值广告二

3. 阵地开放

阵地开放指品牌体验馆、展厅、示范区、售楼部、样板间开放等输出的广告。

图 16-13　城市展厅开放期推广广告

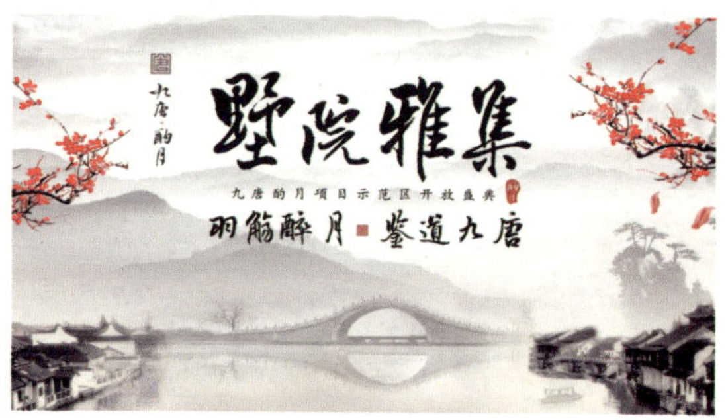

图 16-14　示范区开放广告

4. 开盘利好

临近开盘，通过广告释放利好，利好包括价格、付款方式、额外赠送、优惠等信息。

图 16-15　开盘利好广告

5. 开盘热销

开盘热销广告输出首开热销信息，如果首开清盘，前期还有很多认筹没有转换，可以在短时间进行加推，同步释放加推和涨价利好。

图 16-16 开盘热销广告

三、广告投放

广告投放主要包括投放原则、硬广投放和软广投放。

1. 投放原则

对在各种媒介上发布的广告规格和频次进行合理组合，以保证在达到效果的情况下节省广告费用。

- 有效受众扩大原则：在媒介组合中，应该考虑时间上的配合，如电视、报纸做简明的新闻报道式的广告，杂志做深度价值解析等。
- 费用可控原则：保证需求、杜绝浪费。依据货量、销售预估、市场级别、推广力度、过往经验等，估算推广需求。把握当年各区域价格、节日期间价格，依据市场行情及时调整，控制成本。
- 资源整合原则：与媒体建立长效合作，异业联盟，打包资源，做到资源有效整合。

2. 硬广投放

硬广是指直接介绍商品、服务内容的传统形式的广告，通过刊登报刊、设置广告牌、电台和电视台播出等进行宣传（区别于软广告）。硬广最大的优点就是传播速度快、能快速被大众熟记，且被记住的效果持久，涉及对象广泛、公众影响力大，有较强权威性，大众认可度高。硬广的缺点在于广告投入成本高，商业味浓、渗透力差、大众喜爱程度不高，广告信息常常被大家选择性跳过。

进入移动互联网时代，硬广的投放效果受到新媒体冲击日渐式微，效果相比以往差不少。导致效果下滑的主要原因有两个，一是消费者现在接触的信息量非常大，据统计现在人均每天的信息量相当于 77 份报纸，比过去 10 年间增长了 10 倍。如此高密集的信息量下，硬广要引起消费者的关注，较以往要困难很多。二是消费者被以手机为载体的新媒体严重分流，中国移动互联网大数据公司 QuestMobile 2020 年发布《中国移动互联网 2020 春季报告》显示，截至 2020 年 3 月，中国移动互联网月活跃用户数突破 11.56 亿，月人均单日使用时长达 7.2 小时，这 7 个多小时的手机使用时间彻底改变了消费者的认知途径和消费观念，对传统的硬广造成巨大的冲击。

硬广投放的核心在于如何选择媒体组合，各类媒体包括户外、报纸、杂志、广播、电视等。各类媒体都各有优缺点，需要根据其媒体特性及优缺点进行选择组合。

（1）报纸

进入移动互联网时代，阅读习惯发生重要变化，手机阅读、掌上阅读越来越多，看报纸越来越少，但这并不代表报纸投放没有价值。效果虽然不如以前，但是报纸具有新媒体不具备的特征，即报纸的权威性。在报纸上打广告，尤其是在主要版面打广告，会增加客户对于项目的信心。另外如目标客户是政府人员或高端客户，他们也有看报纸的习惯，针对这一类客户，投放报纸效果也会比较好。

（2）杂志

杂志与报纸也存在着很大的差别，在内容上，杂志不像报纸以新闻报道为主，而是以各种专业和科普性知识来满足各种类型读者的需要。在印刷质量上，杂志一般也优于报纸。现在房地产广告投放杂志主要是航空杂志，航空杂志主要用来做高端品牌的广告，如品牌手表、皮包等，因为坐飞机的一般属于高端客群。航空杂志适合度假项目或者一二线城市高端豪宅项目。

（3）广播

广播传播速度快，传播范围广，营销费用不高，但是广播效果在逐年下降，由广播带来的成交比例也越来越低，现在使用广播投放的以三四线刚需型项目为主。

（4）电视

电视广告直观性强，有较强的冲击力和感染力，有较高的注意率。电视广告费用昂贵，一是制作成本高，二是播放费用高。目前房企在电视广告方面主要以企业品牌广告为主，或者是全国性的大盘度假产品广告。

（5）户外广告

户外广告可分为平面和立体两大类：平面的有路牌广告、招贴广告、壁墙广告、海报、条幅等；立体广告分为霓虹灯、广告柱以及广告塔、灯箱广告等。户外广告对地缘性客户有较大的昭示作用，所以如果项目以地缘为主，需加大户外投放比例。

（6）新媒体

新媒体以互联网为载体，包括房产网广告通栏、百度关键字、大 V 广告、网红平台、公众号、微信、QQ、微博、抖音、快手、当地微信服务平台、热点 APP 插播广告等。新媒体是这几年最热门的投放渠道，投放比例和费用也在逐年增高。

3. 软广投放

与硬广对应的就是软广，软广也常与硬广同时投放，二者相辅相成。软广相对于硬广，属于软性植入项目的信息，客户对于软广的接受程度相比硬广要高。因为软广大多以能驱动人心的文字和用户产生情感共鸣、从而引导用户转化，和硬广的最大不同点是，硬广以产品为中心，而软广以用户为中心，而且相对于硬广来说，软广商业味淡、渗透性强，比较有人情味。软广投入成本低，传播速度快，效果持久，软文内容更能引起较多人的共鸣，容易得到认可。如果软文质量好，被用户二次或多次传播，传播覆盖面不比硬广差。

软文的核心就在于文案，软文质量的好坏也比较容易判断，就是阅读量，好的软文阅读量可以达到 10 万 +，质量差的软文则让人没有看下去的耐心。所以，文案其实关乎着软文投放是否成功，所以本节点主要通过几个要点来说明软文撰写的关键所在。

（1）要有吸引人的标题

标题是软文的灵魂，人们选择阅读一个广告，80% 是因为标题。优秀的标题，都是源自对客户的深刻洞察，只有洞察客户内心的诉求才能打动客户，让客户心有所感。好的地产软文，无不有一个吸引人的标题，如“先生的湖，山下的墅”“我住在溪水和江水之间”“位置决定价值，眼光影响人生”“由于焦点的不同，你所看到的风景也不同”等。

（2）善于制造悬念

人们对于那些不明结果的事情都充满好奇，因此，很多软文都设置了一定的悬念，悬念是提升人们阅读兴趣的法宝，就像一道谜语，让人欲罢不能，非要探明究竟，直到文章最后，才知晓答案是什么，而当谜底揭开时，就是卖点浮出水面之际，如下所示北京星河湾软文。

北京星河湾软文广告文案

标题：她 400 岁　正值妙龄

三年前，在智利，星河湾挑中了她，很多必要的斡旋工作便在那时候开始了。两年前，所有的启程预备终究完成，她乘船来到上海，她的体重和随身泥土足足有 27 吨。在上海，她生活了整整一年，这是她适应中国的必要程序，2004 年 12 月，一个飘雪的夜晚，27 吨的她，正式定居北京。一棵 400 岁，胸径一米，高六米的耐寒智利蜜棕，便这样来到了星河湾。

另一棵，也是。

（3）用数字描述事实，而不是一味陈述

很多项目喜欢陈述事实，其实在描述事实上，数字最具有张力。如下面山外山的别墅文案，不到 50 个字，用了几个数字，充分突出了该项目的生态环境利好。

“山外山”别墅项目软文文案

为了保留 1892 种中草药，我们少修了 3 条路。

为了保留 5000 年的青山，我们少建了两座酒店。

为了保留这 500 年的原生森林，我们少建了 100 栋别墅。

节点时间

广告创作及投放贯穿营销全过程，如果是外聘广告公司，一般在广告公司确定之后开始，持续到项目清盘。

节点 TIPS

判断广告的好坏不是从广告创作的专业角度，而是看广告是否具有销售力。有销售力的广告让客户印象深刻，乐于传播，并最终实现购买。好的广告可以反复使用多年，经久不衰，如“钻石恒久远，一颗永流传”“人头马一开，好事自然来”。在地产行业，好项目常有，好广告却非常稀缺。如“星河传奇，因你而起”“好房子一套就够了”，这样的好广告还太少。好的广告是项目代言，能为项目创造巨大的传播价值，每个项目都应该在广告上下功夫，力出精品。

广告公司招标采购通常需要用一个月时间，追求高周转的房企，为了节省这个时间，自建了自己的广告创作团队。自建广告创作团队有利有弊，好的方面是自建广告团队熟悉企业文化、项目特征，创作起来速度和效率更高，不足是长期依靠自有广告团队，会带来广告创作的创新性和创意不足，不能给市场以新鲜感。

节点 17

品牌形象出街

节点背景

随便哪个傻瓜都能达成一笔交易，但创造一个品牌却需要天才、信仰和毅力。

——大卫·奥格威

大卫·奥格威是业界公认的广告之父，其创办的奥美广告公司曾是世界上最大的广告公司。他写的《一个广告人的自白》畅销全球，影响了很多地产人，包括部分董事长。奥格威的这句话，突出了品牌的重要性和不易。20 世纪 60 年代，他首次提出品牌形象不是属于产品的，而是消费者联想的集合。消费者购买产品追求的是“实质利益 + 心理利益”，广告和营销应该重视运用形象来满足其心理需求。这个观点对营销界产生了深刻影响。

举个例子，同样是真皮手提包，小品牌卖 500 元，三线品牌卖 2000 元，一线品牌上万元，为什么贴上大品牌的标签，价格就涨了这么多？材质、功能、外观有很大差异吗？不是的，是品牌造成了价格差异。客户之所以花高价购买奢侈品，不是因为其功能，而是因为其品牌。产品功能满足了客户的使用需求，而品牌则赋予客户其他价值，给他们带来联想，并满足了客户内心的成就感。

从纯营销角度看，品牌解决了两大核心问题：一是溢价，二是客户区隔。

部分房企对品牌观念存在误区，不重视企业和项目品牌，认为品牌是虚的，打品牌浪费钱，这个观念是不对的。标杆房企之所以能够成为标杆并实现跨越式增长，其中的一个关键因素就是标杆房企在成长过程中不断树立品牌，利用品牌获得客户信任、赢得竞争优势，利用品牌提升产品溢价，最终实现了从产品营销到品牌营销，打造一个好品牌是企业持续业绩增长的必由之路。

节点内容

一、品牌基本概念

1. 品牌认知

根据现代营销学之父科特勒在《市场营销学》中的定义，品牌是销售者向购买者长期提供的一组特定的特点、利益和服务。品牌是给拥有者带来溢价、产生增值的一种无形的资产，它的载体是用于和其他竞争者的产品或劳务相区分的名称、术语、象征、记号或者设计及其组合，增值的源泉来自消费者心智中形成的关于其载体的印象。品牌更多承载的是一部分人对其产品以及服务的认可，是一种品牌商与顾客购买行为间相互磨合衍生出的产物。

对于房地产企业而言，产品、服务、形象等都是企业品牌形象综合统一体中不可分的要素，品牌定位只是开始，制胜的关键是如何塑造一个对潜在客户具有魅力的品牌形象。如同一个人一样，完整的品牌形象系统既包括外在的企业形象，也包括内在的品质，表里如一才能提高品牌的识别度，增强品牌的竞争力。

2. 品牌五要素

关于品牌体系没有统一标准，大体上包括以下五个基本要素。

- 品牌愿景：明确品牌发展目标，让品牌打动消费者；
- 品牌定位：明晰品牌的差异性、独特性，从而取得品牌优势；
- 品牌内涵：品牌内涵是品牌的价值体现，能够给客户暗示和利益；
- 品牌形象：包括 VI、LOGO 等整体视觉系统；
- 品牌传播：品牌传播的方式。

3. 品牌和企业文化的差异

品牌和企业文化有很多共性的地方，容易混淆，实际上品牌和企业文化差异较大，突出表现在以下两个方面。

- 面向群体：企业文化面向公司员工，品牌面向客户和市场，认同企业文化是对员工的要求，认知企业品牌是对客户的诉求；

- 核心价值：企业文化解决员工忠诚度、凝聚力问题；品牌解决客户忠诚度，提升产品溢价。

二、品牌形象入市

品牌形象入市的核心诉求为品牌核心形象输出，通过户外、线上推广等途径让客户感知品牌实力。摘牌初期，整个项目的产品形象、价值点还没有出来，故本阶段品牌形象主要以企业品牌形象为主。对房地产行业来说，品牌形象主要包含两个层面：一是集团的品牌；二是项目的品牌。在实际操盘过程中，很多操盘手比较重视项目品牌的推广宣传，往往忽略了集团或公司品牌的打造。出现这种状况的主要原因有两点，一是认为集团品牌比较虚，效果慢而且不明显；二是认为集团品牌的推广主要是集团相关部门的工作，和自己相关性不大。集团品牌其实与项目息息相关，集团品牌是母品牌，而项目品牌是子品牌，不能彼此隔离，厚此薄彼，否则会造成客户对品牌的认知不足。

重点导入动作节点铺排如下。

1. 品牌阵地视觉

（1）户外广告

投放媒介主要是交通路口户外大牌、公交站台、车身、墙体等，地点选择在城市人流密集场所或者意向客户出现比较多的地方，投放时间一般为售楼处开放前 2—3 个月内。文案内容彰显企业实力和品牌理念。

图 17–1　品牌户外广告

（2）工地围墙 / 围挡

项目工地围挡是品牌导入期的重要展示窗口，围挡高度一般不低于 3 米，内容主打企业实力和品牌理念。

图 17-2　工地围挡画面

（3）道旗

道旗一般投放在城市中心至项目现场交通必经干道，在品牌导入期以突出品牌理念为主。

图 17-3　品牌形象道旗画面

2. 品牌线上推广

品牌线上推广以软文为主，媒介可以为报纸、杂志、网络及公众号，投放时间可以从摘牌一直持续到展厅展点开放前。同户外广告相比，线上软文可以分步骤，以文案的形式输出品牌的价值，彰显品牌实力、品牌形象，节点案例 1 就是某央企旗下地产企业在新进城市两个阶段所做的线上品牌宣传。

【节点案例 1】新进城市品牌推广软文示例

阶段一：品牌实力展示阶段

- 主标：品质央企 ××××向 ××（城市）致敬
- 全球 500 强、品质央企 ××××礼献 ××（城市）

- ××集团（母公司）简介（发展历程、核心主业、战略布局、公司荣誉）
- ××××房地产公司介绍
- 项目所属产品系详细介绍（产品故事、口碑传承、历史成就、未来升级）

阶段二：案名发布阶段

- ××××耀世新品案名发布
- ××××介绍及新产品系 / 新组团背景
- 新产品系 / 新组团理念介绍
- 新产品系 / 新组团市场差异化亮点介绍
- 项目下阶段预告

在品牌导入期要招聘员工，补充项目团队成员，此时可以利用招聘进一步加大项目的宣传，基于项目招聘要求，出招聘长图（如图 17–4）。如果要扩大声势，可以召开专场招聘会，实现招聘和品牌宣传同步进行，一举两得。

图 17–4　项目招聘长图

节点时间

品牌形象出街的节点时间不同项目差异较大，如果在摘牌前就完成了设计，选好了广告公司，摘牌后一周内就可以进行。如果是摘牌后才开始品牌形象出街筹备工作，则时间上要推迟不少。通常，该节点是在项目案名、VI 及合作方确定后启动，在展厅展点开放前完成。

节点 TIPS

新进城市一定要做好企业品牌推广，有的小房企觉得企业规模不大，没有必要做品牌推广，这个观念是不对的。从营销动作来讲，打品牌起到的作用是引起客户关注，引起关注后，项目形象入市才会引起客户兴趣。如果都没有客户关注，感兴趣就无从谈起，所以品牌导入很重要，要引起足够重视。

如果要求更高，进入不同城市时，不仅要做品牌导入动作，品牌定位也应该有所不同。新进城市的品牌定位，是基于对该城市的总体分析、客户分析、竞品分析以及自身品牌基因上得出的。品牌定位的核心是要告诉客户“我们带来什么？”“和竞品有什么样的不同？”“品牌的核心价值是什么？”

节点 18

自媒体运营

节点背景

新时期营销的中心将转移到如何与消费者积极互动，尊重消费者作为主体的价值观，让消费者更多地参与到营销价值的创造中来。

——菲利普·科特勒

营销学之父菲利普·科特勒在 2017 年出版《营销革命 4.0：从传统到数字》，正式提出营销 4.0 的概念，指出现在的企业应将营销工作重心从基于产品价值输出、卖点推广，转移到与消费者积极互动，让消费者更多地参与到营销价值的创造中来。价值共创是营销 4.0 的关键词，大数据营销、社群营销是实现价值共创的途径，而自媒体运营则是大数据营销、社群营销的重要手段。

如果本书在 10 年前完成，我相信绝大部分节点都会保留，但自媒体运营不会，因为自媒体运营是过去 10 年间各行业的营销亮点之一，正因为自媒体和新媒体的出现和快速发展，才促进了营销从 2.0 到 3.0，直至 4.0 的革命。

节点内容

为了更好地了解自媒体对营销带来的价值和创新，理解自媒体运营的意义，我们需要先了解营销从 1.0 到 4.0 的变化。

一、营销 1.0 到营销 4.0

营销 1.0 到营销 4.0 的进阶，如图 18–1 所示。

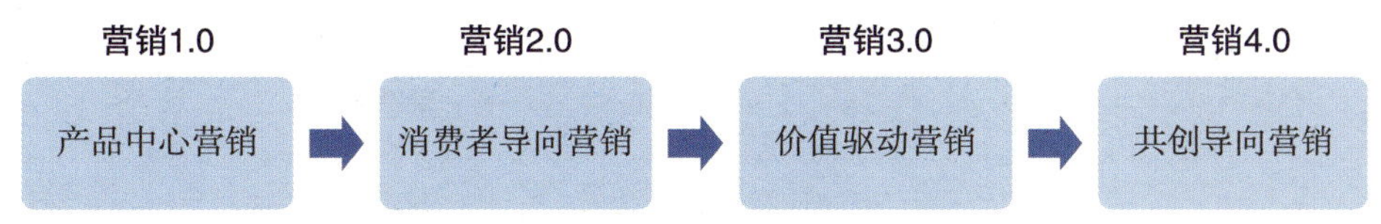

图 18-1　营销 1.0 到营销 4.0 进阶

1. 营销 1.0

营销 1.0 是工业化时代以产品为中心的营销，该阶段的营销推广是突出产品的功能，满足消费者日常功能性的需求，将产品卖给有支付能力的人，产品之间没有什么差异性。典型例子是早期的福特汽车，“无论你需要什么颜色的汽车，福特只有黑色的”，凸显了营销 1.0 时代产品的单一性。

2. 营销 2.0

营销 2.0 是以消费者为导向的营销。进入信息化时代，产品同质化严重，为了赢得竞争，营销突出产品的差异化以满足消费者需求。以手机为例，诺基亚之所以能够在 20 世纪末成为手机行业霸主，主要原因是它基于消费者需求，研发出轻便、待机时间长的手机，一改传统手机笨重、待机时间短的问题。

3. 营销 3.0

营销 3.0 是价值驱动的营销。在满足消费者需求的同时，营销 3.0 要求企业必须具备更远大的愿景、使命和价值观。消费者在选择同样产品功能的基础上，更愿意选择价值观和自己匹配的产品。粉丝经济是营销 3.0 时代的典型特征，华为的“花粉”、小米的“米粉”是营销 3.0 下的典型案例。

4. 营销 4.0

营销 4.0 是共创导向的营销，指的是企业让消费者更多地参与到营销价值的创造中来。随着移动互联以及新媒体、自媒体技术的快速发展，客户能够更加容易地接触所需要的产品和服务，也更加容易和与自己有相同需求的人进行交流，如何经营这些相同需求的社群，如何和消费者共创价值，是营销 4.0 的核心问题。

从营销 1.0 到营销 4.0 的变化趋势是对消费者越来越重视，这一点和马斯洛的五个需求层次基本匹配，如下图所示。

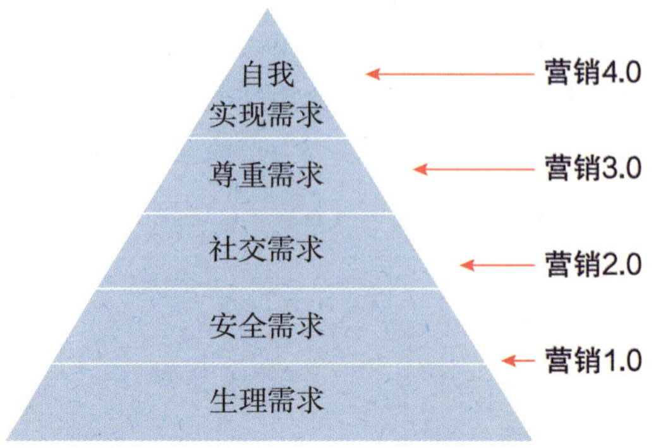

图 18–2 “营销 1.0 到营销 4.0”和马斯洛的五个需求层次的对应关系

图 18–2 是笔者理解的“营销 1.0 到营销 4.0”和马斯洛的五个需求层次的对应关系，从中可以看出营销 1.0 是从产品功能上满足消费者的生理需求和安全需求；营销 2.0 通过差异化的功能和定位满足社交需求；营销 3.0 通过让产品、品牌理念和消费者在价值观上趋同，让消费者在消费过程中体会到尊重；营销 4.0 则是让消费者参与、互动，满足了消费者自我实现的需求。

从满足客户需求，到帮助客户实现自我价值；从企业制定营销策略到消费者参与营销价值创造，这两点是新时期营销最大的特点。要实现这两点，其关键的技术是大数据和社群营销。由于移动互联网、物联网所造成的连接红利，大量消费者的行为、轨迹都留有痕迹，产生了大量的行为数据，这些行为数据的背后是客户的选择、关注及喜好。从营销角度来看，通过这些行为数据可以看出推广的效果以及客户的关注点。比如，在自媒体网络投放广告，通过曝光量可以看出有多少客户知道项目信息，通过点击量可以看到有多少人感兴趣，通过转发量和收藏量又可以看出客户意向度，通过页面停留时间或者反复浏览次数还可以看出客户的关注点。这些客户行为轨迹都是传统媒体如报纸、广播、电视无法实现的。通过线上的微信群、QQ 群，线下的圈层，这些社群活动组织又可以维系与客户之间的情感交流，促进再次成交，或者老带新。

二、自媒体概述

自媒体又称“公民媒体”或“个体媒体”，是指私人化、平民化、普泛化、自主化的传播者，以现代化、电子化的手段，向不特定的大多数或者特定的单个人传递规范性及非规范性信息的新媒体总称。自媒体平台通常包括个人媒体，也包括企业和项目媒体，个人媒体包括但不限于微博、QQ 空间、个人主页、微信朋友圈、微信群等，还包括抖音短视频、快手等视频类媒体。企业和项目媒体包括微信公众号平台、抖音号以及其他平台。

既然营销 4.0 是以价值观、链接、大数据、社区、新一代分析技术为基础来造就的，那么如何链接消费者和客户就成为企业营销首先要思考的问题。企业之所以需要自媒体，是因为自媒体链接了企业和消费者，是企业和消费者互动的平台。自媒体和报纸、杂志、广播等传统媒体最重要的差别有以下几点。

1. 自媒体传播具有互动性

传统媒体，如报纸、杂志、广播、户外等是一种单项传播，企业无法和客户取得互动，而自媒体可通过留言、分享、互动获得客户的意见或反馈。

2. 自媒体具有数据统计功能

公众号的粉丝、文章的阅读量、点赞量、转发量都是自媒体自带的非常重要的数据，通过这个数据可以直接看到项目的推广效果，看到客户的认可度，是非常重要的营销数据。

3. 自媒体可以洞悉客户心理和需求

客户经常浏览什么内容，在哪个页面停留时间长，最关注哪些细节，通过这些可以看到客户的浏览动线和心理行为，进而推导出客户需求，为下一步的营销工作指明方向。

三、自媒体运营

一般来说，房地产行业自媒体主要包括三类：第一类为项目自媒体账号，主要输出项目的相关信息；第二类是公司自媒体账号，主要对企业品牌进行宣传推广；第三类是行业公共自媒体账号，以释放房地产行业相关信息为主。

1. 房地产自媒体推广

项目自媒体账号正式开启运营之后，就需要进行自媒体推广，自媒体推广的方式主要有以下形式。

（1）微信营销

微信是最重要的自媒体推广形式，微信营销范围广泛，包括个人微信营销，如朋友圈、微信群，也包括企业微信营销，如公众号、微信小程序、微信售楼、微信开盘等。

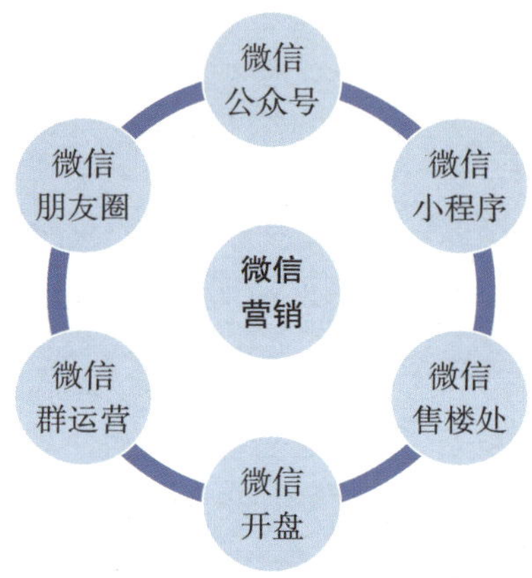

图 18-3　微信营销

微信营销通常包括微信平台搭建、微信平台运营、互动营销三个阶段，具体分四步走。

第一步：增加曝光度。依托现有媒体资源（报纸、电视、广播、户外、门户网站等媒介）进行植入式宣传，或者在售楼部及其附近放置印有微信公众号二维码的易拉宝等宣传品（如图 18-4），进店扫描二维码，即可获赠物品。在 DM 单、名片、邮件签名等地方添加微信二维码，自动扫码关注。

图 18-4　在售楼部、示范区设置易拉宝二维码

第二步：提高知名度。推送精编内容至目标客户，引导用户分享文章内容到朋友圈，增加公众号曝光率，吸引新粉丝关注。实施一些线下活动，引导粉丝关注公众号，将线下用户转移到微信上，进一步引导用户利用分享活动到微信朋友圈、提醒朋友看等功能，吸引新粉丝关注。

第三步：激励活动增加粉丝量。增加粉丝量有几种工具，如微信大转盘、刮刮卡等均可作为线上吸粉的手段，也可以是购房者在售楼部参加的一种互动方式，参加者在登录活动界面后，可在活动页面提示下获得各种小礼品。全民抢红包是普通微信活动的升级版，可以按照项目全新定制，相对常规的微信活动吸引力更大，能够更好地吸引客户的关注和分享，引爆朋友圈，迅速对项目进行传播。

图 18-5　抽奖增加粉丝量示例

第四步：互动营销。互动营销主要是组织微信看房活动，将线上流量引导到线下，通过线下看房活动、示范区体验、置业顾问销讲，为客户灌输产品的价值点和卖点，提升客户的购房意向。

（2）视频推广

可以通过微电影、短视频进行项目推广。在新媒体时代，地产项目推出的微电影作品不少，但兼顾推广、娱乐和营销专业性的并不多，碧桂园的微电影《对手情人》就是其中的佼佼者。

【节点案例 1】微电影《对手情人》

图 1 《对手情人》剧照

电影以山东海阳度假项目十里金滩为背景，以两组精英团队 PK 为主线，以两位拓客组长的爱情为副线，完整展示了碧桂园的拓客手法，如竞拍、大吃小、大客户拓展、圈层营销，解读外表光鲜的“售楼小姐”“售楼先生”背后的真实写照。

目前，品牌房企已经有很多项目开始尝试利用抖音、快手等短视频平台进行推广，项目短视频账号也越来越成为项目官方推广平台矩阵的一部分，成为项目推广的标配。

【节点案例 2】短视频推广

在开盘或者之前的节点中，如售楼处开放时，都会发布几条抖音视频，也会发布活动现场视频，此外还有团队风采展示视频，发布置业顾问咬筷子、头顶书等短视频（如图 1），视频体现了置业顾问团队的培训水平以及后期的服务标准。通过视频，可以看出团队整齐划一的动作和良好的精神面貌，让客户产生信心，同时通过视频的传播，扩大项目宣传，为项目导流。

图 1　短视频截图

（3）活动推广

活动推广比较适合公众号的推广，可分为线上和线下，线上包括互联网和微信活动、微博活动等，如关注就有机会领取活动礼品，或者在微信发起活动，只要介绍身边的朋友即可获得折扣礼品等。具体包括以下几种方式。

- 线上互动：有奖分享、节日福利、微信小游戏等；
- 线下互动：组织各类活动，线上礼品线下领取；
- 账号与粉丝的互动：给予粉丝专属权利，如优先选房、专项优惠等，包装重点客户成为项目代言人，引发圈层传播；
- 粉丝与粉丝的互动：打造粉丝社群，如建立粉丝车友会、球友会、跑步协会等，吸引粉丝，并引发自传播。

（4）其他形式的推广

利用其他自媒体平台，如博客、微博、在线直播、百度官方贴吧、论坛 /BBS，以及当地知名媒体等，进行线上线下互动推广吸粉。

2. 房地产自媒体管理

在自媒体推广过程中，一般都有公司类、项目类、业务类自媒体平台账号，涉及的自媒体众多，输出内容繁杂，为保证项目传播顺利进行，还需要加强对自媒体的管理，主要包括平台管理、内容管理、数据管理、用户管理和舆情管理。

（1）自媒体平台管理

企业应加强对自媒体平台的管理，做到分级管理、责任到人、许可开设、据实认证、矩阵协同五大方面。

- 分级管理：集团级及地区公司级实行分级管理，包括开设管理、内容审核、舆情管理、效果评估等；
- 责任到人：集团级及地区公司级设自媒体专人负责；
- 许可开设：自媒体运营方案报集团营销中心自媒体负责人审批后开设、上线；
- 据实认证：上线后一个月内完成商标版权、运营主体信息论证；
- 矩阵协同：集团级及地区公司级自媒体推广需协同推进，包括内容发布、功能开发、后台管理，落实矩阵协同工作，包含官方渠道、行业自媒体、自有自媒体、创意短视频、用户社群。

（2）自媒体内容管理

形象及活动内容需经审批后发布，确保准确、及时、全面、符合法规。传播数据优秀及最佳执行项目可上报集团作为典型案例分享。

（3）自媒体数据管理

自媒体由于基于互联网的特性，可以沉淀大量的用户数据，这些数据是传统大众媒体无法获取的，如阅读量、粉丝量、收藏量、转发量等。通过这些数据可以倒推出推广的效果以及总体蓄客情况。

（4）自媒体用户管理

主要是实现用户身份识别、用户分类管理，提炼出用户画像，推动精准营销。执行员工协同，有效互动，针对客户投诉落实及时反馈机制。

（5）自媒体舆情管理

对舆情实现日监测，敏感舆情要第一时间交叉通报，引发危机公关的舆情应对处理进展要实时通报，每月发布舆情评估报告。

节点时间

自媒体运营节点时间一般与品牌形象出街节点同步开始，一直持续到项目交付。

节点 TIPS

阅读量和粉丝量是自媒体运营是否有效的重要判断数据，要将这两个指标作为自媒体运营的 KPI 指标来抓。有些房企或者项目自媒体运营做得不成功，其共性的原因有两个。一是重视程度不够，不了解自媒体对于营销的重要性，在自媒体运营上舍不得投入人力、物力。二是自媒体运营的负责人专业能力不足，自媒体运营负责人不仅要懂地产营销，更要懂得如何经营自媒体，懂得如何规划好的内容、如何增加线上流量、如何圈粉、如何保持粉丝黏性，并最终实现转换。不少项目是由策划人员兼职自媒体运营负责人，没有设立专人负责，这样很难把自媒体运营做成功。

节点 19

媒体采风

节点背景

营销是一门传播学，通过媒体可以将传播效果放大。

中国有句古话："好事不出门，坏事传千里。"在互联网时代，自媒体、新媒体快速发展，传播手段多样化，一旦企业有负面新闻，即使负面新闻不是真实情况，是误解或假新闻，但如果企业没有及时澄清，没有与媒体及时沟通，负面新闻迅速传遍全国乃至全世界很容易。危机事件处理不好，直接影响企业形象，影响产品销量，甚至导致企业倒闭。我国房地产发展几十年的过程中，品牌危机、媒体危机时有发生。在移动互联网时代处理好和媒体的关系，及时控制风险，非常重要。

媒体采风是邀请各大媒体前来房企总部或标杆项目参观考察并写通稿的过程。通过媒体采风，让媒体更好地了解项目，促进了解，从而对项目进行利好传播。媒体采风为媒体和项目搭建桥梁，是媒体关系维护的重要环节。媒体采风作为前期企业品牌推广的一种方式，已经成为大中型房企的标配营销动作。

节点内容

媒体采风是指项目新进城市，为了引起媒体关注，邀请各大媒体前来开发商总部或区域标杆项目考察，之后将考察成果以新闻的形式予以发布的过程。部分多产业房企的媒体采风，除了看总部和标杆项目，还一并考察其他产业，如科技、生物、金融等，以此展示企业的品牌和综合实力。通过媒体采风将品牌创始经历、品牌文化、企业发展规划、行业发展理念等品牌相关信息软性地传递给客户，让客户更加深入地了解企业及企业未来的发展规划布局，为企业品牌打造奠定基础。

一、媒体采风开展计划

为了与媒体建立良好的沟通与合作关系，深层次挖掘媒体资源，项目可以分阶段进行 2—3 次媒体采风活动，充分整合媒体力量促进项目销售工作。这 3 次媒体采风活动如图 19-1 所示。

图 19-1 新项目分阶段 3 次采风活动示意

1. 第一次媒体采风

第一次媒体采风是在品牌导入阶段，主要目的是配合落实品牌落地，与媒体首次正式会面，搭建沟通渠道，帮助媒体理解企业品牌，引导、宣贯公司关于媒体合作的要求和方向。资源争取的重点包括圈层活动、新闻宣传、媒体品牌主题活动、外展点等。

2. 第二次媒体采风

第二次媒体采风是在项目形象入市阶段，配合项目大规模客户拓展动作，通过后续合作洽谈争取推广资源最大化，借助媒体圈层关系、看房团开展客户召集。这一阶段资源争取的重点是看房团、圈层活动、新闻宣传、现场活动嫁接、外展点。

3. 第三次媒体采风

第三次媒体采风是在开盘前组织相关媒体采风活动，主要目的是配合开盘前的集中收网，配合价格输出、示范区开放等节点，侧重于发动媒体人士自身及其圈层资源，共同推出。争取资源的重点是媒体带动成交、新闻宣传、现场活动嫁接等。

二、媒体采风具体执行

在媒体采风具体执行方面，主要从媒体采风活动方案、媒体采风邀约对象、媒体采风活动形式、媒体采风活动路线、媒体相关资源洽谈、媒体采风推广宣传及采风基本物料准备七个方面来说明。

1. 媒体采风活动方案

媒体采风活动前 2 周，完成提交方案及报批工作，方案内容包括邀请清单、活动行程表、分工表、预算等。媒体采风活动方案撰写完成后，需要进行相应审批。

2. 媒体采风邀约对象

主要是掌握推广及圈层资源的媒体高管、企业及在各行业有影响力的核心人士。

3. 媒体采风活动形式

新闻发布会、采风座谈会、项目参观等。

4. 媒体采风活动路线

一般包括区域内优秀项目、总部及周边优秀项目、其他标杆项目等，路线可根据项目自身情况具体选择。

5. 媒体相关资源洽谈

- 提前准备合作预案：采风前期，项目可提醒媒体准备合作预案，帮助媒体明确活动目的，提高媒体资源合作的洽谈效率；
- 介绍媒体合作方式：媒体座谈会期间，可向媒体正式介绍公司优秀项目在媒体合作方面的成功案例，作为媒体后期配送额外资源的参考，帮助媒体了解公司的合作需求，发掘合作新形式；
- 设置单独沟通环节：针对合作意向较强的媒体，可在媒体座谈会后另行安排一对一的深度沟通，初步沟通确定合作的大致方向。

6. 媒体采风推广宣传

项目需提前与媒体沟通，争取免费宣传资源，采风活动后需配合发布新闻，内容结合品牌信息，嵌入项目信息。有些房企对免费资源有硬性要求，如平媒不少于 2 篇图文结合的新闻，要求版面较好；网媒每家至少 5 篇网络新闻报道，至少 1 篇首页新闻推介，争取网络专题报道；影视、电台等媒体，争取软性新闻植入或对等的媒体资源。

7. 采风基本物料准备

媒体采风基本物料准备包括输出口径相关资料、品牌资料及接待资料。

- 输出口径相关资料：包括集团品牌信息、经营理念以及企业文化、品牌项目优势介绍、产品信息；
- 品牌资料：企业品牌资料合集、企业宣传画册、企业物业故事合集、企业业主文章合集、整体活动议程、欢迎短信及致谢短信模板；
- 接待物料：包括接待大巴、导乘词、导视物料、接待礼品、菜单等。

三、媒体采风效果监控

媒体采风效果监控一般包括三个措施，分别是提交媒体采风验收报告、项目媒体关系月度评估及集团定期巡检重点区域媒体关系，通过三大措施保证媒体采风效果。

- 撰写并提交媒体采风验收报告，通常在活动结束后 5 个工作日内完成；
- 项目媒体关系月度评估，通常每个月 5 日前完成，评估依据包括媒体资源返还数量、圈层活动开展数量、带动项目成交额等；
- 总部定期巡检重点区域媒体关系，主要针对公司货量较大区域。

节点时间

媒体采风的节点时间一般在展厅展点开放前 3 周开始，在开盘前结束。

节点 TIPS

媒体采风有助于项目形象传播，在执行过程中应该遵循以下三大原则。

一是最大化整合包括媒体推广工具及渠道、以媒体为中心的圈层关系网、媒体购房等资源。

二是基于相互尊重和便于深度洽谈的考虑，在媒体采风过程中尽量安排级别对等的领导。

三是兼顾品牌“硬”实力和“软”沟通，活动安排注意人性化，服务接待细节到位。

节点 20

营销起势活动

节点背景

不能造成二次传播的营销，都不是好营销。

好的营销不是仅依靠自己推广，而是在首次推广后，依靠客户或者消费者的再传播，我们称之为二次传播。要实现二次传播，就需要很好的起势活动。在房地产营销过程中，营销起势活动是项目前期首次面向潜在客户的大规模活动，是项目形象入市前的重要营销工作，是形成口碑和二次传播的前提。对于新进城市，营销起势活动是公司和项目的首次活动亮相，是客户首次了解公司的一个窗口。营销起势活动集中展示了公司品牌、产品、规模和实力。起势活动成功与否，直接关系着品牌和项目导入的成效，影响客户对项目的认知以及后续的蓄客开展。起势活动成功与否的重要标志就是客户的参与度和传播量，一个好的起势，一定会在客户群体间引起共鸣，并相互传播。

节点内容

一、传统营销起势活动

传统营销起势活动的形式一般包括开工奠基仪式、品牌发布会、案名发布会、媒体见面会、品牌行活动等。

1. 开工奠基仪式

奠基仪式是各类开业仪式的形式之一，地产项目的首个营销起势活动应该是摘牌后的奠基仪式，可以邀请当地政府人员、业界名人、媒体人员和项目管理层一并参加开工奠基仪式。

2. 品牌发布会

品牌发布会在节点 21 有专门讲解，此处不再赘述。

3. 案名发布会

即企业将业内名人、潜在客户、媒体、专业人士等邀请到一起，在特定的时间和特定的地点举行一次会议，发布项目案名。品牌房企对案名发布会非常重视，通过发布会介绍案名、宣导品牌，引起社会关注，增加客户对品牌的好感。

【节点案例 1】龙湖中原品牌暨案名发布会

图 1　龙湖中原品牌暨案名发布会

2018 年，龙湖首进郑州，7 月 26 日举办了主题为“大国之中 墅造天地”的龙湖中原品牌暨案名发布会。各大主流媒体、银行领导、合作伙伴及业内友企共聚郑州艾美酒店，现场直播超 80 万人在线观看。发布会上，郑州公司总经理表达了深耕中原，与中原共生长、同发展的决心，让大家走进了龙湖的内心，感受了龙湖的温度。这场品牌暨案名发布会提升了龙湖在河南的知名度，同时使客户增加了对龙湖品牌的好感。

4. 媒体见面会

媒体见面会就是和媒体进行沟通、交流、洽谈的会议，其间有产品介绍、品牌说明、特殊情况说明，以及媒体关注问题解答。

5. 品牌行活动

媒体、意向客户、业内人士等组团到企业总部进行参观学习，详细了解企业、品牌发展历程，企业文化以及目前企业的发展情况等，即品牌行活动。

二、事件营销及六大要素

新媒体高度发达的今天，仅依靠传统的营销起势活动有时无法达到好的效果。现在的起势活动要做到传统形式和创新形式相结合，主要的创新形式就是事件营销。事件营销是企业通过策划、组织和利用具有新闻价值、社会影响以及名人效应的人物或事件，吸引媒体、社会团体和消费者的兴趣与关注，并最终促成销售的手段和方式。组织一个好的、有参与度、有传播量的事件营销，能起到传统起势活动无法达到的效果。

构思一个好的事件营销不容易，尤其是在信息爆炸的今天，下面以这几年成功的事件营销总结几点要素。

1. 形式新颖

眼球经济时代，传统的形式很难吸引客户，早期一些吸引眼球的形式如比基尼秀、人体彩绘现在也很难吸引大家。一些给客户直接带来小实惠的活动，如送大米、送手机、送纸巾，人气不足，无法实现二次传播。所以，事件营销的形式要足够新颖，才能引起关注。

【节点案例 2】金科廊桥水乡“寻人启事”营销活动

图 1　金科廊桥水乡“寻人启事”营销活动

金科重庆廊桥项目花费百万元打广告找同学的“土豪”沙皮，成为热议话题。“土豪，我是你同学啊”一夜间成为当时的流行语。“你聚会我埋单，金科廊桥同学会让我们的青春不毕业”，煽情的寻人启事，免费的聚会餐饮，成功将情感嫁接到项目，引起广泛关注并形成了传播，给项目带来热销。

2. 话题劲爆

营销事件要形成传播，话题要足够劲爆，如下文的案例。

【节点案例 3】青年城 SMART 公寓“租身体广告位”事件营销

图 1　青年城 SMART 公寓“租身体广告位”事件营销

成都市民的朋友圈被一条“青年城全城租身体广告位百万广告费微信红包直接发！”刷屏了！这次事件营销是青年城 SMART 公寓的又一大招！将“青年城 1888 元 /m^2”“SMART 公寓　新品发布”等字样写在身体上，拍照上传朋友圈就可以领取青年城以微信现金红包发布的广告费。为了将活动影响扩散得更深远，活动还发起了“青年最具人气广告位”评选，拿出韩国 5 日游、kindle 电子书阅读器等大奖刺激参与，人气极高。

3. 物料新奇

物料是事件营销的外在形式，物料首先要在视觉上引人关注，吸引客群。

【节点案例 4】上海保利囚鸟事件营销

图 1　上海保利囚鸟事件营销

上海保利通过“人囚于笼中”这一创新物料，将“囚鸟计划”艺术化，演绎了一次惊艳地产界的维多利亚秘密秀，令人们放下戒备心，不知不觉投入上海保利“城市囚鸟”计划。观众与群演深度链接，呼吁都市生活精神压力的人群释放真我，一场“城市时尚公益运动”引发了关注，实现了口碑传播。

4. 免费刺激

天下没有免费的午餐，所以免费的总是能够吸引人，同十年前相比，消费者的胃口越来越大，一般的免费，现在很难触动客户，需要大手笔。

【节点案例 5】免费系列案例

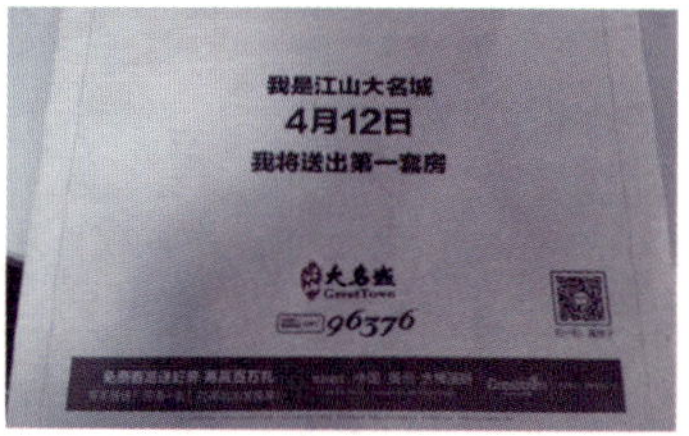

图 1　免费系列案例

在上面的案例中，有送霸王餐的，有公寓免费入住一年的，更有开盘送房的，通过免费，吸引流量，引发传播。

5. 借势热点

热点主要指时下群体关注的事件，包括娱乐、民生、运动、节日等，借势热点一定要快、准，因为热点一旦过去，再借势意义就不大了。

【节点案例 6】绿地城“高粽”事件营销

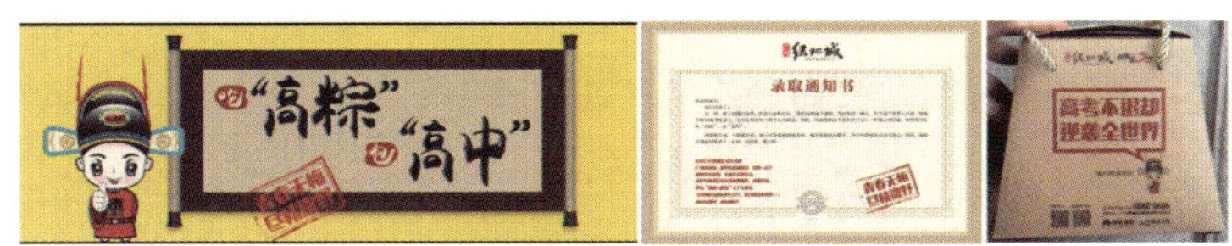

图 1　绿地城“高粽”事件营销

2015 年 6 月 13 日，广州绿地城样板间盛大开放，而 6 月 7 日、8 日这两天是一年一度的“高考”，如何在最短时间内结合“高考事件”将样板间盛大开放进行有效释放？绿地城创新地将粽子和高考联系在一起，粽子 + 高考（高中）= 高粽，吃“高粽”，包“高中”，为“状元郎”派送“状元粽”！由此，一场由高考引发的活动就诞生了！

普通的节日，如劳动节、妇女节、教师节、春节也都可以借势，如节点案例 7 就是一组教师节的广告文案。

【节点案例 7】教师节广告文案

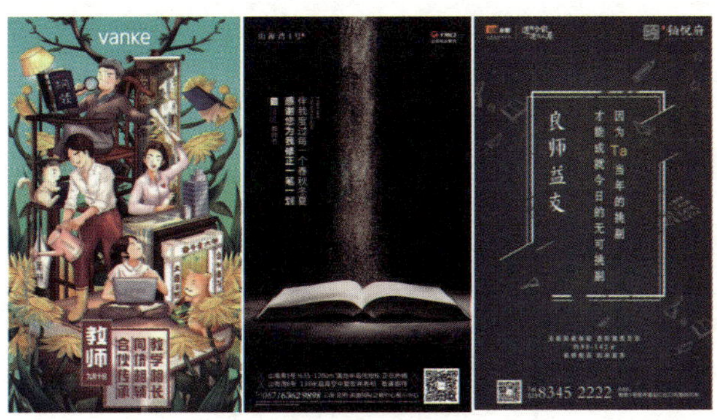

图 1　教师节广告文案

同样是教师节借势广告，图 1 的三个广告风格不同。第一幅万科广告是纯品牌广告，没有项目信息；第二幅有项目信息，有二维码和电话；第三幅同样有项目信息，有二维码和电话，但区别于第二幅的是文案部分，第三幅文案语带双关，“无可挑剔”既是指老师的要求，同时也反映了产品的价值。

6. 跨界营销

近 10 年，地产跨界营销越来越普遍，通过跨界制造事件营销也有很好的效果。

【节点案例 8】跨界营销

图 1 跨界营销

上面是三个跨界营销案例，第一幅是万科和淘宝合作，淘宝花多少，万科省多少；第二幅是招商地产和招商银行合作，积分抵房款；第三幅是万科和大众点评合作，“吃”出一套房。通过跨界共享客户流量，并实现有效传播。

三、营销起势活动组织

1. 活动公司及方案确定

在营销起势活动前一个月左右，启动活动公司的招投标，活动公司的选取应考虑供应商是否有与其他品牌开发商组织实施大型活动的经验，是否与当地政府相关职能部门具有良好的沟通经验，是否有自有公关、传播的附加资源等。与满足活动需求的活动公司进行深入沟通，发出招标邀请函及标书，并完成招投标相应流程，最终确定活动公司，与活动公司一同确定营销起势活动的形式以及执行方案。

活动形式确定后，撰写活动方案，在方案中需要说明活动时间、活动地点、活动流程、推广渠道及主要传播工具、预期的效果和风险、人员物料清单及整体活动预算等，具体事项如下。

- 活动时间：列出本次营销起势活动的计划举办时间，要注意活动时间应适当避开节日，避开本地重要活动，避开其他单位的发布会，避开热点新闻期；
- 活动地点：在方案中说明活动选择的地点及相关理由；
- 活动流程：写清楚活动内容、流程、要求、环节等；
- 推广渠道：线上、线下媒介宣传方式；
- 网络推手：是否需要网络营销的助力推手；
- 风险预案设置：做出本次活动的风险控制预案；
- 事件人员及物料费用清单：分类进行人员及物料费用的预算。

2. 活动执行

活动执行分为以下 8 个阶段。

（1）创意阶段

根据项目现阶段的销售节点、主要活动目的、目标客户特征等，做到目的明确、参与对象明确、时间明确、地点明确、内容及形式明确、流程明确、主办或者协办单位明确、预算明确。

（2）预热阶段

在活动前进行多方位立体宣传，做好预热，以下案例为某企业发布会媒体输出指引，可作为参考，具体广告投放量需结合所在城市的广告单价、媒体环境及展点销售目标确定。

【节点案例 9】某企业品牌 / 案名发布会媒体输出指引

表 1　某企业品牌 / 案名发布会媒体输出指引

媒体	类型	当地媒体投放指引
首选宣传项目		

续表

报纸	报广 / 软文	主流报媒	选择影响力较强的当地主流报媒，争取投放于发布会活动前的 1—2 周，投放期数根据所获批的阶段性投放计划为准
网络	硬广	主流网媒	选择影响力较强的网媒，结合报广同步宣传，在发布会前约 1.5 周进行投放
	软文		与媒体商谈，争取对方可转载部分的项目品牌及发布会活动软文
短信	单次投放量结合客群覆盖范围确定		可争取适度进行发布会前的投放，时间可选用周四、周五；投放次数根据所获批的阶段性投放计划为准
单张 / 海报	根据周边客流及城市管理情况确定数量		选择当地商圈、客户群集聚地、周边地区等作为物料传播地点，建议数量约 3000 份
户外大牌	根据位置选择户外大牌投放		户外大牌在后期销售中需长期使用，选取核心位置广告位，提前释放发布会活动信息，提前预热，打造知名度
论坛	项目论坛、区域论坛、社区论坛		安排活动前及活动后进行发布宣传
微信	项目微信、微博及区域内其他项目微信、微博		发布会前 1 周发布信息平均 1 条 / 天，进行发布会活动推广预热，内容为发布会倒计时
微博			
自定义宣传			
框架广告			在发布会前 2 周，投放 2 周楼宇内框架广告，投放覆盖区域结合客群覆盖范围确定
DM 或夹报			发布会当周的周三投放一期 DM 或夹报
后期宣传			
媒体	类型		内容
微信、微博	项目微信、微博，合作媒体微信、微博		活动后 1 周内需持续通过微信及微博传播发布会信息，持续保持及增强项目热度，最大化活动效果
网络	软文		发布会活动前后，通过合作媒体发送软文，发酵活动影响效果

（3）活动审批事务阶段

- 做好比价、询价、招标等事宜，在活动前完成线上审批、合同签订、活动预付等事宜；
- 根据公司关于礼品采购、保管和领用管理办法，做好相关物料出入库；
- 根据公司关于成本管理及营销类合同操作等规定录入相关合同；
- 活动前一周应购买相关活动保险；
- 活动人数超过一定人数的，需要分别报区域或总部报备。如果有其他公共场所活动，视当地政策要求，确定是否需要向相关部门报备。

（4）人员分工阶段

首先必须确定该项活动的总指挥，每项工作都必须具体落实到某个人，并明确要求最迟完成时间。此外，提前告知需要其他公司或部门配合及协作的工作。根据现场布置情况，确定各个岗位以及岗位人员。

（5）物料准备阶段

具体的物料根据活动形式而定，包括但不限于以下几类。

- 文件文具类（如笔、签到表等）；
- 印刷品类（如楼书、户型单张、海报等）；
- 会务接待类（如邀请函、桌椅、签到本、看房车、贵宾胸花等）；
- 导示隔离类（导示牌、销控板、隔离带等）；
- 气氛包装类（如条幅、花卉、喷绘、空飘、拱门、彩旗、背景音乐等）；
- 节目类（如舞台、音响、演员、主持等）；
- 礼品类（如纪念品、抽奖奖品等）；
- 餐饮类（工作餐、矿泉水、酒席等）；
- 文字类（PPT、主持稿、领导致辞稿、分工表、座位图等）；
- 其他类（住宿、交通等）。

（6）现场布置阶段

在活动区域的划分方面，要明确现场各个功能区的布局、人流走向，做到布局合理、人流通畅。活动形式不同，活动现场分区也会有很大不同，但通常项目营销活动现场可分为签到区、等候区、活动区、销售区、奖品兑换区、演员休息区等。

（7）活动实施阶段

务必安排负责应急事务的机动人员，以便做好一些临时性的查缺补漏工作、媒体接待工作及客户安抚工作，容易疏忽的细节事项包括以下几点。

- 签到区及领奖排队引导；
- 导视系统要完善，方向、地点要明确；
- 对于有重要客人到访的活动，要设置一对一的接待程序；
- 媒体到访要有专人招呼；
- 停车位要充足；
- 餐饮到位时间，注意控制节奏；
- 工作人员自身后勤要安排好（水、用餐、换班等），不能影响工作情绪；
- 保安和保洁工作要重点考虑；
- 户外活动天气情况要提前调查。

（8）事后总结阶段

活动结束，现场的物料回收、资料清点、卫生清洁及销售情况统计等工作进行完毕后，为了使活动效应最大化，延续活动的影响力，应该在最快时间内向各新闻媒体发放新闻稿和活动图片，落实各新闻媒体的播发和发布情况，确保营销活动的圆满成功。活动之后，营销团队内部召开活动复盘会，确定活动到访人数、潜在客户人数以及公众号文章阅读量、转发人数等统计数据，并总结活动不足及需要提升的方面，形成活动总结并存档。

节点时间

营销起势活动一般在品牌形象出街后开始，在展厅展点开放前完成。

节点 TIPS

营销起势活动的关键词是“势”，人气旺、关注多、参与度高都是成功起势的标志。在起势阶段不要将重点放在客户筛选、意向客户识别上，对意向客户、潜在客户、水客都应该持欢迎的态度，起势活动先要把势头做起来。

事件营销是营销起势的常用方法，需要指出的是，有些营销事件尺度较大，低俗、庸俗的事件营销时有发生，需注意事件营销必须符合规定，符合伦理道德，不可涉及敏感话题。起势活动邀请的嘉宾和媒体，应与活动有关联性，如在新进城市，活动需邀请政府相关领导、媒体、业内高管、意向客户等，在活动方案中需明确列出本次品牌发布会邀约的嘉宾名单，不要出现和营销起势活动完全不匹配，甚至有负面新闻的嘉宾。

节点 21

品牌发布会

节点背景

再小的品牌，也需要在市场发声。

没有哪个品牌自企业诞生就非常强大，品牌都是在消费者使用了产品，加深了对企业的认知后逐步成长起来的。有些开发商认为自己开发规模不大、品牌小，不需要做品牌宣传，因为和标杆房企相比，品牌拿不出手，有的甚至觉得打品牌是掉价，影响产品销售，不如直接打产品。这些都是错误认知，越小的品牌，越需要在市场发声，需要让社会知道你的品牌定位、品牌内涵，知道你的价值，从而给销售带来主动权。

对新进城市，项目品牌发布会是公司和项目的首次亮相，是客户首次了解公司的一个窗口。品牌集中展示了公司品牌、产品、规模和实力，品牌成功与否，直接关系着品牌导入的成效，影响客户对项目的认知以及后续的推广开展。召开品牌发布会不仅是品牌落地的重要方法，更是一次展示品牌和公司实力的绝佳机会。

节点内容

一、品牌发布会时间铺排

新进城市品牌以品牌发布日倒推时间铺排。

【节点案例 1】品牌发布会排期

表 1　品牌发布会排期

工作事项	时间	负责人	主要内容
启动活动筹备	品牌发布会前 30 天	营销管理部	成立筹备小组、明确分工
确定活动主体思路	品牌发布会前 25 天	筹备小组	结合新进城市、项目，明确本次品牌的目的、活动主要形式、活动邀约人员等核心内容
活动公司招投标	品牌发布会前 20 天	筹备小组	与满足我方需求的活动公司进行深入沟通，发出招标邀请函及标书，并完成招投标相应流程，最终确定活动公司及活动执行方案
项目宣传	品牌发布会前 15 天	筹备小组	媒体发声，包括户外、报纸、杂志、广播、网络，当地自媒体、大 V、发布会前造势
发送邀请函	品牌发布会前 10 天	筹备小组	对拟邀约参与活动的人员，如 VIP 客户、媒体、合作伙伴发送邀请函
确认出席	品牌发布会前 7 天	筹备小组	确定到会嘉宾名单，如核心嘉宾无法出席，制订相应解决措施及应急预案
品牌发布执行	品牌发布会当天	活动所有参与人员	发布会执行
发通稿	品牌发布会当天及结束后第 2 天	营销管理部	活动当天发送新闻通稿及现场图文 / 视频直播；活动第二天推进各媒体新闻稿发布事宜
活动总结及后评估	品牌发布会结束后 5 天内	营销管理部	活动后 5 天内完成总结及后评估，确定活动到访人数、潜在客户人数以及公众号文章阅读量、转发人数等统计数据

二、发布会活动方案

1. 时机的选择

根据品牌需要，确定发布会举办时间，适当避开节日，避开本地重要活动，避开其他单位的发布会，避开热点新闻期。

2. 活动公司的选取标准

活动公司的选取应考虑供应商是否有与其他品牌开发商组织实施大型活动的经验，是否与当地政府相关职能部门具有良好的沟通经验，是否有自有公关、传播的附加资源等。

3. 活动嘉宾邀请的范围

参与品牌发布会的嘉宾应与本次产品发布会有直接联系或对后期传播有其他核心作用，如新进城市政府相关领导、媒体、业内高管、意向客户等。

4. 活动媒体的邀请

应邀请项目所在区域知名媒体参加，包括平面媒体、网络媒体、新媒体。平面媒体至少应涵盖在该区域发行量最大的前 3 家，以及新进城市主流媒体。网络媒体为该区域及新进城市的主流媒体。新媒体为该区域及新进城市移动端较为活跃的公众号、KOL、大 V 等。

三、发布会活动执行

1. 活动邀请函的设计

需集中体现品牌统一 VI，体现品牌核心理念，被邀请人名称，参加活动的时间、地点、活动主要流程以及其他注意事项；邀请函至少需要在活动前 10 天发送至被邀请人。

2. 发言内容的准备

品牌的关键内容为公司、品牌及项目介绍，主要内容包括以下几项。

（1）公司品牌介绍

- 公司的总体介绍；
- 对于新进城市的理解及后期开发理念；
- 公司规模布局；
- 公司品牌内涵；
- 公司获得社会及客户的荣誉及赞誉。

（2）项目介绍

- 项目与所在城市的关联，对城市发展带来的改变；

- 项目所处区域地段；
- 项目总体规划；
- 项目定位和产品 / 服务理念；
- 面向的人群以及为此类人群规划的美好生活等。

3. 发布会布场

发布会前一天进行布场，布场一般由项目公司主导，由活动公司执行。发布会布场在活动开始前一天完成，由活动筹备小组统筹，协调活动公司、布展公司进行实施，并在实施后统一验收。品牌发布会现场通常有以下几项布置。

（1）签到处

来宾抵达活动现场，首先看到的是签到处。传统的签到是在背景板上用签字笔进行签到，这几年比较流行的是在签到区设置二维码，让来宾扫描二维码签到。二维码签到有两个好处，一是留下了客户信息（微信号、手机号码等），二是扫码后可以参与后面的抽奖。

图 21-1　品牌发布会签到处

（2）入场通道

从签到处到主会场，大型的品牌发布会一般有入场通道。入场通道的布置和企业品牌调性、产品定位相关。如果是高端项目，入场通道可以突出奢华；如果是海滨度假产品，则要突出海洋因素；如果是纯欧式建筑，则在入场通道可以突出欧式风格。

图 21-2　品牌发布会入场通道

（3）互动体验区

为了增加品牌发布会的趣味性和体验感，在入场通道或者主会场四周一般会设置互动体验区。目前主流的互动体验项目以高科技要素为主，如虚拟现实、机器人等。

图 21-3　品牌发布会互动体验区

（4）品牌墙

品牌墙上一般展示企业的成长历程、项目布局、品牌理念、产品理念等。

图 21-4　品牌发布会之品牌墙

（5）主会场

主会场布置主要是舞台设计、桌椅摆放、灯效布置等。舞台是品牌发布的主要场所，是主会场的关键布置。舞台大小和布置选择应该根据发布会的来访人数，以及发布会上安排的节目而定。如果发布会上有舞蹈、走秀等节目，则需要大舞台，对灯光效果要求也比较高。

图 21-5　品牌发布会主会场

4. 现场演练及走场

彩排走场至少在活动开始前一天完成，如布场时间紧张，可同步进行。现场演练及走场需要依照活动完整流程进行预演，包括音效、灯光、电脑及大屏、主持串场、节目表演、嘉宾发言、抽奖及其他道具筹备等环节。

5. 发布会流程

发布会流程通常有以下环节。

- 签到；
- 主持人开场；
- 公司领导致辞；
- 重要嘉宾致辞；
- 公司及品牌理念 / 项目产品发布；
- 项目介绍发言；
- 嘉宾访谈或沙龙；
- 穿插表演及抽奖环节；
- 引导客户前往展厅参观并领取礼品。

6. 发布会后

发布会后跟进媒体发布新闻通稿、客户电话回访，以及意向客户的跟进和追踪。

四、活动效果评估及总结

品牌发布会结束后，营销团队召开活动复盘会，对活动进行评估，主要评估指标如下。

1. 活动效果评估指标

- 活动到访人数；
- 潜在客户人数；
- 公众号文章阅读量、转发人数等。

2. 活动费用评估指标

- 人均成本，即活动总费用 / 活动到访人数。

节点时间

品牌房企新进城市一般都会开品牌发布会，发布会时间早的在摘牌后 1 个月内启动，慢的也会安排在展厅展点开放之前举行。因为后续就要开始打产品形象，此时再单独开品牌发布会已经没有意义，除非和产品发布会一起开。

节点 TIPS

品牌发布会有时会和产品发布会合并举办，从节省成本和降低组织难度来讲是可以理解的。合在一起举办主要是两种情况：一是项目规模不大，货量不多，从控制成本角度可以合在一起；二是整个开发周期比较长，如果从摘牌到开盘需要 10 个月或者更长时间，那么提前开品牌发布会的效果可能会打折扣。

节点 22

蓄客目标确定

节点背景

以终为始，以行为知。

如果说地产营销里蕴含哲学思想的话，可以用八个字总结，就是“以终为始，以行为知”。以终为始说的是以最终目标作为工作开始的指引，在过程中时刻记得最终目标是什么，要达到什么效果，而不是只顾低头拉车而忘记了抬头看路，在过程中迷失了方向；以行为知，“行”是实践，“知”是道理和方法论，以行为知说的是先行后知，先实践才知道对还是不对，才能总结出正确的方法论。行中知，知中再行。教育家陶行知先生所说的“行是知之始，知是行之成”，就是这个道理。

以终为始，以行为知，对于地产营销具有思想上的指导意义。先说以终为始。从立项后，整个营销过程就非常紧凑，从前期的市调定位到摘牌后的品牌落地、形象导入、示范区开放直至开盘和最后交付，不到半年时间，光是营销动作就有300多项，涉及的专业模块包括前策、市调、定位、策略、推广、渠道、销售、案场、销管，需要联动的横向部门包括投拓、工程、招采、设计、运营、物业等。无论是从工作强度还是专业性上，对营销人员尤其是营销管理层都是一个挑战。对一个新项目，营销团队加班加点，周末不休息是非常常见的。但是越忙越要思考，“项目最终目标是什么？”“现在的营销工作是围绕最终目标开展的吗？”“整个工作的主线和重心是什么？”这是典型的以终为始的思维方式。营销工作的终点当然是销售目标，但是仅有销售目标是不够的，还要有过程目标，对过程进行管理，过程目标实现了，才能保证最终的结果目标实现。那么，什么是营销过程中的目标？主线是什么？尽管营销过程中的很多工作围绕推广进行，如不同阶段的推广主题、推广活动等，但从业绩达成角度，营销最关键的主线不是推广，而是客户以及围绕客户开展的蓄客动作。推广是为了蓄客，阶段性蓄客目标达到了，最后的蓄客总目标才有可能实现，开盘效果也就有了保证。整个营销过程的主线是以客户为核心，以阶段性蓄客目标实现为核心。

营销操盘，摘牌前有客户定位、产品定位，摘牌后有总体营销策略、推广策略、渠道策略，但定位是否精准，策略是否正确，我们在制定的时候是不知道的，需要在实践中进行检验，这个实践就是具体的策略执行、推广执行、拓客执行，而检验效果就是通过阶段性蓄客目标是否实现来判断。蓄客目标实现了，达到了预期，说明前期的定位和策略基本没有问题；蓄客目标没有实现，蓄客不足，则要做相应调整，这个就是以行为知的思想。在实践中总结经验，总结规律，不断修正，在行中学，在行中知。

节点内容

一、蓄客漏斗模型

房地产行业中的“蓄客”一般是指在项目开盘之前，通过各种营销活动、手段来积累有意向的客户，以实现开盘时的销售目标。一般来说，开盘的销售目标都是以套数或者金额来计算的，所以基于开盘的销售目标，结合市场主流的转化率即可换算出需要认筹、来访、登记的客户量，这就是蓄客目标。

在确定蓄客目标时，一般会涉及登记客户、意向客户、来访客户、认筹客户、成交客户等各类指标量，这些指标量之间的关系，就可以参考蓄客漏斗模型。

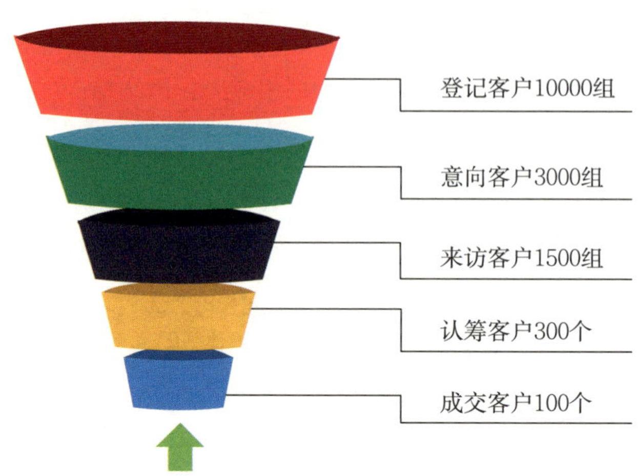

图 22-1　蓄客漏斗模型一

在网上浏览项目信息的，看到户外广告的，走过路过的、打电话咨询的、朋友介绍的、活动认知的，预约看房的，都是项目的客户资源，这些客户的积累就构成了最基本的大客户池。从这个池子逐步筛选出登记客户、意向客户、来访客户、认筹客户，最后成为成交客户，这就形成了一个漏斗，这是蓄客漏斗模型的全过程。

针对不同项目、不同产品，漏斗模型的比例数值有所不同，目前各房企都依据自己的经验值设计漏斗模型。如图 22-1 所示，登记客户转为意向客户的比例为 10∶3，意向客户转为来访客户的比例为 2∶1，来访客户转为认筹客户的比例为 5∶1，认筹客户转为成交客户的比例为 3∶1。所以，假如开盘计划销售 100 套，需要成交客户 100 个，则认筹客户需要 300 个，那么该项目需要来访客户 1500 组，由此计算出，需要意向客户 3000 组，登记客户 10000 组。

有的项目，蓄客漏斗模型以排卡客户作为阶段性蓄客目标。如图 22-2 所示，排卡客户是指对意向客户进行验资排卡，客户需要去银行打印流水清单，证明自己的资金实力和购买力，上交身份证复印件和流水清单后，开发商会给客户一张 VIP 卡，客户凭 VIP 卡可以获得优先选房、购房优惠等。通过验资排卡，进一步对客户进行筛选，甄别出意向客户，有购买意向的客户会去走验资排卡流程，而水客则不会办理。图 22-2 所示的蓄客漏斗模型二，按照 3∶3∶3∶3 的比例进行筛客。

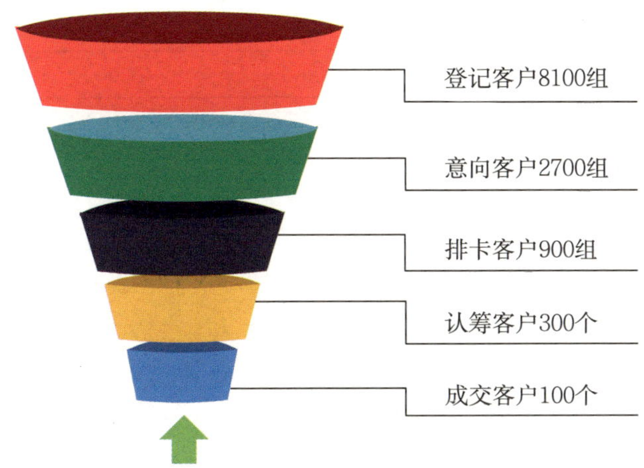

图 22-2　蓄客漏斗模型二

漏斗模型的比例设定大体是依靠经验值，但也有规律可循，比例设定最重要的依据是产品类型和总价。刚需、改善、高端三类产品，其漏斗比例设定规则是产品越高端，转换比例越低。比如，从认筹到成交，我们称为筹货比，刚需产品为 3：1，但对于改善产品，2.5：1 或者 2：1 或许就可以，对高端产品，1.5：1 就可以，因为高端产品其客户精准度高，筹金高，筹货比要求就相对低一些。

【节点案例 1】蓄客目标确定

项目本年度销售任务为完成 3 亿元的销售任务，回款 2.1 亿元，根据销售货量进行蓄客目标预估。

表 1　本年度销售任务

可售面积（平方米）	预计单价（元 / 平方米）	可售货值（亿元）	销售率（%）	销售金额（亿元）	回款率（%）	回款金额（亿元）
31640	12000	3.8	80	3.1	70	2.17

根据既定目标进行销售套数预估，需销售 160 套，通过蓄客漏斗模型预估，下半年需蓄意向客户 4000 组，登记客户 12000 组，才能完成本年度销售任务。

表 2　蓄客漏斗预估

销售套数	认筹量	来访量	意向客户	登记客户

续表

160	400	2000	4000	12000

【节点案例 2】三级客储管理模型

三级客储管理模型，其中一级客储是来电、自媒体关注量、阅读量等；二级客储是来访；三级客储是认筹。其中三级客储可以分成认小筹 2.5 级客储和认大筹 3 级客储。

如果开盘目标是 100 套去化，那么各级的蓄客目标如下：

1. 临时外展场阶段：1 级客储 = 30 × 开盘目标套数 = 3000 个来电；
2. 展示区开放之后：2 级客储 = 10 × 开盘目标套数 = 1000 组来访；
3. 开盘前认筹阶段：2.5 级客储 = 5 × 开盘目标套数 = 500 个小筹；
3 级客储 = 2.5 × 开盘目标套数 = 250 个大筹。

目前不少项目以三级客储管理模型作为蓄客过程目标管理监控工具，通过抓三级客储，一方面对过程中的蓄客情况进行把控，尽早发现问题；另一方面如果出现储客不足，尽快找到原因。下表列出了客储不足及主要的原因分析。

表 1　三级客储不足情况分析

客储分类	定义	出现情况	主要原因
1 级客储	来电、自媒体关注量、阅读量	1 级客储不足	前期宣传不足，造势不足。
2 级客储	展点、展厅、示范区来访	1 级客储充分 2 级客储不足	价值点输出不够，电话沟通不足。
2.5 级客储	认小筹、定存、验资排卡	2 级客储充分 2.5 级客储不足	现场体验不好，案场销售力不足。
3 级客储	认大筹	2.5 级客储充分 3 级客储不足	竞品截客，价格区间偏高，升筹话术欠缺。
		3 级客储充分 去化率不足	开盘定价过高，认筹到开盘时间过长。

二、客户 ABCD 识别

在房地产销售过程中，一般会将客户按照意向度分为四类，意向度从高到低分别为 A、B、C、D 四类客户。

- A 类客户，即超意向客户：对项目满意，对价格不敏感，选到合适户型必买；
- B 类客户，即意向客户：对项目满意，对价格敏感，选到合适户型且价格合适就买；
- C 类客户，即犹豫客户：对项目不是很满意，对价格很敏感，选到合适户型且价格比较低才买；
- D 类客户，即水客：对项目不感兴趣，就是过来看看，占点小便宜。

对于 A、B、C、D 四类客户如何识别，识别方法是什么，项目营销各有自己的经验，表 22-1 所示的方法通过打分、设置权重，从高到低来识别 A、B、C、D 四类客户，供参考。

表 22-1　客户 ABCD 识别方法表

识别维度	判别选项	分数设置
决策人判断	决策人到场决策一致	10
	决策人到场决策不一致	6
	决策人未到场	4
抗性点	有多个抗性点（≥ 3）	4
	有少量抗性点（＜ 3）	6
	无抗性点	10
认可点	有多个认可点（≥ 3）	10
	有少量认可点（＜ 3）	6
	无认可点	4
预算判断	预算充足	10
	需腾挪资金且有意愿	6
	预算不足	4
首付判断	首付充足	10
	首付需拆借	6
	首付不足	4

续表

识别维度	判别选项	分数设置
资格判断	具备资格	10
	购房资格处理中	6
	不具备资格	0
竞品判断	未对比竞品	10
	对比单个竞品	6
	对比多个竞品	4
时间判断	近期有购房打算	10
	近期暂无购房打算	4
	无明确购房打算	6
灵活性判断	位置、户型均可引导	10
	单项可引导	6
	不可引导	4
主动联系	频繁联系（≥ 5 次）	10
	偶尔联系（< 5 次）	6
	从不联系	2
邀约准时率	每次均准时	10
	偶尔准时	5
	从不准时 / 未到场	2
引导灵活度	位置、户型均可引导	10
	位置或户型可引导	5
	无法引导	2
反馈问题	主动反馈问题且已解决	10
	主动反馈问题但未解决	5
	从未反馈问题	4
价格测试	完全通过	10
	调整报价后通过	6
	不通过	2

节点时间

蓄客目标确定的节点时间弹性比较大，有的是在营销总体策略确定后一并确定蓄客目标，有的是在品牌形象出街后启动蓄客目标确定过程，到展厅展点开放前完成。

节点 TIPS

从蓄客角度看，销售是否能达到预期，要抓好两个关键：一是将蓄客池做大，二是逐步挤掉蓄客池中的水客。将蓄客池做大，指的是在造势阶段，在品牌和项目形象入市阶段，通过各种线上推广、线下活动、渠道拓客，收集更多客户信息，将客户基数做大。这个阶段，亦称为“广泛蓄客期”。“广泛蓄客期”的蓄客池中，通常水客的占比大于意向客户，这是正常现象。水客虽然不成交，但是可以起到传播和增加人气的作用。当蓄客池客户达到一定数量，到了第二阶段就应该逐步筛掉蓄客池中的水客，从中选择出真正有意向的客户，可以通过产品发布会、验资排卡、示范区开放、认筹、落位、价格挤压等动作进行洗客，选出真正的意向客户，并根据意向程度区分出 A、B、C、D 四类客户，第二阶段亦称为“洗客筛客期”。

在确定蓄客目标时，需对市场转化率进行调研，以当前市场上与本项目品质相近的项目近期的转化率作为参考，以此计算蓄客量，切忌拍脑袋确定蓄客目标。在确定蓄客目标之后，需对蓄客目标进行分解，分解到各个来访渠道以及各渠道负责人，责任到人。以来访量、办卡量、认筹数作为考核目标，对整个蓄客过程进行把控和管理。

节点 23

示范区设置建议

节点背景

地产营销有三宝，一是示范区，二是售楼部，三是样板间。

不少房企习惯用营销三宝来形容示范区、售楼部和样板间。之所以称为宝，是因为它们重要。这三宝都属于营销道具，是接触客户、吸引客户最重要的阵地。对营销来说，三宝开放就意味着营销攻势已经准备完毕，也意味着开盘的临近。

示范区设置建议是指在示范区开放前，完成首批开工范围、选址、销售中心位置及功能分区、示范区范围、样板间位置及装饰风格等内容的确定，并形成建议报告定稿报批。示范区设置建议是对项目现场展示区的全面通盘考虑，其核心目的在于展示项目所有的价值点，让客户在潜移默化中了解项目的价值，增加客户体验感，引发客户的购买冲动。

节点内容

一、示范区概述

1. 示范区基本概念

示范区也称为展示区，示范区通常包括售楼部和样板间，也有的将示范区局限于景观示范区。售楼部的叫法比较多，除了售楼部还有售楼处、销售中心、营销中心，建议名称是售楼部或者销售中心，营销中心的叫法容易将项目的营销中心和集团的营销中心相混淆。

示范区、售楼部、样板间在物理空间上并非独立，而是彼此包含或者有交集，如图 23–1 所示，售楼部和样板间有交集，有些板房就在售楼部内，有的是实体板房，不在售楼部。

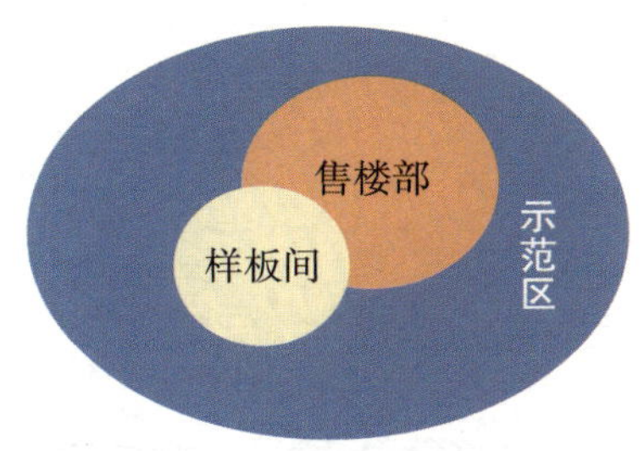

图 23–1　示范区、售楼部、样板间关系示意

营销三宝之间尽管有隶属关系，但从销售功能上来讲有本质不同，三者在销售功能上的区别如下。

- 样板间：展示户型，展示细节，关键词为“产品”；
- 售楼部：区域沙盘讲解，客户接待，沟通，关键词为“接待”；
- 示范区：通过景观示范，运动、娱乐等功能会增加客户感官体验，关键词为“体验”。

2. 四大展示系统

示范区的设置就是为客户提供好的产品体验，通过景观示范、品牌展示、功能会所、样板间等让客户对项目的利好和价值有了更为真实的感受。为了增强客户体验，完整的示范区有四大展示系统，分别是强势视觉识别系统、项目价值感受系统、项目价值认知系统以及项目价值强化系统，如图 23–2 所示。

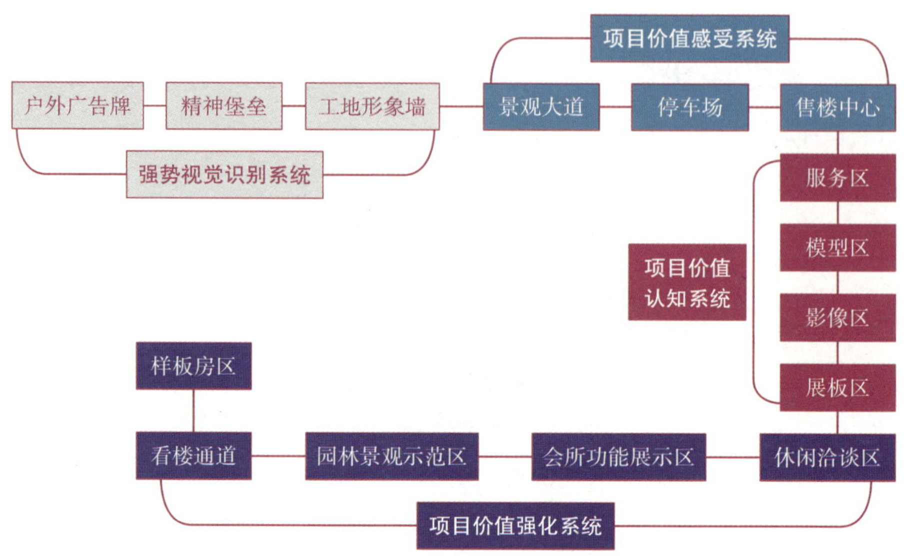

图 23-2　示范区四大展示系统

3. 功能组成

示范区包含范围很广，除了售楼部、样板间，还包括外部环境、道路标识、景观绿化、停车场、参观交通工具、看房通道、开放式通道等，如图 23-3 所示。

图 23-3　示范区 9 大功能区

4. 示范区选址

示范区选址的总体思路是根据项目情况与首期推出产品的先后顺序，结合外部环境进行。示范区选址有以下几个原则。

（1）营销主导原则

示范区属于营销阵地，应该以营销为主导，营销提供最优化选址建议，设计及工程负责创造条件满足营销需求。

（2）高效快速原则

选址越早确定，越有利于售楼处、示范区的提前开放及销售工作的有效开展，有利于尽早实现销售和回款。

（3）昭示性强原则

售楼处作为建筑体存在，是一个巨大的广告，对于吸引路过客户进入和客户口碑的二次传播，具有很强大、很现实的拉动作用。为提高昭示性，有以下建议。

- 售楼处在地块红线内或代征绿地内的，一般选择最受瞩目、昭示性最强的地方；
- 位于市内繁华区的售楼处，在昭示性方面有着天然的优势；
- 在城市主要干道设置售楼处，并在道路上设置导视牌，可以有效提升售楼处的昭示性。

（4）便利性原则

售楼处是置业顾问与潜在客户洽谈的地方，要便于到达，一般不要选在人流较少的巷内等地方。

- 售楼处在项目内的，一般选择地块内最易到达、人流量最大的地方；
- 位于远郊的项目，在市区内设立分售楼处，方便市内客户接待，选择交通便利、方便停车的位置。

（5）景观展示最大化原则

景观展示区展现项目的强势景观资源，对于提升客户口碑、促进销售具有显著的拉动作用。项目如果有山、河、湖泊等强势资源，多数会在展示区中进行最大程度的展示；针对度假养老等客群的项目，强调资源强势占有的别墅项目，要更加重视景观资源的展示。

二、示范区设置建议流程

示范区设置属于营销的一个工作节点，营销从销售角度、业绩达成角度给出示范区设置的建议。具体包括项目需前置完成所有规划并定稿报批，并根据项目销售目标、地块规模及工程进度进行示范区设置建议，初步确定售楼处位置、样板间位置、示范区范围等。

1. 规划图纸获取

营销部从项目部或规划设计院获取对应地块最新规划图纸，涵括总规划图纸、规划数据、产品及户型等。

2. 盘点统计货量

根据地块规划要求、规划方案及户型资料计算地块总体货量构成，按分期、产品、户型划分。

3. 划分开发范围

按协商初定的首期开发范围、二期货量范围及展示区范围进行划分，在规划图纸上显著标明对应区位、范围及对应货量数据。

4. 确定开发节奏

根据初定开放开盘节点，与项目协商铺排其主要施工节奏，包括开工、开放、开盘及验收交楼四大节点。

5. 完成建议报告

根据确定的开发范围及开发节奏，完成首开选址及示范区设置建议报告，以图文表格形式直观展示项目首批开工范围、示范区选址、销售中心选址及功能分区等。

建议报告涉及的主要内容包括以下五个部分。

（1）项目首批开工范围

项目首批开工范围通常以图式的方式呈现，在图上标示出首批开工范围、开盘货量、二期货量、示范区和样板区等，如图 23–4 所示。

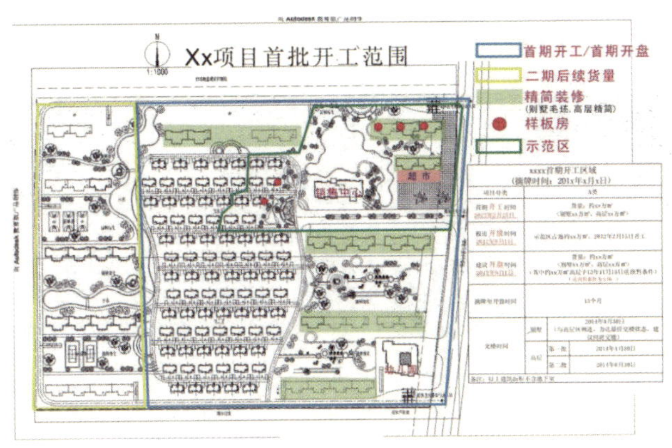

图 23-4　首批开工范围

（2）示范区售楼部选址和参观动线

在图上标示出售楼部选址的位置以及客户的参观动线，如图 23-5 所示。

图 23-5　售楼部选址和参观动线

（3）景观示范区设置建议

营销需从营销视角、客户视角对景观示范区设置提出建议，如节点案例 1。

【节点案例 1】景观示范区设置建议

景观示范区从入口至出口的流线上应有视觉亮点、氛围景观、体验或停留性景观，特别是在形象入口、售楼处前广场等关键节点应有良好景观及建筑小品布局烘托气氛。景观示范区整体风格与售楼处风格协调搭配，提升项目示范区在区域内的识别度。客户停车场区域车位数量不可低于30个。

图1 道路设计建议

建议示范区道路设计舒适美观，选材考虑以防滑材料为主。

图2 草坪建议

地面草坪建议镶嵌类似国际象棋棋盘的石板，给整个空间增加趣味和不同的空间变化。

图3 绿植建议

建设以乔木等绿色植物作为主体，形成良好的生态效益。

（4）售楼部功能布局

设置建议里应明确售楼部功能布局，包括各个功能分区，如前台、沙盘、品牌墙、洽谈区等，如图 23–6 所示。

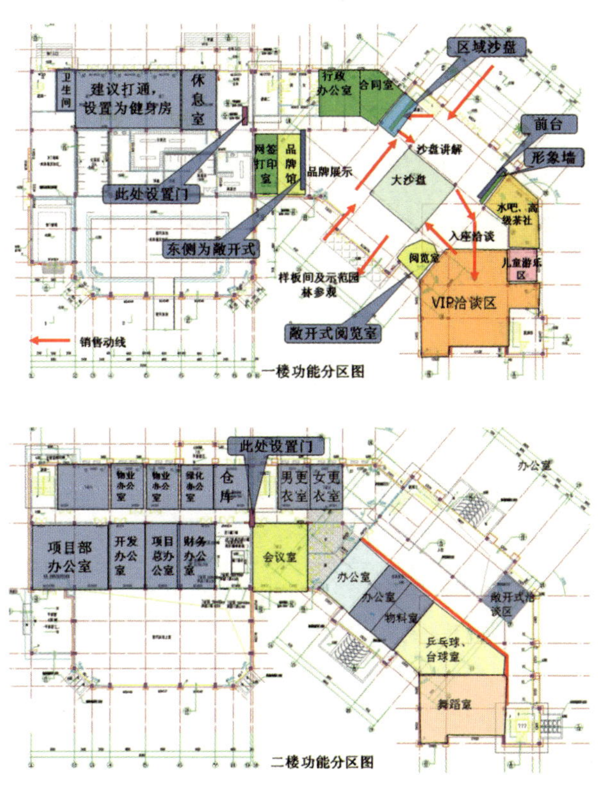

图 23–6 售楼部一楼和二楼功能布局

（5）售楼部和样板间装修风格建议

营销从销售和客户视角对售楼部和样板间装修风格提出建议，包括装修风格、区域设置、硬装和软装的细节要求等。

节点时间

示范区设置建议节点时间，不同房企差异比较大，快的在摘牌前就启动示范区设置方案，比较常见的是在总体营销策略确定后启动，在展厅展点开放前结束。

节点模板

示范区设置建议需要以报告的形式提交，《项目示范区设置建议报告》模板如下。

【模板】《项目示范区设置建议报告》

一、项目基本情况概述

项目规划总占地 ×× 亩，首期开发 ×× 亩，总建筑面积 ×× m^2。项目定位 ××××，项目首期产品类型为洋房（ ×× 套，货值 ×× 亿元）、双拼（ ×× 套，货值 ×× 亿元）……项目初步规划配套，如商业街、独立会所、幼儿园、小学……

二、市场调研及分析

经过详细调研及分析，调研结果如下表所示。

表 1　市场调研结果

项目主要目标市场	县城及周边乡镇私企老板、个体户、公务员、教师、企业高管、高级白领
项目初步定价（标明同一竞争区域同等产品价格水平）	超豪 ×××× 元 /m^2；双拼精简 ×××× 元 /m^2，毛坯 ×××× 元 /m^2；四拼精简 ×××× 元 /m^2，毛坯 ×××× 元 /m^2；联体精简 ×××× 元 /m^2，毛坯 ×××× 元 /m^2；小高层洋房精简 ×××× 元 /m^2，毛坯 ×××× 元 /m^2（当地楼盘毛坯 ×××× 元 /m^2）
当地楼盘一般采用的装修风格（特别标明竞争对手）	当地楼盘都没有示范单位，均为看毛坯房销售
当地市场受欢迎的装修风格	别墅为中式古典风格、洋房为现代简约风格
当地市场较忌讳或不受欢迎的装修风格	无

三、客户调研及分析

经过对客户进行详细调研及分析，结果如下表所示。

表 2　客户调研结果

目标客户构成	
主力客户家庭结构	
主力客户职业构成	

续表

主力客户意向户型	
主力客户爱好	客户喜好（男主人、女主人）

四、首批开工范围及示范区选址

1. 项目首期开工范围（附图标明具体范围）

2. 示范区展示范围（附图标明具体范围）

3. 销售中心位置（附图标明具体位置）

4. 样板房建议位置（附图标明具体位置）

五、销售中心规划及装修建议

1. 销售中心建议功能布局及动线（附图纸标明，需有具体尺寸）

前台—钢琴区 / 品画区—品牌展示区—模型区—手绘区位图—洽谈区 /VIP 区—后台区（吧台）—后门组景—水景园林休闲区—示范区。

2. 销售中心建议装修风格

装修风格：建议按 ××风格（请注明销售中心建议的装修风格或参考哪个销售中心的风格）。

3. 各功能区设置及具体装修装饰建议

表 3　销售中心各功能区设置及装饰建议

区域	物料设计类	装修装饰类	墙面	参考图片
1. 前台区	（1）前台采用单面台形式，以木线雕花、石材互拼； （2）前台放古典台灯、仿真盆花； （3）前台背景板采用高档光面石材，加入欧式雕花环绕、并加设壁灯等元素； （4）以大型高级水晶灯作为视觉焦点，体现大堂的整体气势	高档水晶灯饰配合石材地面，彰显销售中心的档次感与品质感	装设射灯映照区位图及奖项墙	
2. 品牌展示区				
3. 模型区				
4. 洽谈区				

续表

区域	物料设计类	装修装饰类	墙面	参考图片
5.VIP区/VIP室				
6. 后台区				
7. 合同展示区				
8. 银行区				
9. 预留广告位				
……				

六、样板房规划及装修建议

1. 样板房具体户型选择

说明样板房是新搭建还是在实体楼内，如果是在实体楼内，需要具体到房间号。

2. 样板房建议装修风格

装修风格：建议按 ××风格（请注明建议的装修风格，或参考哪个样板房的风格）。

3. 各功能区设置及具体装修装饰建议

表4　样板房各功能区设置及装修装饰建议①

区域	区域定位	装修装饰类	墙面	参考图片
1. 主卧				
2. 次卧				
3. 儿童房（男）				
4. 儿童房（女）				
5. 老人房				
6. 客厅				
7. 书房				
8. 其他区域				
……				

① 根据客户描摹、客户喜好对样板间内部风格布置进行建议。

节点 TIPS

示范区是地产营销的主阵地，示范区选址是否科学、设置是否合理，直接关系客户的体验和销售目标的达成。好的示范区能“说话”，能助力案场销售。从客户的参观动线来看，户外 T 牌、道路指示牌、道旗等引导客户顺利到达项目；项目入口处的精神堡垒、亮化工程，告诉客户“我们欢迎您的到来！”；保安统一整齐的服装、标准的敬礼英姿，让客户觉得公司是值得信赖的品牌，可以放心居住；方位清晰、规划清楚的区位图，让客户对项目地理位置、周边配套一目了然；沙盘中的导视牌、楼宇号、街道号、闪亮的灯光效果使客户迅速了解苑区整体环境；高端项目的酒吧间、健身房、品茶室、影音厅，给客户呈现未来的高品质生活。整个项目通道可以成为客户的无声导游，让客户顺利、流畅地完成整个参观动线，将完美的一面呈现给客户，为营销加分，促进客户认筹或者认购。

示范区设置建议时，还需注意以下两点。

一是示范区设置涉及项目品牌和产品形象输出，建议示范区设置展示面参观动线时，贯穿项目所有利好及配套，使客户在参观过程中接收到所有利好信息。

二是销售中心功能布局及动线方面，要结合当地客户喜好及拓客需求，设置丰富功能板块，且各功能区位置须在动线上。

节点 24

展厅展点包装

节点背景

客户对你的印象，在初次见面的 45 秒内已经决定了。

上面这句话是对首因效应的诠释，当人们初次会面时，45 秒钟内产生的第一印象至关重要。因为第一印象一旦形成，就能在对方的头脑中占据主导地位，并持续较长时间。第一印象来自人类的本能，人类在长期的自然进化中，大脑每天都要处理海量的信息数据，如果每个人对每件事都要记住它的细节，这样的话只会让自己的生存得不到保证。塔夫斯大学的心理学教授纳利尼·阿姆巴迪（Nailing Ambary）认为，这是人类为了生存而形成的一种快速判断环境危险与否的能力。第一印象往往能够激起我们情感中最强烈的部分，就像照片一样，将我们的情绪定格在那一刻。

地产销售过程中，客户对项目的第一印象来自展厅或展点，展厅展点是客户接触项目完整信息的第一个正式场所，也是客户感知企业品牌形象的重要窗口，其包装效果往往决定着客户对项目、对品牌的第一印象，如果第一印象不好，后续想要改观会比较困难。所以包装是展厅展点开放之前的一项重要工作，打造符合项目气质以及企业品牌形象的展厅展点，会给客户留下良好的第一印象，提高销售业绩。

节点内容

一、展点包装

展点是售楼处之外用于宣传展示项目及产品、接待意向客户的场所，异地及外展点通常在项目蓄客期及强销期，且在意向客户分布密集区设立使用。

展点包装主要针对二级展点，二级展点的常见设置点是商超、购物广场一楼。二级展点一般会设置两大主要功能区，即接待区、展示区。具体物料一般包括：接待吧台、展示看板、资料架、二维码立体盒子、背景墙、灯箱展板、地面立体字、洽谈桌椅等。各项目展点接待区和展示区属于必须配备，其他包装根据展点场地面积大小及空间布局而定。如图 24-1 所示，二级展点包装由 LOGO 落地字、LOGO 吧台、品牌墙及项目鸟瞰图组成。

图 24-1　二级展点包装示意

二、展厅包装

城市展厅一般包括门头展示区、前台区、品牌展示区、区位沙盘区、洽谈区、员工办公区等区域，展厅包装涉及的相关物料主要包括展厅门头字、LOGO 背景墙、品牌展示墙、区位图、项目沙盘模型、单体模型、影音播放系统、桌牌、吊旗等。展厅的功能分区及相关物料因企业而不同，有的房企展厅包装很复杂，包括很多物料以及小设计，而有些房企则相对比较简单，具体我们通过节点案例 1 来看。

【节点案例 1】城市展厅平面功能布局及分区包装设置

城市展厅平面功能布局及分区包装设置包括两部分：一是城市展厅平面功能分区及参观动线图，如图 1 所示；二是展厅各功能分区包装布置，如表 1 所示。

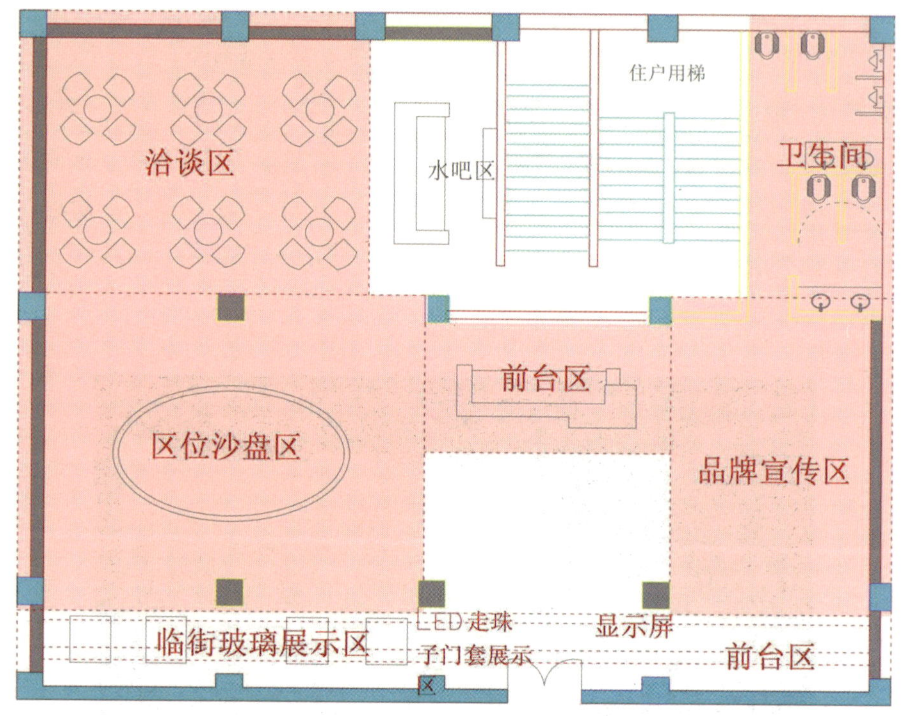

图 1　城市展厅平面功能分区及参观动线

表 1　展厅各功能分区包装布置

序号	布置项目	材质	尺寸	数量	备注
户外展示区（必须设置）					
1	展厅门头字	镜面白钢字、背打 LED 光源	根据实际大小调整	1 个	必做
2	展厅门头及外墙	镀锌管焊接主体结构，白色波纹板饰面			
3	LED 走珠显示屏	LED 单色发光，金属包边	根据门头大小调整	1 个	选做

续表

序号	布置项目	材质	尺寸	数量	备注
4	展厅进门玻璃（贴于玻璃上，起防撞及装饰效果）	磨砂玻璃贴	高 0.2m，宽度根据实际调整	2 个	必做
前台区					
1	LOGO 背景墙	仿真绿植 + 不锈钢拉丝立体字（背打虚光）	根据展示墙体大小调整	1 个	必做
2	前台服务监督牌	双层亚克力夹画	（宽）0.3m ×（高）0.4m	1 个	选做
3	前台装饰摆件	——	——	1 个	参照公司规范执行
4	接待台旁植物	——	——	2 盆	
品牌展示区					
1	品牌展示画面	PVC 板附高精喷绘；LOGO 及大字为 10mm 雪弗板 +3mm 亚克力雕刻字；小字为亚克力雕刻字外打射灯	最小尺寸：（宽）3m×（高）2m，底边离地面 0.2m（根据实际墙体大小等比例调整画面及文字）	1 个	必做
玻璃展示区（展厅如有临街玻璃展示窗，需设置）					
1	临街处玻璃展示板双面【6 个，其中品牌介绍（3 个）+ 价值、配套、产品（3 个）】	不锈钢烤白漆底座（LOGO 丝印）+ 双层钢化玻璃夹画	底座：（宽）0.6m ×（高）0.6m ×（厚）0.3m 画面：（宽）0.6m ×（高）1.2m	3—6 个，具体数量根据现场实际需求调整	必做
区位沙盘区					
1	沙盘模型	——	——		参照公司规范执行
2	单体模型	——	——		
3	沙盘指示牌	——	——		
4	区位图	钢化玻璃背喷灯箱	最小画面高度不得小于 2.5m，底边离地面 0.5m（画面根据实际墙体大小调整）		必做
影音区（必须设置）					
1	影视播放系统	——	——		参照公司规范执行
洽谈区					

续表

序号	布置项目	材质	尺寸	数量	备注
1	洽谈区墙面	钢化玻璃＋灯箱片灯箱	画面最小高度 1.5m，按宽：高为 4：2 等比调整；底边离地面 0.6—1.2m（根据墙体调整画面及文字大小）		必做
2	桌面台牌	双层亚克力夹画	（宽）0.2m×（高）0.1m	每个洽谈桌上 1 个	必做
3	洽谈桌台花、桌布	——	——	——	参照公司规范执行
4	吊旗	白桦布喷画	（宽）0.4m×（高）0.8m（根据现场等比例调整）		选做
其他（选择性设置）					
1	卫生间墙面	KT 板（欧式画框/金属框）	（宽）0.8m×（高）0.8m	根据墙面选择数量	选做
2	办公室气氛包装	——	——	——	
一般展厅包装画面设计清单					
项目	名称	要求			备注
1	展厅门头字	必做，需按照提供的字体设计规范执行，尺寸可根据情况调整			
2	防撞玻璃贴	必做，需按照设计稿执行，尺寸可根据情况调整			
3	LOGO 背景墙	必做，LOGO 与文字排版需按照规范执行，尺寸根据实际等比调整			
4	前台服务监督牌	选做，按照设计规范执行，不可调整尺寸、材质			
5	品牌展示区品牌画面	必做，按照设计规范执行，不得小于最小尺寸，等比例调整			
6	临街处玻璃展示板画面	有玻璃展示窗则必做，选择 3—6 个（必须有一个介绍品牌），材质、尺寸、内容不可更改			可按项目 VI 色选底色
7	区位图	必做，不得小于最小尺寸，按照比例等比调整			按项目 VI 色调整
8	洽谈区墙面	必做，不得小于最小尺寸，按照比例等比调整			可按项目 VI 色选底色

续表

序号	布置项目	材质	尺寸	数量	备注
9	桌面台牌	必做，按照设计规范执行，不可调整尺寸、材质		可按项目 VI 色调整	
10	气氛小吊旗	选做，按照设计规范执行，尺寸可结合现场等比例调整			
11	卫生间墙面	选做，按照设计规范执行，不可调整尺寸、材质			
12	办公室气氛包装	选做，按照设计规范执行，不可调整尺寸、材质		可按项目 VI 色调整	

二、包装物料

展厅包装解决的问题是客户感观、客户体验，是形象工程，所以物料的选择尤为重要。在规定的预算内如何选择好的物料，匹配项目的调性，是非常关键的问题。不同房企物料使用的规范和标准不同，以下案例供参考。

【节点案例 2】城市展厅包装清单及部分重点物料说明

1. 城市展厅包装清单

表 1　城市展厅包装清单

功能分区	包装事项	具体位置
门头展示区	1. 展厅门及门头字（必做）	展厅门头展示上方
	2.LED 走珠显示屏（选做）	展厅进门上方
	3. 进门防撞玻璃贴（必做）	展厅进门玻璃上
前台区	4.LOGO 背景墙（必做）	接待台后方墙壁
	5. 服务监督牌（选做）	接待台台面
	6. 仿真蝴蝶兰花装饰（必做）	接待台台面
品牌展示区	7. 品牌展示墙（必做）	品牌展示区墙面
临街玻璃展示区	8. 可移动展示板	展厅临街玻璃展示处
区位沙盘区	9. 项目区位图（必做）	区位模型旁墙面

续表

功能分区	包装事项	具体位置
洽谈区	10. 桌面台牌（必做）	洽谈桌台面
	11. 吊旗（选做）	洽谈区吊顶
卫生间区域	12. 物业小故事	卫生间及走廊墙面

2. 部分重点物料说明

（1）展厅门头及LED走字屏

展厅门头根据项目展示厅长度进行考虑，长度、高度不限制，LED走字屏各项目根据实际门头高度进行选择是否需要。

- 参考标准尺寸：7m × 1.6m；
- 位置：展厅门头；
- 材质：吸塑发光字；
- 发光：字体图案内侧发光。

（2）磨砂玻璃贴

- 安装位置：安装与展厅门口及各个办公区域玻璃幕墙上；
- 材质要求：使用磨砂玻璃贴材质；
- 尺寸：高度10cm，长度不限；
- 内容：集团LOGO+项目LOGO和案名，两个间隔约18cm宽。

（3）前台背景墙

前台背景根据现场墙面长高来选择，同时需要考虑美观度。

- 背景材质可选择大理石材质：
- LOGO及案名可选用不锈钢拉丝材质；
- LOGO字，高度离地面约1.6m以上。

（4）现场卖点展示板

- 整体尺寸：高1600mm × 宽800mm × 厚15mm；
- 画面尺寸：高1400mm × 宽800mm。

（5）品牌墙

- 位置：靠近入口或靠近沙盘墙身；

• 尺寸：宽 5m×2.5m（可根据展厅内相应区域墙体面积比例调整尺寸）；

• 材质工艺：超薄灯箱或软膜灯箱。

（6）区位图

• 位置：沙盘模型旁墙面；

• 工艺说明：最小画面高度不得小于 200cm（含金属包边宽度 3cm），底边离地面 50—75cm；

• 材质工艺：超薄灯箱或软膜灯箱。

（7）通道包装

• 位置：展厅内一层至二层板房楼梯两侧；

• 尺寸：70cm×90cm（画面），5cm×5cm（转角墙面加字体）；

• 材质工艺：欧式画框裱画，墙身取消墙纸，转角墙面加亚克力材质温馨话语。

（8）吊旗

吊旗主要在展示中心内起到氛围烘托的作用。

• 尺寸：横版宽度 80cm×45cm，竖版宽度 25cm×30cm；

• 悬挂位置：沙盘上方、洽谈区、儿童游乐区等；

• 材质要求：250 克铜版纸以上双面印刷；

• 内容要求：品牌广告语、项目定位语、物业、园林、产品、配套等。

节点时间

展厅展点包装节点一般在展厅展点选址确定之后就可以开始，三四线城市项目，通常是摘牌后 1 个月开始，摘牌后 2 个月内结束；一二线城市项目，通常是摘牌后 2 个月开始，摘牌后 4 个月内结束。

节点 TIPS

展厅展点的包装可根据项目定位自行确定装修风格，但是需注意与整体项目定位保持一致，避免调性不和，影响客户对产品的认知。非首进城市，如果在该城市已经有一个项目展厅，可以考虑展厅共用，节省成本。

节点 25

销售物料筹备

节点背景

兵马未动，粮草先行。

古人云，“兵马未动，粮草先行”，出征打仗先要备好粮食。对于销售人员而言，销售物料就是他们的“粮草”，只有确保“粮草”到位，到了真正打仗的时候才能发挥强大的战斗力。

销售物料是包含辅助销售人员进行销售的所有道具和物件的总称，销售物料在销售过程中起到重要作用。缺乏道具的支持，将给销售带来困难。如果卖的是期房，那么销售物料或者销售道具对于销售来说就变得尤为关键。

节点内容

销售物料范畴很广，广义的销售物料包括营销过程中的所有物料，分为销售类、推广类、包装类、活动类，更为详尽的分类可以见后文节点模板《销售物料分类表》。本节点聚焦在销售类物料，销售类物料分成四类，第一类为宣传印刷品，第二类为项目效果图，第三类为项目沙盘及模型，第四类为项目宣传片。

一、宣传印刷品

项目宣传印刷品主要包括楼书、DM、户型手册，也包括纸杯、手提袋等延展物料，重点物料讲解如下。

1. 楼书

大部分项目都会做楼书，楼书类型可选择形象楼书、产品楼书、区域价值手册、物业服务手册、投资手册、生活读本等。楼书内容需涵盖生活方式演绎、区域价值、优势资源、交通价值、景观环境、物业管理、配套、品牌、投资价值等，封底或内页附上项目交通图、项目地址、热线电话、项目二维码、项目 LOGO、集团 LOGO、风险提示等。表现方式一般以精美图片为主，辅助少量文字介绍。

在楼书设计过程中，须确认楼书规划、文字后再行设计，以保证楼书设计的品质、效果。楼书内页文案须经法务、工程、设计、物业相关人员确认。楼书成品须突出品质感、美观度，整体风格要与楼盘风格相符。

图 25-1　楼书示例

2. DM

DM 是 Direct mail advertising 的省略表述，在房地产销售中泛指折页、单张。DM 是项目信息宣传的精华版，需结合当期时效信息进行设计。DM 正面使用实景图、鸟瞰效果图等展示项目气势，同时规划核心销售信息，背面规划项目概况和价值体系等。DM 须注明项目地址、电话、项目 LOGO、集团 LOGO 等，有看房车接送点的须注明看房车相关信息。

图 25-2　DM 示例

3. 户型手册

户型手册是对产品户型进行详细介绍的物料，根据需要可制作成册子，也可制作成简单实用的单张。设计内容主要包括总规划平面示意图、户型平面图、户型分布图、户型卖点、面积数据表、置业计划等。户型手册需按照产品类型分册或分篇章规划设计。在设计户型手册前，须向户型设计负责人取得相关施工平面图的 CAD 版本。户型手册出品前，须向户型设计相关人员及项目工程管理部负责人确认后再行印刷制作，户型尺寸是否标注视情况而定。

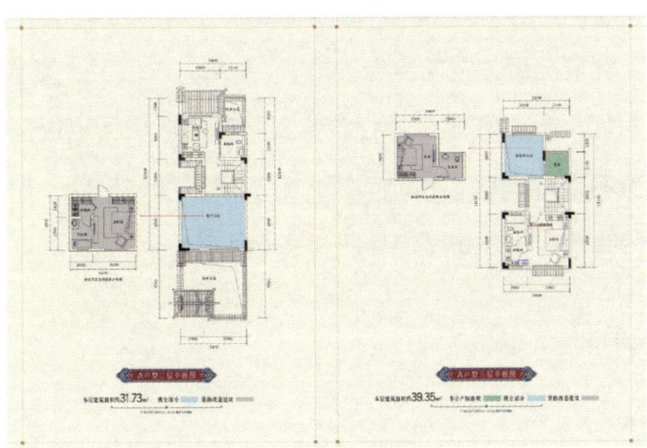

图 25-3　户型手册示例

户型手册在设计时应注意以下几点。

- 户型图中的楼栋编号、房屋编号以当地房产管理部门核准编号为准；
- 户型平面、交付装修标准等内容必须同《商品房买卖合同》一致，避免因为不一致导致客户投诉；
- 若户型手册内容变更，须将旧户型手册即时修正或作废处理。

【节点案例 1】因赠送面积引起的官司

某项目在设计制作户型手册时，由于项目策划人员的疏忽，将“赠送 ××m^2 面积”体现在了手册之中，客户收房后以赠送面积不足为由将开发商告上了法庭。虽然最后客户与开发商达成了和解，但对公司的品牌造成了负面的影响。

楼书、DM、户型手册在进入印刷阶段时，应注意根据项目整体营销策略和推广宣传计划，委托广告设计公司进行广告宣传品的设计，项目策划需对设计过程进行质量监控，监控要素主要包括以下几个方面。

- 宣传品的编制、设计是否符合委托要求；
- 创意表达是否新颖，文字表达是否准确、优美；
- 相关项目介绍的内容是否准确；
- 企业名称、企业及项目 LOGO、销售电话、销售地址、项目二维码等是否准确；
- 宣传内容或文字表述是否与现行法律法规有冲突，并增加免责条款。

项目策划需要会同广告设计公司严格按照设计样稿对印刷品印制效果进行评估，对楼书的使用、保管情况做不定期检查。楼书、DM、户型手册等启用时，应会同现场销售接待人员对印刷数量和质量进行验收。同时督促现场销售接待人员及时将作废、失效的宣传资料全部回收，回收的宣传资料除留样存档外一律销毁。此外，项目所有印刷类宣传物料都须标注印刷日期和有效日期。

二、项目效果图

1. 效果图分类

- 按功能分为：区位效果图、项目整体效果图、区位交通图、建筑单体效果图、景观效果图、配套效果图、户型效果图等；
- 按视角分为：鸟瞰图、俯视图、人视图、透视图、夜晚效果图等；
- 按形式分为：实景效果图、油画效果图、手绘效果图、线描图、3D 效果图等。

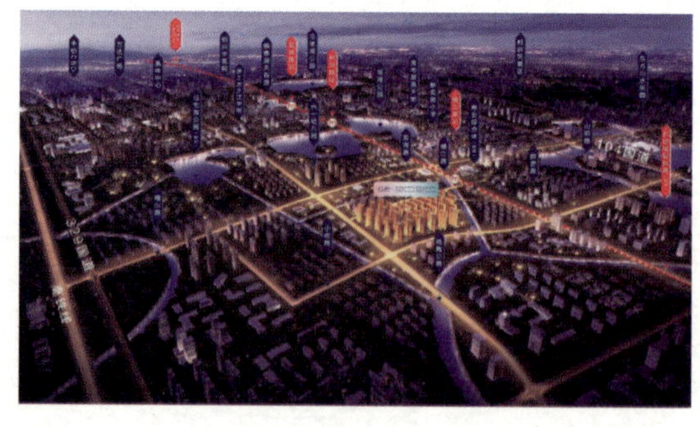

图 25-4　区位效果

图 25-5　整体效果

图 25-6　建筑单体效果

图 25-7 景观效果

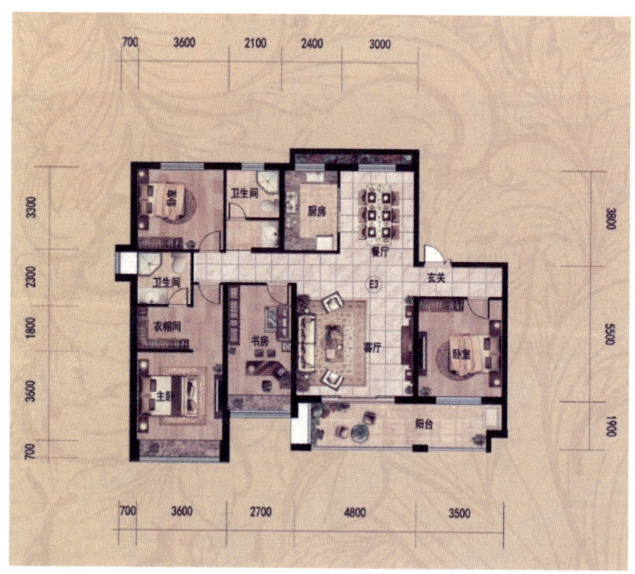

图 25-8 户型效果

2. 效果图规划

围绕营销总体策略及所要表现的内容，完成效果图规划建议。效果图一般规划为：项目整体鸟瞰图、楼体与园林关系图、建筑单体、中央景观、商业街效果图等。此外，根据项目特色可进行创意规划，如主打院落别墅项目，可规划制作春、夏、秋、冬四季院落效果图等。

3. 效果图制作流程

效果图制作的重要管控节点如下。

- 效果图建模：根据项目定位，确定效果图表现意向，进行效果图建模；
- 角度选取：根据效果图规划，选择表现角度；
- 单体色系把控：对建筑单体色系进行准确度把控；
- 全景效果审核：对整体效果进行把控，并出终稿。

4. 效果图制作注意事项

- 效果图在建筑设计、景观设计确定后设计制作；
- 效果图是展示项目形象、与客户沟通的重要手段之一，要注重色彩、氛围与形式的艺术性，并注意画面的透视感与氛围感；
- 项目公司营销团队负责人在专业公司建模以后，与规划、建筑、景观等专业设计人员共同介入该项工作各主要环节，全程把控；
- 若项目开发过程中规划方案有所调整，要及时按照调整结果制作新的效果图，并对旧效果图进行作废处理；
- 效果图设计制作审核时要注意了解工程性质、绘图比例、文字说明，熟悉常用图例，了解在用地范围内建筑物、周围环境的布置，了解地形地貌，了解新建房屋室内外高差、道路标高及坡度等。

三、项目沙盘及模型

1. 沙盘模型的类型

在项目实体楼盘展现之前，沙盘模型是展示项目形象的重要载体。模型要将项目的设计风格、色彩形象、环境、配套展示给客户。模型一般分为区域沙盘模型、项目沙盘模型和户型单体模型三种。区域沙盘模型是展示项目区域位置的沙盘模型，一般挂在售楼处墙上；项目沙盘模型是用来展示项目规划的沙盘；户型单体模型是用来展示户型的模型。其中，区域沙盘模型和项目沙盘模型为必做模型，户型单体模型根据项目实际情况选择性制作。

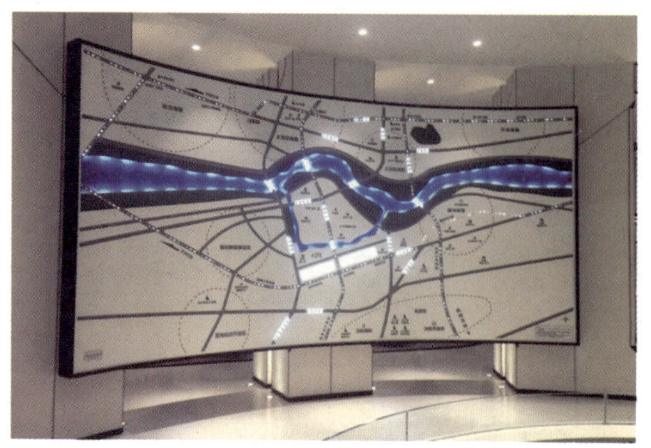

图 25-9　区域沙盘模型

图 25-10　项目沙盘模型

图 25-11　户型单体模型

2. 沙盘模型制作方案

在总体规划方案、建筑设计方案和景观设计方案确定后，选择沙盘模型制作商，编制沙盘模型制作方案。编制方案须注意以下两点。

- 如实展现规划特点，体现建筑、景观特点及色彩，正确展示楼盘信息，制作材质、工艺符合要求，费用可控；
- 组织设计单位、项目工程管理部等职能部门以及沙盘模型制作商召开沙盘模型方案交底会，详细解读设计要求，确定沙盘模型制作方案。

3. 沙盘模型制作的重要管控节点

- 底板确认：确认项目与周边关系，确认项目总体规划；
- 单体小样确认：先做建筑单体小样来确认楼体结构和外立面效果，体现建筑立面质感与颜色效果等；
- 景观小样确认：对景观配置进行选型确定，匹配景观效果；
- 整体效果验收：对楼体规划、楼间距、建筑与景观搭配等整体效果进行审核、验收。

4. 沙盘模型制作注意事项

- 关键节点须由项目营销负责人协同设计单位、项目工程管理部等职能部门共同进行现场把控、全程参与；
- 每个模型的合作协议须明确模型维护责任、时间周期及相关费用承担，模型维护期一般不少于 1 年，根据项目规划调整及周边环境变化进行调整、整改；
- 对项目不利因素须做如实呈现和提醒。

四、项目宣传片

项目宣传片形式多样，包括 H5、Flash、3D 片、短视频、动画等，制作项目宣传片需要留意以下几点。

- 围绕营销策略需求进行项目 3D 片和宣传片设计、制作，宣传片一般包含企业形象视频、项目形象视频、价值内涵视频、产品视频、户型展示视频、工艺工法视频、智能化展示视频等，根据项目需要确定宣传片形式及主题；
- 如果是 3D 宣传片，须以招标的形式选择全国知名、实力雄厚、拥有多次为大型品牌开发商项目制作 3D 宣传片经验的数码制作公司或影视制作公司；

- 宣传片的制作应充分表现项目的市场定位、区域价值、各大卖点等，画面结构完整、连贯、精美，片长一般为 3—5 分钟、30 秒、15 秒、5 秒等。

节点时间

销售物料筹备一般在合作方招采之后开始，在展厅展点开放之前完成。

节点模板

【模板】《销售物料清单模板》

销售系统物料		宣传推广物料	
一、	**销售基础物料**	1	户外广告（T 牌、灯杆旗）
1	商品房销售许可证	2	报纸、杂志等平面广告
2	其他销售相关证件	3	影视广告片
3	来电、来访登记表	4	短信广告
二、	**日常销售物料**	5	电台广告
1	项目认购书	6	网络广告
2	商品房买卖合同	**氛围包装物料**	
3	费用清单	一、	**项目内部包装物料**
4	付款方式	1	墙体包装
5	按揭须知	2	柱体包装
6	收款收据	3	吊旗
7	交楼标准	4	模型包装
8	装修标准	5	接待台包装
9	购房须知	6	接待台背景包装
10	项目认购流程	二、	**项目外部包装物料**
11	置业计划书	1	拱门
12	户型单张	2	彩旗
13	项目价目表	3	空飘

续表

销售系统物料		氛围包装物料	
14	项目销控表	4	楼体包装
15	办理产权证有关程序及费用表	5	树体金布
16	入住流程及收费表	6	项目围墙
三、	**销售宣传物料**	7	看楼通道
1	宣传单张	8	样板房包装
2	宣传海报	9	园林包装
3	项目楼书	**其他配合物料**	
4	项目折页	一、	**食品类**
5	项目礼品袋	1	水果
现场活动物料		2	茶点
一、	**销售活动物料**	3	饮料
1	销售活动宣传海报、折页	二、	**其他类**
2	销售活动介绍 × 展架	1	水杯
3	阶段性广告宣传片	2	餐具
4	现场影视片	3	纸巾
5	筹号	4	礼品
6	认筹登机簿	5	鞋套
7	奖券认领登记表	6	垃圾桶
8	抽奖箱	7	文化 T 恤
9	抽奖券		
10	奖品确认书		
11	奖品		
12	活动流程（人手一份）		
二、	**氛围活动物料**		
1	活动介绍 × 展架		
2	活动介绍易拉宝		
3	欢迎横幅		
4	现场包装物料		

续表

5	导视系统		
	现场活动物料		
6	活动入场券、邀请函		
7	签到簿、签到笔		
8	嘉宾配花		
9	活动流程（人手一份）		
10	活动介绍展板		
11	地毯		
12	主持台、话筒等		
13	鲜花		
14	舞台		
15	灯光设备		
16	音响设备		
17	投影		
18	座椅		
19	背景架		
20	皇家礼炮		

节点 TIPS

不同产品，对销售物料的要求不同。产品越是高端，销售物料越要求精致，要凸显出品质。大到宣传片、海报，小到名片、单张、折页，都要凸显项目调性。细节决定成败，不可因为物料小就觉得它不重要。实际销售过程中，越是高端客户，越看重细节，销售物料虽小，作用却不可小觑。

销售物料筹备要注意以下三点。

第一，销售物料要做到在如实反映项目规划的前提下，尽可能展示项目的亮点；

第二，对于项目不利因素、效果图（非实景图）、是否为交付标准等，要做到如实提示；

第三，对于项目存在的可能风险，物料上要有提示，必要时加上具体时间。

节点 26

展厅展点开放

节点背景

展厅展点是项目的窗口，是销售的延长线。

展厅展点开放是具有标志性的节点，它意味着前期项目筹备工作和品牌导入工作的结束，后续针对项目价值推广、渠道拓客、产品体验的开始。作为进入新阶段的标志性节点，展厅展点开放，尤其是展厅开放越来越受到项目管理层的重视。货量大的项目、郊区项目、度假项目通常需要设置展厅，通过展厅将项目销售延长到潜在客户聚集地，让更多的客户了解项目，促进销售。由于展点规模不大，本节点聚焦在展厅开放。展厅是窗口，通过这个窗口，客户提前窥见了整个项目；展厅是销售的延长线，拉近了客户和销售的距离。

节点内容

下面分展厅开放活动方案撰写、展厅开放前的验收、展厅开放活动的执行三个部分对展厅开放进行描述。

一、展厅开放活动方案撰写

展厅开放活动方案的核心内容有三点，即开放活动的内容形式、邀请嘉宾以及活动预算费用，这三项内容在活动方案中需要明确阐述，具体如下。

1. 活动内容形式

展厅开放活动形式多样，常见的有三种，如表 26–1 所示。

表 26-1　展厅开放活动常见的三种形式

活动类型	基本物料清单	执行方式
舞狮剪彩形式	空飘、拱门、罗马柱、桁架背板、舞台、地毯、音响、剪彩道具、演讲台桌、台花、礼宾杆等	邀约领导剪彩，项目领导推介、舞狮表演、暖场乐队、小游戏互动、体验活动、抽奖活动等其他环节
擂鼓揭幕形式	空飘、拱门、罗马柱、桁架背板、舞台、地毯、音响、揭幕幕布、大鼓演讲台桌、台花、礼宾杆、表演团队等	邀约领导及项目领导揭幕。项目领导推介、舞狮表演、暖场乐队、小游戏互动、体验活动、抽奖等其他环节
电子启动球形式	空飘、拱门、罗马柱、桁架背板、舞台、地毯、音响、电子启动球装置、演讲台桌、台花、礼宾杆等	进行项目领导推介、开场舞、启动球启动、礼炮绽放、暖场乐队、小游戏互动、DIY 体验活动、抽奖活动等其他环节

2. 活动邀请嘉宾

根据市场情况邀约主流媒体、企事业单位领导、合作伙伴、意向客户参与活动，开发商区域和项目负责人通常都要参与。

3. 活动预算费用

不同展厅规模需要的费用不同，国际展厅、旗舰展厅的费用比常规展厅预算要高。具体预算标准根据各房企具体情况而定，表 26–2 供参考。

表 26–2　展厅开放活动预算表

市场 / 展厅级别	项目总货值 30 亿元以上	项目总货值 15 亿—30 亿元	项目总货值 15 亿元以下
城市展厅	单场费用 <10 万元	单场费用 <8 万元	单场费用 <5 万元
项目展厅	单场费用 <6 万元	单场费用 <5 万元	单场费用 <3 万元

二、展厅开放前的验收

城市展厅开放之前，建议对展厅进行全面验收，验收后完成展厅验收报告，具体模板可参考节点模板《展厅验收报告》，对费用支出以及合作公司进行全面评估。

展厅验收主要包括以下几个方面。

- 展厅的硬、软装效果是否达到开放要求？
- 展厅人员组织及道具是否达到开放要求？
- 展厅销售物料、模型等展示道具是否准备到位？

验收后如果达到开放标准，则进行展厅开放活动执行，如果验收不达标，未达到展厅开放的要求，则需要由项目组针对不达标的地方进行整改，直到验收合格后方可开放。

三、展厅开放活动的执行

1. 活动宣传

活动宣传需结合所在城市的广告单价、媒体环境及项目展点销售目标确定，如节点案例 1 所示。

【节点案例 1】展厅集中开放前媒体输出指引

表 1　展厅集中开放前媒体输出指引

<table>
<tr><th>媒体</th><th colspan="2">类型</th><th>当地媒体投放指引</th></tr>
<tr><td colspan="4">首选宣传项目</td></tr>
<tr><td>报纸</td><td>报广 / 软文</td><td>主流报媒</td><td>选择影响力较强的当地主流报媒，争取投放于展点开放前的 1—2 周，投放期数根据所获批的阶段性投放计划为准</td></tr>
<tr><td rowspan="2">网络</td><td>硬广</td><td>主流网媒</td><td>选择影响力较强的网媒，结合报广同步宣传，在开放前约 2 周进行投放</td></tr>
<tr><td colspan="2">软文</td><td>与媒体商谈，争取对方可转载项目展点开放及品牌输出软文</td></tr>
<tr><td>短信</td><td colspan="2">单次投放量结合客群覆盖范围确定</td><td>可争取适度进行开放前的投放，时间可选用周四、周五，投放次数根据所获批的阶段性投放计划为准</td></tr>
<tr><td>单张 / 海报</td><td colspan="2">根据展厅周边客流及城市管理情况而确定数量</td><td>选择当地商圈、客户群集聚地、展厅周边地区等作为物料传播地点，建议数量约 3000 份</td></tr>
</table>

续表

<table>
<tr><th>媒体</th><th>类型</th><th>当地媒体投放指引</th></tr>
<tr><td>户外大牌</td><td>根据位置选择户外大牌投放</td><td>户外大牌在后期销售中需长期使用，选取核心位置广告位，提前释放展厅开放信息，提前预热，打造知名度</td></tr>
<tr><td>论坛</td><td>项目论坛、区域论坛、社区论坛</td><td>安排活动前及活动后进行发布宣传</td></tr>
<tr><td>微信</td><td rowspan="2">项目微信、微博及区域内其他项目微信、微博</td><td rowspan="2">开放前 1 周发布信息平均 1 条 / 天</td></tr>
<tr><td>微博</td></tr>
<tr><td colspan="3">自定义宣传（根据各自需要特殊申报）</td></tr>
<tr><td colspan="2">框架广告</td><td>在开放前 2 周，投放 2 周楼宇内框架广告，投放覆盖区域结合客群覆盖范围确定</td></tr>
<tr><td colspan="2">DM 或夹报</td><td>开放当周的周三投放一期 DM 或夹报</td></tr>
<tr><td colspan="3">后期宣传</td></tr>
<tr><td>媒体</td><td>类型</td><td>内容</td></tr>
<tr><td>微信、微博</td><td>项目微信微博、合作媒体微信微博</td><td>通过合作关系投放宣传广告，活动后 1 周内需持续通过微信及微博传播开放信息，持续保持及增强项目热度，最大化活动效果</td></tr>
<tr><td>网络</td><td>软文</td><td>通过合作媒体发送活动报道软文，发酵活动影响效果</td></tr>
</table>

2. 客户邀约

除了销售人员通过电话、微信、短信等方式进行邀约之外，还可以通过以下几种方式。

- 活动前渠道团队通过在目标客户群集中区域派发活动邀约海报、赠送礼品等方式邀约客户上访；
- 活动前渠道团队出街派发门票、活动参与券、礼品券或抽奖券等邀约物料，邀请客户参与；
- 向活动执行公司要求，必须导入多少客户资源，保证活动现场氛围；
- 进入企事业单位拜访，集中邀约其员工参与活动；
- 通过微信朋友圈、抖音直播，增加展厅开放来访量。

3. 人员岗位设置

展厅开放活动人员岗位包括总控、活动现场总控、礼品物料发放人员、礼仪人员、音响人员、物业保安人员等，具体岗位设置可参考节点案例 2。

【节点案例 2】展厅开放活动具体人员岗位设置

表 1　展厅开放活动具体人员岗位设置

岗位名称	人员设置	岗位职责
总控	1 人，由项目营销负责人担任	活动总指挥； 协调各部门保证活动顺利进行； 处理突发事件，现场流程最高决策
活动现场总控	1 人，由项目策划负责人担任	指挥与协调现场各环节负责人； 对主持人、各环节负责人进行培训； 沟通协调活动公司、物业等部门； 检查完善活动所有细节、确保活动无误； 处理突发事件
礼品物料人员	2 人	事前清点签到物料、奖品物料； 分类摆放物料，现场按顺序提供； 进行物料与道具的核对和清点
礼仪人员	指挥 1 人，接待若干，礼仪小姐最少 4 人，视参加领导人数而定	礼仪指挥负责领用、清点、分发签到物资； 礼仪指挥负责现场提点与监督礼仪人员工作； 礼仪指挥负责来宾桌牌的摆放； 礼仪签到阶段负责领导及贵宾胸花佩戴； 礼仪颁奖阶段负责引领领导上台与归位； 礼仪引导客户参观展厅
音响人员	1—2 人	负责现场表演的音效调对，表演催场，提醒乐队提供背景音乐、过场音乐，音响师、主办方事前沟通与彩排，现场督促音响转换
物业保安人员	若干人	活动现场引导，维护现场秩序，站形象岗，提升服务标准，处理突发事件

节点时间

展厅展点开放的节点时间：三四线城市项目一般为摘牌后 2—3 个月，一二线城市项目一般为摘牌后 3—5 个月。

节点模板

【模板】《展厅验收报告》

一、外聘执行总述

表 1　外聘执行验收

<table>
<tr><th colspan="2">验收报告确认联</th></tr>
<tr><td colspan="2">框架合同编号：</td></tr>
<tr><td>外聘名称</td><td>×××开盘活动 / 包装 /……</td></tr>
<tr><td>外聘说明</td><td>概述外聘主要内容，要求及相关事项等</td></tr>
<tr><td>执行时间</td><td></td></tr>
<tr><td>执行公司</td><td></td></tr>
<tr><td>方案审批费用</td><td></td></tr>
<tr><td>定标价格</td><td></td></tr>
<tr><td>执行价格</td><td></td></tr>
<tr><td>执行评分</td><td></td></tr>
<tr><td>甲方确认：
签字：
20××年 × 月 × 日</td><td>乙方确认：
签字：
20××年 × 月 × 日</td></tr>
</table>

二、合作公司评估

表 2　合作公司评估[①]

序号	评估内容	评估描述	合理化建议	项目评分	品质督导评分
1	使用物料规格、工艺及数量	□物料精美，符合要求（15—20 分） □基本与合同相符（11—15 分） □个别物料不符合要求（1—10 分） □完全不符合要求（0 分）			——

① 1. 品控部只需对 2、3、6 项评分，最高分 50 分；

2. 总分＝项目评分 ×70%+ 品质督导评分 /0.5×30%。

续表

序号	评估内容	评估描述	合理化建议	项目评分	品质督导评分
2	执行及时性	□提前（16—20 分） □准时（11—15 分） □延后（0—10 分）			
3	效果评估	□非常有气氛（16—20 分） □比较好（11—15 分） □一般（6—10 分） □较差（0—5 分）			
4	合作意识及服务态度	□积极配合（10 分） □比较配合（8—9 分） □被动配合（5—7 分） □不配合（0—4 分）			——
5	执行力	□优于计划执行，应变能力强（10 分） □按计划执行，有一定应变能力（8—9 分） □出现差错，应变能力一般（5—7 分） □现场较混乱甚至有投诉现象（0—4 分）			——
6	后期服务	□负责到位（10 分） □比较负责（8—9 分） □被动服务（5—7 分） □无责任心（0—4 分）			
7	整合商家、高端客户资源能力	□商家资源丰富，客户较高端，可进一步合作、深挖（9—10 分） □商家、客户资源与项目定位不符，仅达到活动执行标准（5—8 分） □商家资源少，客户较低端（0—4 分）			——
总结	合作意向	□建议长期合作　□可在紧急情况下合作　□不建议再合作			
	活动总结				
总分：			签名：		

节点 TIPS

展厅展点开放节点要注意以下四点。

第一，临展开放时间一般选取节假日、公众休息日为宜；

第二，临展开放活动若涉及烟花、鞭炮等喜庆物品燃放环节，必须遵守当地城市管理条例规范，提前报批，并保证到访客户安全；

第三，临展开放活动摆放空飘和拱门、客户停车的交通问题，需要向项目部公关与相关部门报批，确保活动顺利进行；

第四，活动需准备应急预案（如客户冲突、暴雨等），以防发生突发情况影响活动进行。

节点 27

项目形象入市

节点背景

个人的形象价值百万，产品的形象价值超过千万。

《你的形象价值百万》是世界形象设计师英格丽·张于 2005 年出版的一本书，书中从服装、礼仪、气质、交流与沟通等方面，讲解了什么是成功的形象，并指出职场形象的重要性。如果说个人职场形象价值百万，那么产品形象价值超过千万。产品形象直接向客户呈现了产品的定位、产品的价值，同时吸引客户的关注，引起购买的欲望，这非常重要。

展厅展点正式开放之后，以营销总体策略及推广策略为基础，明确了项目形象演绎方向，即可开始项目形象入市工作。项目形象入市，是前期品牌形象入市结束后的重点工作，也是品牌形象推广的延续，前期项目展厅展点未开放，没有固定的接待客户的场所，所以重点推广品牌形象，待到展厅展点开放之后，有了接待客户的阵地，正式进入项目形象推广阶段，重点输出项目形象，以项目价值点和卖点打动客户，为项目蓄客做好铺垫。

节点内容

项目形象入市的核心诉求为项目价值梳理、项目形象输出。

一、项目价值梳理

在项目形象入市前，需对项目价值进行梳理，明确项目的核心价值。关于项目价值梳理，各标杆房企有自己的方法论，其中有代表性的是以下几种方法。

1. 价值五分法

价值五分法，如图 27-1 所示。

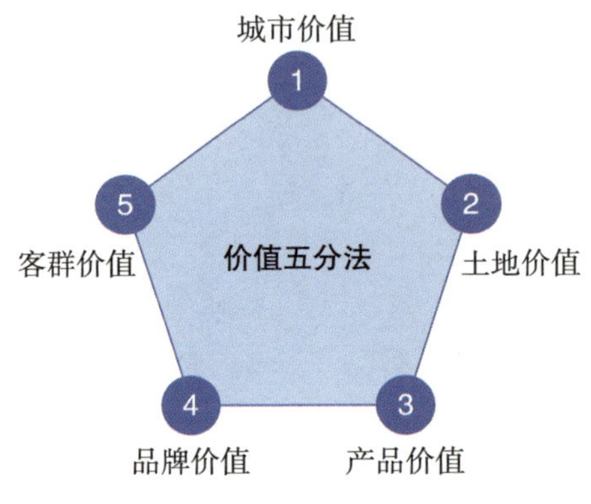

图 27-1　价值五分法

价值五分法是基于对项目所属城市、区域、地段、产品、客群、竞品环境等的研究分析，确立项目能撬动、突破市场的核心价值点。根据市场、产品自身情况、客户等研究分析，以及对项目销售目标等要素的全面考量，从城市价值、土地价值、品牌价值、产品价值和客群价值五个方面分析项目价值。

（1）城市价值

城市价值的内核是规划。第一级别的规划是国家级别的规划，如粤港澳大湾区、长三角区、珠三角区等。如果城市处于国家级别的规划中，就可以在项目价值输出中进行体现，突出城市价值。比如，项目位于珠海、中山、东莞等城市，就可以打大湾区的概念。第二级别的规划是基于城市级别定位的规划，如卫星城市、科教城市、中心城市等。第三级别的规划是市内规划，如市内新中心、核心商务区、政务区等。

（2）土地价值

土地价值的内核是资源和配套，如山、海、湖、河、森林等稀缺自然资源，城市中央公园、大型市政公建、医院、学校、交通等配套。

（3）品牌价值

品牌价值的内核是影响力。通过企业和项目品牌入市，展示企业的品牌定位和品牌理念，从而让客户和社会感知和体验到品牌的价值，从品牌上吸引客户。

（4）产品价值

产品价值的内核是产品品质和独特性。“精工铸造”“匠心出品”等就属于打产品品质，“科技住宅”“稀缺城中别墅”打的就是产品的独特性和稀缺性。

（5）人群价值

人群价值的内核是身份，高端项目打人群价值比较普遍，如“成功人士的选择”，就是典型的人群价值体现。

2. 内外价值区分法

项目价值还可以区分为内部价值和外部价值，内部价值是项目所固有的，如景观、户型、物业等，外部价值是周边的交通、市政、教育等配套。

【节点案例 1】项目价值梳理

表 1　项目内外价值梳理

分类	价值点	具体内容
外部价值（6）	交通配套	海岱龙脉，掌控繁华：城市南北主干道海岱南路、云门山路中间区位，双龙戏珠，龙脉交通。可南入临朐，北入城央，西出淄川，内外交通四通八达
	教育配套	高校福地，19 年全龄教育：西邻大学城三所高等学校，北距云门山中学回民学校 3 分钟车程
	商业配套	大学城片区新商业中心，距离古城商圈、泰华城商圈、大润发等商业配套只有 10 分钟路程。社区自配大型集中商业街。周边森林山庄、林语山庄、汇金国际酒店等休闲餐饮会议中心
	外部景观	三山景观，颐养圣地，3 分钟休闲圈：周边旅游资源丰富，包括云山风景区、翠峰风景区、大叠山景区等著名景点。距离广福寺 3 分钟车程
	行政办公	10 分钟政务直达：距离市政府 10 分钟车程。距离云门山街道办事处、弥河镇政府 3 分钟车程
	医疗金融	5 分钟生活圈：距离在建中的妇幼保健院、云门街道卫生院 3 分钟车程。小区周边有建设银行 ATM、农村商业银行 ATM

续表

分类	价值点	具体内容
内部价值（6）	项目规划	中式山居之王：20 万方中式建筑群，集洋房、别墅、酒店式公寓、大商业等复合业态于一体的高端社区，容积率 1.8
	公共配套	全龄生活配套，南城中心、商业王国：近 1800m² 城市会客厅，606m² 社区文化活动中心，自建幼儿园近 3000m²，养老用房 / 老人服务站超 400m²，自建王府井式商业步行街 10834m²、度假酒店 9480m²
	产品品质	王墅——叠拼：上下叠设计，一楼送花园，顶层送露台，户户挑空设计，尊贵入户空间感、仪式感； 天墅——洋房：大面宽、短进深设计，一楼带院 & 城市会客厅；全生命周期户型：大 H 户型、三室两厅设计
	产品配套	智慧云管家，科技低碳生活馆：健康：直饮水 & 新风系统安全：三重智能安防系统品质：国内一线品牌交付标准科技：指纹锁子母门
	园林景观	三进园礼，五重景观：新中式皇家园林，一横三纵主景观轴，每栋楼前独立景观，处处风景
	物业服务	国家一级物业服务礼遇：930m² 物业服务用房，首家金钥匙物业，“秩序、园林、清洁、工程、亲情”五大管家

3. 字义解析法

字义解析法是将项目的核心价值用几个字进行归纳，这几个字又分别代表不同的项目价值点，字义解析法的主要优点是便于客户记住和传播，如图 27–2 所示。

图 27–2　郑州融创城价值体系

二、项目形象推广

明确项目价值后，开始进行项目形象推广，主要工作有以下几项。

1. 项目价值包装

（1）户外广告

- 应用范围：户外大牌、公交站牌、灯箱、轿厢等；
- 价值输出点：项目形象、核心价值；
- 画面内容：项目案名、LOGO、主标、副标、英文、电话地址、二维码等。

图 27-3　项目形象—户外广告

（2）项目阵地包装

- 应用范围：工地围挡、道旗画面；
- 价值输出点：项目形象、核心价值；
- 画面内容：项目案名、LOGO、主标、电话等。

图 27-4　项目形象—工地围挡和道旗

（3）项目交通通达导视系统

如果条件允许，在项目区域 2 公里左右动线设置交通指示牌，用于指引客户顺利到达项目。

图 27-5　项目交通通达导视系统

在项目区域 1 公里范围设置项目导视桁架，或者使用移动 LED 导视。

图 27-6　项目导视桁架

2. 项目形象报刊、杂志投放

- 投放媒介：报纸、杂志；
- 投放说明：通过在报纸、杂志、网络及新媒体端投放硬广，进行项目核心价值引导，释放项目信息，与软文结合，让客户对前期输出形象初步认同。

图 27-7　某项目杂志硬广画面

3. 项目形象软文输出

- 投放媒介：地方门户媒体及项目官微、地方 KOL；
- 投放说明：结合项目重大节点事件，与硬广配合投放，持续炒作项目价值，保持媒体发声，并逐步扩大项目知名度。

节点时间

项目形象入市一般在展厅展点开放后就开始，在示范区开放前完成。

节点 TIPS

在市场竞争激烈的环境下，项目价值点全方位超过竞品是很困难的，而且不现实，找到和竞品有差异性的价值点相对容易很多。项目形象入市是向市场和客户展示项目形象、呈现项目价值、突出项目差异性的重要节点。在市场竞争越发激烈的情况下，找到独特价值并非易事，这需要营销操盘手和策划人员全方面了解项目、了解市场、了解竞品，同时还需要有产品和市场洞察力，两者相结合才能发现吸引客户的亮点以及真正有市场竞争力的价值点。

节点 28

渠道营销

节点背景

外部渠道，用，还是不用？这是个问题。

这个哈姆雷特式的问题近几年来困扰着地产营销负责人和项目管理层。用外部渠道的好处毋庸置疑，一是通过渠道增加到访，获得更多客户；二是外部渠道费用是基于结果埋单，成交后再付费，这样总体成本可控。这几年从成交占比来看，外部渠道占比越来越高。一二线城市，渠道成交占比高的在 70% 以上，低的在 30%—50%；三四线城市，渠道成交一般占比在 60% 以上，渠道成为项目成交占比最大的来源，因此不少地产人感叹，房地产行业“渠道为王”的时代正式到来。

但是过多使用外部渠道，弊端也很明显。一方面增加了营销费用，渠道费用在过去几年呈倍数增长，以环京项目为例，2017 年前渠道费区间为 5‰—8‰，2018 年上升到 1%—2%，2019 年平均值上升到 3%—5%，有些项目甚至超过 8%。一是如此高的渠道费，增加了营销的成本，降低了项目利润和投资回报。二是随着渠道费用的增加，压缩了营销推广费用，使得线上、线下的投放严重不足，市场发声不够，客户对项目的了解主要来自外部渠道，客户对品牌、项目的认知不足，甚至有错误认知。三是营销对外部渠道的严重依赖，使得推广、策划、创意在渠道面前变得很苍白，对营销团队尤其是策划团队的成长不利，营销专业得不到真正的提升。

渠道就像冬天的一件湿棉袄，穿上觉得湿，脱下又觉得冷。

节点内容

一、渠道和渠道营销概念

渠道的本义是指水渠、沟渠，是水流的通道。运用到商业领域，渠道的核心概念是路径和通道概念。渠道概念广泛，在不同行业、不同专业、不同情境，渠道的涵义都不尽相同。比如，日用品、快消品行业经常谈到的“销售渠道”，是指企业把产品向消费者转移过程中经过的路径，包括企业自己设立的销售机构，也包括代理商、经销商、零售店等；又如，融资渠道说的是获得资金的路径，如银行、金融机构；再如，推广渠道是指将产品推向客户的路径或者方法，线上推广、线下活动都是推广渠道，这都属于渠道的概念。

在营销专业领域，渠道主要是指分销这个概念，这个概念源于经典营销 4P 理论，如图 28–1 所示。

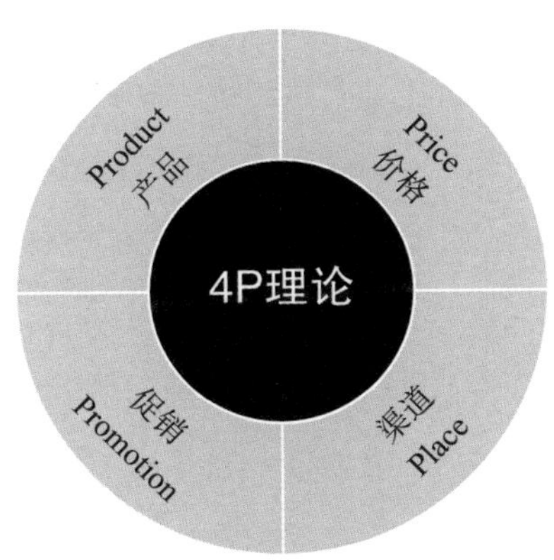

图 28–1 经典营销 4P 理论

经典营销 4P 理论中，渠道独立于产品、价格、促销，指的是企业并不直接面对消费者，而是通过分销渠道获得客户，进行销售，最终实现成交。

地产行业渠道营销的渠道概念和经典营销 4P 理论中渠道的概念基本一致，但略有差异性，如图 28–2 所示。

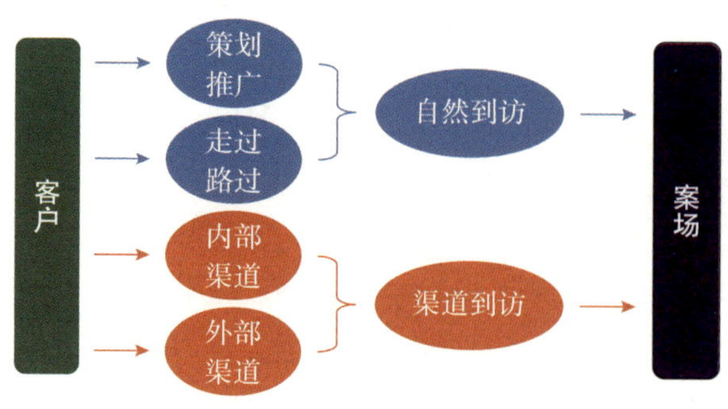

图 28-2　客户到达案场路径图

从上图可以看出，地产营销中渠道的概念是以客户为坐标系，研究客户到达案场的路径。客户到达案场无非有两种情况，一是自然到访，二是渠道到访。自然到访包括策划推广带来的开发商自有客户，以及走过路过的客户；渠道到访则包括内部渠道（主要指自建的拓客团队或渠道团队）和外部渠道（分销机构、大客户、经纪人、老业主等）。如果说经典营销 4P 理论中的渠道是指通过外部分销获得客户，那么地产的渠道营销角度则是研究客户如何到达案场，是自然到访，还是非自然到访，是主动到访，还是被动到访。业界把非自然到访、被动到访统称为渠道到访，将这种主动获取客户的销售方式叫作渠道营销。由于渠道营销涉及的内容比较广泛，本节点重点讲解渠道模式和架构，关于拓客部分后在面的节点再展开。

二、渠道模式和架构

主动获取客户有两种方式，一是项目内部渠道（自建拓客团队），如派单、电CALL、圈层、巡展、大客户拓展等；二是依靠外部渠道，通过他们的资源或者团队拓展获得客户。是利用内部渠道，还是外部渠道，或者内外部渠道相结合，由此延伸出不同的渠道营销模式，具体分为以下四种模式。

1. 拓销一体模式

拓销一体模式是指案场销售同时可以到外场做拓客，内外场打通。拓销一体模式适合自销模式，典型代表是碧桂园。碧桂园项目营销架构中一般没有渠道团队，统称为销售团队或者销售板块。同时为了鼓励外场更多到访、内场更好转换，项目上也会采用激励措施，如外场拓客做得好的可以回到案场做接待销售，持牌上岗，案场转化成绩不好的再回到外场。拓销合一模式有以下两大优点。

（1）销售团队全方位成长

案场销售的核心技能是产品销讲和客户逼定能力，而外场拓客的核心能力是资源整合和抗压能力。通过内外场锻炼，更好培养人才，储备干部，建设梯队。同时做过内场和外场的销售，综合能力更高，更适合培养成为销售经理。拓销一体模式促进了销售团队的全方面发展。

（2）更好挖掘资源，实现圈层

为了鼓励外拓，拓销一体模式会提高外拓佣金，是一般场内接待的 2—3 倍。这种高额的激励机制大大提高了置业顾问外拓的积极性，置业顾问也愿意挖掘自己的资源，并积极组织圈层活动，实现更好的成交。

2. 拓销分离模式

拓销分离模式，是指外场拓客团队和内场销售团队分开，典型企业是融创。融创项目架构中有渠道团队，专职负责外拓，项目营销下面有销售、策划、渠道、销管四个模块，如图 28–3 所示。

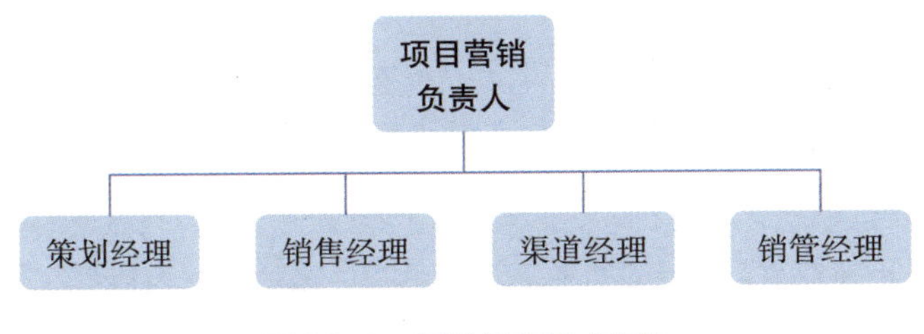

图 28–3 拓销分离模式架构

其中，渠道架构如图 28–4 所示。

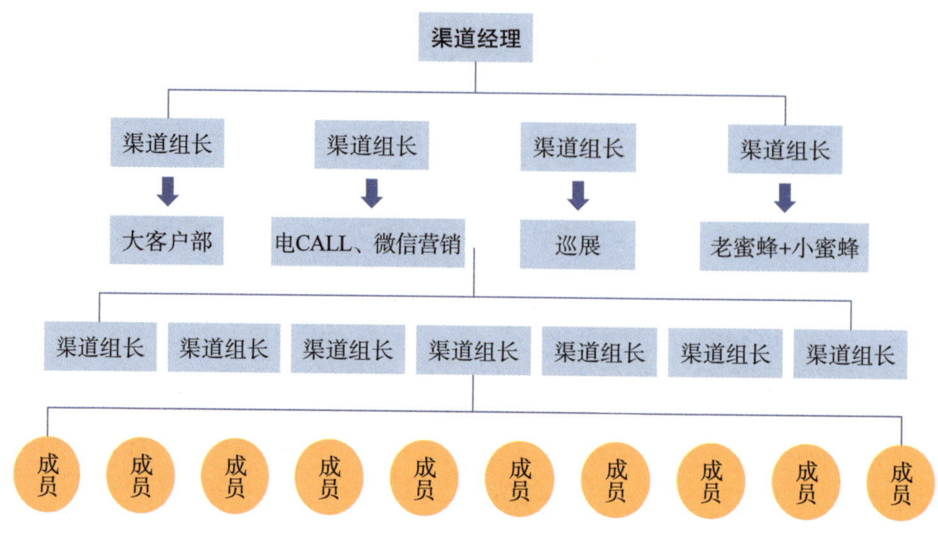

图 28-4　渠道架构

3. 外部渠道带客模式

外部渠道带客模式是指项目没有内部拓客团队，而是依靠外部渠道带客。首开项目，外部渠道以中介分销公司为主。进入持续销售期，外部渠道采用中介分销公司和老带新相结合。外部渠道带客模式很常见，没有自有拓客团队的房企通常会采用这种模式。

外部渠道带客模式的主要优点有两个：一是专业的外部渠道公司有很丰富的客户资源，可以迅速获得客户；二是在一二线城市，区域大、范围广，采用自拓，效率不高。当然，全部依靠外部渠道缺点也很明显，这点在前文已有论述。

4. 内外渠道相结合模式

内外渠道相结合模式指的是内部渠道和外部渠道相结合的模式，这种模式和拓销分离模式的主要差异之处是拓销分离的“拓”主要是自拓，指的是内部渠道，不包括外部渠道；而内外渠道相结合模式，说的是既有内部渠道（自拓），也有外部渠道（分销），如图 28-5 所示。

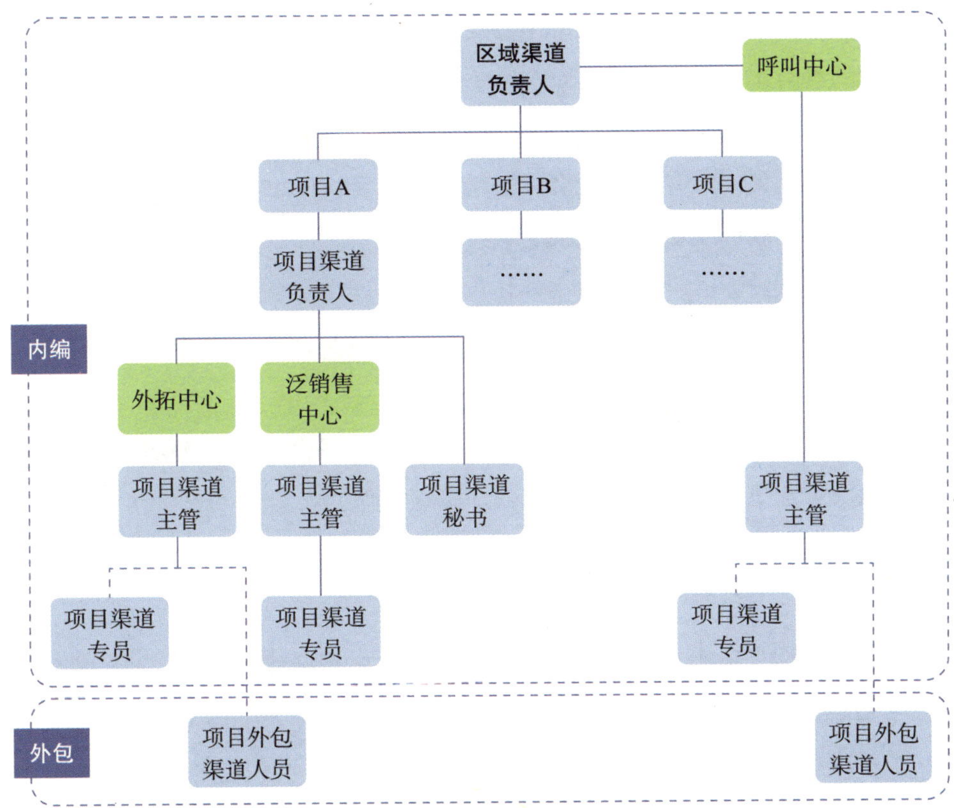

图 28-5 内外渠道相结合模式

从图 28-5 我们可以看出，内编框内的是内部编制，属于公司员工，而外包框内的属于外部人员，是典型的内外渠道相结合模式。

三、渠道模式的选择

不同房企，渠道模式不尽相同，采用哪种模式需要根据城市、产品类型、项目位置、营销不同的阶段等综合因素进行考虑。

若项目首进一二线城市，考虑客源分布广泛，为了尽快获得有意向客户，可以采用模式 3 或模式 4，动用外部渠道公司的力量，尽快完成蓄客。

若项目首进三四五线城市，则分以下几种情况。

- 如果项目在远郊，渠道公司从带客成本考虑不愿意和项目进行合作，这种情况下，渠道模式适用模式 1 或者模式 2；

- 如果项目在市区、城区，当地有资源丰富的中介分销公司，则可以采用模式 3，依靠外部渠道带客；
- 如果整个城区都不大，通过自有拓客团队就可以在短时间内实现全覆盖推广和拓客，则可以采用模式 1 或者模式 2。

当项目进入持续销售期，如果货量比较大，可以考虑模式 3 或模式 4，通过外部渠道或者内外渠道结合来提升客户到访；如果货量比较少，可以考虑模式 1 或模式 2，依靠自有渠道进行外拓。

高端产品如果要保持项目调性，建议以自拓为主，采用模式 1 或模式 2；改善产品和刚需产品如果想快速走量，则以模式 3 或模式 4 为主。

四、中介分销商的评选标准

外部渠道主要的客户来源是中介分销商，关于分销商的评选主要有以下维度，项目在进行分销商考核时可以参考。

- 品牌及规模；
- 同类项目销售业绩；
- 合作态度；
- 是否有线上平台；
- 专项人员配置；
- 同类合作项目；
- 本地客源；
- 异地客源；
- 就近门店数量；
- 二级渠道整合能力；
- 二级前拥垫付能力；
- 是否配内勤。

五、渠道客户识别

客户是来自渠道，还是自然到访，需要一个清晰的界定，这不仅涉及佣金归属的问题，更涉及对营销推广和渠道带客真实效果判断的问题。通常，渠道客户识别有以下环节。

1. 渠道客户报备

渠道客户到访首先要报备，可以在渠道微信群报备，或者在客户系统中报备。客户到访之前 1 小时需报备，这个规定主要是防止外部渠道拦截自然到访客户。

报备客户需设定报备保护期，报备保护期是指在保护期内客户无论通过何种渠道到访，原则上该客户最终归属于报备的渠道人员。通常保护期设定为 1—2 个月，在这 1—2 个月内成交的，都属于渠道客户，超过 1—2 个月的由渠道客户转为开发商自有客户，保护期是对渠道和开发商双方的保护。

2. 前台问访机制

客户到访后填写《来访客户登记表》，体现客户姓名、联系方式、来访时间、渠道人员。前台对客户进行来访通路询问，引导对应的置业顾问接待。

3. 客户确认

客户接待前或者接待完毕后，置业顾问及项目案场负责人需在《客户转访确认单》上签字确认，并在客户系统中查询该客户的录入情况。若该客户在客户系统中未录入，或者该客户在客户系统中已过来访保护期，则签字确认，反之不进行确认，最后由案场经理或营销经理签字确认。

4. 特殊情况下的客户归属判定原则

一旦客户归属出现争议，由案场经理进行初判，若对案场经理的初判依然有争议，则由项目营销负责人进行最终判别。

节点时间

渠道营销通常在项目形象入市后开展，一直持续到项目清盘。

节点 TIPS

采用何种渠道模式，不仅和城市、项目规模、产品有关，同时也受到整体市场环境的影响。在市场下行环境下，从抗风险角度，笔者建议房企建立自己的渠道团队。对外部渠道公司来讲，人力成本是公司最大的成本。市场下行环境中，中介渠道公司很容易出现裁员、减编情况，这将对项目销售带来直接的影响。所以，培养自己的拓客团队，建立一套行之有效的渠道拓客，多鼓励编外经纪人带客，多发动老带新，这些做法不仅能够抵御风险，更是在市场下行环境下实现业绩目标的保证。

节点 29

拓客地图

节点背景

凡兵主者，必先审知地图。

——《管子·地图第二十七》

上文来自《管子·地图第二十七》，原文为“凡兵主者，必先审知地图。轘辕之险，滥车之水，名山、通谷、经川、陵陆、丘阜之所在，苴草、林木、蒲苇之所茂道，道里之远近，城郭之大小，名邑、废邑、困殖之地，必尽知之……”这说的是行军打仗地图的重要性，翻译成白话文的意思是“凡军中主帅，必先详知地图。盘旋的险路，覆车的大水，名山、大谷、大川、高原、丘陵之所在，枯草、林木、蒲苇茂密的地方，道里的远近，城郭的大小，名城、废邑、贫瘠之地及可耕之田等，都必须完全了解”。

客户地图主要是以项目为单位对潜在目标客户进行分析，旨在于地图上具象、直观地描绘潜在客户的生活、工作、娱乐等区域或位置，并为拓客提供方向与目标。客户地图作为目前房企销售人员拓客必备的“作战”地图，将指引销售人员去哪里、向哪些具有购买力的目标人群推荐房子。“通谷、经川、陵陆、丘阜”，放在拓客就是“社区、学校、商超、工厂、酒店、医院、园区”，就是在知己（项目本体）、知彼（客户、竞争对手）的基础上，编制一份精准的客户作战地图，将目标客户以块状和点状地图的形式直观地表现出来，使项目在合理范围内采用最合理的手段，从而更加精准地打击目标。

节点内容

一、拓客地图的作用

拓客地图有以下几个作用。

- 让拓客人员按图索骥，根据地图在潜在客户聚集区域找到目标客户，精准的客户地图让拓客人员有的放矢，而不是乱箭齐发；
- 发现新的目标市场的工具：客户地图服务于拓客管理人员，用于发现机会战场；
- 资源平衡的工具：通过绘制地图，决定渠道资源分配的方向、频度、力度、方式，是远交近攻、风雨无阻还是间断为之，是定点打击、挖地三尺还是地毯式出击；
- 作为考核任务的依据：根据客户的产出数、产出质量对客户地图进行热力度分析，对区域进行分级，下达不同的考核指标；
- 作为制定营销策略的依据，确定推广的核心诉求点，制定针对性的竞争策略。

二、拓客地图的基本类型

拓客地图分成两类，一是客户地图，二是拓展地图。客户地图是目标客户的分布，类似作战中的敌军分布，拓展地图则是围绕客户开展的拓客线路或者途径，类似作战中的行军和作战线路。从概念上看这两者是有差异的，但在实际运用过程中，并没有严格区分客户地图和拓展地图，习惯性把两者混在一起。

1. 客户地图

客户地图是对目标客户分布进行描绘，按照使用的目的不同，可以分为点状客户地图和面状客户地图。

（1）点状客户地图

主要用于项目渠道外拓工作人员，用以指导其找到目标客户的具体位置，如图29-1所示。

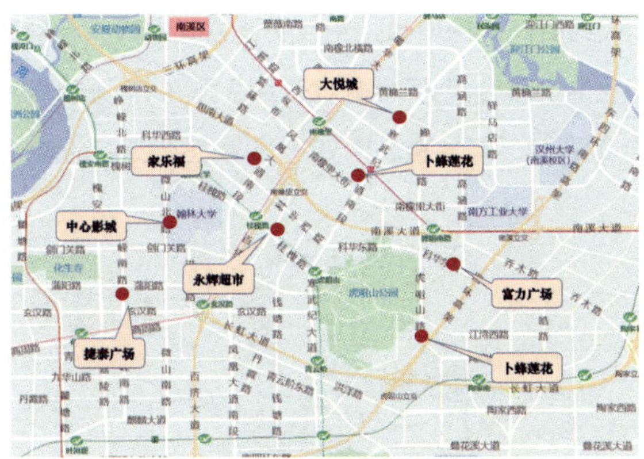

图 29-1　点状客户地图之生活商圈点位

（2）面状客户地图

面状地图根据各点位在地图上的分布绘制而成，对居住区、工作区和娱乐区可绘制不同的客户地图。如图 29-2 所示就是以小区为单位绘制的客户地图，其中强表示主力客群，中强表示一般客群，弱表示零星和边缘客群。

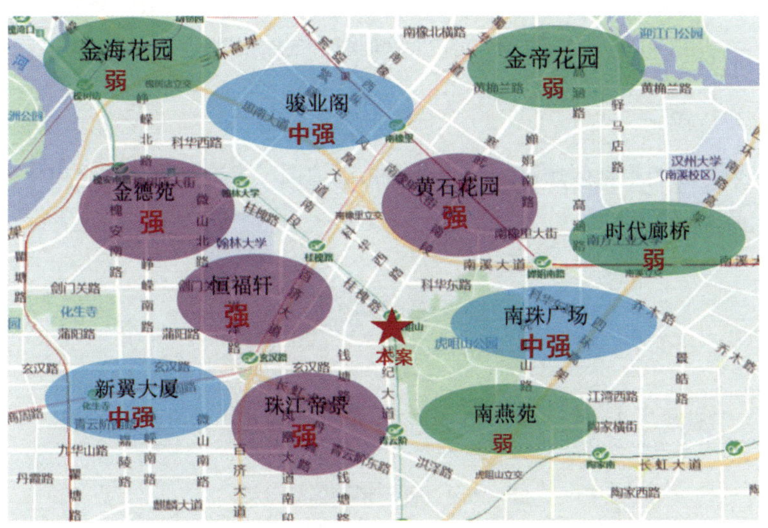

图 29-2　面状客户地图（居住区）

面状客户地图还可以通过交通分析来进行绘制，交通分析包括地铁路线、公交路线及自驾路线。从地理上来讲，目标客户与项目门口的几条路一般都存在着交通关系，即能在可接受的时间范围内通过三大交通方式中的一种到达项目。比如，该城市客户普遍能接受的上班时间为 20 分钟，那么能在 20 分钟内到达项目的地铁沿线、公交沿线和自驾沿线的写字楼、专业市场等也是我们的客户面状地图，如图 29-3 所示。

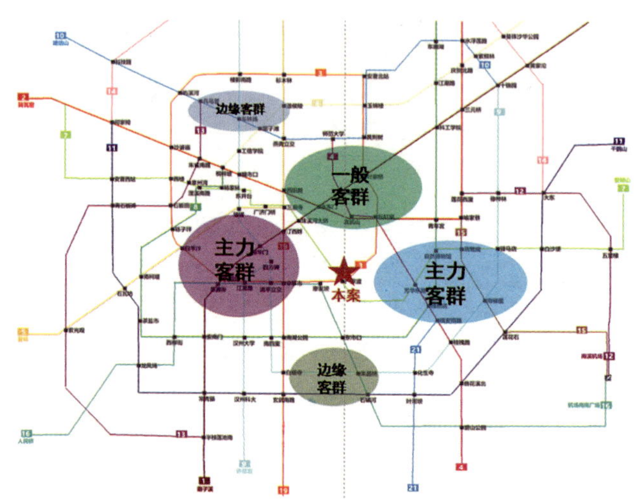

图 29-3　客户面状地图（交通动线版）

2. 拓展地图

客户拓展地图根据区域可划分为全国拓展地图、省内拓展地图、市内拓展地图及区域拓展地图。

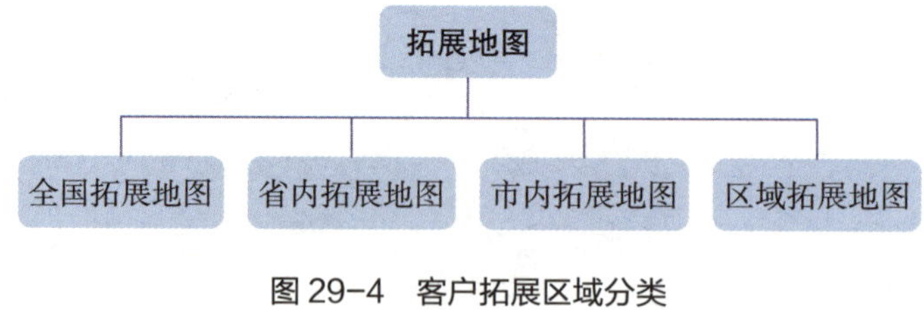

图 29-4　客户拓展区域分类

下面以蓬莱某度假项目为例，详细说明这四类地图。

（1）全国拓展地图

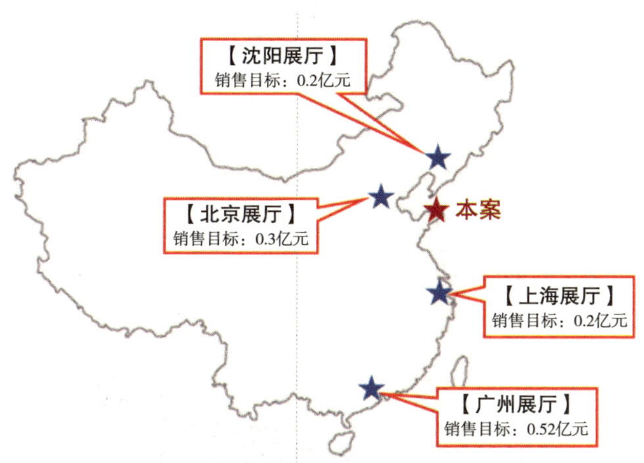

图 29-5　拓展地图—展厅分布

如图 29-5 所示，全国拓展地图主要以展厅为据点，给展厅以销售任务。类似全国作战中的军区或者战区的分布，作战虽然是全国一盘棋，但是每个战区分配歼敌的任务不同。同样，对于度假产品，全国拓客主要依靠各个展厅进行。全国拓展地图绘制的关键点有三个，一是展厅选择，二是展厅销售目标设定，三是展厅辐射范围。

首先是展厅选择。在这个案例中，选择了北京、上海、广州、沈阳四个展厅，并设定了相应目标。之所以没有在其他城市设展厅或者设立目标的主要原因有三个：一是城市经济实力；二是距离；三是竞品。新疆、青海、西藏没有设展厅，是由于这几个地方购买力有限，目标客群少。在西南如成都、重庆和云贵没有设点，不是因为经济实力，而是因为距离远和有类似的竞品，购买海边度假产品的高端客户会选择海南，海南限购后多会选择北海。广西北海项目和蓬莱价格差不多，在相同价格条件下，客户购房一般不会舍近求远。

其次是展厅销售目标设定。展厅销售目标设定取决于预估的展厅成交情况，在蓬莱度假这个项目上，北京目标设立最高是由于北京离得最近，同时经济实力很强。广州超出上海，排在第二，不是因为其经济实力，而是这边该开发商项目多，有广泛的客户基础。

最后是展厅辐射范围。展厅分布，还涉及展厅辐射范围。度假项目，在沈阳设立展厅是辐射黑吉辽三省，在北京设立展厅是辐射京津冀三地，在上海设立展厅是辐射长三角，在广州或者深圳设立展厅是辐射珠三角。

关于全国度假项目展厅的分布和设置，必须考虑项目大小，规模，以及开发商自己的发展规模。毕竟设置展厅需要很大的成本，如果预算不足以支撑展厅费用，则要压缩规模。如果是超级度假大盘，则要全方位铺排展厅，如海花岛项目，就在岛外设立了 20 多个重要的城市展厅。

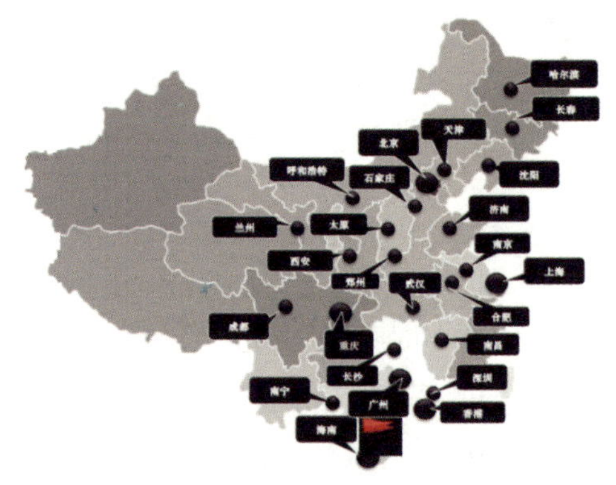

图 29-6　海花岛项目展厅分布

（2）省内拓展地图

图 29-7　省内客户拓展地图

省内拓展地图绘制主要包括一二三级市场的界定，一般以颜色标定，如图 29–7 所示，红色五角星是一级市场，黄色五角星是二级市场，蓝色五角星是三级市场。划分一二三级市场的意义类似军事作战地图中的进攻重点、战略要地、防守中心等，通过标识来区分这个地域对战争的重要性。同样，在省内拓展地图上通过一二三级市场划分来区分拓展城市的重要性。一二三级市场通常是按照预估的目标客户最终成交比例来划分的，目前没有明确的界定，一般一级市场成交占比为 70% 以上，二级市场成交占比为 20% 左右，三级市场为 10% 以内。如图 29–7 所示，一级市场在蓬莱市内，说明虽然是度假项目，但是主力成交客户仍然在市内；二级市场在烟台，是因为烟台离蓬莱最近，蓬莱属地级市烟台管辖，威海虽然离得近，但连三级市场都不是，主要原因是威海海资源丰富，不乏有竞品。我们还可以留意到，泰安离蓬莱距离比较远，无论是从城市经济还是距离，都不属于三级市场，之所以将其纳入，是考虑泰安这里有一个网红点泰山，通过泰山可以设立二级或者三级展点导流到蓬莱售楼部。

关于省内拓展地图，有以下几点总结。

- 绘制省内拓展地图主要是以一二三级市场对城市进行划分；
- 一二三级市场的划分根据预估目标客户成交情况；
- 城市一二三级市场的界定考虑距离、GDP、是否有竞品三个要素。

（3）市内拓展地图

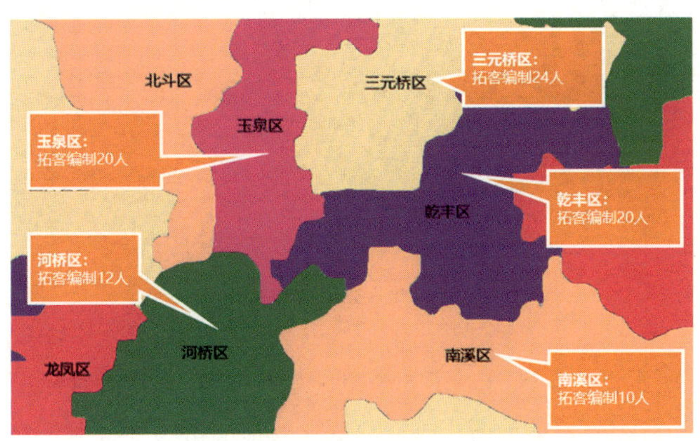

图 29–8　市内客户拓展地图

市内拓展地图主要是分片区，如图 29-8 所示，分成了三元桥区、乾丰区、南溪区、玉泉区、河桥区，市内拓展的主要关键点是如何划分区域，以及拓客小组的人员编制，也就是作战中的兵力部署。不是说区域越大，拓客小组配置的人数就越多。如图 29-8 中，南溪区面积最大，但是只配置了 10 人，三元桥面积小，但是配置了 24 人，是南溪区的 1 倍多。拓展人数主要是由以下两点决定。

- 预估成交客户的人数：根据预估成交客户数量来决定拓客人员规模，如蓬莱项目，主力客户还是在主城区，所以配置的人最多；
- 拓客难度：拓客难度越大，需要配置的人越多，南溪区虽然地域广，但是拓客难度并不大，在交通要道、超市、集市进行户外推广，线下活动则可以组织免费看电影、免费进场等活动，组织难度和拓客难度都不大。

（4）区域拓展地图

区域拓展地图是更为细致的拓客地图，是围绕每个拓客小组的具体拓客线路组织，包括任务目标、目标客群，如图 29-9 所示。

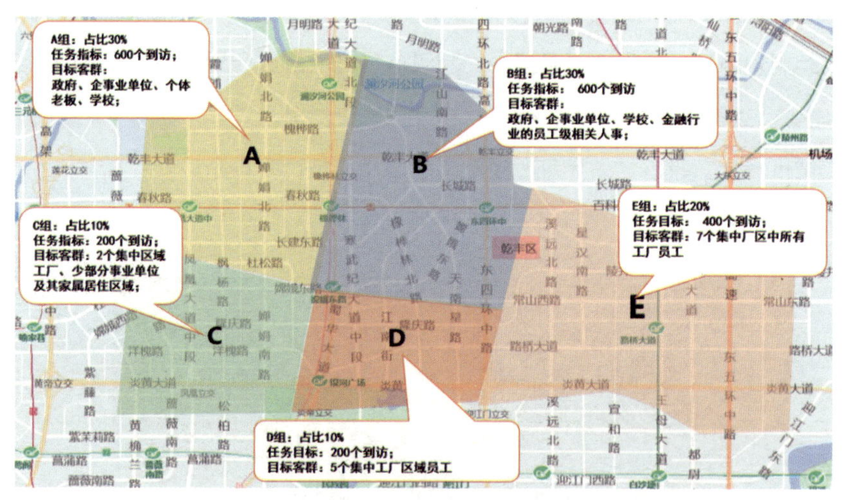

图 29-9　区域拓展地图

如图 29-9 所示，乾丰区分成了 5 个组，总共 2000 个到访目标，对每个组进行了任务的分解和目标客群的拟定，通过区域拓客地图更清楚每个组乃至每个组员拓客的具体分工和目标客户，从而提高了拓客效率。

三、客户地图绘制技巧

1. 注意不同地图绘制的关键点

- 全国拓展地图的关键是展厅城市的选址以及目标设定；
- 省内拓展地图绘制的关键是一二三级市场划分以及目标设定；
- 市内拓展地图绘制的关键是市内区域划分以及拓客小组的兵力部署；
- 区域拓展绘制的关键是基于目标客户的区域划分和目标分解。

2. 根据项目不同的销售周期，选择不同的客户地图数据来源

根据项目销售周期的不同，客户地图数据的来源存在一定差异，所以客户地图数据需要根据项目销售周期选择不同的数据来源，具体如表 29–1。

表 29–1　不同销售周期客户地图数据来源

营销阶段	客户研判	调研客群
前期定位 / 项目首开	竞品客户属性、意向客户描摹	实地考察、客户访谈
首次蓄客前期	首开前期蓄客修正	来访意向客户属性分析
项目首开	首开客户分析修正	首次成交客户属性分析
持续销售期	成交客户属性分析	已成交客户属性分析

3. 绘制客户地图前，根据项目特性寻找匹配度高的客户人群

此过程的核心关键在于最大化地发现项目价值点，根据项目价值点寻找相应的客户群体，据此进行客户人群与项目价值对标，得出项目客户人群。如果项目已经开售且有一定客户积累，可以根据积累客户进行客户定位。客户定位原则是客户细分越详细，其客户精准度越高。从一个精准的客户定位，我们几乎可以看到，每一个客户长什么样，拎什么样的包，开什么车。目标客户不精准，无异于盲人摸象，自然会造成大量人力、物力、财力的浪费。

4. 根据人群特性，如年龄、职业、收入、居住社区、办公地点、生活配套等进行多维度综合交叉分析

渠道客户地图的数量是由目标人群的细分类别所决定的。通过这种分类方式描绘客户地图将确保客户有重不漏，即进行立体化打击，让同一批客户不时地接触到

项目信息，形成印象，并且不会放过潜在的有意向客户的区域。

5. 需要将目标客户群体落实到物理空间上

在一个产品线多样化，或者面积段、总价段差异较大的项目中，还需要对不同产品、不同面积段户型做客户细化，根据不同产品的客户定位，绘制不同的作战客户地图，以免造成客储结构的不均衡。绘制客户地图是一个过程，而不是结果，在执行过程中随时问自己以下三个问题，对客户地图进行动态调整。

- 对不对：目前的客户区域、营销推广方式、渠道手段对不对？
- 够不够：目前的客户基数是否能满足开盘的需要？如果不够，需要增加哪些渠道通路，覆盖区域是否还需要扩大？
- 好不好：我们的项目和竞品相比够不够好？如果不好，怎样化解？如何同时将自身的优势放大？

四、客户地图绘制的三个阶段

按照营销的时间节点顺序，客户地图绘制过程分为三个阶段。

1. 开盘进场前客户地图预判

表 29–2　客户地图预判

分析步骤	目的	分析路径	结论
1. 分析本体	在项目定位、客户定位确定的基础上，凭本体分析与经验相结合，设想客户在哪里	1. 核心价值体系梳理； 2. 项目辐射客户范围锁定	锁定客户范围
2. 了解客户	从客户需求出发，结合客户购买实力与项目的匹配度，分析客户特点，寻找突破方向	1. 社区客资购买力研判； 2. 项目有效客户范围锁定	确定客户的层次，指导营销手段
3. 研判竞争	研判竞品竞争强度，与对客户的分流强度，确定目标客群，寻找应对策略	1. 竞争关系研判； 2. 竞争强度研判； 3. 核心竞品研判； 4. 项目最终目标客户锁定	确定客户属性，制定竞争策略

2. 蓄水期客户地图修订

- 客户地图的验证和修订：通过来访意向客户情况对前期的客户地图进行验证和

修订，包括居住区域、置业目的、家庭结构、年龄水平等。

【节点案例 1】某项目蓄水期客户地图修订

北京南六环某高端改善项目在前期客户研判中，初步判断客户为主要分布在南三环、南四环之间，需要改善住房环境的客户。南三环、南四环之间多为老旧住宅，居住环境和品质较差，从分析来看，客户存在迫切的改善需求，而且将老旧房屋置换，从资金角度也可以支撑该项目的价格，所以前期拓客主要集中在该区域。后续开始认筹后对客户进行分析，发现该区域客户并不多，反而是项目周边地缘性客户以及南五环、南六环之间的客户居多。经过客户访谈及分析，发现南三环、南四环客户对目前所处片区较有感情，改善多以本区域二手房为主，置换到南六环的意愿并不高。有此判断后，项目营销部迅速调整拓客地图，取消南三环、南四环的巡展点位和小蜜蜂派单，转移到南五环、南六环之间的大兴新城，并加强项目阵地包装和导视系统。由于及时调整了拓客地图和拓客策略，蓄客量逐步增加，后期实现了开盘热销。

- 营销手段的调整：根据客户的来访渠道验证和补充接触客户的路径，包括线上推广手段、线下渠道、动线包装、活动、销售现场包装等；
- 竞争策略的再确认：通过客户描摹反馈，强化自身卖点，化解抗性，强化竞争优势，包括客户调查问卷、说辞卖点提炼、现场物料道具的补充等。

3. 开盘后客户地图完善

- 成交客户地图形成：根据成交客户情况，形成成交客户地图，包括居住区域、工作区域、置业目的、家庭结构、年龄水平、收入水平等；
- 根据货源结构，结合前期客户地图，调整后期营销策略重点。

节点时间

拓客地图节点一般在展厅展点开放后开始，在正式拓客之前完成。

节点 TIPS

拓客要高效，除了要有精细化的拓客地图，还有一个前提条件是前期推广要充分，宣传效果要好，尤其是面向意向客户的投放要精准、充分覆盖。地产营销如作战，如果说推广为炮弹，那么拓客则是地面部队。炮弹轰炸到位，地面部队出击才有效果，才能避免大量伤亡。无论是派单、电 CALL、扫街、陌拜，还是组织圈层活动，如果没有前期的户外、报纸、广播、电视、网络、新媒体，没有造势活动，没有线上线下活动的联动，拓客效果一定会打折扣。好的拓客效果，是建立在市场对项目有一定认知、有一定意向客户基础之上的。

节点 30

高效拓客

节点背景

销售所有思考和行动应围绕客户是谁、在哪、找出来、成交。

这句话为融创集团创始人孙宏斌在其微博所说。融创在业界以重销售闻名，对渠道拓客尤为重视。从上至下，融创营销强调以客户为中心。“客户是谁、在哪、找出来、成交”这 11 个字可以说是对地产营销过程的高度总结。“客户是谁”属于客户定位，“在哪”是指客户地图，“成交”是指案场销售，“找出来”则是本节点要讲解的拓客。

拓客作为一种获得客户的方式，并非一开始就有，而是伴随着国内房地产发展出现的。10 多年前，地产销售还比较传统，以坐销为主。坐销就是传统的售楼处销售，置业顾问在售楼部等待自然到访的客户并进行销售。坐销的销售模式可以用成语“守株待兔”来形容。“株”是售楼部，“兔”是客户，坐销是以售楼部为据点，等客户到访，不主动出击去案场外寻找客户。随着房地产市场的高速发展，市场竞争加剧、竞品增加，“株”多了，“兔子”提前被拦截的概率增大，自然到访的客户越来越少，坐销的效果越来越差，因此就出现了行销。行销就是走出去的销售模式，是与坐销相反的销售模式。行销最主要的形式就是拓客，通过拓客增加客源，获得市场的主动权。所以说拓客是房地产市场发展到一定阶段的产物，是营销适应市场变化而发展的一种获客手段。

节点内容

一、拓客的概念与架构

1. 拓客概念

拓客是拓展客户的简称，属于行销，即主动出击的一种销售模式，关于行销、坐销、拓客三者之间的关系见图 30–1。

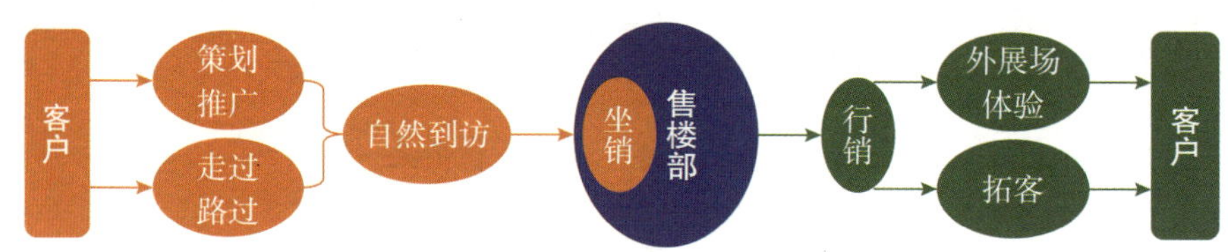

图 30–1 坐销与行销

2. 拓客架构

拓客团队的架构比较简单，通常是一个拓客经理下面带几个拓客小组。如果是大盘项目，拓客负责人一般是拓客总监。

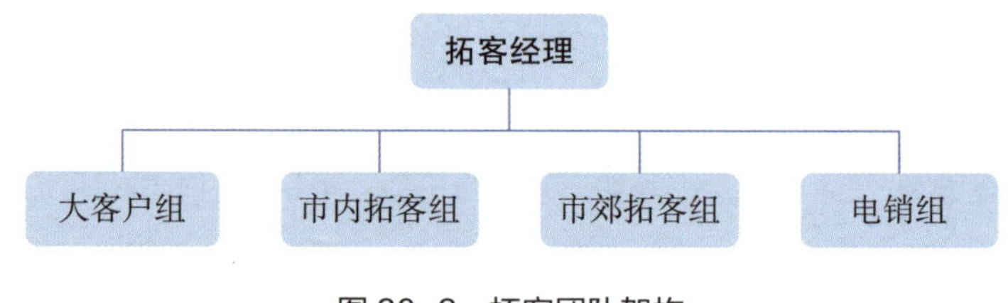

图 30–2 拓客团队架构

图 30–2 的拓客架构是按照功能划分的，分成大客户组、市内拓客组、市郊拓客组和电销组，也有的直接按照各小组名划分，如拓客一组、拓客二组等。

二、拓客策略

高效拓客包括拓客地图、拓客策略、拓客方式、拓客工具和拓客管控五大内容，拓客地图已经在上一节点专门讲述，本节点聚焦后面四个部分的内容。

拓客策略就是基于拓客目标，针对目标客户制定的拓客方法。在实际拓客过程中，容易将拓客策略和拓客方式混在一起，造成这种错误认知的主要原因是没有区分“策略”和“方式”这两个词的内涵。“方式”是执行层面，指的是具体实施；“策略”是方法层面，指的是做事的方法论。以拓客为例，拓客方式指的是派单、圈层、巡展等具体拓客动作；拓客策略则是指针对不同产品、不同目标客户采用哪种方式。拓客策略的制定主要考虑以下三个因素。

- 拓客目标：基于拓客目标，如到访人数、认筹数采取不同的拓客策略；
- 产品类型：不同的产品类型，其拓客策略不同；
- 目标客户：目标客户的收入、所在行业、家庭结构不同，其拓客方式也有差异性。

下面以刚需型客户、改善型客户、高端客户为例，说明不同类型客户拓客策略的差异性。

1. 刚需型客户拓客策略

刚需型客户是指有刚性需求的购房群体，如首次置业人群、婚房人群和学区房购买人群。客户偏年轻化，20—35 岁是主力。刚需客户的拓客策略有以下几个关键点。

（1）广泛拓客为主

刚需型客户有刚性需求，所以就要动用一切资源想办法让客户知道，广泛拓客方式正好可以匹配刚需型客户。广泛拓客就是广撒网、全覆盖的拓客方式。在商超、社区、工厂、集市、公园、学校门口等人流量大的地方派单、设立展点进行拓客，有的配上电 CALL 团队进行电话销售。广泛拓客适用于三四线城市，因为城市规模不大，地域不广，广撒网、全覆盖成为可能。广泛拓客的优点是覆盖广、蓄客快；短板是调性不高，拉横幅、派单的方式很难体现产品调性，所以广泛拓客适用于刚需型客户，不适用于改善及高端项目。

（2）多铺设 3—4 级展点

展点是刚需型客户的重要拓客阵地，3—4 级展点费用不高，灵活机动，非常适合刚需型客户的拓客。

（3）充分调动小蜜蜂

刚需型客户采用广泛拓客，覆盖面广，往往会出现人数不够的情况，所以拓客可以发展小蜜蜂，通过小蜜蜂派单实现大面积的覆盖。

（4）拓客分工以区域进行划分

拓客分工有几种形式，有的以区域划分，不同的小组或者成员拓不同区域；有的以行业划分，如银行、企业、市政、学校、医院等。刚需型客户的拓客分工以区域划分比较科学，采用区域划分更容易实现全覆盖。

2. 改善型客户拓客策略

改善型客户是指有居住升级改善需求的购房群体，主流客户群体是三口之家、四口之家以及三代同堂，对居住有更多要求的客户，客户年龄以中年为主，30—45 岁是主力。

（1）客户描摹

改善型客户对扫街派单的形式从心理层面有所抗拒，所以不适合用广泛拓客模式，而应采取精准拓客方式。精准拓客首先要进行客户描摹，对可能成交的客户进行特征描绘。如果是首开项目，客户描摹可以通过竞品成交情况推导；如果是持续销售项目，则可以通过首开成交情况进行分析。客户描摹主要是得到客户特征，如认知渠道、年龄分布、置业目的、家庭结构，关注点、客户抗性点等，如图 30–3 客户描摹系列组图所示。

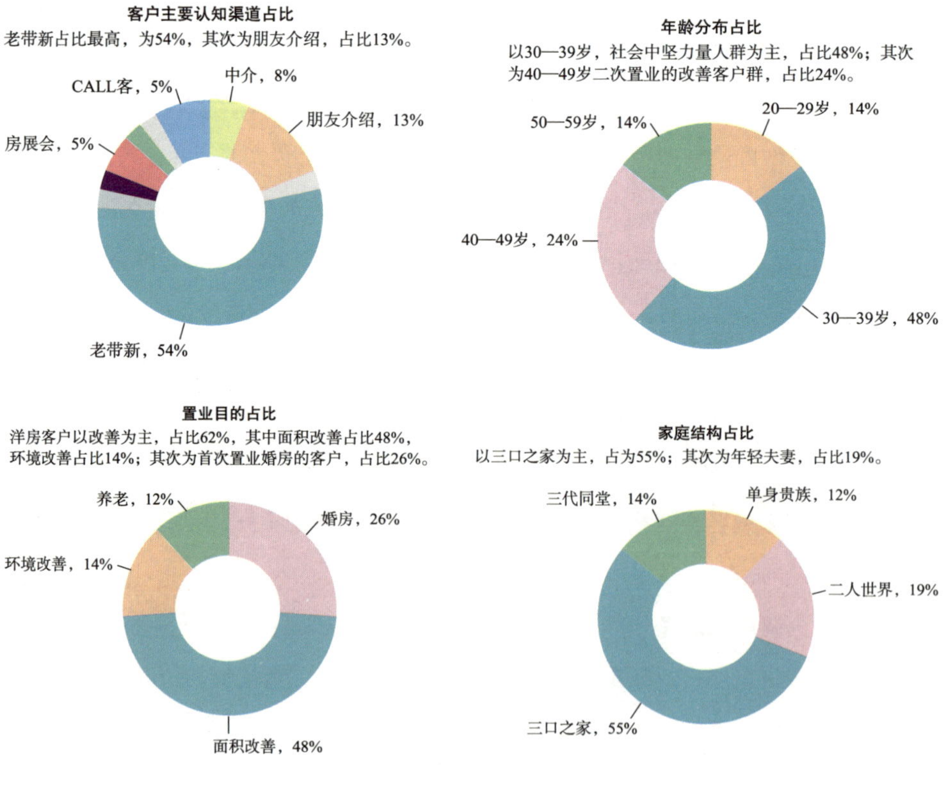

客户主要认知渠道占比
老带新占比最高，为54%，其次为朋友介绍，占比13%。
中介，8%
CALL客，5%
朋友介绍，13%
房展会，5%
老带新，54%
年龄分布占比
以30—39岁，社会中坚力量人群为主，占比48%；其次为40—49岁二次置业的改善客户群，占比24%。
20—29岁，14%
50—59岁，14%
40—49岁，24%
30—39岁，48%
置业目的占比
洋房客户以改善为主，占比62%，其中面积改善占比48%，环境改善占比14%；其次为首次置业婚房的客户，占比26%。
养老，12%
婚房，26%
环境改善，14%
面积改善，48%
家庭结构占比
以三口之家为主，占为55%；其次为年轻夫妻，占比19%。
三代同堂，14%
单身贵族，12%
二人世界，19%
三口之家，55%

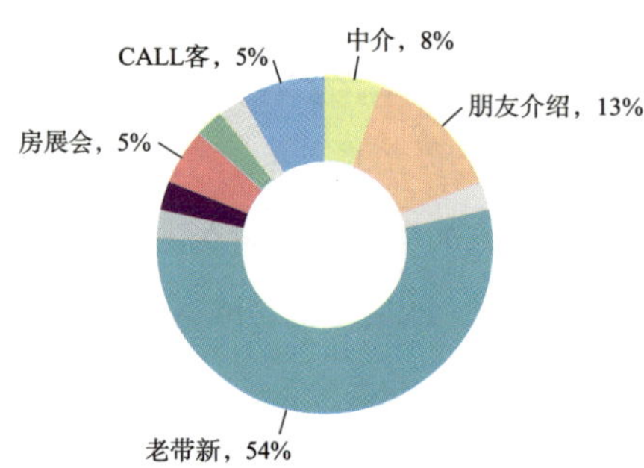

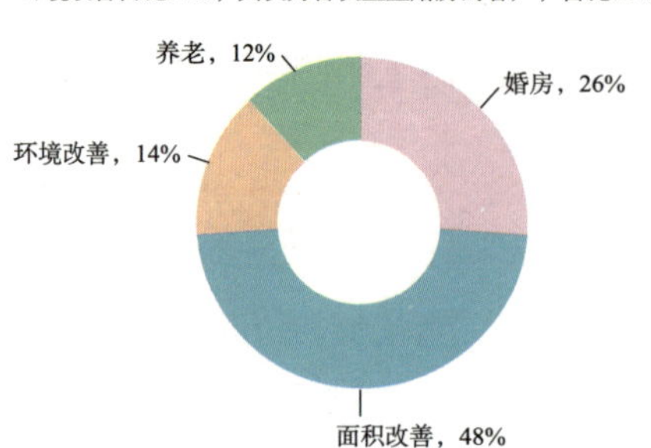

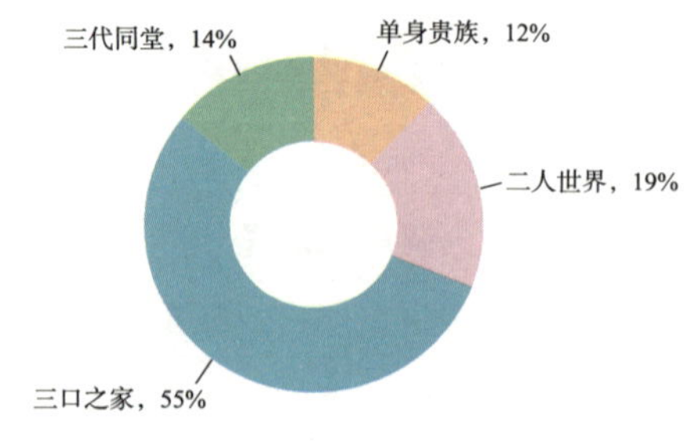

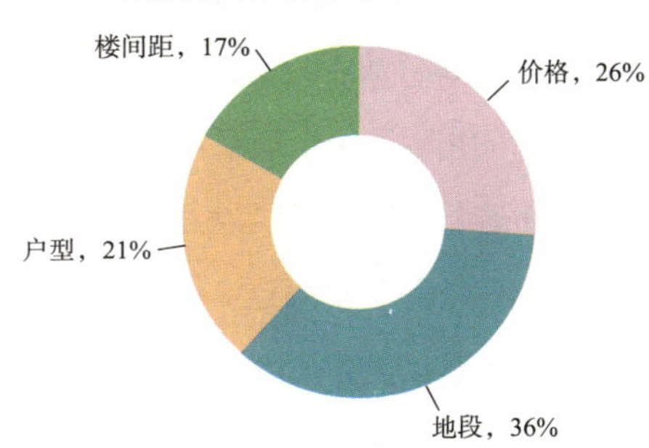

图 30-3　客户描摹

（2）针对性拓客

有了客户描摹，对改善型客户可以开展针对性拓客。以图 30-3 为例，主力家庭结构以三口之家为主，则拓客区域可以考虑小朋友出现多的地方，如学校、儿童乐园、游乐园等；组织圈层活动，也可以突出孩子的要素，如游园、家庭聚会、欢乐嘉年华等。再如，客户最关注的是户型，则在拓客话术中要突出户型优势，并进行重点讲解，对客户不是很关注的，如交通就要少提，对价格高有抗性的，则要避开价格敏感话题，突出价值。

（3）充分发挥老带新

在各类客户类型中，老带新在改善型客户中的成交比例最高，在图 30-3 的客户认知渠道占比中，我们也可以看到老带新的成交比例为 54%。同刚需型客户、高端客户相比，老带新在改善型客户中的成交比例最高，其主要原因如下。

- 刚需型客户的资源没有改善型客户资源多；
- 高端客户推荐产品的意愿度和积极性，没有改善型客户高。

（4）拓客分工以客户对象进行划分

改善型客户拓客，除了老带新，拓客分工宜以客户对象及所处行业进行划分，如企事业单位、银行、企业、医院、学校拓客，也包括大客户拓客等。以客户对象进行划分是建立在客户描摹的基础上，其中最好的形式是组织宣讲或者介入客户单位内部的组织活动，如运动会、晚会、娱乐活动等，介入活动是一种非常好的推广和拓客手段。

3. 高端客户拓客策略

高端客户是收入高、拟购买高端项目的客户。客户群体以企业家、企事业单位高管、个体私营业主为主力客群。客户年龄以中老年为主，其中 35—55 岁是主力。高端客户的拓客策略有以下几个关键点。

（1）客户拓展以圈层为主

高端圈层是重要渠道。针对高端客户的圈层活动是重要渠道，组织一些高端圈层活动，如高尔夫、品酒会、豪车展等突出产品调性。

（2）发展当地拥有高端资源的编外经纪人

发展当地拥有高端资源的编外经纪人，如保险公司的经纪人、卖高端盘的二手中介、4S 店的销售等。

（3）在高档场所进行拓客

在高档场所，包括高档小区、品牌服饰专卖店、名表名包专卖店、高档食府、豪车专卖店、红酒庄等地方进行拓客，找到高端客户。

三、拓客方式

拓客有 10 种方式，详解如下。

1. 商圈派单

（1）组织形式

选择项目周边和全市重点的繁华区域进行派单。

（2）适用项目

中端及中端以下项目。

（3）拓客人员选择

根据各项目实际人员和项目体量安排，一般至少需要配备 1 名拓客主管 +10 名以内小蜜蜂，小蜜蜂人数太多不利于管理且效率低下。

（4）拓客范围选择

项目周边和全市重点的繁华区域，人流量和商圈档次是商圈选择的主要标准。

（5）工作目的

广泛传递项目信息和有效收集客户信息。

（6）组织建议

- 根据销售目标倒推认筹目标、来访目标，并根据目标制订拓客计划；
- 对拓客区域进行选取与划分，并事先进行踩点和绘制拓客地图，制订一个完整的拓客计划，明确拓客的区域及目标等（拓客地图尽量详尽，具体到每个区域、具体位置、具体行业、具体数量、具体规模等信息，方可按照计划执行）；
- 派单分为撒网式派单和定向式派单，撒网式派单适用于人流密集但客户分布比较分散的区域，派单地点主要包括商业网点、交通枢纽、展会和其他网点如加油站、公共停车场等，而定向式派单适用于目标客户定位相对准确、分布相对集中的项目，派单的地点一般为竞品区域、拆迁区、生活区、社区、专业市场、写字楼、学校、企业等；
- 确定拓客人员，需进行相关培训（包括项目基本资料、核心卖点和优势及拓客说辞与技巧），培训完毕后进行相关考核；
- 安排拓客周期和时间节点，一般选择节假日及周末，以及平日里商圈人流量较大的时段，时间安排一般为“白天拓客，晚上收客”“工作日拓客，周末集中收客”“按照大节点进行集中收客”；
- 建立单页与售楼处 / 巡展展位的联系，如凭单页可以领取礼品，或者以活动邀约口径进行派单，避免纯产品信息输出，不仅效果不理想，而且有损项目调性；
- 派单应当覆盖拓客区域三遍以上，确保较高的到达率；
- 统计每日派单量和留电量，并进行拓客人员工作心得和拓客技巧分享，提高团队士气。

（7）考核标准

工作考核标准依据派单量和有效留电量而定，不同企业的标准不同，一般要求每人每日合理派发单页量应达到 200—300 张，有效留电量至少达到 20—40 组。根据项目体量、档次和推广力度不同，派单量和有效留电量两项数据可以根据项目自身情况做适当调整。

（8）招式特点

作为最常用的拓客手段，成本小且易展开，可以广泛传递项目信息，但是客户信息收集的有效性不足。

2. 商超巡展

（1）组织形式

选取目标客户集中区域或项目周边一定半径内的重点商场、商业中心、重点市场和其他重点公共场所。

（2）适用项目

所有项目类型均可。

（3）拓客人员选择

以销售和小蜜蜂为主，配备 1 名拓客主管。

（4）拓客范围选择

项目周边一定距离半径内的重点商场、商业中心、重点市场和其他重点公共场所；交通动线范围内的目标场所。

（5）工作目的

广泛传递项目信息，挖掘和收集客户信息。

（6）组织建议

- 对巡展地点的选择要有针对性，根据项目实际情况选择相应的购物中心或商场，如高端项目则选择高端商业场所；
- 根据项目节点，制定巡展顺序和时间表，按照节奏展开；
- 将拓客人员分为固定接待和流动派单人员，前者负责展台的接待登记工作，后者则负责展台周围、商超内部及商超周边的派单宣传工作；
- 若条件允许，最好在每个展点安排看房班车，能够及时有效地接送意向客户看房；
- 各商超巡展点位均需制定每日考核目标。

（7）考核标准

依据不同卖场的自身客流情况，确定每日项目单页的派发量和留电量。

（8）招式特点

所有项目类型均适合，适用于项目蓄客期及强势销售期，增加了项目的接待处，扩大了项目的影响和客源的积累，可以广泛传递项目信息，挖掘和收集客户信息。

3. 动线拦截

（1）组织形式

选择在项目周边、目标客户聚集区域、竞品项目周边客户必经之地进行客户拦截。

（2）适用项目

所有项目均适用。

（3）拓客人员选择

以销售员和小蜜蜂为主。

（4）拓客范围选择

项目周边各大主干道及路口，目标客户工作区域的上下班公交站点和沿途必经之路，以及去往日常生活中主要消费场所的沿途（如超市、菜场、餐馆等）。

（5）工作目的

向主力目标客群进行项目信息传递，捕捉意向客户。

（6）组织建议

- 确定项目主力目标客群，分析客群相关信息点；
- 对目标客群的工作、生活、休闲娱乐等动线进行分析，确定动线拦截点，如路口、公交站点、客户平时就餐聚集点等；
- 确定动线堵截方式，主要采取户外广告的宣传方式，包括擎天柱、楼体（顶）广告牌、公交站牌、路灯灯箱、车身广告等，也可辅以项目周边人群聚集区域定点派单或设立流动推广小站等具体形式；
- 定期对工作成效进行汇总，分析各广告宣传及人员派单等的效果，继而改进。

（7）招式特点

宣传覆盖范围广，信息点对点传播到达率高，对真正有购买意向的准客户说服力很强。

4. 社区覆盖

（1）组织形式

选择项目周边、目标客户聚集的大型社区进行客户拓展。

（2）适用项目

中端及中端以下，主要针对大型普通住宅项目的首期和中小型项目的尾房。

（3）拓客人员选择

以销售员和小蜜蜂为主，可配备1名拓客主管。

（4）拓客范围选择

项目所在区域板块内的人员稳定聚集社区。

（5）工作目的

扩大项目影响力与知名度，挖掘周边潜在地缘性客户。

（6）组织建议

- 对项目所在区域内人员稳定聚集社区进行划分；
- 安排相关拓客人员携带相关道具进行有计划的扫楼和扫街；
- 在社区居民聚集区进行项目海报和广告张贴，并设立固定咨询点；
- 在社区内部可安排一定的固定或流动拓客人员进行客户挖掘和维护；
- 若条件允许，可开通社区看房专车，定期接待客户看房。

（7）考核标准

每组每天至少完成2—3个社区的覆盖工作，可根据社区规模进行适当增加。

（8）招式特点

在一定区域内覆盖范围广，对覆盖面不做过细分析，以基本全覆盖为主，信息在相对的区域内做到全面接触。覆盖目标客源数量较大，精确性差，只能以量换质，用时间培养客户。

5. 展会爆破

（1）组织形式

利用各种房展会进行项目推介。

（2）适用项目

高端、中高端、中端。

（3）工作人员选择

以精英销售员为主。

（4）工作地点选择

一般在大型展会现场。

（5）工作目的

通过展会向目标人群准确传递项目情况，并现场拉客。

（6）组织建议

- 事先与展会组织方联系，争取有利展位；
- 制定出众的形象设计，在展会上区别于其他同类型项目；
- 安排精英销售员在展会中发力，与参观的客户多沟通，现场完成客户信息登记和拉客到访的工作。

（7）招式特点

目标客户相对纯粹和集中，客户群体具备较高的购买力，更容易进行潜在客户和意向客户的挖掘。

6. 油站夹报

（1）组织形式

利用油站夹报进行项目推介。

（2）适用项目

主要针对中高端项目和投资型项目。

（3）工作周期选择

以蓄客期为主。

（4）拓客人员选择

前期与加油站的协调工作由策划人员负责，后期物料派送由案场销售人员负责。

（5）拓客范围选择

项目所属区域内和周边商圈内油站、城区范围内到客率高的所有油站。

（6）工作目的

传递项目信息，捕捉意向客群。

（7）组织建议

- 分析各加油站的到客情况，尽量选择到客率高的加油站进行合作；
- 派市场渠道人员前往各加油站进行合作沟通，向加油站人员阐明合作要求，并对其进行简单培训，最好能给当时感兴趣的客户简单介绍项目的基本情况，同时留下客户的联系方式；

- 准备好各项物料，包括夹报和小礼品等，定期对合作加油站进行物料补充。

（8）招式特点

本招式对客群的把握相对精准，加油站针对的客群是有车族，其中包括私家车、出租车等，不管是坐车的还是开车的私企老板以及企业高管，都是公认的最具消费实力的人群，也是项目消费的主体。通过加油站派送宣传品，就很容易锁定这部分高端人群，把产品信息迅速传达给高端客户，中间没有任何停留，迅速而有效。直接锁定有消费能力的客户，广告浪费少，节省费用，有效性高。

7. 企业团购

（1）组织形式

通过企业洽谈，实现团购成交。

（2）适用项目

所有项目均适用。

（3）工作时间选择

项目的蓄客期和尾盘阶段。

（4）拓客人员选择

经理级以上或有特殊关系的业务员。

（5）拓客范围选择

项目周边的学校、医院、工厂园区等各种企事业单位。

（6）工作目的

通过与企业谈团购，以略低的价格换取项目的快速去化。

（7）组织建议

- 分析项目周边众多的企事业单位，选出具备一定规模且合适的相关单位，并安排好相关拓展人员；
- 与相关企业接触，了解企业欲团购的数量信息与可接受的价格范围；
- 分析决定此企业是否适合团购本项目；
- 在得到相关准确信息的情况下，与对方联系并取得对方的同意和认可。

（8）招式特点

存在一定机会在短期内成交大量客户，对于快速去化项目有很好的帮助。需要舍弃一定的利润，且团购价格的交涉与协调存在一定的难度。

8. 商家联动

（1）组织形式

通过业务员与商家、机构或团体的协商，与商家互换客户资源，或者将项目的物料植入商家门店内。

（2）适用项目

普通及中高档住宅项目。

（3）工作周期选择

营销全程。

（4）拓客人员选择

以市场部人员及销售员为主。

（5）拓客范围选择

项目所在区域或者客户集中区域的商家、机构或团体。

（6）工作目的

传递项目信息，定向锁定潜在客户。

（7）组织建议

- 联动范围选择与项目目标客源相吻合的商家、机构或团体，如高端客群选择车友会、教育协会、奢侈品展览会等；
- 有定期召集类活动资源的团体 / 机构拓客：采取嫁接形式或赞助形式介入，如条件允许可现场推介本项目，收集本次活动客源资料，也可以开展互动；
- 有详细人员资料的机构 / 团体 / 商家拓客：收集客源资料，陌拜或利用互动活动接触客户并促进客户对项目产生意向；
- 无召集类活动且无详细人员资料的商家拓客：以海报、易拉宝、餐券、桌牌等形式植入，物料印上拓客人员个人电话，并定期进行检查补充，避免商家将物料撤掉，同时向商家宣传优厚的带看政策，发展其成为编外经纪。

（8）招式特点

能够较为有效地实现大规模覆盖，达到资源共享、互利互益的目的，但是不能马上带来到访量和成交量的增长。

9. 动迁嫁接

（1）组织形式

嫁接拆迁社区，推动拆迁户成交。

（2）适用项目

普通及中高档住宅项目。

（3）工作周期选择

营销全程。

（4）拓客人员选择

以市场部人员及销售员为主。

（5）拓客范围选择

项目同区域内拆迁小区，其他区域内同品质的拆迁小区。

（6）工作目的

传递项目信息，锁定拆迁客户。

（7）组织建议

- 事先搜寻项目周边刚拆迁和待拆迁的区域；
- 了解拆迁区域的回迁规划，在拓客开始前先摸清拆迁小区的回迁规划和回迁项目的基本情况，有利于在拓客过程中抓住客户的主要诉求，对症下药；
- 在拆迁小区内设立项目分展区，组织专业销讲队伍深入拆迁小区内，可行的话逐户上门介绍，抢占先机。

（8）招式特点

能够较为精准地找到潜在客户，如果洽谈成功，能马上带来到访量和成交量的增长，但前期搜集了解的时间较长。

10. 电话 CALL 客

（1）组织形式

购买有质量的电话资源，通过电开寻找目标客户，传递项目信息。电开 CALL

客人员配置，可根据项目实际情况设置。

（2）适用项目

所有项目类型均可。

（3）工作周期选择

营销全程。

（4）拓客人员选择

以销售人员为主。

（5）拓客范围选择

项目竞品客户名单 / 银行高端客户 / 运营商高端客户。

（6）工作目的

扩大项目影响，锁定意向客户。

（7）组织建议

- 电话 CALL 客一般包括四步，第一步为 CALL 客计划安排，每周一制订当周 CALL 客计划表，合理分配 CALL 客资源和任务，第二步为 CALL 客口径撰写，包括说辞要点、电话拓客标准化销售说辞模板，第三步为 CALL 客技巧传递，准备充分的 CALL 客工具并培训，第四步为 CALL 客结果反馈，每日、每周都按照固定时间反馈 CALL 客结果；
- 按照电话 CALL 客标准销售说辞操作，针对不同客户资源，撰写针对性口径，根据销售节点和思路每周进行调整；
- 所有的电话拓客人员必须熟悉项目基础资料并按标准销售说辞进行操作，电开前进行培训，考核合格后才能上岗；
- 每日上班前 10 分钟召开早会，简单分配约访任务与说明要点，每日下班前 20 分钟召开晚会，总结当天工作，进行分享与沟通电话 CALL 客过程中所遇到的问题及经验。

（8）考核标准

以每日每人电话 CALL 客数量及每日每人约访上门量作为考核标准。每日每人电话 CALL 客数量：200 个左右；每日每人约访上门量：周一至周四 1 组 / 天，周五至周日 2 组 / 天。

（9）招式特点

营销成本低、效果较好，严格制定管理制度，可大力提升客户到访和成交量。

四、拓客工具

一般在拓客中，常用的工具有项目拓客 PPT，简易楼书及折页，包装过的项目冲锋车、免费看房班车，拓客折叠桌椅、太阳伞，拓客人员穿的带有项目 LOGO 和 Slogan 的 T 恤，还有就是拓客所带的项目定制礼品，如果配合项目拓客设置了展点，那就还包括展点的物料。

1. 传统拓客工具

（1）拓客 PPT

项目根据自身定位，将产品户型、配套利好、区位简介、交通状况、产品模型进行整合汇总成拓客 PPT，作为销售顾问外拓的工具。通过 PPT 能够详细向客户展示项目情况。

（2）简易楼书及折页

图 30-4　拓客工具之简易楼书

简易楼书及折页包含项目利好信息、项目卖点、项目区位等信息，且易于携带。简易楼书及折页能够直观展示项目产品信息，作为销售顾问拓客工具在目标客户聚集地区进行派发，同时针对意向客户能够快速展示产品信息，利用此类工具能够展示项目的整体形象。

（3）冲锋车及看房车

图 30–5　拓客工具之看房班车

冲锋车及看房车主要配合销售外拓工作，在目标区域拓客时，当洽谈到意向客户，能够随时将意向客户接访到销售中心（或者展点），确保客户不流失，直接到达客户逼定状态。同时，冲锋车及看房车的外围画面，可以作为广告进行信息释放。

（4）折叠桌椅

具有折叠功能、易于托运，正常的车辆均可装入，根据目标区域的客户情况随时展开作为临时销售阵地进行外拓工作。

（5）拓客 T 恤

制作统一的外拓服装，主要起到广告宣传作用，易于客户识别项目信息。

（6）拓客工具之拓客礼品

将外拓客户级别分为高层客户、洋房客户、别墅客户等，并根据客户级别分别赠送不同的拓客礼品，主要是通过礼品接近客户，并与客户建立良好的关系，让客户了解项目并产生购买欲望，同时发展客户介绍朋友购买，将客户发展为编外经纪人。通常礼品的派发也在同一区域、同一圈层深入宣传项目基本信息，短时迅速扩大项目影响力。

（7）拓客工具之展点物料

图 30-6　拓客工具之展点物料

展点物料包括项目信息展示板、洽谈桌椅、接待台、资料架、项目信息展板、沙盘、电视等。不同展点的物料规划不一致，但是每个展点必须放项目信息展示板、接待台、洽谈桌椅、资料架。

以上是传统派单扫街式拓客的常用工具及物料，随着越来越多的项目运用此类拓客手段，在实际频繁的运用之中，传统派单扫街式拓客的弊端越发显现，如客户厌烦，接受度低；形式低端，影响品牌价值；费用高，难以评估效果；项目单页多为一次性阅读，容易被弃等。随着科学技术及互联网的不断发展，新型拓客方式不断出现，其核心是拓客工具的不同，新型拓客方式主要是借助 Ipad 演示、微楼书、3D 户型图等形式丰富、新颖的拓客工具来打动客户。

2. 新型拓客工具

（1）Ipad 电子楼书

Ipad 电子楼书是在对服务楼盘深入分析和定位的基础上，将互动多媒体技术、三维动画技术与网络技术巧妙结合起来的一种新的房地产宣传形式。它以 Ipad 为载体，借助文字、图片、三维动画、数码特效、互动多媒体、背景音乐、配音等具体表现方式，形成全方位的互动立体宣传体系，以图文并茂、生动形象的动态形式表现于受众。Ipad 电子楼书与普通楼书的区别在于：用户了解信息的过程中，是被动还是主动地参与信息交换。我们要做的就是将各种不同媒体、不同格式的信息有序合理地组织在一起，通过直观互动参与的方式，将信息最有效地传达给用户，增加用户的购房欲望。Ipad 电子楼书炫丽的展示效果，强烈的视觉冲击，交互式的体验，与众不同的营销工具，给人以气势澎湃的感观震撼，带来强烈的品牌渲染力，有效地提高了地产企业科技现代的形象。销售人员可通过 Ipad 电子楼书做全方位展示，相当于将整个楼盘置于客户面前。客户可自由地进行户型切换、全景鸟瞰、旋转观看等交互操作，实现了体验式看房，有效节省了销售人员的讲解时间，提高了讲解效率。客户快速得到了自己想要了解的信息，提高项目的成交量。

图 30-7　Ipad 电子楼书

（2）微楼书

微楼书，主要是针对移动聊天软件微信量身定做，专门在微信平台进行展示和传播的楼书产品。一般来说，楼书所包含的内容，微楼书上都能够呈现，包括楼盘概况、位置交通、周边环境、生活配套设施、规划设计、户型介绍、会所介绍、物业管理介绍等。除此以外，微楼书由于其自身的平台优势，还能够增添很多互动功能，如即时拨号、在线咨询、复制分享等，并且比平面楼书更为便利的是，微楼书的内容可以随时更改、更新。

与传统平面楼书相比，微楼书有以下特点。

- 便捷性：二维码扫一扫即可链接，直接观看微楼书，不含重量、无须携带；
- 传播性：通过二维码在各种宣传物料中的植入展示，人们可以通过报纸、杂志、户外广告、灯箱等多途径获取二维码，所有线上、线下的推广方式都可植入微楼书的二维码；
- 分享性：微信平台的即时分享性在微楼书上同样可以展现，用户可以通过分享按钮将微楼书转发朋友或朋友圈，得到更大的传播度；
- 可更新性：微楼书的内容可以通过后台进行修改、更新，整合更多有效信息；

• 互动性：微楼书还可捆绑客服联系、游戏、问答等互动功能。

相比较而言，传统楼书质感强，给阅读者观感与质感上的双重刺激，但是传播范围较窄，传播速度慢，成本较高，且内容不能更新，阅读耗时较久，携带不便。而微楼书通过网络传播，范围广，速度快，体验感强，符合现代人接收信息的习惯，而且成本低，内容可更新，阅读便捷，携带方便。

图 30-8　微楼书示意

（3）3D户型图

3D户型图是相对2D户型图而言的，就是住房的立体空间布局图，2D户型图对于居室的结构、布局和内部陈设无法展示得很清楚，而3D技术则可以通过数字化的手段对普通的居室进行形象化、真实化描述，如同镜子一般反映真实的户型结构情况，为客户提供购买和装修的依据。

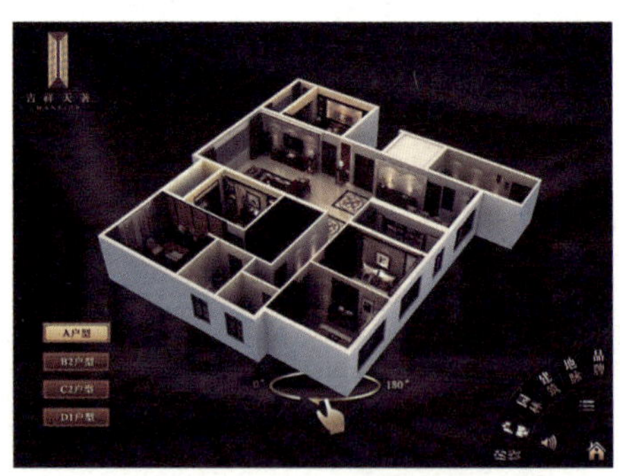

图 30-9　3D户型图展示

新型拓客工具观赏性强、体验感佳，客户接受度高，记忆深刻，而且减少单张派发，节省费用，客户可循环阅读，传播性强。在项目预算允许的条件下，还是建议以此类拓客工具为主，加强拓客能力，凸显项目形象及品牌实力。

四、拓客管理

拓客团队和案场销售最大的不同，是拓客人员在案场外，工作范围大、自由度高，因此增加了管理上的难度。如何对拓客团队进行管理，成为高效拓客很重要的一步。设置有效的绩效管理指标，可以充分刺激拓客人员的积极性，从而较好地实现项目销售目标，相反，如果绩效考核指标不恰当，不但不能激发其工作积极性，反而会引起负面情绪，影响项目的销售目标达成，在拓客的过程中，消极、负面的情绪也会对公司品牌形象造成不良的影响，这就是拓客绩效考核指标的重要意义。

一般来说，渠道拓客绩效管理包括过程管控和结果管控，传统的渠道拓客多是结果管控，通过奖惩机制考核结果，也就是“胡萝卜 + 大棒”策略，这是目前各大品牌房企常用的做法。

1. 拓客过程管理

过程管理是指在拓客过程中提出具体要求，并进行管控。

【节点案例 1】各小组的拓客要求

- 每周每组拓客必须覆盖 3 个社区（植入项目横幅、展架、设置社区展点）；
- 每日每组必须洽谈 3 个渠道（如商家、企事业、金融行业、教育行业、餐饮行业等）；
- 每周每组完成一个看房团，看房团要求 20 人起；
- 每日每组必须进行晨拓和夜拓，晨拓以菜市场为主，夜拓以公园为主；
- 针对业主所在区域，组织推介会，派送时令水果，邀约客户；
- 每周每组需举办 4 场圈层营销活动（亲子类、竞赛类、讲座类、沙龙类）；
- 每周每组需举办 4 场以业主为中心的私宴（业主生日宴、结婚纪念日、业主家庭私宴等）。

拓客人员在外场，增加了管理难度。为了加强对拓客的过程管控，知道外出的拓客人员是否按照要求在规定的地点拓客，品牌房企在拓客过程管控中进行了创新尝试，具体有以下方法。

（1）定位签到

外拓人员可以基于 GPS 定位进行手机签到，自动生成考勤数据记录，拓客管理人员可随时随地查看上下班签到时间和签到地理位置。

（2）拍照上传

为了监控行销人员是否到达指定拓客地点，还可要求行销人员在现场基于地理位置拍照上传，有图有真相，避免作弊偷懒。

（3）动线追踪

通过定制开发的系统可实时定位拓客人员位置，并生成行动动线轨迹（如图 30–10），通过定位签到实时监控外拓人员。既可单个详情查看，也可批量查看，还可实时查看行销人员拓客任务完成情况，实现对行销拓客的过程管控。

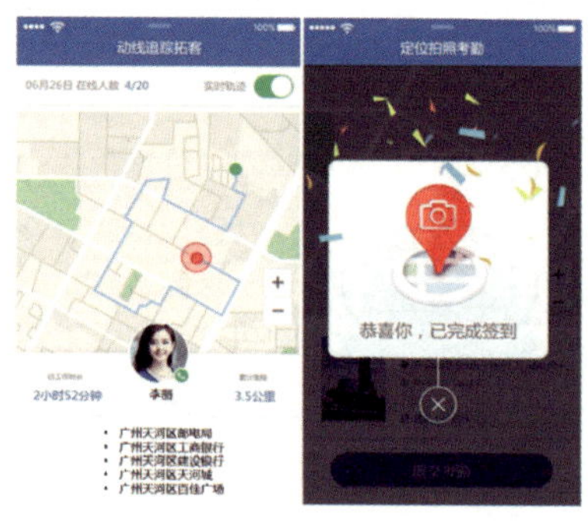

图 30–10　拓客人员动线追踪

2. 拓客绩效管理

拓客绩效管理是基于结果导向的管理，针对拓客业绩和成效表现进行奖惩，拓客绩效管理可以以小组为单位，也可以以个人为单位。

（1）拓客小组的绩效管理

拓客小组绩效管理以小组为单位进行绩效管理和考核。以小组为单位的拓客管理包括以下几种机制。

- 末位淘汰：根据不同阶段的拓客目标，如客户登记量、派卡数量、拓客转到访量、派筹数量、成交量等，以周单位对各个小组进行排名，对连续几周（如三周）都处于末位（如末三位）的小组进行淘汰。

- “大吃小”：“大吃小”机制是对末位淘汰的优化，因为小组业绩不好，可能是小组整体的拓客能力不行，也可能是拓客小组的组长管理能力不行，还可能是分配的拓客区域意向客户少。直接将业绩不好的小组淘汰，有可能把一些优秀的拓客人员淘汰了。采用“大吃小”机制规避了末位淘汰的缺陷，它是指由小组 PK 中业绩最好的小组吞并业绩最差的小组，在吞并过程中不是将末位小组人员全部淘汰，而是淘汰部分业绩差的拓客人员。

【节点案例 2】某案场“大吃小”的竞争机制

为增加案场有效客户来访，现启动小组间“大吃小”的竞争机制，具体实施方案如下：

1. 考核起止日期：2016 年 6 月 1 日至 2016 年 7 月 30 日，按周考核；

2. 考核项：每周有效到访；

3. 阶段性进行淘汰：截至 2016 年 6 月 15 日，“十进八”；截至 2016 年 6 月 30 日，“八进六”；截至 2016 年 7 月 15 日，“六进四”；每半月最后两组组员按 40% 淘汰后，并入排名前两组。

- 内外场切换：对采用拓销一体模式的项目，拓客小组既可以在外场，也可以在内场，可以采用内外场切换的方式进行激励，对拓客小组每周进行业绩排名，拓客业绩好的小组留在案场接待客户，替换案场内转化效果差的小组。
- 目标达成激励：对拓客达标的小组，除了渠道佣金（场外）、销售佣金（场内），还发放激励奖金，属于额外的奖励。有的企业为了激励拓客目标达成，加大对拓客组长的奖励，组长可以领到激励奖金包的一半或以上，其他的分配给组员。

（2）拓客人员的绩效管理

针对拓客人员的绩效和激励主要有以下几种机制。

- 末位淘汰：对连续几周排名靠后的拓客人员进行末位淘汰。
- 持证上岗：持证上岗是一种内外场切换的模式，适合于拓销一体模式，项目按照一定比例设定销售中心驻场接待份额，并通过组与组之间、小组内部的竞争机制进行份额分配。在项目销售中心现场，只有佩戴“驻场工作证”的销售人员方可留守场内进行客户接待，严格管理外场拓客人员的进出。“驻场工作证”由项目行政经理统一每天上午派发，晚上收回管理。

- 奖励：为了更好地激励目标达成，针对拓客人员可以设定多种奖励方式，包括但不限于办卡奖、到访奖、认筹奖、佣金（适用于拓销一体模式）、超额完成奖等。

节点时间

高效拓客节点一般在展厅展点开放后开始，一直持续到项目清盘为止。

节点 TIPS

拓客是一种主动出击的销售模式，在市场竞争激烈或者下行环境下，有一支战斗力强的拓客团队很关键。头部房企，如碧桂园、恒大、万科之所以能够实现 6000 亿元以上的规模，离不开一支能高效拓客的自渠团队。尽管不同项目的拓客策略和拓客方式不同，但是从经验层面看，真正影响拓客效果的不是策略和方式，而是团队的拓客能力和内在潜能的激发。所以，挑选优秀的拓客经理和拓客组长，打造优秀的拓客团队，建立完备的拓客管控机制，严格执行拓客绩效制度是提升拓客成效的关键。

节点 31

圈层组织

节点背景

人类智力允许其拥有的稳定社交网络为 148 人，四舍五入大约是 150 人。

——罗宾·邓巴

上面这句话可以简述为“人类的社交人数上限为 150 人”，也就是 150 定律（Rule Of 150），它由英国牛津大学人类学家罗宾·邓巴（Robin Dunbar）在 20 世纪 90 年代提出。他认为大脑认知能力限制了特别物种个体社交网络的规模，一些居住在大都市的人们如果列出一张与其交往的所有人的名单，会发现他们名单上的人数大约都在 150 人。

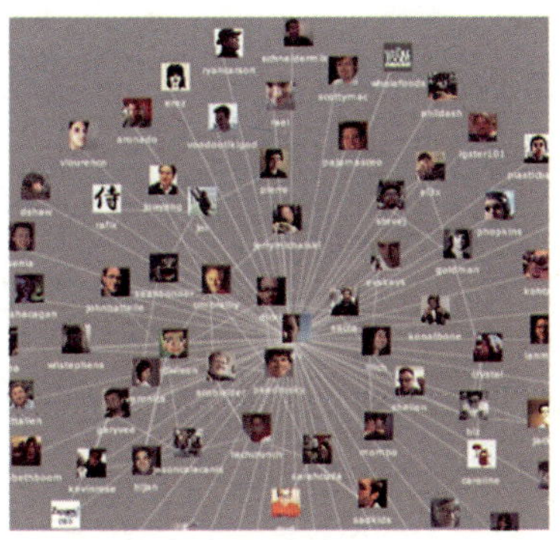

图 31-1　150 定律

150 定律让我们知道，尽管现在社交网络发达，但是真正熟知并相处的圈子并不会特别大。因为不大，处在哪个圈子对个人的成长和将来的成就非常关键。在我国历史中最能体现圈层重要性的当属孟母三迁的故事。孟母三迁，择邻而居，只为自己的儿子能在一个好的环境下成长，最终孟子也因为受到环境的熏陶，拥有了名垂青史的成就。这个故事能够看出圈层的重要性，“物以类聚，人以群分”，这是古往今来的一种交往法则。更有人直言，“你能做多大，取决于你最好的 10 个朋友”，直指圈层的重要性。

圈层营销伴随着营销的出现而产生，奢侈品就是典型的圈层产物，所以奢侈品营销做得最多的就是圈层营销。随着房地产行业的快速发展，原本运用于奢侈品的圈层营销，也开始在房地产项目上频繁出现，并逐渐成为房地产营销的标准动作之一。近年来，房地产业内有一句话，“圈层对了，房就卖了”，说的就是圈层营销在地产营销领域的重要性。

节点内容

一、圈层概念

“圈层”是在阶层分化的社会背景下自然产生的，相对中高端的特定社会群体的概括。它可以是广义的一个具有相同社会属性的阶层，也可以是一个区域内本身具备很强的社会联系、社会属性相近的群体，或拥有共同文化价值观的一群人。这群人拥有一定的共同特性，或者身份、地位相近，身处同一个交际圈，或者具有一定共同的认知、共同的价值观，或者是有相同的追求和目标，他们至少有一个共同特性。

从“物以类聚，人以群分”的角度来说，圈层就是某一类具有相似经济基础、学识基础、生活方式、艺术品位的一群人，在相互联系中形成的一个小圈子。这个小圈子的人在更多的交流中，会互相影响、互相融合，形成更多的共同特性。圈层营销就是针对这样的小圈子进行点对点的营销，所以圈层隶属于精准营销范畴。通过找到有权、有钱、有影响力的一些特定群体，通过定制活动、互动体验、交流分享等途径，与其建立良好的圈层关系，再通过定制活动、互动体验、交流分享等途径，层层挖掘其身边更广阔的人脉关系，这样可以最高效地在其圈层内形成口碑传播，实现对其圈层群体的有效覆盖，最终影响其购买行为或达成资源交换。

在地产营销过程中，把有相同身份特征、价值观类似，有一定的经济基础并在社会上具有影响力的目标客户群体作为一个圈层。圈层营销从概念上隶属拓客范畴，属于高级的拓客形式，其高级之处是在营销过程中，把目标客户进行圈层划分，通过不同圈层组织不同的体验活动或者差异化的信息传递，从而实现精准化营销。圈层的细分如图 31–2 所示。

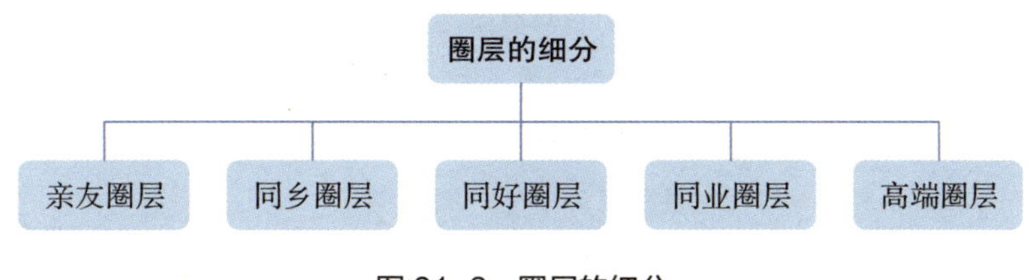

图 31–2　圈层的细分

1. 亲友圈层

亲友是最常见、最普遍的社会关系，每一位渠道人员都可以从身边的人入手寻求更多的人际资源，扩大交际圈，逐一拜访，邀请他们及其朋友来售楼处看房或参与相关活动。既然是亲戚或朋友，那么可以很快找到“领袖人物”。

2. 同乡圈层

同乡也即老乡，在外工作一族，对老乡都有着一种特殊的感情，找老乡、老乡聚是在异地城市打拼的人生活的一部分。通过找到老乡中有影响力的人，组织老乡会，是非常常见的圈层活动。

3. 同好圈层

同好指的是拥有相同的志趣或爱好，渠道人员通过社群营销，并且尽可能多地参与他们的活动，可以结交到很多志趣相投的人。

4. 同业圈层

按照行业类别划分，我们可以找到很多行业圈层，其“领袖人物”更加容易寻找，如建筑行业协会、餐饮协会、教育专家、医疗专家等，同业圈层的客户质量较高。

5. 高端圈层

高端圈层指的是具有较强经济实力的人组成的圈子，这些人也许是游艇俱乐部成员，也许是企业家协会成员，也许是工商联盟理事成员，也许是金融行业的佼佼者，他们每一个人都可能是“领袖人物”。

不同的圈层还可以再细分，如图 31-3 所示的同好圈层细分。

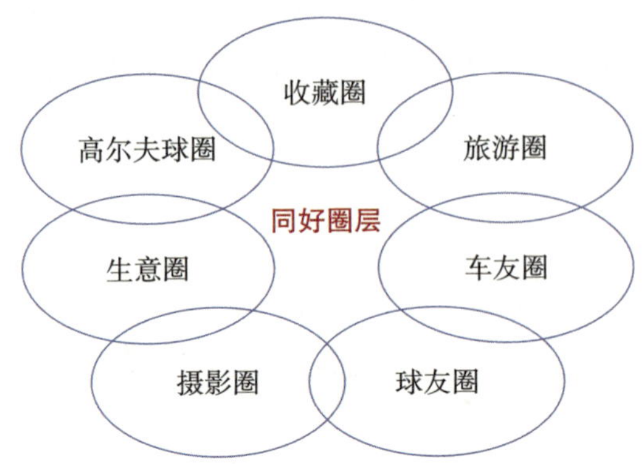

图 31-3　依据客户不同兴趣划分的同好圈子

二、圈层策略的制定

要想做到有效的圈层营销必须先制定有效的圈层策略，圈层策略的制定主要基于两个方面的考虑：产品性分析和目标圈层客群分析。

1. 产品性分析

产品性分析包括产品类型分析（根据既定的项目定位、规划产品及市场同类产品的品质、供应量、竞争对手品牌等因素，确定主力产品在市场中所处地位）和主力客群定位分析（通过对产品的货量及配套等情况进行分析，得出项目的目标圈层客户群）。

例如，项目产品以别墅为主、洋房为辅，则开发当地较为富裕的阶层，如企业高官、私营企业主、高级白领。如果项目定位为高尚居住社区，则选取城市中较有地位的阶层，如教育、医疗、媒体、名人等。如果项目位于周边国家级新区，精准定位高素质人群，如世界 500 强高管、开发区企业主等。

2. 目标圈层客群分析

目标圈层客群分析主要分四步。

第一步：定位圈层客户目标市场。一般来说，拥有优质潜在客户群体的机构和个人可以划分为政府关系类、媒体关系类、金融关系类、商会 / 协会类、行业领袖类等，准确定位目标市场，获取优质客户资源，并层层挖掘其身边更广阔的人脉关系。

第二步：细分目标圈层客户。对目标市场圈层客户的职位等级进行分类，将圈层客户分为四个等级（A/B/C/D），更有针对性地进行分类圈层。以媒体关系类为例：台长、社长、总编辑等为A级，总监、主任、编辑等为B级，记者等为C级，后勤人员等为D级。根据项目产品定位，对不同等级圈层客户进行有针对性的拓展。如以别墅为主的项目，重点拓展A级、B级圈层客户；以洋房等小面积段产品为主的项目，主力拓展B级、C级、D级圈层客户。

第三步：分析圈层对象的人群特征。通过客户接待、调研等方式对各等级圈层客户行业类型、喜好、消费特征、家庭结构等信息进行统计分析，确定举办圈层活动的方向。

第四步：预估圈层客户拓展比例。结合推售货量、产品结构、预估销售额、市场对产品的接受度，初步估算各圈层客户在拓展对象中所占的比例，确定对应活动费用预算。

三、圈层营销“六步”战术

圈层营销的核心战术分为六步，分别是划圈子、找渠道、抓领袖、搞活动、树品牌和交叉式经营，其中划圈子、找渠道和抓领袖解决“如何找到目标圈层和领袖”的问题，搞活动和树品牌解决“如何传递信息和价值”的问题，交叉式经营解决“如何经营圈层”的问题。通过“六步”战术，确保圈层营销有效执行。

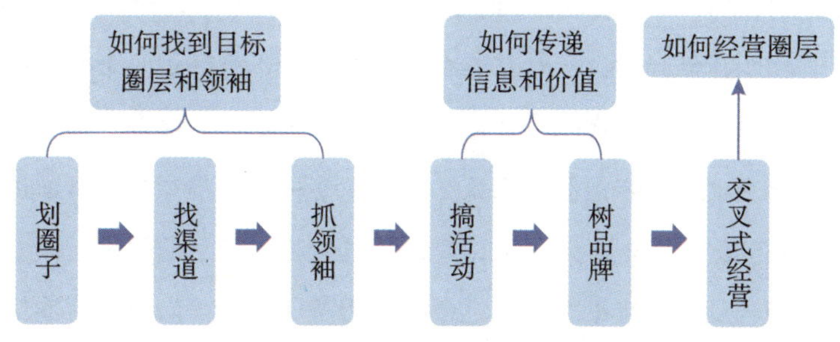

图31-4 圈层营销“六步”战术

1. 划圈子

虽然同为中段消费人群阶层，但不同人之间的消费理念差别很大，他们的生活习惯、爱好，以及在生活尺度、生活方式等方面有很大的差异，只有了解了这些差异，才能进而了解每一阶段不同人群圈层的独特生活模式和心理需求。要针对特定阶段的特定客户群，进行有目的的营销活动。这一步同时涉及产品定位与细分市场两个关键步骤。

在产品定位上，品牌所找到的圈层必须和产品的定位相一致，即要能为圈层提供他们所需要的产品和服务。在产品设计初期就应该研究目标圈层的特性，如艺术品位、消费习惯、兴趣爱好和价值观等，每类产品所对应的客户属性是不一样的，即首先要厘清产品和目标客户。

对产品和客户判断准确之后，就要进行客户圈层的细分。从消费者本身出发，依据他们购买产品的动机、消费心理、消费习惯、兴趣爱好、购买行为等，在多元化的人群中将他们的生活形态区分开来，包括出行习惯、休闲方式等，从细节上寻找目标消费人群。细分成不同的群体，寻找产品所定位的目标人群，这就是细分原则。

2. 找渠道

每一个目标圈层获取信息来源的媒介是不同的。找出他们获取必要信息的来源渠道，针对核心渠道来源进行营销推广，利用这些渠道进行针对性传播，能有效避免资源的浪费，并扩大影响力。一般来说，圈层会有互联网、电台、手机客户端等大众媒体渠道，除从大众渠道获取大众信息外，还有属于本圈层信息来源的专有渠道。

3. 抓领袖

每一个圈层中总会有影响其行业发展、具有深远意义的重量级人物，并且在其圈层有着良好的口碑，知名度高，即“二八法则——20% 的人影响其他 80% 的人”。这些重量级人物的意见和建议，对其圈层客户群有着不可估量的影响，他们具有很强的号召力，一举一动、一言一行往往具有领头羊（意见领袖）的作用。可以邀请圈内核心人物参观项目，令他们产生认知度。邀请核心人物参与针对项目开展的一些活动，并由媒体记者进行跟踪报道，事后请其发表对项目的评价。圈中领袖这一关键节点的接触与到达，有纲举目张之效。利用核心人物，向他们灌输信息，强化信息的传递，根本目的是让他们向在其圈层内的目标客户传递本项目信息，将好感受、好评价告诉圈层目标客户，扩大影响力和知名度。

所以，在圈层营销中，必须注意找准圈子，找到意见领袖，挖掘专属渠道，激发高品质活动品牌效应，精心维系圈子，以帮助项目拔高形象，成功实现品牌的圈层营销。

4. 搞活动

利用自身配套及采购资源举办活动，如户外烧烤活动、蛋糕 DIY、曲奇饼干制作小课堂、小型讲座等低成本活动。将圈层活动嫁接到合作商家活动中，在其他商家、机构活动中穿插销售环节，如少年才艺大赛、幼儿园文艺汇演等。与其他商家联办活动，通过联合一些单位和商会、协会定制品鉴活动、联谊活动、年会、自助烧烤和啤酒电影晚会、养生讲座、新车试驾会等，实现精准拓客。

5. 树品牌

利用品牌嫁接，通过产品与高端品牌之间的互动活动，树立项目自身的品牌，一方面可以提升品牌价值，另一方面可以间接促进销售，从而让目标圈层对项目产生深度的、良好的认同，在心灵上产生感性的、精神层次的认同。

6. 交叉式经营

利用圈层之间的互动，实现下一主力圈层的进入，做到既有圈层的保养和维护，也有未来主力圈层的开拓和扩大。

圈子只有靠不断的付出才能维系，如果仅仅为了推销自己的产品，一时搞很多活动，之后就悄无声息，这样就会失去主动，没有更好地维系圈子的内聚力。本来圈层内的关系就较为薄弱，更需要通过阶段性品牌活动拉近圈中消费者的距离，所以对圈子的维系和保养至关重要。例如，在房地产项目营销中，很多开发商会开展持续性的亲子活动，不仅使得活动功利性弱化，更能推动人与人之间的交流和认识，维系圈子的成长。

四、圈层营销活动

匹配不同客户，圈层营销活动类型也多样，如图 31-5 所示。

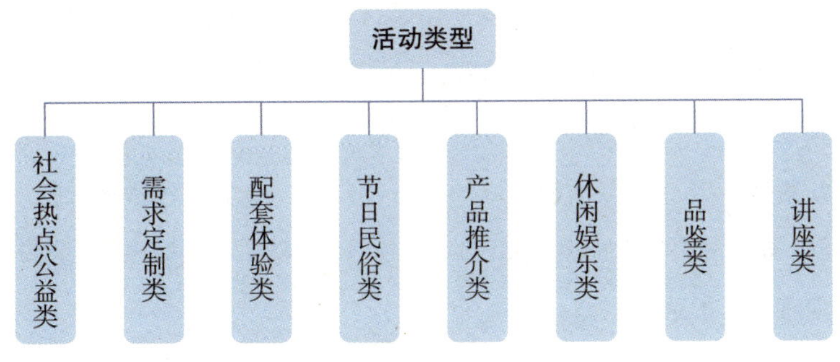

图 31-5　圈层营销活动类型

1. 社会热点公益类

指抓住广受关注的社会新闻、公益实践及人物明星效应等作为活动主题切入点，从而开展的相关活动。特点是关注度高、传播范围广。对象一般为对该类活动具有一定关注度的人。

2. 需求定制类

根据客户需求，结合项目情况，为客户量身定做而开展的圈层活动，如业主生日晚会等。特点是切中客户需求要点，更具针对性。对象一般为企事业高管、个体私营业主等。

3. 配套体验类

利用项目已有的配套，如板房示范区、会所、架空层、酒店等让客户进行亲身体验。特点是把项目优势融入活动，可增强客户的现场体验感，赢取客户对项目的好感和深刻印象。对象一般为注重居住体验和配套、已对项目有一定了解的客户。

4. 节日民俗类

在各种节假日及民俗节日，配合节日文化及项目情况开展圈层活动，如中秋晚会、情人节活动等。特点是具有集中性、规模性，气氛喜庆活泼。对象一般为普通大众客户。

5. 产品推介类

通过产品推荐会、户型鉴赏会对产品进行推荐，吸引客户关注。

6. 休闲娱乐类

根据客户的兴趣爱好及项目需求开展的系列休闲活动，如宴请、KTV、农家乐等。特点是形式丰富、主题鲜明，客户容易接受，是较为常规的一种活动形式。对象一般为公务员及机关事业单位的中高层员工。

7. 品鉴类

针对高端客户开展品鉴活动，以酒、茶、古董、豪车等为品鉴对象，开展一系列圈层活动，如名酒会等。特点是私密性强、点对点沟通。对象一般为高端客户群体，对品鉴对象有一定了解。

8. 讲座类

以讲座形式对目标圈层群体进行锁定和开发，在关怀中植入隐藏式销售，如美容讲座、风水讲座等。特点是近距离沟通、目的性强。对象一般为对讲座内容感兴趣的客户。

五、圈层组织的五大误区

对于很多置业顾问和渠道人员来说，往往对圈层营销存在诸多误区，项目在开展圈层营销之前，应对团队进行培训，让团队消除以下心理误区。

- 误区 1：我和他们的差别太大。

回复：富人也是普通人，虽然经济实力上比我强、眼界比我宽、经验比我足，但是在房地产方面，我比他更加专业，我推荐给他的一定是最适合他的房子。

- 误区 2：圈层客户就是购房客户。

回复：圈层是一种影响力，影响力是潜在的购买力，圈层就是不断扩大影响力，相信影响力足够大的时候，一定会影响意向客户，产生购买力。

- 误区 3：客户购房后，圈层就无效了。

回复：圈层的影响力没有枯竭的时候，优秀的置业顾问可以长期经营圈层。

- 误区 4：开拓圈层就是开拓老业主。

回复：老业主是我们进入圈层的捷径，的确该好好维护，但是我们应该把老业主当成圈层的一环，通过老业主带来新的资源，圈层也有老带新。

- 误区 5：圈层就是请客吃饭。

回复：请客吃饭只是一种形式，所有能够把意向客户圈进来的形式我们都可以考虑。

节点时间

圈层组织与高效拓客同步进行，从项目形象入市开始，一直持续到项目清盘。

节点 TIPS

圈层活动的目的不是引导现有影响力的客户购买，而是通过小型活动的组织，创造与其朋友建立关系及沟通的机会，并让这些有影响力的客户影响他们身边的人，从而实现圈层最大化，最终扩大精准有效的购房群体。目前，圈层组织常见的困难有两点：一是人气问题，即活动组织了，但是没有人来；二是组织圈层活动需要协调时间、场地，多次沟通邀请，时间成本比较高。解决这两个问题的最主要办法是找到小众化的圈层活动，找到能满足客户精神归属感与内心荣耀感的小型圈层活动。活动越小众，圈层越有活力，如徒步团、自驾团、瑜伽社、足球队、话剧社、旗袍社等。这样的小众活动一旦组织起来，后续就会成为一个自发的组织，这样的圈层有持久性，也能不断带来新的客户。

节点 32

前期蓄客分析

节点背景

推广和渠道是否有效，主要看蓄客，蓄客的好坏直接决定了开盘效果。

前面说过，以终为始是地产营销的主流管理逻辑，如果以开盘或者销售额为目标，可以倒推很多前期的工作铺排。从开盘目标可以倒推阶段性蓄客目标，从蓄客目标是否实现，又可以倒推推广和渠道是否做到位。前期蓄客分析节点前面是高效拓客节点与圈层组织节点，后面是产品发布会节点和示范区开放节点，是承前启后的一个节点。展厅开放，经过一段时间的项目推广和拓客执行，进行前期蓄客分析，判断阶段性蓄客目标是否实现，并对前期推广及渠道拓客效果进行评估，如果前期蓄客情况较好，则可以延续前期的推广及渠道拓客策略；如果前期蓄客情况不乐观，则可以进行针对性调整，为后续示范区开放后的认筹做好铺垫。

节点内容

前期蓄客分析，是指对示范区开放前期的蓄客做一个评估，通过蓄客评估，可以看到前期的推广和拓客情况。有的项目将前期蓄客分析节点放在示范区开放后，那么这个“前期”则相当于开盘的前期，不是示范区开放的前期。前期蓄客分析主要包括来电客户分析、来访情况分析、前期蓄客分析结论三部分内容。

一、来电客户分析

来电客户分析包括来电数据统计、来电渠道分析、来电区域分析等。

1. 来电数据统计

来电数据统计了前期的总体来电情况，来电主要分为总来电和有效来电，有效来电是指客户有购买意愿的来电，而不是错拨电话或者骚扰电话，如表 32-1 所示。

表 32-1　来电数据

客户类别	来电数量	构成比例
总来电	418	——
有效来电	380	91%

2. 来电渠道分析

来电渠道是指来电客户通过什么渠道认知到项目并拨打电话。通过来电渠道可以看到我们做的投放效果如何，并对下一阶段是否投放有直接的指导作用。

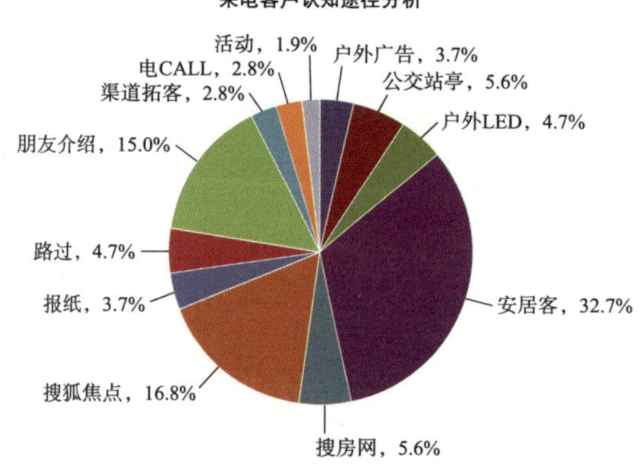

来电途径	来电数量	占比（%）
户外广告	14	3.7
公交站亭	21	5.6
户外LED	18	4.7
安居客	124	32.7
搜房网	21	5.6
搜狐焦点	64	16.8
报纸	14	3.7
路过	18	4.7
朋友介绍	57	15.0
渠道拓客	11	2.8
电CALL	11	2.8
活动	7	1.9
合计	380	100

图 32-1　来电渠道分析

从图 32-1 可以看出，来电渠道占比最大的是安居客，其次是搜狐焦点，这两个渠道占了将近 50%，后续可以加大这两个渠道的投放。

3. 来电区域分析

来电区域分析主要是看意向来电客户的区域分布，从而为后期广告投放和拓客区域做参考，提高投放和拓客的精准度。

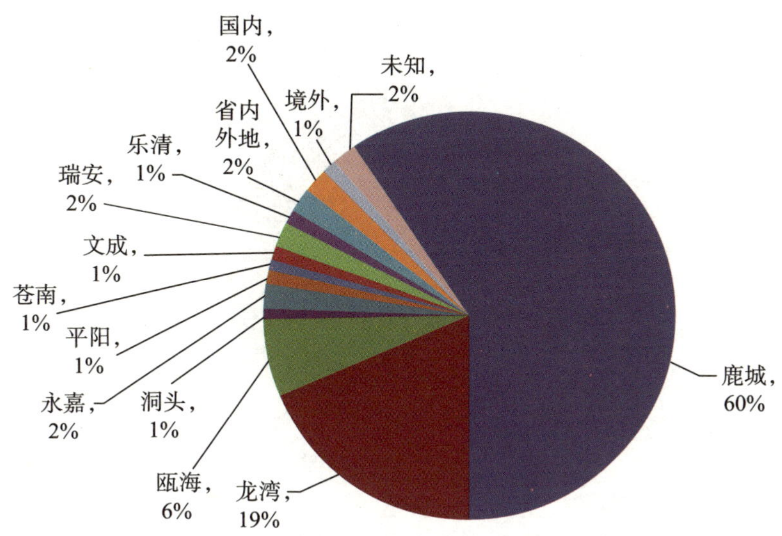

居住区域	鹿城	龙湾	瓯海	洞头	永嘉	平阳	苍南	瑞安	乐清	省内外地	国内	境外	未知	合计
来电数量	228	72	21	5	8	5	3	9	3	8	9	3	6	380
占比（%）	60	19	6	1	2	1	1	2	1	2	2	1	2	100

图 32-2　来电区域分析

从图 32-2 我们可以看出，380 个有效来电主要集中在鹿城和龙湾，占 79%，所以后续的拓客和投放应主要放到这两个区域。

二、来访情况分析

来访情况分析主要是展厅展点及示范区来访分析，分析的是来访数据和来访渠道等。

1. 客户来访数据统计

对客户来访数据进行统计，如有效来访共 385 组。有效来访是指有意向客户到访，而不是活动到访，或者竞品踩盘。

2. 客户来访渠道分析

客户来访渠道分析是分析客户到达展厅的渠道，从而为后面的渠道甄选和深耕做决策。

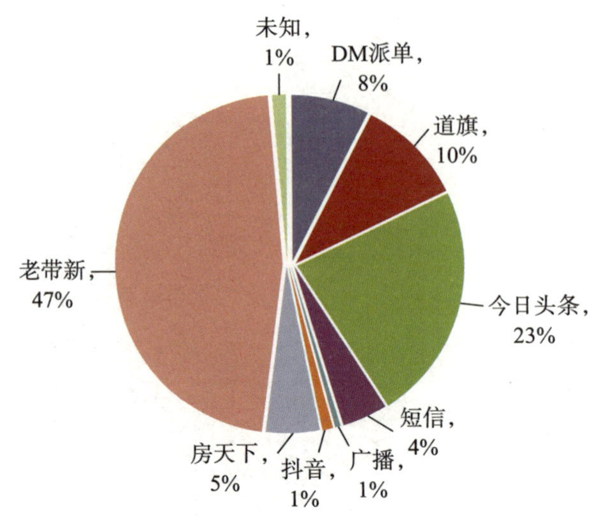

认知渠道	DM 派单	道旗	今日头条	短信	广播	抖音	房天下	老带新	未知	合计
来访人数	29	40	88	17	2	4	20	180	5	385
占比（%）	8	10	23	4	1	1	5	47	1	100

图 32–3 来访渠道分析

3. 来访客户居住 / 办公区域分析

分析来访客户的居住和工作区域，从而为社区拓展和圈层活动做准备。

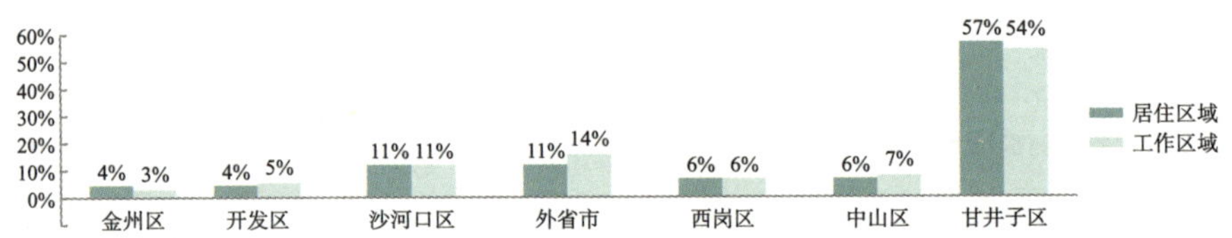

图 32–4 来访客户居住和工作区域

4. 来访客户职业分析

分析来访客户职业，从而为渠道拓展指明方向，特别是企业宣讲，如表 32–2 的来访客户职业中，比较多的是金融和教育，所以圈层和渠道拓展就可以往这两个行业倾斜。

表 32-2　来访客户职业分析

职业分析	IT 通信业	法律业	房地产业	建筑装潢	金融业	酒店餐饮	科研教育	贸易	媒体	合计
来访人数	13	12	11	10	123	13	122	38	43	385
占比（%）	3	3	3	3	32	3	32	10	11	100

5. 来访客户年龄 / 家庭结构分析

分析来访客户的年龄 / 家庭结构，从而更精准地对客户进行描摹，了解客户购房需求。

家庭结构	单身	老年夫妇	三代同堂	三口之家	四口之家	小两口	中年夫妇	未知	合计
数量	72	3	1	245	25	30	1	8	385

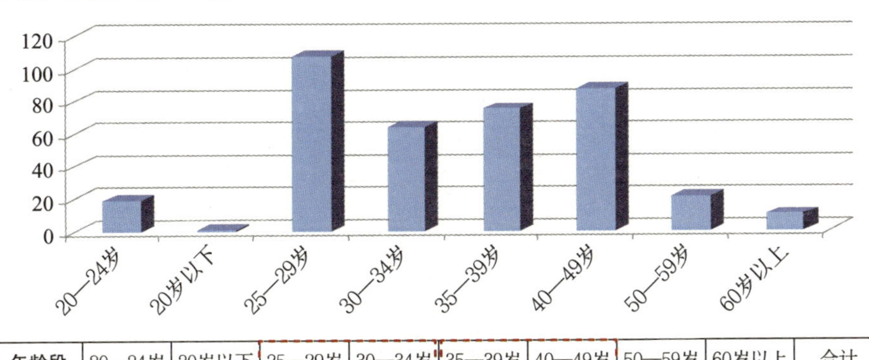

年龄段	20—24岁	20岁以下	25—29岁	30—34岁	35—39岁	40—49岁	50—59岁	60岁以上	合计
数量	19	1	108	64	75	87	21	10	385

90—120m²主力客户　120—140m²主力客户

图 32-5　来访客户家庭结构分析

6. 来访客户购房预算分析

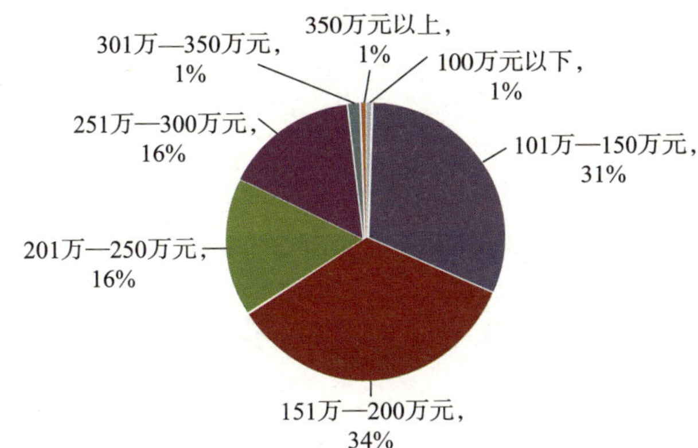

购房预算（万元）	100 以下	101—150	151—200	201—250	251—300	301—350	350 以上	合计
数量	3	120	130	63	61	5	3	385
占比（%）	1	31	34	16	16	1	1	100

图 32-6 来访客户购房预算分析

7. 来访客户重点关注要素分析

表 32-3 来访客户重点关注要素分析

关注类别	关注数量	占总量比例（%）
价格	130	34
户型	90	23
区位	63	16
配套	53	14

8. 来访客户关注户型分析

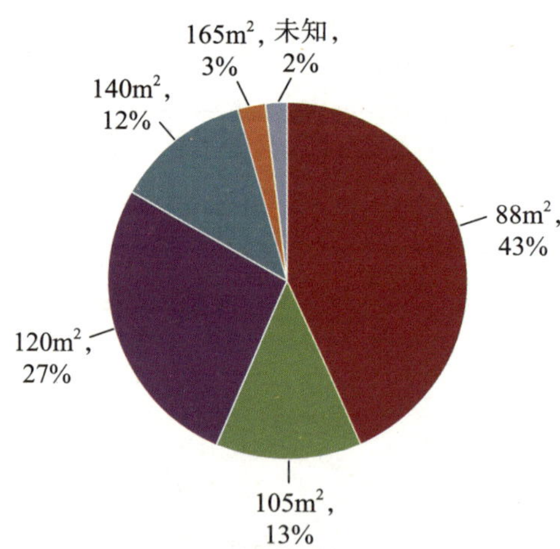

面积（m²）	88	105	120	140	165	其他	汇总
数量	166	50	103	46	13	7	385
占比（%）	43	13	27	12	3	2	100

图 32-7 来访客户关注户型分析

三、前期蓄客分析结论

根据数据分析得出相应结论，如来电来访是否达到预期目标？哪些推广、渠道拓客效果最好，哪些不好？是否需要调整推广方向？是否需要调整渠道拓客区域？同时，通过对客户的分析，进行客户画像，如下文案例所示。

【节点案例 1】前期蓄客总结

一、来电来访数据

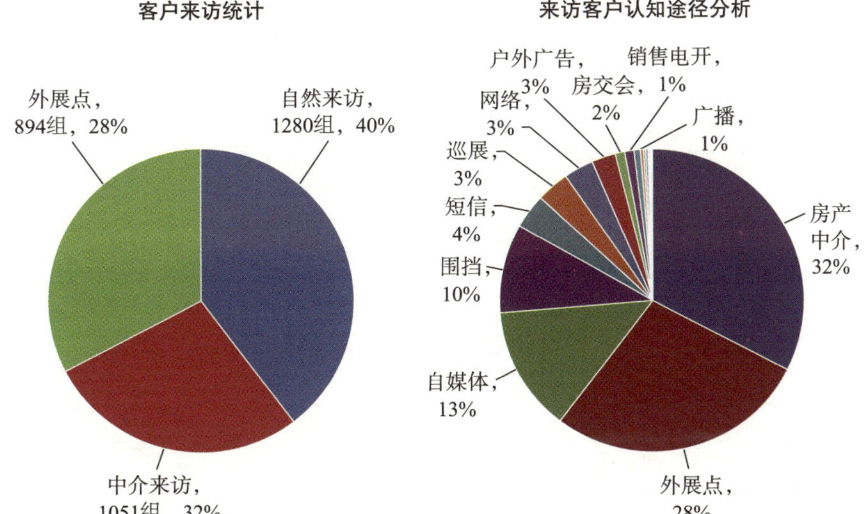

销售中心开放至今，累计来电1155组，来访客户3225组，其中有效客户（A、B、C类）共1684组；来访中自然来访1280组，占比40%；外展点894组，占比28%；中介来访1501组，占比32%。

图 1　来电来访数据

二、客户分析

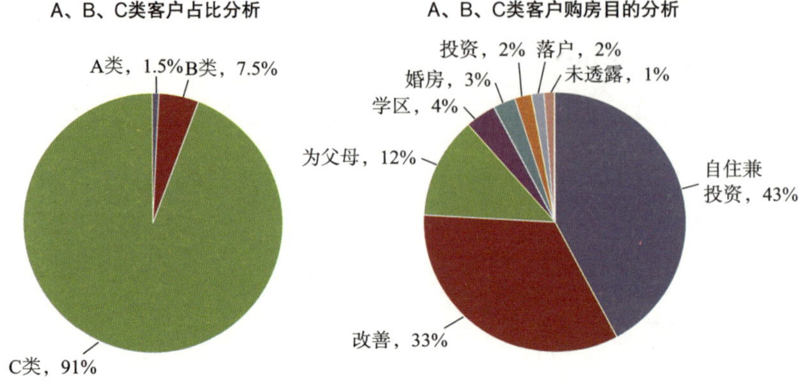

A类：对项目完全认可，具有购房资格，对价格无抗性，表示开盘必买；
B类：对项目比较认可，有较强的购房需求，对价格有一定抗性；
C类：对项目基本认可，有购房需求，但对价格有较大抗性；
A、B、C类客户购买目的以自住兼投资比例最高，为43%，其次为改善类，占33%。

图 2　客户分析

三、来访区域分析

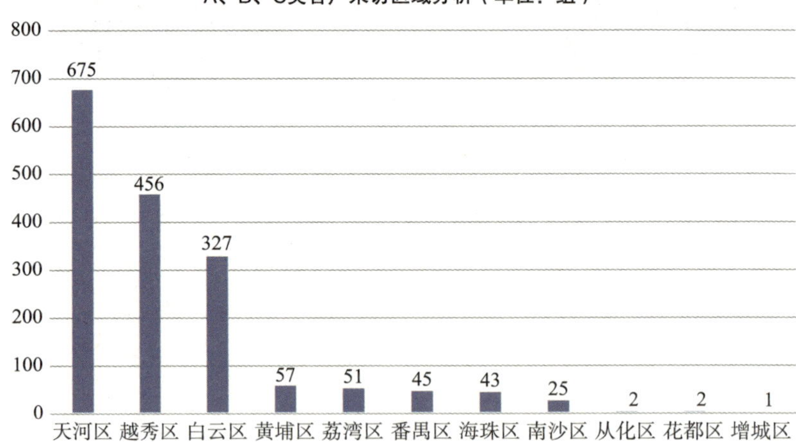

A、B、C类客户来访区域中，来访比例最高的为天河区，其次为越秀区及白云区。

图 3　来访区域分析

四、意向房源分析

A、B、C类客户意向房源面积分析

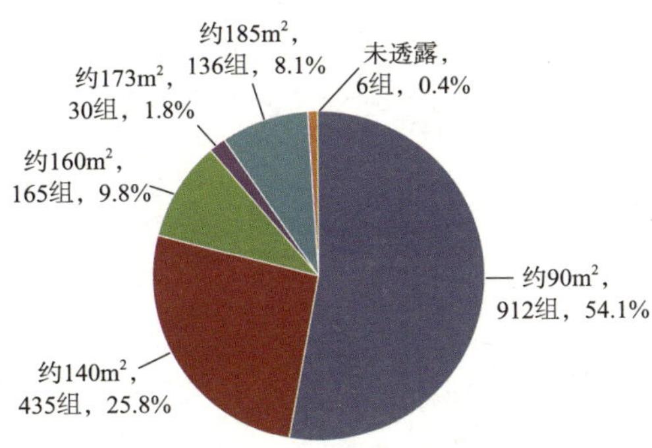

➢各户型需求比例：

$90m^2$来访912组，占54.1%；

$140m^2$来访435组，占25.8%；

$160m^2$来访165组，占9.8%；

$173m^2$来访30组，占1.8%；

$185m^2$来访136组，占8.1%；

未透露意向房源面积来访6组，占0.4%。

从客户户型需求意向来看，$90m^2$需求量大，下一步仍需重点加强小户型的蓄客。

图 4　意向房源分析

五、典型客户样本描摹

姓名	张三	置业顾问	李四
客户等级	B类	年龄	61岁
意向房源	$90m^2$	从事行业、职业	退休
家庭结构	夫妻二人	到访次数	来访4次
现住	温馨家园	籍贯	南昌
购买动机	养老，目前老两口名下有一套房子，还有一个名额可以购买。		

客户特征：

1.住温馨家园，年纪大了，改善养老，知道公司品牌，认可产品品质。

2.对小区景观及户型舒适度要求较高。

3.选定了6号楼东边套$89m^2$A6户型，楼层为5楼，觉得景观会好一些，并且A6户型是少数两房朝南的$89m^2$，噪声影响较小。

4.希望首期开盘性价比高点，超过35000元/m^2基本就不考虑了。

姓名	王五	置业顾问	钱六
客户等级	B类	年龄	27岁
意向房源	4#160方 10–15楼	从事行业、职业	经商
家庭结构	三口之家	到访次数	来电3次，来访2次
现住	翠雅苑	籍贯	东莞
购买动机	现住$107m^2$小三房，小孩2016年上小学，对学区有一定要求，如学区为胜利更好。		

客户特征：

1.受朋友影响，对CBD特别认可，希望能够在核心地段置业。

2.对项目周边的二手房有很深的研究，非常认同公司品质和产品。

3.对本案的装修风格比较认可，很喜欢小区的建筑风格和精装配备，意向为$140m^2$或$160m^2$的户型。

4.开盘价格会参考周边的二手房，综合考量性价比。

图 5　典型客户样本描摹

六、客户定位

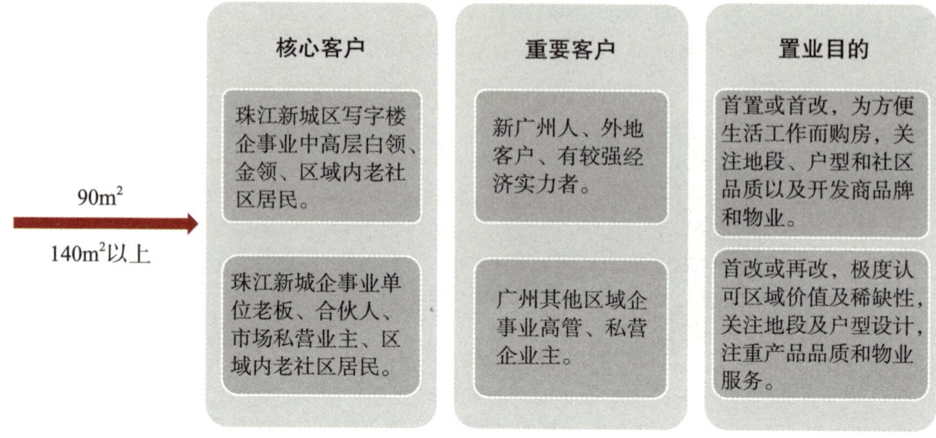

图 6　客户定位

节点时间

前期蓄客分析一般在展厅展点开放后 2 个月左右开始，在示范区开放前完成。

节点 TIPS

前期蓄客分析是对前期营销推广、渠道拓客效果的阶段性总结。从实际操盘过程来看，项目品牌导入期和形象入市期的推广和渠道动作都基于前期的客户定位和客户描摹，而客户定位和客户描摹则来源于市场调研（客户调研、竞品分析等），从严格意义上来说都属于预判。经过前期蓄客分析，对客户的来访、来电以及相关渠道的数据挖掘，可以看出前期预判和真实的蓄客情况是否一致。如果一致，说明方向是正确的，则在此基础上加大原有的推广和渠道动作；如果不一致，则要做相应的营销策略调整，简称“纠偏”。营销策略首次纠偏发生在前期蓄客分析的基础上，是基于客户分析做的方向性调整，所以说前期蓄客分析非常重要，通过分析，给后面的营销打法指明方向，避免项目走弯路。

节点 33

产品发布会

节点背景

产品发布会不仅是发布产品，更重要的是为示范区开放导流。

产品发布会是企业最重要的公关活动之一，既是企业实力的展现形式，也是连接消费者的重要手段。无论企业大小，做好产品发布会是最能考验企业市场能力的一种行为，对房企也是如此。相较于品牌发布会聚焦企业品牌、开发理念与城市发展的结合等，产品发布会重点展示项目规划、产品理念、功能配套以及户型介绍等更为具象的内容，凸显产品价值和核心卖点。从营销管理的角度，产品发布会不仅是发布产品，更重要的是为后期的示范区开放导流，通过发布会让更多的客户去看示范区、看样板间。对首开项目，产品发布会成功与否，直接关系着示范区开放的到访率和人气，影响开盘的效果。

节点内容

下面从六个方面对产品发布会进行说明。

一、产品发布会的主要作用

1. 提高品牌知名度

对房企品牌而言，可提高房企品牌的知名度。随着发布会活动的宣传，让更多的客户参与到活动中，不仅提高了客户对房企品牌的认知，也加深了客户对项目的了解，起到口碑相传的作用，特别是某些房企利用发布会的契机邀请一些大牌明星前来助阵，引起媒体的关注，这无疑大大提升了公司品牌的知名度。

2. 展现公司自身实力

一场独具特色的发布会，不仅可以向客户展示新项目、新产品，还能让客户对项目产生更强的信任感。通常情况下，在发布会之后会通过一些权威媒体进行宣传，而这些权威媒体的宣传，潜移默化地加强了客户对项目的信任感，企业形象也随之有了很大的提升。此外，通过一场精彩的发布会活动，还可以向客户和合作商展示企业自身的实力，通过嘉宾演讲、明星助阵，加上好的舞台效果，大大提升客户以及合作伙伴的信心。

3. 检验前期蓄客效果

从项目蓄客角度而言，通过发布会活动还可以检验前期蓄客效果。发布会现场客户来访人数的多少，特别是意向客户的多少，往往直接反映了前期蓄客是否有效。如果前期蓄客效果较好，产品发布会往往是不用担心现场因人数少而冷场的，活动现场往往人气爆满，相反前期蓄客效果不好，发布会往往较为冷清。通过发布会，对前期蓄客效果进行检验，效果好则继续前期的营销策略，效果不好则对营销策略进行调整。

4. 为示范区开放导流

从后续示范区开放来看，还可以为示范区开放导流。一般在产品发布会结束后，都会迎来项目示范区的开放，示范区开放需要大量客户的来访，而在示范区开放之前举办的产品发布会则可以为示范区开放导流，为举办示范区开放活动奠定客户基础。

二、产品发布会时间铺排

产品发布会可以在项目示范区开放前单独举办，也可以与项目示范区开放活动相结合。表 33–1 是某项目产品发布会时间铺排。

表 33–1　产品发布会时间铺排

工作事项	时间	主要内容
启动活动筹备	产品发布会前 50 天	成立筹备小组、明确分工。
确定活动主体思路	产品发布会前 45 天	明确本次产品发布会的目的、活动主要形式、活动邀约人员等核心内容。

续表

工作事项	时间	主要内容
活动公司招投标	产品发布会前 30 天	与满足我方需求的活动公司进行深入沟通，发出招标邀请函及标书，并完成招投标相应流程，最终确定活动公司及活动执行方案。
发送邀请函	产品发布会前 15 天	对拟邀约参与活动的人员，如意向客户、媒体、合作伙伴等发送邀请函。
确认出席	产品发布会前 7 天	确定到会嘉宾名单，如出现核心嘉宾无法出席，制订相应解决措施及应急预案。
项目宣传	产品发布会前 7 天	媒体发声，发布会前造势。
产品发布执行	产品发布会当天	发布会执行。
发通稿	产品发布会当天及结束后第 2 天	活动当天发送新闻通稿及现场图文 / 视频直播，活动第 2 天推进各媒体新闻稿发布事宜。

三、发布会活动公司确定

按照发布会活动时间铺排，启动活动筹备、确定好活动主体思路之后，最主要的工作就是确定发布会的活动公司。活动公司的确定至关重要，甚至直接与活动的结果好坏相挂钩，所以在选择活动公司时，一定要做好对活动公司的了解。活动公司的选择应考虑供应商是否有与其他品牌开发商组织实施大型活动的经验，是否与当地政府相关职能部门具有良好的沟通经验，是否有自有公关、传播的附加资源等。

四、发布会活动方案及预算

确定好活动公司之后，与活动公司一同确定活动执行方案，在活动方案中需要说明活动时间、活动地点、活动流程、推广渠道及主要传播工具、预期的效果和风险、人员物料清单及整体活动预算等。

- 活动时间：列出本次活动的计划举办时间；
- 活动地点：在方案中说明活动选择的地点及相关理由；
- 活动流程：写清活动内容、流程、要求、环节等；
- 推广渠道：线上、线下媒介宣传方式；

- 网络推手：是否需要网络营销的助力推手；
- 风险预案设置：做出本次活动的风险控制预案；
- 事件人员及物料费用清单：分类进行人员及物料费用的预算。

五、产品发布会活动执行

产品发布会活动方案撰写及报批完成之后，最重要的就是活动执行，活动执行主要包括邀请函的设计、嘉宾的邀请、媒体的邀请、材料的预备、发布会前准备、发布会整体流程、发布会后工作七个方面。

1. 邀请函的设计

邀请函的设计需集中体现产品发布会统一 VI，体现产品发布会核心理念，被邀请人名称，参加活动的时间、地点，活动主要流程以及其他注意事项。邀请函一般需要在活动前至少 15 天发送至被邀请人。

2. 嘉宾的邀请

参与本次产品发布会的嘉宾应与本次产品发布会有直接联系或为后期传播起到核心作用，如设计和施工合作单位、主流媒体、业内高管、意向客户等。

3. 媒体的邀请

不同级别的发布会，媒体邀请规格不同，如果是区域级别产品发布会，则邀请所在区域知名媒体参加，包括平面媒体、网络媒体、新媒体，平面媒体应至少涵盖在该区域发行量最大的前 3 家媒体以及新进城市主流媒体，网络媒体为该区域及新进城市的主流媒体，新媒体为该区域及新进城市移动端较为活跃的公众号、KOL、大 V 等。

如果是城市分中心及项目产品发布会，可在产品发布会的基础上适当减少区域媒体，增加新进城市的媒体比重，也可适当增加新进城市标杆开发商高管，进行产品的业内传播。

4. 材料的预备

作为产品发布会，其活动的最关键内容为项目规划、产品理念、功能配套以及户型介绍，一般针对核心发布内容需准备的材料如下：

- 项目规划：项目总体规划、业态分布、功能布局；
- 产品理念：产品定位、风格、居住或投资理念等；

• 功能配套：大配套（市政配套）和小配套（自建配套）介绍；

• 户型介绍：户型优点、亮点。

5. 发布会前准备

发布会布场至少在活动开始前一天完成，建议由公司活动筹备小组统筹和主导，协调活动公司、布展公司进行实施，并在实施后统一验收。现场彩排走场也至少在活动开始前一天完成，如布场时间紧张，可同步进行。现场演练及走场需要依照活动完整流程进行预演，包括音效、灯光、电脑及大屏、主持串场、节目表演、嘉宾发言、抽奖及其他道具筹备等环节。

6. 发布会整体流程

发布会整体流程一般包括签到、开场、致辞、领导发言、嘉宾访谈、表演、抽奖等，在实际活动操作中，可根据活动需要进行流程设计。

• 签到；

• 主持人开场；

• 公司领导致辞；

• 设计单位代表发言：可以视情况由规划设计以及户型设计分别发言；

• 工程单位代表发言；

• 嘉宾访谈或沙龙；

• 穿插表演及抽奖环节；

• 引导客户前往展厅或示范区参观并领取礼品。

图 33–1　发布会入场

图 33-2　发布会入口品牌展示

图 33-3　发布会舞台效果

图 33-4　发布会现场冷餐

图 33-5　发布会现场表演

7. 发布会后工作

发布会结束之后有两项后续工作，一是跟进媒体发布新闻通稿，在活动当天或第二天发布均可；二是客户电话回访，对意向客户进行追踪跟进。

六、发布会活动效果评估及总结

产品发布会活动之后，营销内部召开活动复盘会，确定活动到访人数、潜在客户人数以及公众号文章阅读量、转发人数等统计数据，并总结活动不足及需要提升方面，形成活动总结存档。

节点时间

产品发布会一般在展厅展点开放后即可开始筹备，在示范区开放前 5—10 天结束，也有项目产品发布会选择在示范区开放后再进行。

节点 TIPS

做好一场产品发布会活动，时机选择很重要，需要根据项目的营销进度，适当避开节日，避开本地重要活动，避开其他单位的发布会，避开热点新闻期等。

产品发布会的灵魂是演讲者和演讲内容，不少发布会的主讲嘉宾是优秀的企业管理者，但并不是一个好的演讲者。有些产品发布会上，台上热闹、台下冷清，互动性不够。出现这种情况的主要原因有两个：一是演讲者缺乏演讲技巧，一味进行产品介绍、内容灌输，没有考虑听众的感受，缺乏必要的互动；二是发布会上的内容和形式安排比较简单，只有宣讲，缺乏一些娱乐环节，如娱乐节目或者抽奖。所以，一场好的产品发布会一方面需要提升发言人的演讲技巧，另一方面需要在发布会环节上多制造一些互动和热闹场面，避免冷场。

节点 34
示范区开放

节点背景

示范区是营销里程碑节点，它吹响了营销总攻的号角。

打仗前，首先要修工事，挖战壕、放炮台、设碉堡，目的就是建立工事，取得战场胜利的主动权。地产营销经过了前期的市调、定位、品牌导入、形象入市，以及过程中的蓄客，终于来到了营销里程碑式的节点——示范区开放。从全程营销标准化的角度，营销里程碑节点有 4 个——摘牌、示范区开放、开盘以及收楼。之所以把示范区开放提高到和开盘同等重要的位置，是基于示范区开放的三个关键作用。

一是示范区开放意味着产品正式对外展示。通过园林景观展示、区位讲解、功能会所体验、样板间参观等，增加客户对项目价值的真实体验。

二是从客户视角来看，如果说品牌导入是引发关注，形象入市是引发兴趣，那么示范区开放就是引发客户购买欲望。有欲望的标志就是开始认筹，所以说示范区是引发客户购买欲望的场所，是客户从有兴趣到有欲望转变的关键。

三是示范区开放同时也是对前期营销工作效果的检验，示范区开放后地产营销的两大关键考核指标就可以进行量化实施——到访数量和转化率。到访数量不足，说明前期的推广和渠道没有做到位，从而造成蓄客量不够；转化率不够，则有三个原因：产品力、销售技巧和价格，其中任何一项不到位，都可能导致转化率不够。究竟是前期工作没有做好，还是产品力不行，抑或价格有些偏高，这些营销关键点判断都依赖于示范区开放。

示范区开放同时也意味着离开盘不远了，营销总攻在即，每个营销人都应问自己，你做好准备了吗？

节点内容

示范区开放主要包括示范区开放活动方案、示范区开放前培训、示范区开放前验收及示范区开放活动执行四个部分。

一、示范区开放活动方案

撰写示范区开放活动方案，在方案中需要说明活动时间、活动形式、活动流程、推广渠道及主要传播工具、预期的效果和风险、人员物料清单及整体活动预算等。

- 活动时间：列出本次活动的计划举办时间，根据产品发布会需要，适当避开节日，避开本地重要活动，避开其他单位的发布会，避开热点新闻期；
- 活动内容形式：项目需根据自身推货情况、月度费用预算、储客情况、结合项目特性及活动资源进行联合策划；
- 活动流程：写清活动内容、流程、要求、环节等；
- 活动推广渠道：线上、线下媒介宣传方式；
- 风险预案设置：做出本次活动的风险控制预案；
- 活动费用预算：分类进行人员及物料费用的预算。

二、示范区开放前培训

示范区开放活动是项目对外展示的重要窗口，为了更好地执行示范区开放活动，在示范区开放前，需对销售团队、策划团队、客服团队等参与活动的人员进行各项内容培训，主责部门一般为项目营销部。

【节点案例 1】示范区开放培训内容

表 1 示范区开放培训内容

<table>
<tr><th>序号</th><th>培训类别</th><th>培训项目</th><th>培训内容及目的</th><th>配合部门</th></tr>
<tr><td>1</td><td rowspan="4">产品类培训</td><td>建筑培训</td><td>通过对项目规划、产品类型、户型面积及各类项目基础数据等的培训，让置业顾问了解项目的基本技术信息</td><td>设计部</td></tr>
<tr><td>2</td><td>园林培训</td><td>通过对园林规划、园林风格、园林铺砖及园林乔木、灌木及植被等信息进行培训，让置业顾问对园林部分有充分了解</td><td>园林公司</td></tr>
<tr><td>3</td><td>精装培训</td><td>通过对项目精装标准、精装品牌及各项精装细节进行培训，深入了解公司精装体系</td><td>装修公司</td></tr>
<tr><td>4</td><td>品牌培训</td><td>对企业发展历程、开发项目、企业愿景及企业发展战略等进行培训，深入了解企业品牌</td><td>品牌中心</td></tr>
<tr><td>5</td><td rowspan="4">口径类培训</td><td>价格信息</td><td>对项目产品价格拟定针对性说辞，统一释放</td><td rowspan="4">销售团队、策划团队、客服团队</td></tr>
<tr><td>6</td><td>户型说辞</td><td>针对户型产品拟定说辞并进行统一培训考核</td></tr>
<tr><td>7</td><td>竞品话术</td><td>对各竞品项目进行点对点分析，并拟定针对性说辞，扬长避短</td></tr>
<tr><td>8</td><td>贷款银行</td><td>对贷款银行及利率进行培训确认</td></tr>
</table>

三、示范区开放前验收

在示范区开放之前，一般都会组织对示范区的验收，由营销主导，与工程部、设计部、客服部、物业部、品牌部到示范区进行联合验收。

示范区验收工作流程主要包括四个阶段，如图 34-1 所示。

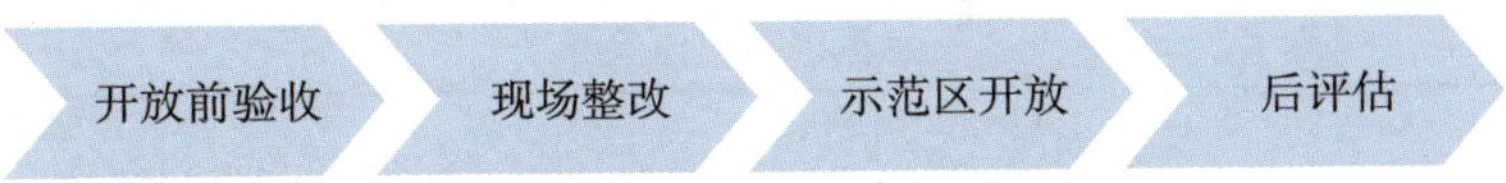

开放前验收 → 现场整改 → 示范区开放 → 后评估

图 34-1 示范区验收工作流程图

1. 开放前验收

（1）验收前置标准

目前大部分项目示范区完成顺序为：售楼处精装—售楼处景观—样板房精装—示范区部分景观—示范区整体景观完成—所有样板房精装完成。根据此开发情况，要求示范区开放前验收前置标准为示范区整体景观完成，即示范区整体景观完成后方可开始组织本项工作。

（2）验收时间要求

示范区开放前验收及预接收一般在示范区开放前10天内，由工程确定验收具体日期，并通知相关部门对接人；验收结束当天，由项目总或者相关授权人在会议纪要中明确是否达到接收条件，并提出整改意见。

2. 现场整改

由项目总牵头，在示范区正式开放前完成整改工作。

3. 示范区开放

示范区开放前3—5天，营销对示范区进行接收，以会议纪要形式确定，并发相关各部门知会，营销接收后推进示范区开放相关事宜。

4. 后评估

示范区开放1个月内，由营销牵头组织项目示范区后评估，完成后评估报告，对待整改项等问题需要在后评估报告中形成督办事项，持续跟踪。

具体验收内容及评价标准，各公司可自行拟定，表34-1、表34-2可供参考。

表34-1　项目示范区检查评价表

模块 / 专业		权重（%）	评价内容	评价标准
开发模块	客服	15	售楼处客户体验	根据客服模块评价标准说明评分
			售楼处服务标准	
			保洁服务标准	
			样板间服务标准	
			示范区客户体验标准	

续表

<table>
<tr><th colspan="3">模块 / 专业</th><th>权重（%）</th><th>评价内容</th><th>评价标准</th></tr>
<tr><td rowspan="10">开发模块</td><td colspan="2" rowspan="6">营销</td><td rowspan="6">20</td><td>示范区外指示标示、卫生环境</td><td rowspan="9">根据营销模块评价标准说明评分</td></tr>
<tr><td>置业顾问服务态度、专业能力</td></tr>
<tr><td>销售物料全面性、准确性</td></tr>
<tr><td>展厅环境体验情况</td></tr>
<tr><td>售楼功能空间情况</td></tr>
<tr><td>示范区、样板间展示体验</td></tr>
<tr><td colspan="2" rowspan="3">品牌</td><td rowspan="3">10</td><td>品牌视觉管理标准</td></tr>
<tr><td>品牌道具应用标准</td></tr>
<tr><td>品牌说辞解说能力</td></tr>
<tr><td colspan="2">前期管控反馈情况</td><td>5</td><td>示范区开放前检查整改开发意见完成情况</td><td>根据《示范区整改意见反馈》及现场实际完成情况评分</td></tr>
<tr><td rowspan="12">工程模块</td><td colspan="2" rowspan="2">规划</td><td rowspan="5">7</td><td>可达性（验证设计阶段选址交通分析）</td><td rowspan="6">根据设计模块评价标准说明评分</td></tr>
<tr><td>对外部不利条件的规避考虑</td></tr>
<tr><td rowspan="3">建筑</td><td>室内部分</td><td>售楼处、样板间室内空间感受及功能动线合理性、设计缺陷</td></tr>
<tr><td>室外部分</td><td>外装效果、材料效果、装饰部位漏项等</td></tr>
<tr><td>建筑健康部分</td><td>展示效果和客户体验效果等</td></tr>
<tr><td>土建工程</td><td>施工质量</td><td>3</td><td>施工质量是否影响客户感受</td></tr>
<tr><td rowspan="3">景观</td><td>景观工程</td><td rowspan="3">15</td><td>软硬景施工质量</td><td rowspan="2">根据设计模块景观评价标准说明评分</td></tr>
<tr><td>景观设计</td><td>各重点节点部位设计要求</td></tr>
<tr><td>内业及其他</td><td>对标项目分析及规范动作情况</td><td>竞品分析报告及针对性策略</td></tr>
<tr><td rowspan="3">精装</td><td>精装工程</td><td rowspan="3">20</td><td>硬装各部位质量</td><td rowspan="2">根据设计模块精装评价标准说明评分</td></tr>
<tr><td>精装设计</td><td>单品安装部分质量</td></tr>
<tr><td>其他</td><td>存在影响客户感受设计缺陷</td><td>是否存在明显影响客户感受的缺陷</td></tr>
</table>

续表

模块 / 专业		权重（%）	评价内容	评价标准
工程模块	前期管控反馈情况	5	示范区开放前检查整改营造意见完成情况	根据《示范区整改意见反馈》
总分		100		

表 34-2　示范区营销评价标准表

评价维度		评价要点	评分细则	得分	
				权重（%）	得分
到达印象	外部环境	通向项目的道路附近有清晰指示标牌 / 引导标识	到达项目的沿途有到达销售案场的指引牌，方便客户寻找，客户通过指引标牌方便找到销售案场，指引牌干净，完好无损，无污渍，无小广告	4.0	
		停车场环境干净整洁、管理有序	停车场地面干净，无泥泞污渍，无漂浮垃圾，无杂物堆放，停车场车辆停放整齐	3.0	
		项目外围步行环境干净整洁	销售案场外围地面干净，无泥泞污渍，无漂浮垃圾，无杂物堆放，车辆停放整齐	2.5	
展示体验	置业顾问	置业顾问精神面貌好，微笑迎接客户	置业顾问接待客户时，精神面貌良好，微笑迎接	3.0	
		置业顾问着统一工装、佩戴工牌、工作服干净整洁	置业顾问着工装，佩戴工牌，且着装整洁，无卷袖，露衣角等现象	2.0	
		置业顾问无明显口臭，香水 / 古龙水的味道不刺鼻	置业顾问口气清新，无明显口臭	2.0	
		置业顾问专业能力评判	置业顾问销售说辞准确，对核心卖点讲解清晰	4.0	
	销售物料	沙盘完好干净、信息清楚完整（明确有指北针、红线标识、未来规划道路）	沙盘干净完好、信息清楚完整（明确有指北针、红线标识、未来规划道路），并有“仅供参考，以实物为准”“一切以书面合同约定为准”等规避法律风险的说明	3.0	
		现场有展示风险提示公示牌（不利因素公示牌）	销售案场明显展示不利因素和红线内外标识，或者置业顾问主动引领顾客参观不利因素和红线内外标识	3.0	

续表

评价维度		评价要点	评分细则	得分	
				权重（%）	得分
展示体验	销售物料	现场项目信息公示五证（含预售证）、合同规范版本等	现场有预售证展示区，展示区内五证、合同范本齐全	2.0	
		现场有展示沟通 / 投诉渠道（400 服务监督热线，销售电话，签约电话等）	现场有展示沟通或者投诉的渠道，如 400 服务监督热线、销售电话、签约电话等，且展示醒目	2.0	
		销售物料展示与实际规划、设计情况相符	现场销售物料如楼书、户型图、沙盘等所展示内容与实际规划、设计等情况相符，不存在沙盘楼栋位置标注不准确、户型图与实际规划设计情况不符等情况	6.0	
		品牌展示区（包括品牌墙、展板、施工围挡、电子屏等）	品牌展示区含集团业务布局地图、经典项目等主要内容；置业顾问对集团置业品牌做基础性介绍	3.0	
	展厅环境	销售中心电子水牌、灯泡等硬件设备维护良好	销售中心内墙地面和天花板无破损，桌椅、柜台完好，灯具正常照明无闪烁，易拉宝、广告栏无倒地情况	3.0	
		销售中心环境干净整洁	销售中心内墙地面和天花板干净整洁、没有明显的污渍和垃圾，桌面干净，客户使用过的茶具、糕点及时收走，无纸质材料散落堆放，盆栽维护良好，无明显破败	3.0	
		销售中心内温度适宜	销售中心内部温度舒适，如硬件出现问题或有缺失时，销售案场有提示并提供相应的补救措施（如冬天递送热毛巾、暖手宝等）	3.0	
		销售现场背景音乐音量适中，没有明显影响置业顾问与客户交流	销售案场内音乐舒缓，令人感觉愉悦，音量适中，不影响客户交流	3.0	
		楼书等资料放置在显眼处，且摆放整齐	楼书资料摆放显眼，易于查找且摆放整齐	3.0	

续表

<table>
<tr><th colspan="2" rowspan="2">评价维度</th><th rowspan="2">评价要点</th><th rowspan="2">评分细则</th><th colspan="2">得分</th></tr>
<tr><th>权重（%）</th><th>得分</th></tr>
<tr><td rowspan="20">展示体验</td><td rowspan="3">展厅环境</td><td>儿童活动区无安全隐患（地面铺软胶或地毯、无尖锐的棱角），且有专人看管说明，如果没有设置儿童活动区，则此题不评价</td><td>儿童活动区无安全隐患，有铺设地面软胶或地毯，没有棱角等容易碰伤的地方。且有安全提示，有儿童玩耍时，安排专人看管（客服、保洁或安管均可）</td><td>2.5</td><td></td></tr>
<tr><td>洗手间干净整洁无异味、水渍，清洁工具摆放在隐蔽处</td><td>洗手间卫生整洁，无漂浮垃圾，垃圾桶无满溢，无异味、无水渍溢出地面</td><td>2.0</td><td></td></tr>
<tr><td>洗手间洗手液、卫生纸充足</td><td>洗手间内，卫生用品充足（洗手液、卫生纸等）</td><td>2.0</td><td></td></tr>
<tr><td rowspan="13">售楼处功能分区</td><td>入口门厅</td><td rowspan="13">必备功能区齐备</td><td>0.5</td><td></td></tr>
<tr><td>接待咨询台</td><td>0.5</td><td></td></tr>
<tr><td>模型展示区</td><td>0.5</td><td></td></tr>
<tr><td>洽谈区</td><td>0.5</td><td></td></tr>
<tr><td>财务收银区</td><td>0.5</td><td></td></tr>
<tr><td>VIP 签约区</td><td>0.5</td><td></td></tr>
<tr><td>置业顾问办公室</td><td>0.5</td><td></td></tr>
<tr><td>销售经理办公室</td><td>0.5</td><td></td></tr>
<tr><td>储藏室</td><td>0.5</td><td></td></tr>
<tr><td>公用卫生间</td><td>0.5</td><td></td></tr>
<tr><td>中控室</td><td>0.5</td><td></td></tr>
<tr><td>保洁室</td><td>0.5</td><td></td></tr>
<tr><td>会议室</td><td>0.5</td><td></td></tr>
<tr><td rowspan="2">示范区、样板间</td><td>整体示范区规划、设计营销意见确认</td><td>营销条线需向设计部门提供项目整体策划报告，完善示范区设计任务书，并对设计、规划方案进行确认</td><td>6.0</td><td></td></tr>
<tr><td>销售案场至样板间有完善、清晰的导示标识</td><td>从销售案场到样板间沿途有指引牌，方便客户寻找，客户通过指引标牌方便找到样板间，指引牌干净，完好无损，无污渍，无小广告</td><td>4.0</td><td></td></tr>
</table>

续表

<table>
<tr><th colspan="2" rowspan="2">评价维度</th><th rowspan="2">评价要点</th><th rowspan="2">评分细则</th><th colspan="2">得分</th></tr>
<tr><th>权重（%）</th><th>得分</th></tr>
<tr><td rowspan="8">展示体验</td><td rowspan="8">示范区、样板间</td><td>景观示范区 / 社区的环境卫生干净，绿化养护良好</td><td>示范区内环境卫生良好，没有垃圾堆积或清理不及时，绿化养护良好，没有坏死</td><td>2.0</td><td></td></tr>
<tr><td>景观示范区 / 社区无安全隐患（如有隐患，配有温馨提示）</td><td>景观示范区内无安全隐患，对于可能发生意外的场合和位置放置安全提示</td><td>3.0</td><td></td></tr>
<tr><td>样板间所在楼体环境卫生干净整洁</td><td>实体样板间整个楼体包括楼道，墙面，电梯干净整洁，非实体样板间周围墙体，隔板，过道干净整洁</td><td>2.0</td><td></td></tr>
<tr><td>样板间所在楼体无安全隐患（如有隐患楼体，配有温馨提示）</td><td>整个样板间楼体无水渍、地滑、隔空、台阶跨度大、层高低，易碰头、正在施工等安全隐患现象，如有以上安全隐患的情况下有安全提示，如楼体正在施工有安全帽提供给顾客</td><td>2.0</td><td></td></tr>
<tr><td>对非标准户型、非交付标准在样板间中的体现做具体说明（交付标准有小贴士、门口有交付标准），置业顾问 / 讲解人员对交付标准清晰说明</td><td>样板间内对交付标准清晰标注，包括但不局限于家具、电器、摆饰、雕塑、灯具、洁具、五金件、墙纸、地砖、石材装修等</td><td>5.0</td><td></td></tr>
<tr><td>样板间内有保洁 / 服务生时，主动问候并欢迎客户光临</td><td>客户在参观样板间过程中，碰到保洁或其他服务人员，有主动问候并表示欢迎客户光临的</td><td>3.0</td><td></td></tr>
<tr><td>参观样板间时，有专人讲解</td><td>客户参观样本间过程中，有专人讲解</td><td>3.0</td><td></td></tr>
<tr><td>样板间内环境卫生干净整洁</td><td>样板间内干净整洁，无垃圾异物</td><td>2.5</td><td></td></tr>
<tr><td colspan="4"></td><td>100</td><td></td></tr>
</table>

示范区开放验收成果主要包括四项，具体成果及要求如下。

- 示范区开放前验收报告：开放前验收工作完成后，由营销部汇总相关验收部门的意见，完成示范区评价与整改建议报告，并反馈至项目；
- 示范区整改意见反馈：由项目牵头，完成对本验收报告中整改建议的反馈；

- 示范区接收确认纪要：营销部对示范区进行接收，纪要发各相关部门知会；
- 示范区后评估报告：由营销部牵头，联合设计部、客服部、物业部、品牌部、工程部完成，对待整改项等问题需要在后评估报告中形成督办事项并后续跟踪落实。

四、示范区开放活动执行

示范区开放活动一般从开放前 60 天开始启动筹备，具体时间安排可参考表 34–3。

表 34–3　示范区活动开放倒推时间安排表

工作事项	时　　间	主要内容
启动活动筹备	示范区开放活动前 60 天	成立筹备小组、明确分工
确定活动主体思路	示范区开放活动前 55 天	结合新进城市、项目，明确本次活动的主要形式、活动邀约人员等核心内容
活动公司招投标	示范区开放活动前 40 天	与满足我方需求的活动公司进行深入沟通，发出招标邀请函及标书，并完成招投标相应流程，最终确定活动公司及活动执行方案
发送邀请函	示范区开放活动前 15 天	对拟邀约参与活动的人员如客户、渠道人员、媒体发送邀请函；邀约名单及时整理或调整，以便后期邀约及时、跟进到位；邀约嘉宾不局限于媒体人员，还包括公司集团内、政府、有重要影响力机构的领导嘉宾
确认出席	示范区开放活动前 7 天	确定到场人员名单，如出现核心嘉宾无法出席，制订相应解决措施及应急预案；进行客户邀约前期，销售团队需通过外出拓客、电话邀约、口碑传播等途径，做好客户邀约工作，推动开放当天现场人气
项目宣传	示范区开放活动前 7 天	媒体发声，示范区开放活动前造势
开放活动执行	示范区开放活动当天	示范区活动开放执行
发通稿	示范区开放活动当天及结束后第 2 天	活动当天发送新闻通稿及现场图文 / 视频直播；活动第 2 天推进各媒体新闻稿发布事宜

示范区开放活动形式主要包括三种，如表 34–4 所示。

表 34-4　示范区活动的三种形式

活动类型及形式	主要内容	项目类型	重点注意事项
1. 游乐活动	示范区内设置一些展品，如机器人、儿童乐园，或者游乐活动，如抽奖、迷宫、猜谜等。	刚需、刚改类项目	整个游乐活动以示范区参观动线为主线，每个点都能体验得到，最大范围突出项目的景观、功能会所等项目价值点；要求客户动线设计流畅，避免交叉，防止人员拥挤。
2. 文艺演出	请明星、模特、文艺表演团队进行文艺演出。	改善、高端项目	文艺演出的调性要与项目定位匹配，如中式风格，则文艺演出要突出中国要素，古香古色；如欧式风格，则文艺演出要以西方音乐和舞蹈为主。
3. 品鉴活动	在示范区内进行字画、钻石珠宝、跑车等高档商品的品鉴。	高端、别墅类项目	品鉴活动要符合项目高端品质，不对大众开放，属于定向邀约，给予客户尊贵感、身份认同感；由于展示的鉴品属于高端商品，故要加强现场的保安工作，以免出现损坏。

示范区开活动现场，一般包括示范区入口、签到区、售楼处、舞台区、吧台区、礼品区、游戏区、洽谈区、展示区等，各区域基本功能如下。

- 示范区入口：项目第一处形象展示区，含示范区入口至售楼处的路径，可设置醒目的活动主题背景板，沿途选取优质景观线路，设置相应活动指引；

图 34-2　示范区入口

- 签到区：根据活动情况可设置为室外或室内，供到场嘉宾登记签到、领取活动资料的场所；
- 售楼处：项目介绍的主要场地，通过销售人员、项目沙盘、宣传片等对项目进行全面讲解、展示；
- 舞台区：进行示范区开放仪式及现场表演的场地；

图 34-3　舞台区

- 吧台区：为到场参加活动人员提供食物及饮品；
- 礼品区：为到场参加活动人员发放奖品；
- 游戏区：供活动现场儿童进行游戏的区域；
- 洽谈区：供现场参加活动的人员与销售人员洽谈、休息、等候的区域；
- 展示区：包含园林展示、样板间展示，是活动举办的核心参观场地。

示范区开放活动现场客户动线，如图 34-4 所示。

入口 → 签到区 → 售楼处 → 舞台区 → 吧台区 → 礼品区 → 游戏区 → 洽谈区 → 展示区 → 出口

图 34-4　示范区开放活动现场客户动线

具体功能分区及动线设计可根据项目类型、活动规模等实际情况设置，动线设计时要避免人员在某处过分聚集、动线不交叉。

示范区开放活动之后内部应召开活动复盘会，对活动效果（来访人数、公众号文章阅读人数、转发次数等）进行评估，并总结活动不足及需要提升的方面，形成活动总结并存档。

节点时间

示范区开放节点一般被纳入运营节点，属于一级或二级节点，对示范区开放时间有两种规范要求，一是从摘牌往后推，一般是 4—8 个月，视项目所在城市而定。二是从开盘时间倒推，三四线城市标准时间为开盘前 1 个月，一二线城市为开盘前 2—3 个月。

节点 TIPS

项目首开是“高考”，示范区开放是“中考”。中考考得好，为高考打下基础；中考失利，高考要考好就相对比较被动。同样，示范区开放是项目营销的中考，是对前面营销工作的阶段性验收。示范区成功开放，为后面的开盘热销奠定基础，反之则为开盘业绩不佳进行预警。

示范区开放是否成功主要从两个维度判断。

一方面是从现场层面，看开放活动是否热闹、人气是否旺盛、是否引起足够的关注。

另一方面是从数据层面，以下几个关键数据可以衡量示范区开放的效果。

一是认筹量：如果示范区开放当天启动认筹，认筹量是衡量示范区开放是否成功的最核心指标。认筹多，说明示范区体验效果好，客户对产品满意。

二是来访量：来访量是指示范区到访总人数，需要注意的是来访量包括意向到访（有购房意向客户到访）和活动到访，需要将这两个数据进行区分，获取真实的意向客户信息。

三是阅读量：示范区开放后一般都会发公众号文章，通过文章的阅读量可以看出项目活动的热度和传播量。

节点 35

案场打造

节点背景

案场是成交的现场，更是营销团队的考场。

案场也叫销售案场，案场不仅包括售楼部、板房区等硬件设施，还包括销售人员、销售物料、规章制度等。案场管理是营销管理者的必修课，也是一门很难拿到高分的课程。说案场管理是必修课，是因为它涉及面很宽，包含案场设置、服务接待、销售管理、团队打造、横向部门工作对接等全方位工作，在案场做管理，能综合提升营销管理能力。案场管理难以拿到高分，是由于案场管理全方位考核营销管理者的营销专业能力、团队打造能力、客户行为洞察能力、跨部门协调能力，同时具备这些能力的管理者并不多。

95% 以上的成交都在案场，案场转化率的高低直接决定了项目的销售业绩。品牌房企对案场的重视程度越来越高，是因为其越来越意识到案场的重要性。案场不仅是成交的现场，更是团队考核的考场，通过案场锻炼进行人才储备和选拔已经成为共识。

节点内容

案场管理的核心目标是通过对案场销售人员行为规范的管理，对案场销售接待工作规范的管理，以及对销售案场管理制度的强化，促进销售过程中的客户引导与把握，增加客户现场体验感，从而增加认同，促进成交。同时，进一步增强每一位销售人员的业务能力和服务素质，全面提升销售案场管理水平，强化案场服务规范、接待规范、行政管理等。

一、案场服务规范

案场服务规范一般包括仪容仪表规范、行为规范、谈吐规范三大方面。不同房企的案场服务规范不尽相同，下面列出的具体要求仅为示例。

1. 仪容仪表规范

人的外表，包括人的容貌修饰、精神面貌和着装打扮等方面。它与一个人的生活情趣、道德品质、文明程度和修养水平有着密切关系，具体包括以下方面。

（1）制服

制服是体现专业服务形象的重要载体，是必要的服务产品之一，案场员工上班期间必须穿着制服，对制服有以下几点要求。

- 整齐笔挺，无油渍，无异味；
- 保持袖、领部位的平整清洁，经常换洗、熨烫；
- 磨破或开线处要缝补好再穿；
- 扣好纽扣，保证纽扣齐全，扣子掉了立即钉上相同式样的；
- 不卷裤挽袖。

（2）鞋子

员工应穿公司所发的工鞋或自购的黑色光面皮鞋，每天上班前应擦拭皮鞋，保持皮鞋光亮，无尘土。

（3）袜子

男士穿黑色或深色袜子，女士穿黑色或肉色袜子。不得穿白色袜子，禁止不穿袜子或穿网状、样式怪异的袜子。

（4）佩饰

- 佩戴饰品的原则是符合身份，以少为宜；
- 不戴过于展示财力的珠宝首饰。

（5）发型发式（男士篇）

- 干净整洁；
- 不宜过长，不得剃光头；
- 前部头发不遮住自己的眉毛；

- 侧部头发不盖住自己的耳朵；
- 不能留过长、过厚的鬓角；
- 后面的头发不超过衬衣领子的上部。

（6）发型发式（女士篇）

- 时尚得体、美观大方、符合身份；
- 发卡式样庄重大方，以少为宜；
- 可以根据个人需要选择染褐色、黑色和深色系头发，但严禁颜色窘异，如金黄、大红或翠绿等；
- 梳理发型时，建议将额部露出，如果前侧刘海需要低垂，也不应超过眉毛上侧。

2. 行为规范

通俗讲，就是行为举止礼仪。在人与人的沟通过程中，优美的行为举止表现要比语言更容易使受礼者感受到真实、美好和生动。在案场，工作人员的举止要文明、优雅，要尊敬别人。

（1）站姿

- 女员工站立时双手在前，双手掌心朝下均衡用力，右手握住左手自然抬于腹前；
- 女员工站立时双脚成丁字步，左脚在前右脚在后，或右脚在前左脚在后；
- 接待客人时，服务人员先起立迎接，等客人坐定后再坐下；
- 男员工站立时双手在身体两侧自然下垂或在前侧相握，右手握住左手的腕部，也可掌心相握，体现随时准备为客人服务的姿态，保安员站立时双手可在身后相握，左手握右手的腕部；
- 男员工站立时双脚平行，脚外侧与肩同宽。

图 35-1　站姿规范

（2）坐姿

- 根据座位高低调整坐姿，通常坐下之后不应坐满座位，大体占据其 2/3 的位置即可；
- 挺直上身，头部端正，目视前方或面对交谈对象，一般情况下不要靠着座位的背部；
- 在正规场合，上身与大腿、大腿与小腿，应均为直角；
- 双腿并拢，男士就座后双腿可张开一些，但不应宽过肩，女士就座后，特别是身着短裙时，必须并拢大腿；
- 在非正式场合，坐定之后双腿可叠放或斜放，双腿交叉叠放时，应做到膝部之上并拢，双腿斜放时最好与地面形成 45 度角；
- 双腿自然下垂，放在地面上，脚尖面对正前方或侧前方，双脚可以并拢、平行，也可以一前一后；
- 正坐时，双手应掌心向下，叠放在大腿上或放在身旁的桌面上，也可以一左一右，扶住座位两侧的扶手，侧坐之时，双手叠放或相握，放在身体侧向的那条大腿上。

图 35-2　坐姿规范

（3）行姿

男士要稳重、大气，女士要轻盈、优雅。在保持标准站姿的基础上，重心略前倾，两臂前后自然摆动，两脚内线成一线，步频、步幅适中。

- 脚后跟不能拖着地，走势应匀称矫健，保持节奏，头平视，脚步不能迈得过大；
- 不能慢吞吞或连走带跑，不能手挽手或勾肩搭背，也不能双手插兜；

- 站、坐、行均须挺胸收腹，腰板挺直，双肩平稳，不得倚靠，与客户交谈时上身稍前倾，不可东张西望或显得心不在焉；
- 引领客人和上级上、下楼梯时，员工应在前，进、出门和电梯时，员工应在后；
- 引领客人、上级时，靠客人和上级的左前侧走；
- 走路时不得从客人中间经过，应该从边上绕过，如不得已，则必须向客人先行致歉以提请注意。

3. 谈吐规范

谈吐反映修养，好的谈吐能引发客户好感，增加成交概率，关于谈吐的规范有以下几点。

- 客人谈话时注意认真倾听，保持微笑，不要中途打断客户的谈话或生硬地插嘴，善于用赞美的言辞与客户沟通和接近；
- 工作时间应以普通话交流，如顾客讲方言，也可以讲方言，避免在顾客面前与同事说顾客不懂的话及方言；
- 与客人交谈宜保持 60—120 公分的距离，交谈时不可整理衣物、头发、看手表等；
- 与客人交谈时，注意言简意赅，措辞得当，态度要真诚，切忌不冷不热、爱理不理、语调生硬、耍笑客户；
- 不得以任何借口顶撞、讽刺、挖苦、嘲弄客户，要树立“客户是上帝”的服务意识；
- 不得模仿客户的口音、语气、语调或某种生理缺陷；
- 称呼客户时，要用“某先生”“某小姐 / 女士”，不知姓氏时要用“这位先生”“这位小姐 / 女士”。

二、案场接待规范

关于接待规范，各房企有自己的标准，不同项目类型（刚需、改善、高端）接待标准也不尽相同，总体上看共性多，差异化少，就共性部分归纳如下。

1. 来访客户接待规范

- 销售人员应按公司规定事先排定顺序循环进行客户接待，不得插队或自行决定顺序；

- 客户进门，销售人员应主动起身迎接客户“您好！欢迎光临”，主动询问是否首次来访，以确定接待人员与介绍内容；
- 对于首访客户，应先自我介绍并双手递上名片，然后向客人请教称呼“先生/小姐请坐，我是 ×××，请问先生/小姐贵姓”？
- 销售人员应熟悉业务知识，对项目区域、沙盘、户型、公司品牌做尽可能全面的介绍和宣传；
- 认真解答顾客疑问和咨询，如不能及时作答，应向顾客致歉并承诺在一定时间内给予答复；
- 销售人员陪同客户现场看房时，应按事先规定的看房路线进行，准备好交通工具和安全帽，雨天及夏季应准备好伞，带客户看房必须做到认真、有礼貌、有耐心，上下车时应主动为客户开关门；
- 销售人员外出带客户看房或上门联系客户必须向部门经理说明，以便联系；
- 请客户入座时，根据客户的气质、身份和影响力，安排入座主次位置，并根据客户的年龄、体质和天气情况调整空调；
- 在与客户交谈过程中，必须随时注意为客户续茶水，杯中的茶水一旦降至半杯，必须起身斟茶；
- 客户离开之前，须向首访客户索要通信地址和联系方式，以备进一步跟踪；
- 送客时要热情、有礼貌，常用语言有：“×× 先生/小姐，多谢您的光临”“请以后有空再来”“有什么问题请随时来电话联系”“再见”；
- 应及时记录来访客户信息及沟通内容，建立客户档案，经销售经理确认后分类保管，以便及时了解客户需要，方便进一步联系；
- 每天下班前将当天积累的客户资料汇总至部门指定人员，并参加客户分析讨论。

2. 来电客户接待规范

- 接听电话时，不宜超过三声；
- 销售人员接听电话时态度和蔼，语音亲切，语速适中，接听电话后必须主动先讲“您好！某某项目”，通话时手边准备好纸和笔，以便及时记录；
- 与客户交谈中应主动介绍自己并进行初步沟通，沟通过程中应尽量将产品卖点巧妙融入；

- 与客户交谈中，应由被动回答转为主动介绍、主动询问，要设法取得客户信息，尽量邀请客户前来销售案场或现场参观；
- 清楚明了地指引客户来案场的路线，介绍最易寻找的路线，方便客户顺利到达；
- 接听电话后需转交他人接听的，应说“请您稍等”，用手捂住听筒礼貌地转交他人，如当事人不在，应主动提供帮助或留下口讯，过后转告；
- 打业务电话时要做到言简意赅，不得用公司电话长时间进行与业务无关的闲聊，接听拨错的来电也应礼貌相待；
- 在接听电话过程中，如有客户来访，应向来访的客户致歉以求谅解并尽早结束此次电话；
- 结束通话时，要确认客户挂断电话后方可挂机；
- 接听电话后，应及时做好来电记录与客户信息记录，建立客户档案，经销售经理确认后分类保管，以便及时了解客户需求，方便进一步联系。

3. 投诉客户接待规范

- 投诉客户来访，接待人员应第一时间将客户领至合适的场所进行处理；
- 与投诉客户沟通前，应先自我介绍，看客户是否愿意进行沟通，否则应让销售经理或当时案场负责人及时接待处理，来电投诉的客户如没有指明找某个销售或销售经理，应继续接听并做好记录；
- 与客户沟通时以倾听为主，首先让客户说，引导他说清楚事实及过程，然后静听他的感受，安抚其情绪，再考虑回应的步骤和方法；
- 对已明确为事实的有效投诉，应表示适度的歉意，对客户的心情表示理解，对有把握处理好的事情应马上给予答复；
- 对未能及时处理的事情，应向客户做好解释工作，安抚客户离去后向上汇报，配合解决落实，负责到底；
- 投诉客户处理完毕后，投诉处理人或当事人应做好后续的联系与问候工作，表示感谢客户对销售工作进行督促，加强客户满意度。

三、案场行政管理

案场行政管理主要是针对案场工作人员的行政事务管理，下面列出的是一般性的管理制度，可供参考。

1. 上班时间规定

- 早班：上午 9：00—12：00，下午 14：00—18：00；
- 晚班：12：00—21：00。

2. 工作要求与规范

- 9 点准时列队拍照及早会，超过半小时以上按旷工半天处理；
- 不得在工作时间阅读与工作无关的书籍、报纸、杂志；
- 站岗期间不得玩手机、打电话、回信息、做合同、看报纸；
- 上班时间不得在售楼部玩手机游戏、睡觉、吃东西、看与工作无关的视频、化妆、说粗话等；
- 严禁使用前台公话拨打信息台或私人长途电话以及在销售前台电脑浏览无关网站；
- 不允许在销售前台及接待区高声喧哗、谈笑，不得闲聊与工作无关的事情；
- 不允许触摸区域显示屏，保持销售前台的整洁干净，销售前台不能放置快递及其他物料；
- 电话进线响超过 3 声未接的，坐在销售前台的所有同事统一受罚；
- 接待过程中销售顾问要注意接待礼仪，不能一边吃东西或抽烟，一边与客户洽谈；
- 在销售案场的销售前台和客户洽谈桌处，置业顾问不能吃东西或者抽烟；
- 未经批准不得自行调休，调休需提前和销售经理报备；
- 上班时间未经批准不得私自脱岗外出，离开岗位要向销售经理报备；
- 因事不参加早会与晚会必须要得到销售经理允许；
- 严禁代客户签署各种文件，包括延期、换房等所有申请；
- 对公司所有文件都要有保密义务，特别关于客户信息及价格表。

3. 报备管理

- 渠道带客需提前 1 小时向销售经理报备；
- 若经理开会或休息，则由销售文员代为审核；
- 若有其他问题未能进行审核，电话请示销售经理；
- 在客户入场第一时间填写入场单，销售经理和财务现场进行客户核对并拍照片留底，若成交，成交当日必须填写成交确认表并交经理签字移交财务处；
- 每天有入场客户及成交的中介分销、客户转介、老带新、全民经纪人，需由销售文员或销售经理录入相应汇总表格并上报。

4. 值日生管理

- 值日生 9 点前到岗，且做好晨会工作准备；
- 换好工作服，进入工作状态，超过 9 点还在前台的，按迟到处罚，监督其他同事列队完毕后，知会销售经理可召开早会；
- 值日生负责主持早会环节：问好—点名—主题内容分享—当天工作安排—口号；
- 检查现场销售物料是否齐全，影视片的播放、销售中心音乐播放，开会后销售物料摆放补充完毕且整齐，保证每项物料充分，发现哪一种类的物料不充足，及时反馈给现场经理，晚上下班前整理好户型图等物料并放到资料架上；
- 早上、下午定时对公司显示屏、电话、打印机等进行开机检查，遇上断电断网及时报备；
- 负责整理前台、签约区、会议室内的各项物品，保持台面的干净整洁；
- 每天开早晚会时，值日生需做好会议记录，督促同事看完后签字确认，还需提醒休息人员回来上班后第一时间看会议记录，并及时签字确认；
- 如值日生当日忙于接待客户、办理定房或签合同手续，应交待副值帮助履行职责，其他同事应发扬团队协作精神，积极协助；
- 每天接近下班时按巡检表内容做好售楼部和样板间的检查工作并记录，晚上下班前将整改内容发给物业主管；
- 若每日有物料清点，值日生必须协助清点好物料，按值日要求填写各类表格。

节点时间

案场打造一般在示范区开放后开始，持续到项目清盘。

节点 TIPS

案场最核心的指标是转化率，转化率的计算方法是到访人数除以成交人数。转换率的高低主要取决于产品、价格和销售力这三个要素，其中销售力是三要素里最容易调整和提升的环节。提升案场销售力主要从以下三个方面入手。

一是优化销售说辞。销售说辞是产品核心价值点的体现，是针对客户抗性点和疑惑点的针对性解说，是提升转换率的关键之一。项目要不断根据市场情况、客户反馈情况，优化销售说辞，并要求置业顾问严格按照销售说辞进行解说，统一输出口径。

二是提升逼定效果。对有意向、有购买实力但有些犹豫的客户要采取现场逼定技巧促使成交。应要求每个置业顾问全面掌握双龙抢珠法、欲擒故纵法、引领造势法、差异比较法等常见的案场逼定技巧，并针对不同类型的客户采取差异化的方法。

三是加强案场管理。要通过早晚会制度、PK 机制、激励淘汰机制加强案场管理，对转换率持续较低的销售坚决淘汰，通过换血来实现团队的迭代更新。如果案场来访量比较少，销售没有接待任务或者接待任务不饱满的，可以通过培训、团建、客户沟通维系、资料梳理、内部竞赛等工作来充实每天的工作，避免案场没有生机和活力。

节点 36

认筹执行

节点背景

经得起折腾是真心，舍得花钱是真爱。

这句话被很多人视为恋爱宝典，电影《我的野蛮女友》对此进行了形象诠释。全智贤扮演的女主角野蛮又霸道，在恋爱过程中屡屡折腾她的男友牵牛（车太贤饰）。她想知道河水有多深，就把男友推到河里，直到他快要扛不住才救他上来；在公园里散步，她的高跟鞋磨脚，便向牵牛提出换鞋子穿的要求，要他穿上她的高跟鞋在公园里跑步；在咖啡店里她问他要喝什么，牵牛回答可乐，她却叫服务员来两杯咖啡。

这么折腾，换成一般人，早就分手说拜拜了。但是牵牛没有，为什么？因为是真爱。所以说，经得起折腾和考验，舍得付出的才是真爱。电影《我的野蛮女友》给地产营销人最大的启示是，我们可以不野蛮，但是需要判断客户的真实购房意向，就像野蛮女友考察牵牛一样。因为从品牌导入开始，各种推广活动、渠道活动中不可避免会进来很多水客。水客就是出现在客户登记名单里，出现在活动现场，如嘉年华、晚宴等，拿各种推广礼品，如购物卡、加油卡、大米、食用油，但是绝对不会购房的一类人。他们不是意向客户，他们之所以出现，不是奔着购房，而是礼品。水客不是完全没有价值，他至少能带来人气和传播，但绝对不是我们的主攻方向，我们需要的是意向客户。很多项目之所以开盘没有达到预期效果，不是没有做蓄客动作，而是在蓄客过程中的水客太多，给项目造成要热销的场面，影响了操盘手的判断。

如何将蓄客过程中的水客筛掉，成为整个营销管理中非常关键的一环，从某种角度上甚至直接决定了开盘效果。我们需要向野蛮女友学习，通过在过程中折腾客户来判断其意向，“经得起折腾是真想买房的，舍得花钱才是真有意向”。折腾客户的方式很多，如和客户电话或者微信沟通项目信息，看看客户的沟通态度和及时性；又如邀请客户参观工地、展厅、示范区、样板间，看客户的参与度；再如让客户去银行打印流水清单，验资后为其办理入会或者 VIP 卡，这些都是考验客户意向的一些动作。水客一般都是经不起考验的，不想牺牲自己的时间参加没有礼品或者娱乐的活动，更不会去银行打印流水，经不起这个折腾。但是意向客户不同，因为他想购房，所以他需要了解更多的项目信息，获得更多优惠。

开盘前的认筹是将这个考验加码，直接让客户交钱，只有交钱了，他才可以参与后期的选房和开盘。认筹是目前房地产营销过程中筛选客户的重要步骤之一，通过认筹可以有效筛选出意向客户，实现对意向客户的精准摸排。

节点内容

一、认筹的基本概念

“认筹”就是购房者表现出买房的诚意，这个诚意需要通过缴纳“认筹金”来体现，根据规定，任何形式的认筹都应该是开发商取得预售许可证之后进行的。在缴纳“认筹金”后，购房者可以获得房屋的优先购买权，并在房价上享受一定程度的优惠。等到楼盘正式开盘销售时，“认筹”的购房者再以“优先选择”的顺序选房，选中房屋后与开发商签订正式的房屋买卖合同。如果购房者没有选中理想的房屋，开发商将把“认筹金”如数退还给购房者。

认筹是目前房地产行业惯用的一种营销方式，也可以说是开发商或者销售代理商在开盘前蓄客、筛客的一种手段，包含任何形式的“认筹”“排号”“内部认筹”“VIP排号”等行为。

二、认筹方案

为实现好的认筹效果，需要在认筹前对项目、客户进行详细分析、研究，所以在认筹执行前，首先需要进行认筹方案撰写，认筹方案包括认筹目的、时间、前提、形式、政策、流程、物料等方面。

1. 认筹目的

通常，通过认筹达到以下目的。

- 对前期蓄客进行检验，对客户进行筛客，得到真正的意向客户；
- 通过认筹优惠，如1万元抵3万元，进一步刺激犹豫客户向意向客户转变；
- 借势营造现场销售气氛，尽早吸引竞争对手的客户，达到截流目的。

2. 认筹目标

认筹目标是指具体认筹数量要求，认筹总目标设定和开盘的货量套数有直接关系，业界把认筹数除以货量套数称为筹货比，筹货比越大，开盘清盘概率越大。但是筹不是越多越好，筹过多说明前期的推广和人力也就越多，增加了成本。所以在开盘前会设定一个比较科学的筹货比，既能够实现开盘目标，也可以避免增加过多的成本。需要知道的是，针对不同类型的产品，筹货比要求不同，下面分几种情况说明。

- 刚需型及公寓类产品：总价低，筹金不高，通常在2万元以下，筹货比要求最高，通常在3倍以上，即平均三个筹对应一套房；
- 改善型产品：总价高，筹金通常在2万—5万元，比刚需型产品高，筹货比通常在2倍左右；
- 高端产品：如别墅、高端洋房、大面积商铺，总价高，筹金通常在5万元以上，可以降低筹货比，如1.2—1.5倍。

3. 认筹周期

认筹周期一般是从项目达到预售条件后直至开盘前，按照阶段可以进行如下划分。

- 开始集中通知阶段；
- 开始认筹阶段；
- 强化促进认筹阶段，通过售楼处现场的持续活动，不断增加认筹；
- 认筹结束。

4. 认筹方式

认筹金缴纳方式包括转账、微信、支付宝、刷卡、现金缴纳等，认筹成功后发放VIP卡、VIP护照、VIP消费卡、认筹卡等。

5. 认筹政策

认筹政策可以从客户和销售两个方面进行激励。

（1）客户优惠政策

通常采用存 ××万元抵 ××万元的优惠政策，如存 2 万元抵 5 万元，相当于给客户 3 万元的优惠。有的项目还会根据认筹的筹号顺序决定选房的顺序，刺激客户尽早认筹。有的项目为了刺激客户尽快认筹，尽早锁定客户，会采用阶梯式优惠，根据客户缴纳筹金的时间来制定不同的优惠政策，如某别墅产品认筹政策如下。

- 前 50 名认筹客户，缴纳 10 万元认筹金，开盘可抵 20 万元房款；
- 第 51—100 名，交 10 万元开盘抵 18 万元房款；
- 第 101—150 名，交 10 万元开盘抵 15 万元房款；
- 对于认筹客户，上述认筹优惠政策可与开盘当天优惠政策重叠使用。

（2）销售激励政策

为了确保认筹目标顺利达成，销售人员可以得到认筹目标达成奖励等。

6. 认筹推广

即配合认筹活动，做一些推广活动，主题围绕认筹启动，推广画面主题突出、新异、内容清晰，强调项目及产品核心竞争力。

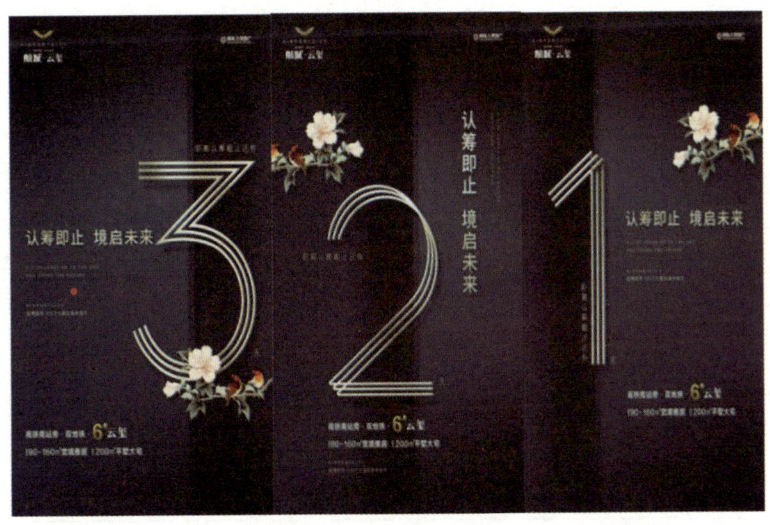

图 36-1　认筹推广海报

7. 认筹流程

根据案场实际销售动线制定简单、快捷、方便的认筹流程，如图 36-2 所示。

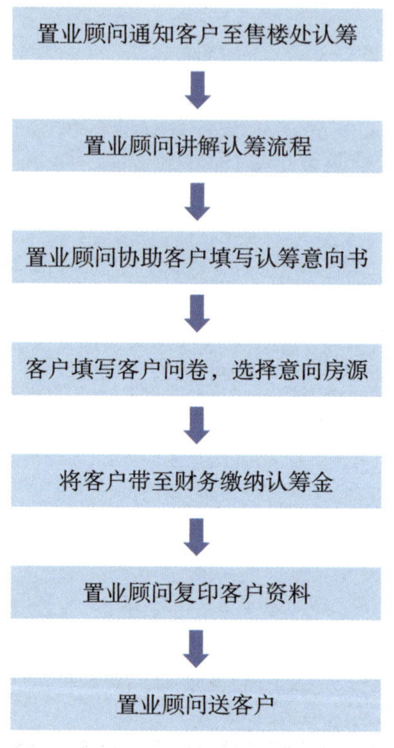

图 36-2　认筹流程

8. 费用预算

即在认筹方案中体现认筹的物料清单和相应的营销费用预算，如表 36-1 所示。

表 36-1　营销费用预算表

分项	物料名称	数量	单价（元）	总价（元）
认筹物料清单	×	×	×	×
	×	×	×	×
	×	×	×	×
合计				×

三、认筹执行细节

认筹方案撰写完成之后，就涉及执行的细节。

首先，在认筹执行之前，需根据认筹方案对置业顾问进行培训，置业顾问应对方案内容熟练掌握。

其次，对认筹相关物料进行确认，物料主要包括推广类（认筹海报、认筹展架、手提袋等）、文本类（认筹统一说辞、认筹须知、认筹单、财务票据等）、设备类（验钞机、复印机、刷卡机等）、文具类（中性笔、激光笔、回形针、文件夹、订书机等）。

再次，就是认筹执行的具体事项，主要有以下几点。

- 认筹主体必须是年满 18 周岁且具有完全民事行为能力，可以独立从事民事活动的公民，未满 18 周岁的公民须由法定监护人陪同；
- 认筹方式根据当地监管部门要求进行作业，禁止触犯当地法律、法规；
- 客户认筹落位要注意热门产品的权重比，防止认筹客户堆积；
- 认筹及认购协议书必须由本人签字、按手印，防止纠纷；
- 认筹单仅限开盘当日认购推售房源使用，凭认筹资料在开盘当日成功认购房源，并按认购协议约定完成签约缴款，可享受开盘优惠；
- 认筹只限本人使用，转让无效，认筹优惠不兑现、不找零。

最后，如果遇到退筹、认筹卡丢失、认筹收款票据丢失等情况，需要及时进行解决，避免最后酿成舆论风险。一般来说，开盘未成功购买的认筹客户可以在规定时间到售楼部或其他指定地点办理退筹手续，不接受未开盘前退筹。丢失认筹卡的客户可在开盘前携带身份证到售楼部、开盘签到处开具证明，开盘时携带相关有效证明代替认筹卡使用。丢失认筹收款票据的客户须到指定报社刊登遗失声明，并凭该遗失声明到售楼部办理相关手续。

节点时间

首开项目认筹执行节点一般在取得预售许可证之后开始，在开盘之前结束。后续项目加推，如有需要可以再启动认筹。

节点模板

本节点有三个模板，包括《××项目认筹须知》《××项目认筹单》及《客户问卷》。

【模板 1】《× × 项目认筹须知》

本次认筹用于购买 ××项目房源。在签署《××项目认筹单》并缴纳诚意金之后，则可享受认筹人员相应的权利。

项目组将在公开选房前 ××天内按照认筹客户所填的个人资料，选择邮件、短信、电话或报纸等任一形式通知认筹客户正式选房的具体操作办法，申请人必须确保个人资料的准确性和有效性。

由于认筹客户自身原因而错过正式选房日期的，由认筹客户自行负责。

在规定的认购当天，申请人到选房地点进行选房，但一份《××项目认筹单》仅限订购一套 ××项目的房源，有购买多套需求的客户，可申请办理多份《××项目认筹单》。

已经参加认筹的客户享受以下权益：

- 缴纳诚意金后，可参加开盘当日的选房活动，优先选择意向房号；
- 认筹金 ××××元可抵 ××××× 元；
- 认购当天按照规定流程认购成功，可享受选房当天的特殊优惠。

《××项目认筹单》仅限申请人本人于正式认购当天使用，不得转让，且过期无效。

在认购规定时间之内，未认购的，待认购 ××天后，按开发商规定的时间，前往开发商规定的地点办理认筹金退款手续，款额如数退还，不计任何利息。

《××项目认筹单》如有遗失，请携有效证件、诚意金收据到“××项目营销中心”办理挂失补办手续。

若对认筹方式有任何疑问，请致电 ××××—×××××××或向现场工作人员查询。

本次活动的最终解释权归 ××××集团所有。

申请人签名：　　　　　　　　　　（盖章生效）

××年 ××月 ××日

【模板 2】《× × 项目认筹单》

No.__________

本人已经详细阅读了《××项目认筹须知》，自愿缴纳人民币________元作为诚意金，申请办理贵公司 × × 项目__________（房源）认筹相关事宜。

申请人姓名：

申请人联系电话：

申请人证件类型：

证件号码：

申请人详细通信地址：

特别申明：本人确保以上所填资料准确、真实、无误。如因上述填写内容有误造成信息传递延误，一切后果由本人负责。申请人意向房号并非最终认购房号，最终认购房号由开盘当天决定。

申请人签名：

申请日期：　　　　　　　　　　（盖章生效）

备注：本文件一式贰份，申请人、销售部各持一份。

【模板 3】《客户问卷》

尊敬的 VIP 客户：您好！感谢您对我们项目的关注，希望您能配合我们填写相关信息，以便为您提供更好的产品和服务。

客户姓名：__________　　客户性别：□男　□女　　联系电话：____________

通信地址：____

1. 您的年龄为：

□ 25 岁以下　□ 25—35 岁　□ 35—45 岁　□ 45—55 岁　□ 55 岁以上

2. 您现在的居住区域为：

□ ××区　□ ××区　□ ××区　□ ××区　□ ××区　□ ××区　□ ××区　□ ××区　□ ××区　□ ××市　□ ××县　□ ××县　□其他（请注明）________

您现在的居住小区为：____

3. 您现在的工作区域为：

□ ××区 □ ××区 □ ××区 □ ××区 □ ××区 □ ××区 □ ××区 □ ××区 □ ××区 □ ××市 □ ××县 □ ××县 □其他（请注明）________

4. 您的职业是：

□公务员 □学校老师 □私营业主 □企业员工 □企业高管 □离退休职工 □个体经营户 □事业单位职员 □其他（请注明）________

5. 您是通过什么途径认知我们项目的（单选）：

□派单 □城市展厅 □展点 □电话营销 □户外大牌 □户外灯旗 □道路指示牌 □现场体验类活动 □圈层营销活动 □电视 □电台 □报纸 □夹报 /DM □网络 □朋友介绍 □流动广告（公交车身） □施工工地 □楼宇广告 □短信 □微信

6. 您常用的交通方式是：

□公交 □地铁 □打车 □自驾（请注明汽车品牌）

____

7. 您的近期购房计划：

□今年内 □半年内 □一年内 □两年内 □暂无购房计划

8. 您的置业次数：

□首次置业 □ 2 次置业 □ 3 次及 3 次以上置业

9. 您的家庭结构：

□两口之家 □三口之家 □四口之家 □三代同堂 □单身 □其他（请写明）

____

10. 您的购房目的：

□自住 □投资 □养老 □为子女 □度假 □其他（请注明）

____

11. 可接受的精装修标准：

□ 500—1000 元 □ 1000—2000 元 □ 2000 元以上 □不接受精装修

12. 您的房型与价格需求：

（别墅、洋房、商铺均可选择）

■别墅：

意向户型（单选）：□ W216　约 480m^2（6 室 2 厅） □ W217　约 230m^2（5 室 2 厅） □ W218　约 260m^2（5 室 2 厅） □ W165　约 250m^2（5 室 2 厅） □ W171　约 240m^2（5 室 2 厅）

意向楼幢：____________幢

意向均价：（元） □ 12000—13000　□ 13001—14000　□ 14001—15000　□ 15001—16000　□ 16000 以上

■高层洋房：

意向户型（单选）：□ H360　约 170m^2（4 室 2 厅） □ H472　约 135m^2（3 室 2 厅） □ H472　约 91m^2（3 室 2 厅） □ H472　约 117m^2（3 室 2 厅） □ H475　约 117m^2（3 室 2 厅） □ H475　约 96m^2（3 室 2 厅） □ H475　约 85m^2（2 室 2 厅）

意向楼幢：______幢______单元______号

意向楼层：□ 1—5 层　□ 6—10 层　□ 11—15 层　□ 16—20 层　□ 21—25 层　□ 26—30 层

意向均价（元）：□ 6500—7000　□ 7001—7500　□ 7501—8000　□ 8001—8500　□ 8500 以上

■商铺：

意向面积（单选）：□ 50m^2 以下　□ 51m^2—70m^2　□ 71m^2—90m^2　□ 91m^2—110m^2　□ 110m^2 以上

意向均价（元）：□ 18000 —19000　□ 19001—20000　□ 20001—21000　□ 21001—22000　□ 22000 以上

13. 您的付款方式为：□全款　□按揭

14. 您购房的决定性因素（选出 5 项，并按重要性从高到低排序）：

□地段　□交通　□环境　□户型　□配套　□学区　□小区规模　□物业　□价格　□质量　□建筑风格　□品牌　□其他（请写明）____________________

15. 您平时最喜欢参加的高品质活动是（限选 5 项）：

□美食类　□戏剧欣赏　□家庭趣味类　□体育活动　□音乐演奏　□各类展览　□各类讲座　□晚会表演　□自驾游或组团旅游　□奢侈品鉴赏　□其他

16. 您是否看过周边其他楼盘：

□是 （列举几个楼盘）__________□否

填写日期：××年 ××月 ××日

节点 TIPS

启动认筹后，如果筹量上不去，其主要的原因有两个：一是到访量不足，二是转筹率低。

如果到访量不足，即使是案场转筹率高，筹量也上不去。解决到访量不足主要有两招。一是加大推广力度，尤其是面向目标客群的精准投放。二是启动渠道营销，通过中介分销、老带新、编外经纪人增加到访。

针对转筹率低。转筹率的计算方法是到访量除以认筹量。如果到访量是够的，但是转筹率低，也会直接影响筹量。转筹率均值为 15%—20%，也就是平均 5—7 组客户有一组认筹，如果转筹率低于 15%，则属于偏低。可以通过加强现场体验、将价格区间恰当拉大、增加案场销售力等方法来提升转筹率。

有些项目在启动认筹后，由于筹金较少，如少于 5000 元，意向客户比较多，筹货比较高。这种情况可以启动升筹，升筹就是让客户再缴一次认筹金，筹金比上次高，如首次是 5000 元抵 1 万元，升筹后是 2 万元抵 5 万元。通过升筹进一步进行筛客，锁定真正的意向客户，并为后面的开盘定价打下基础。

节点 37

落位分析

节点背景

房子不是一栋栋卖，而是一套一套卖。

上面这句话看似简单，其实蕴含着深刻的营销逻辑，很多操盘手对这句话理解不深，导致开盘效果不好，突出表现在开盘前期重视认筹，而轻视落位。特别是筹量足的时候，如筹货比达到 3 倍或以上，就认为开盘清盘无忧，忽视了落位分析，最终开盘没有达到预期结果，这是典型的认知误区。筹多只是表明意向客户多，但是否能清盘，还取决于客户的落位情况。落位就是客户在所推售房源上的意向选择，具体到某栋、某单元、某户。之所以要研究落位，是因为客户购房，不是整栋整单元地购买，而是匹配购买，通常一套房只能被一位客户购买，所以一定要研究落位。

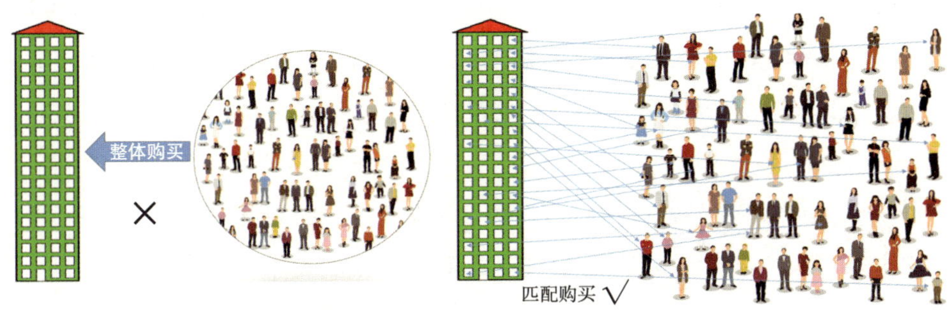

图 37–1　客户购房模式

从图 37–1 我们可以看出，房子不是一栋一栋卖，而是一套一套卖。房子销售的全过程，从本质上来讲，就是一个房源和客户匹配的过程。地产营销的终极目的就是为每一套房匹配到精准客户，并实现利润最大化。正因为是匹配关系，所以要研究落位，研究每一套房子是不是已有人选了，选的人多不多，如果没有客户选择，就要想办法让客户选择。如果选择这套房的比较多，那么就可以把价格提上来，实现溢价销售。筹只解决了量的问题，落位才是解决匹配和溢价问题。如果只看筹，而不研究落位，就会出现虽然筹很多，筹货比很高，但是落位很差，好的户型被客户抢光，不好的户型无人问津，最终实现不了开盘目标的情况。

节点内容

一、落位分析前置工作

有真正意向的客户才进行落位，无意向客户的落位没有意义。所以在分析前，需要对客户进行筛选，筛选一般经历 3 个阶段，分别是客户沟通 / 意向登记、验资排卡、认筹，这三者是层层递进的关系，项目可以根据自身情况，采用其中几种或全部手段。

1. 客户沟通 / 意向登记

通过沟通，了解客户目前的居住情况、经济实力、购房动机、关注点、价格敏感度，同时结合项目实际情况，初步判断客户的意向程度。

2. 验资排卡

验资排卡是在蓄客阶段筛选客户的重要手段，是让客户打印资金流水，对符合条件的客户派发 VIP 卡的过程。无意向客户一般不会配合验资过程，因此通过验资排卡，可以判断客户的意向程度。和验资排卡有同样作用的是银行定存和资金冻结，通过定存和冻结一定的资金来识别客户的意向程度，挤掉水客。

3. 认筹

一般是客户筛选过程的最后一步，通常操作是，根据拟推房源的平均单套总价确定认筹金额，客户缴纳认筹款，才能具备开盘优先选房资格或者享受开盘优惠。

通过以上三步对客户意向进行筛选，即可进行落位分析与引导。

二、落位分析的基本概念

落位分析有几个基本概念，以表 37–1 为例进行说明。

表 37-1　客户落位图

3 号楼二单元				3 号楼一单元			
	03	02	01		03	02	01
楼层	$139m^2$	$95m^2$	$135m^2$	楼层	$135m^2$	$95m^2$	$139m^2$
15	2	3	1	15	1	1	1
14	3	1	0	14	0	1	2
13	2	1	0	13	0	0	0
12	0	2	1	12	0	1	1
11	4	2	2	11	0	2	2
10	3	1	2	10	2	2	1
9	3	2	3	9	0	5	3
8	7	2	2	8	0	3	4
7	1	3	1	7	0	1	2
6	5	6	3	6	1	1	1
5	1	3	2	5	0	2	0
4	0	1	0	4	0	0	2
3	1	0	0	3	0	0	1
2	2	3	2	2	0	1	1
1	3	2	2	1	0	0	0
派筹	37	32	21	派筹	4	20	21
落位	13	14	11	落位	3	11	12
共 45 套房，认筹 90 组，筹货比为 200%，落位 38 组，落位率为 84%				共 45 套房，认筹 45 组，筹货比为 100%，落位 26 组，落位率为 58%			

1. 落位图

根据客户在派卡、认筹阶段填写的意向单位，绘制客户落位图，如表 37-1 所示，图中每一方格表示一个单位。格子里面的数字不为 0，表示该单位有落位，数字为认筹数，也就是有多少个筹客选中了这套房；如果为 0，表示没有客户落位。

2. 认筹数

指的是客户的认筹数量，落位图中每一户里面的数字就是认筹数，全部数字加在一起就是总认筹数，单元认筹数加在一起是单元认筹总数，某户型加在一起就是某户认筹总数。通过认筹数，可以看出总体客户意向，某栋、某单元、某户型的客户意向度。从表 37–1 中我们可以看到，3 号楼二单元 03 户型认筹数最多，总共 37 个，而 3 号楼一单元 03 户型只有 4 个。

3. 筹货比

筹货比也称为认筹率，是认筹总数除以总套数，如表 37–1 所示，3 号楼二单元认筹总数为 90 组，总套数是 45 套，则筹货比为 90 ÷ 45 = 200%。筹货比既可以是整个单元、整个项目的筹货比，也可以是某个户型或者楼层的筹货比。

4. 落位数

落位数即有落位房子的总数。一套房有落位则计为 1，无落位计为 0。如表 37–1，在 3 号楼二单元中，总共有 38 个房源有落位，故落位数是 38。

5. 落位率

落位率是落位总数除以总套数，如表 37–1，在 3 号楼二单元中，落位数是 38，总套数是 45 套，则落位率为 38 ÷ 45 = 84%。

落位图清晰反映每套房源、每个户型、每类景观的客户分布情况，以及是否存在落位不均的情况。根据落位分布、落位率、筹货比，指导均价及拉差。

三、落位分析与落位引导

在认筹数不变的情况下，落位最理想的情况是落位率 100%，所有套房平均分配所有筹。比如，100 套房，有 200 个筹，最理想的情况就是每套房有 2 个客户进行选择。

可在实际操盘过程中，很少有这样的理想情况，出现落位不均匀非常常见，如表 37–1 中有的房源落位是 7，有的是 0，很不均匀。开盘前的落位分析引导，就是对落位不均进行分析及引导，使落位变得均匀的过程。当客户落位出现意向客户大量扎堆或意向客户空缺严重的情况时，可通过落位引导或价格手段等引导扎堆客户转向滞销产品（即落位少的房源），如果不加以引导，则会导致开盘销售去化不均，为后期销售增加难度。

1. 落位分析步骤

第一步：筹货比和落位率分析。分析整个推货项目、单元、楼层、户型的筹货比和落位率，判断客户数量和偏好，并预估去化情况。比如，三四线城市刚需盘，开盘要 95% 以上去化，则筹货比为 300% 以上，落位率为 95% 以上。

第二步：楼层分析。分析哪些楼层客户落位多，哪些落位少，从而得出客户对楼层的喜好，如表 37–1 中，在 3 号楼二单元，客户对中间层（7—11 层）有偏好，而对低层和高层有抗性。

第三步：户型和面积段分析。分析不同户型和面积段客户的认筹和落位情况，户型和面积段要结合单元一起看，如表 37–1 中，同为 135m² 的面积段，一单元认筹 4 组，而二单元认筹 21 组，就是因为单元不同，朝向和景观不同。

2. 落位引导

从落位分析得到客户喜好和抗性，为了提高去化率，开盘前可以采取相应的营销动作，确保落位均匀，提高去化率，具体有以下做法。

（1）价格拉差

价格拉差是指在总均价基本不变的情况下，对热销户型、落位高的房源进行价格提升，而对相对滞销户型、落位少的房源进行价格调低的过程。价格拉差是落位分析的重要手段，通过拉差价格，可以在保证利润的情况下很好地对落位进行引导和调整。价格拉差包括以下几种情况。

- 同一产品不同装修标准的价格拉差；
- 同一产品不同户型的拉差，如同一楼栋中标准层与首层、顶层的拉差；
- 各景观合理性拉差，如海景、非海景房源的拉差；
- 热销户型、相对滞销户型均价拉差。

（2）落位引导

落位引导分两种情况，一是针对已经落位的客户，通过沟通将客户从落位多、筹货比高的房源引导到落位少、筹货比低的房源。二是通过对落位少的房源进行价值包装、价格调整，引导新客户对落位少的房源进行落位。落位引导成功与否，取决于以下几个因素。

- 对落位少房源的价值梳理与包装；
- 同户型引导；
- 相同价格的引导。

（3）激励调整

对落位少的房源加大销售激励力度，如提升滞销房源成交后的销售佣金，从而刺激销售加大对落位少的房源投入力度，加大认筹量，从而达到平衡。

（4）附加价值

对落位不好的楼层、户型，除价格拉差外，额外赠送价值，如对顶层、低层落位少房源送车位、送花园等，通过附加价值刺激客户落位。

（5）局部封盘

落位好的、筹货比高的房源如果都处于同一户型，如东边户，则在后续认筹落位中，可以将热销房源局部封盘，逼迫后面的新增认筹落位到认筹率和落位率比较低的房源。

（6）敏感数字包装

有些客户对楼层数字敏感，如 18、4 等，可以对这些敏感数字进行包装，以消除客户对敏感数字的抗性。例如，很多小区取消 4 开头的楼层房间号，直接跳到 5 开头。

【节点案例 1】客户落位分析及引导案例

某新开盘项目，计划推售 218 套房源，开售前销售中心仅关注客户储备数量（一周派筹数是货量的 2 倍），而在客户落位引导环节较为薄弱（仅关注客户意向价格的填写，未要求客户填写意向单位选择）。

造成后果：景观好的单位重叠严重（多个客户选择同一套单位），共 34 套，落筹 219 组，筹货比 6.4：1，而景观一般的单位共 103 套，落筹 103 组，筹货比 1：1。

采取措施：重点引导客户分散落位并调整景观价格拉差，置业顾问重新联系客户，对落位重叠较多的单位客户，说明情况并推荐筹号较后的客户选择其他替代单位，在价格上对落位较为重叠的单位再提升 5%—10%。

最终效果：开售两天去化 174 套，总体去化率 80%，达到公司要求的 70% 以上（其中景观好的单位去化率 91%；景观一般的单位去化率 74%）。

节点时间

落位分析及引导从启动认筹落位后开始，持续到开盘前 3 天结束。

节点 TIPS

落位分析和引导是否有效的关键是客户落位信息的准确性，客户落位必须了解的信息包括客户意向购买套数、第一意向购买房源、第二意向购买房源、意向购买面积、接受购买总价、首付购买力、付款方式等，另外应了解客户的职业、收入、投资经历等其他信息来进一步判断客户所表示的购买意向的真实性。只有信息准确了，落位的分析和引导才能真正有效。

价格拉差是落位引导最重要的手段，在均价保持不变、销售业绩目标不变的情况下，将热销户型均价拉高，将滞销户型价位拉低，从而实现落位均匀，总体去化。这一手法的关键是，热销户型要拉的足够高，这样滞销户型才能足够低，滞销户型才能利用价格优势去化，落位引导价格拉差要记住一个道理，“热销户型价格拉得足够高，目的是使滞销户型价格足够低，从而确保滞销户型在价格上有竞争力”。

临近开盘，落位分析要将重点放到落位为零的房源，也就是没有客户选择的单位。对落位多的房源，无须增加新的认筹和落位。因为房子是一套一套卖的，某单位已经被客户认领走，后面再多的认筹和落位对于这套房来讲已经没有意义。要将重心放到落位为零的单位，要分析为什么没有客户选，是楼层问题、面积问题还是价格问题。要从客户最关注的痛点入手，进行价值包装、增加附加值或者价格调整，对落位为零的房源增加落位，确保每一个单位都有落位，最后实现开盘目标。

节点 38

开盘方案确定

节点背景

凡事预则立，不预则废。

——《礼记·中庸》

“凡事预则立，不预则废。”不论做什么事，事先有准备，成功概率就大，准备不足则增加了失败的可能性。这句话对地产营销管理的启示在于，在一些关键节点如开盘、交付，一定要提前做好充分准备，做好筹备，把“预”的工作做好，才能取得好的结果，否则将增加“废”的概率。以开盘为例，随着示范区开放、认筹启动和落位分析，意味着开盘的临近，各项准备工作要提上议事日程。为了成功开盘，需要周密地筹划，做好各种准备工作，这个筹划和各项准备工作集中体现在开盘方案中。开盘方案是开盘前营销对整个开盘计划、开盘实施的系统梳理，是开盘的执行方案，它不仅体现了整个开盘的思路及需要具体落实的工作细节，更体现了营销、工程、运营、财务、物业等不同专业模块之间的协同，是一个联合作战方案。

节点内容

开盘方案涉及内容比较多，各项目在汇报方案上也有差异，一般包括以下内容。

一、推售货源

推售货源是指开盘销售的具体产品、数量、货值及占比，如表 38-1 所示。

表 38-1　首期开盘货量

产品	型号	户型面积（m^2）	房间间隔	首开套数	首开货值（亿元）	面积（m^2）
双拼	H15	175	3 房 2 厅 3 卫	20	0.39	3500
	H25	275	5 房 2 厅 4 卫	28	0.75	7700
小计	–	–	–	48	1.13	11200
高层	W95	116	3 房 2 厅 1 卫	216	1.37	25056
	W59	82	2 房 2 厅 1 卫	247	1.11	20254
	W61	130	3 房 2 厅 2 卫	62	0.39	8060
小计	–	–	–	525	2.87	53370
独栋	H21	416	5 房 3 厅 6 卫	4	0.21	1664
商铺	商铺	–	–	11	0.07	568
合计	–	–	–	588	4.28	66802

二、开盘时间确定

开盘时间的选择根据项目预售证取得时间确定，尽量避开客户工作时间。通常，开盘时间应选择周末、节假日的上午时间，如果遇内部选房等非常规开盘，可以考虑选在晚上。

三、开盘选房方式

开盘选房的方式分为线下开盘和线上开盘，线下开盘又分成排队、排号、摇号、锁定房号选房几种方式，线上开盘分为集中和不集中两种方式，根据项目具体情况确定开盘选房方式。几种方式的差异见表 38-2。

表 38-2　开盘方式对比

开盘类型	开盘方式	适用情况	优点	不足
线下开盘	排队选房	排队选房是按照客户到场先后顺序进行选房，适用于认筹客户不多（如 200 组以内），局面能很好控制的情况	1. 刺激客户在开盘当天尽早到达现场； 2. 所有客户认筹都不分先后，对外显示比较公平； 3. 客户认购的筹码没有顺序，竞争对手不易判断客户储备情况	1. 由于客户认筹不分先后，对前期交筹的忠诚客户不利，可能影响此类客户的购房热情； 2. 客户认筹没有紧迫感，要临近开盘才去交筹，可能造成部分客户流失

续表

开盘类型	开盘方式	适用情况	优点	不足
线下开盘	摇号/抽签选房	摇号/抽签选房是客户到达开盘现场后通过摇号或者抽签方式进行选房，通常适用于蓄客量大于推售货量的情况	1. 摇号给客户一种公开公平公正的选房环境，利于最大化积蓄客户量； 2. 所有客户认筹都不分先后，对外显示比较公平； 3. 客户认购的筹码没有顺序，竞争对手不易判断客户储备情况	
线下开盘	排号选房	排号选房是客户认筹但不选房，开盘时根据筹号顺序进行选房，适用于蓄客时间有限，且多个竞品同档竞争的情况	1. 刺激客户尽快认筹，有利于增加筹量； 2. 快速抢夺客户，有利于形成项目未售即抢购局面	1. 由于筹码序号靠后的客户选到意向单位的机会不大，导致后期客户的交筹积极性不大； 2. 客户的实际认筹数量对外透明度较高，若认筹效果不理想则不利于项目市场形象
	锁定房号选房	锁定房号选房是指认筹的同时选定房号，适合高端产品及替代性差的项目，认筹量不足时也可以考虑采用此方式提高认筹量	由于筹码与房号相对应，客户有明确的认筹目标，客户认筹积极性较大，诚意度较高	容易让客户觉得不公平，并且不能形成开盘挤压效应
线上开盘	线上开盘	具备线上开盘技术条件，适用于开盘货量多，认筹量足的情况	1. 提升选房效率：线上开盘较传统的线下开盘持续时间要短，通常几分钟内就可以完成所有选房过程； 2. 节约费用：线上开盘省去了线下开盘的场地费、物料费、活动组织费用，也不需要大量的人力铺排	1. 一旦出现系统问题或者网络瘫痪，将导致开盘失败； 2. 现场的体验感较差，不能通过现场的挤压效果逼定

四、开盘地点确定

如果是线下开盘，则要选择开盘地点，开盘地点通常选择营销中心前广场或酒店等大型会展场所。认筹客户在1000组以下，开盘地点选择售楼部内或营销中心前广场；认筹客户达1000组以上，开盘地点选择体育馆或酒店等大型会展场所。

五、开盘信息释放

开盘信息释放是通过线上推广及线下暖场活动对外释放开盘信息，释放内容主要是开盘优惠利好，实现认筹客户来开盘现场、未认筹客户增加新筹目的。推广主题以开盘为系列，如“典藏小高层盛大开盘”等，可以综合运用各种推广渠道，包括户外媒体、大型商场、微信、自媒体、举牌、派单游车等。有的开盘广告还会运用一些小创意，如图 38–1 所示的倒计时开盘，就巧妙地将开盘倒计时三天融入广告案名当中。

图 38–1　开盘倒计时广告

六、参与开盘选房的客户对象

客户对象一般都是已经认筹的客户，为了营造开盘热销的气氛，允许客户带 1—2 名亲属陪同选房。

七、付款方式、优惠及促销方案

付款方式主要是指一次性付款、分期付款、公积金贷款、按揭贷款、组合贷款几种方式。为实现快速回款目标，可以通过不同付款方式优惠不同的做法来激励尽快回款，根据不同付款方式有不同的折扣，具体优惠根据项目实际情况而定。为了实现开盘目标，形成热销，除了采用不同付款方式激励，还可以采用相应的促销方案，包括但不限于下列优惠。

- 认筹优惠：× 万元抵 × 万元，即总价减 ××元；
- 签约优惠：× 天签约享 ××折优惠；
- 内部优惠：内部员工额外 ××折；
- 团购优惠：3 人团购 ××折，5 人团购 ××折；
- 当天成交优惠：当天认购客户享有 ××折优惠；
- VIP 卡客户优惠：已办 VIP 卡客户可以享有 ××折。

为保证项目开盘顺利进行，降低开盘风险，一般开盘均实行认筹直接转认购，开盘方案中不用体现定金金额等内容。

八、开盘场地布置

线下开盘需要进行场地布置，将签到区、演艺区、轮候区、选房区、财务区、签约区、复核区在图示中标出，如图 38–2 所示。

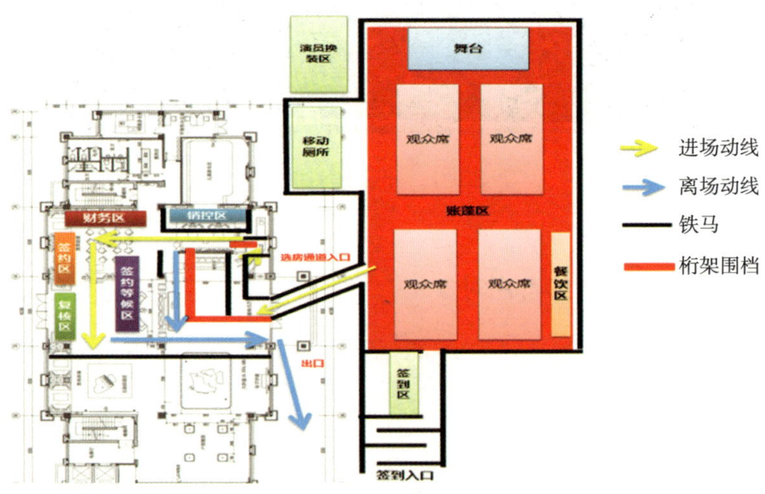

图 38–2　开盘场地布置

九、开盘费用

线下开盘费用一般包括以下四项。

- 活动费用预算：根据开盘场地划分，若在项目现场进行开盘，活动费用主要为支付活动公司费用，若开盘现场设在酒店（会场），则活动费用含场地租赁费用 + 支付活动公司费用；

- 包装费用预算：在项目现场开盘，包装费用主要是彩虹门、空飘、红地毯、礼炮氛围这几块，若在酒店开盘，包装费用主要集中在外场，内场包装相对较少；
- 礼品费用预算：礼品采购费用主要根据销售目标进行制定；
- 后勤保障费用预算：后勤保障费用包含开盘人员调动、住宿、餐饮费、保安招聘费、活动后打理清洁费，以及涉及城管、交警、特警部门方案报批费用。

十、开盘应急预案

开盘应急主要针对线下开盘中出现的突发情况做相应的应急处理，包括但不限于天气恶劣、网络中断、群体事件、身体不适等，针对突发事件，开盘都需要准备应急方案，具体应对措施如下。

- 天气变化类：如暴雨等，可在现场准备基本物件应急；
- 客户服务类：如客户银行卡无法划账，可提前安排专车及人员在现场随时准备陪同客户到附近银行取款；
- 客户投诉类：如客户激烈投诉等，可紧急安排 VIP 室隔离，快速处理，避免事态扩大；
- 后勤保障类：如停电、停水等问题的处理；
- 安全类：如提前购买参与活动人员保险，现场配有医护人员驻点。

应急处理流程如图 38–3 所示。

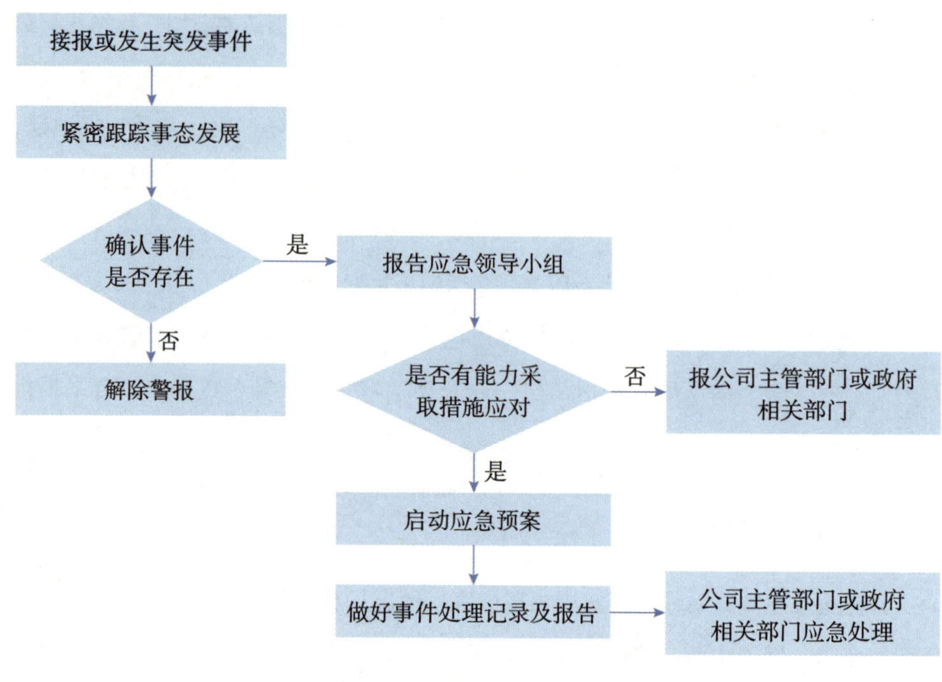

图 38-3 开盘应急方案流程

节点时间

示范区开放之后开始筹备开盘方案，一般要求在开盘前 2 周完成。

节点模板

【模板 1】《开盘方案》

一、推售货源

项目占地面积约为 ××亩，容积率 ×.××，总建筑面积约 ×.× 万 m^2，规划户数 ×××户，一期共推出 ×#、×# 两栋 ××F 小高层，×#、×# 两栋洋房，共计 ×××套房源，建筑面积约 ×××××.×× m^2，预估总货值 ×.××亿元（不含储藏室、车位）。

表 1　推售货源

<table>
<tr><th>楼栋</th><th>物业类型</th><th>层数</th><th>面积</th><th>单层户数</th><th>套数</th></tr>
<tr><td rowspan="2">×#</td><td rowspan="2">小高层</td><td rowspan="2">××F</td><td>×××.××</td><td>×</td><td>××</td></tr>
<tr><td>×××.××</td><td>×</td><td>××</td></tr>
<tr><td rowspan="2">×#</td><td rowspan="2">小高层</td><td rowspan="2">××F</td><td>×××.××</td><td>×</td><td>××</td></tr>
<tr><td>×××.××</td><td>×</td><td>××</td></tr>
<tr><td rowspan="2">×#</td><td rowspan="2">洋房</td><td rowspan="2">××F</td><td>×××.××</td><td>×</td><td>××</td></tr>
<tr><td>×××.××</td><td>×</td><td>××</td></tr>
<tr><td rowspan="4">×#</td><td rowspan="4">洋房</td><td rowspan="4">××F</td><td>×××.××</td><td>×</td><td>××</td></tr>
<tr><td>×××.××</td><td>×</td><td>×</td></tr>
<tr><td>×××.××</td><td>×</td><td>××</td></tr>
<tr><td>×××.××</td><td>×</td><td>×</td></tr>
</table>

二、开盘主题

××项目盛大开盘。

三、时间及地点

1. 彩排时间：××××年 × 月 ××日下午 ×：××—×：××；

2. 开盘时间：××××年 × 月 ××日上午 ×：××—×：××；

3. 开盘地点：××××酒店；

4. 签到时间：××××年 ×月 ××日上午 ×：××—×：××。

四、开盘目标：

解筹 ×××套，成交额 ××××万元，解筹率约 ××%。

五、开盘优惠体系

1. 认筹优惠：交 × 万元抵 × 万元；

2. 购房券优惠：每批客户最多优惠购房券 ××××元；

3. 首开特惠：开盘当天成功认购优惠 ××××× 万元；

4. 按时签约优惠：× 天内按时签约总房款优惠 ××××× 元。

六、选房方式

1. 客户凭邀请函和认筹收据进入选房现场，按摇号顺序进入选房区依次选房；

2. 客户选房后签署认购协议书，现场转认筹收据为认购收据；

3. 选房后 × 日内按认购协议规定进行签约。

七、物料及费用

表 2　物料及费用

区域	项目	规格型号	单价	单位	数量	金额	备注
户外	拱门						
	停车场导视						
签到区	签到处桁架						
	透明资料袋						
	选房 / 签约须知						
	委托书、遗失证明						
	号码贴、贵宾贴						
	签到牌（人名）						
	铁马						
	资料补失处展架						
	礼仪						
	导视展架						
舞台区	号码球						
	摇号箱						
	铁马						
舞台区	扩音器						
	对讲机						
	销控板						
签约区	展架						
	笑脸手举牌						
	印泥＋笔						
	工作证						
节目	主持人						
	开场舞						
	小红帽						
其他	大巴车						
	邀请函						
	马夹（小红帽）						
	耗材						

续表

区域	项目	规格型号	单价	单位	数量	金额	备注
酒店	酒店场地费						
	大屏						
	音响 + 灯光						
	装台费						
合计							

节点 TIPS

新冠疫情的发生给客户购房心理、地产营销模式带来深刻影响。考虑疫情的突发性，不少项目在开盘方式上选择采用 1+1 备份模式，也就是同时准备了线下开盘和线上开盘两套方案，以线下开盘为主，线上开盘为辅。一旦出现客户无法参加线下开盘的情况，就选择线上开盘作为代替。采用 1+1 备份模式，能够让项目按照计划开盘，避免了开盘时间的延后。推迟开盘不仅影响项目现金流，更重要的是已经认筹的客户在延迟开盘期间容易被竞品截走，造成客户流失。

节点 39

销售类文本准备

节点背景

开发商和购房者之间受到法律保护的关系是合同关系。

从商业角度出发，能够确保开发商和购房者权益的就是合同，在合同里明确双方的责权利，即购房者选定房源，缴纳首付或全部费用；开发商锁定房源，明确交付时间等。从营销过程来说，签了商品房买卖合同才算是真正意义上的销售达成。

在开盘前，项目需要提前准备销售类文本，如商品房认购协议、商品房买卖合同、签约须知等，为开盘销售做好准备工作。商品房认购协议、签约须知都有可参考的固定模板，销售合同正文也可以使用标准化合同，但合同附件需根据项目制定，所以商品房销售合同的准备，是销售类文本准备工作的重中之重，需要特别关注。

销售类文本准备是项目开盘销售的基础性条件，销售文本没准备好就没法开盘，所以，营销管理过程中应对销售类文本准备予以重视，在开盘前，准备好各类销售相关文本。

节点内容

一、销售类文本分类

销售类文本主要包括以下几类。

- 商品房认购协议；
- 商品房买卖合同；

- 银行按揭合同；
- 签约须知；
- 特殊事务申请表；
- 其他特殊协议书：如《装饰装修补充协议书》《分期付款协议书》《关于合同 ××变更的补充协议》《购房合同解除协议书》《配套不确定说明书》等；
- 日常销售中常用的其他材料：如委托书、公证书、产权办理需签署的文件、银行收入证明、公对公转账证明模板（买受人为企业时需要，按具体要求）等材料；
- 各类函件及通知书：包括催款函、退房函、告知函、交房通知书、面积补退款通知函、产权面积告知函、交房催告函等。

二、商品房认购协议

商品房认购协议是在开发商与购房者签订正式的《商品房买卖合同》之前针对房屋认购事宜而签订的一份协议，内容一般包括以下几个方面。

- 认购单位楼层、面积、价款总额；
- 付款方式；
- 工程费支付；
- 物业用途；
- 定金约定；
- 其他约定；
- 违约责任；
- 双方签字。

三、商品房买卖合同

商品房买卖合同是指房地产开发企业将尚未建成或者已经竣工的房屋向社会销售，转移房屋所有权于买受人，买受人支付价款的合同。通常情况下，商品房买卖合同的主要内容包括当事人、标的物及其数量和质量、付款、履行期限、履行方式、违约责任等。

1. 当事人

新房的出卖人一般是房地产开发企业，应注明其名称、法定代表人、工商登记号、住所及联系方式等基本情况。买受人如为法人或其他组织，同样予以注明。如为自然人，则应注明其姓名、身份证件号码、住所及联系方式等。

2. 商品房基本状况

首先，要注明出卖人出售房屋的法律依据，包括土地使用权出让合同号、土地使用权证或建设用地批准证书号、建设用地规划许可证、建设工程规划许可证、施工许可证，如为预售商品房，还应明确其预售许可证号。

其次，要注明商品房的基本情况，包括具体位置、楼层、朝向、建筑面积及套内建筑面积等。其他装修、装饰等可由当事人自由约定。

3. 价款及支付方式

商品房的价款包括单价与总价两种。总价可以按幢、套或单元计价，不论商品房实际面积与约定是否存在误差，均不对其价格进行调整。单价是按商品房面积计价，可分为依建筑面积计价、依套内建筑面积计价和依使用面积计价三种方式。

常见的商品房买卖合同的价款支付方式有银行按揭付款、公积金贷款、一次性付款、分期付款。银行按揭付款方式，应明确约定买受人应支付的首期金额及支付时间与方式，向哪家银行申请贷款，如贷款申请不获批准时有关事项的处理等。如为一次性付款或分期付款方式，则应明确房款或各期房款的支付时间及方式。

4. 商品房交付使用方式及条件

合同需明确商品房的交付时间与程序。通常由出卖人于合同约定日期前通知买受人前往商品房所在地接受交付，买受人则于交付使用通知送达后按约定或通知指定的日期接受交付。

合同应对商品房应当具备的使用交付条件进行约定，主要为商品房应具备必要的验收文件，如建筑工程质量验收、消防验收、综合验收登记备案表等。买受人依照合同约定的交付使用条件对商品房进行验收。

5. 公共配套设施设备条款

商品房的正常使用有赖于各种公共配套条件的完善，因此合同对该部份应当予以明确约定。

6. 面积差异的处理

当事人可对房屋面积的差异做出约定，当事人没有约定的，依照最高人民法院的司法解释确定。

7. 产权登记的约定

我国不动产物权的变动以登记为要件，因此在商品房交付使用后应办理将房屋所有权及相应的土地使用权转移到买受人名下的登记手续，合同对此应做明确约定。

8. 违约责任

出卖人的主要义务是提供合格的商品房，其主要的违约情形是未按合同约定的日期和标准交付商品房，承担的违约责任方式主要为实际履行、赔偿损失、修理或更换、解除合同。买受人的主要义务为付款并接受商品房，承担违约责任的方式是实际履行合同、赔偿相应损失和解除合同。

商品房买卖合同除了以上正文之外，一般还包含附件，主要有以下附件。

- 附件一：房屋平面图；
- 附件二：公共部位与公用房屋分摊建筑面积构成说明；
- 附件三：装饰、设备标准；
- 附件四：合同补充协议；
- 附件五：住宅质量保证书。

商品房买卖合同一般由营销牵头，工程部、设计部、物业部、客服部、法务部等部门提供销售合同条款及附件，组织召开沟通会，就销售合同条款逐一沟通，达成一致。最后由营销牵头，涉及的各专业模块签字审批，确认销售合同条款。

四、银行按揭合同

银行按揭合同一般是标准模板，通常包括房产情况、贷款与用款、利率及计息方式、还款、抵押、保险等内容。

五、签约须知

购房者在售楼处签完认购书后，出卖人一般还要向购房者发放签约须知，其主要内容包括以下几点。

- 签约地点；
- 购房者（个人、公司）应带有关身份证件、公司授权文件、公章等前去签约；
- 购房者若委托他人签约，应有有关委托书的说明；
- 有关付款凭证的说明；
- 应缴纳的费用说明。

签约须知为认购时必签的资料之一，是提示客户办理签约及银行按揭手续的重要材料，如出现企业收款银行账号变更、增加按揭银行、签约时需缴的费用变更等情况，后台应注意根据实际情况及时调整签约须知的内容。

六、其他销售类文本、材料、函件及通知书

除认购书及销售合同外，其他销售类文本、材料、函件及通知书，如《特殊事务申请表》《装饰装修补充协议书》《分期付款协议书》《关于合同 ××变更的补充协议》《购房合同解除协议书》、委托书、公证书、产权办理需签署的文件、各银行收入证明、公对公转账证明模板、催款函、退房函、告知函、交房通知书、面积补退款通知函、产权面积告知函、交房催告函等可按照标准化文本准备，保证各类文本及电子档均保存一份样本，以备需要时使用。

节点时间

示范区开放之后即可开始准备销售类文本，一般要求在开盘前 10 天完成。

节点 TIPS

所有销售类文本需提前准备并妥善保管，领用时必须做好领用记录（记录领用文件、领用人员、领用日期），确保不出现销售文本丢失的情况。房地产项目销售过程中的各项资料较多且十分重要，在交接各项重要资料时必须进行签收。签收表或交接表需能完整体现所交接资料的重要信息，一般包含房号、业主姓名、签收内容、文件编号、签收份数、原件 / 复印件、移交人、接收人、签收日期、备注等，可按房号或时间顺序排序，便于随时查询。

节点 40

开盘物料准备

节点背景

工欲善其事，必先利其器。

——《论语·卫灵公》

“工欲善其事，必先利其器。”说的是做好一项工作，工具很重要，准备很重要。要顺利开盘，除了要有详尽的开盘方案作为支撑以外，物料的准备是必不可少的环节。对开盘这个“事”来说，物料就是“器”。物料对于开盘活动现场氛围的营造，促进客户成交起着重要的作用。开盘环节多，物料杂，一旦某个环节中出现物料缺失，往往会导致严重且难以弥补的后果，影响项目顺利开盘。所以，对于开盘物料要统筹安排，对各类物料进行分类、分区准备，避免物料准备不足的情况出现，为开盘当天的顺利进行做好充足准备。

节点内容

物料可以从类型及分区两个方面来分类。从物料类型来看，项目开盘物料主要有宣传资料、礼品、配合道具、气氛渲染道具、场内外导视系统、人员标示、通信设备、打印 / 复印设备、收银系统等。

- 宣传资料有楼书、宣传单张彩页、折页、宣传片光碟、请柬及信封、手提袋、客户名单、户型图、易拉宝围挡广告等；
- 礼品分为小礼品和大礼品，或称随手礼品和成交礼品，大礼品用于赠送认筹、交定金等意向度高的客户，小礼品用于赠送到访客户及意向客户；
- 配合道具主要有沙盘模型、户型模型、沙盘贴（用于沙盘模型装饰，项目及产品信息展示）、销控表、房价总表等；

- 气氛渲染道具有红地毯、彩虹门、绿植、空飘、宣传条幅等；
- 场内外导视系统主要是门口形象桁架（用于开盘信息释放）、场内、外展架（用于开盘信息释放、活动流程公示及活动动线指示）；
- 人员标识有工作人员工作牌、销售人员工装、入场证、亲属证；
- 通信设备主要是电话和对讲机；
- 打印 / 复印设备主要为打印机、打印纸；
- 收银系统有无线 / 有线 POS 机等。

从开盘分区来看，项目开盘物料主要按照活动现场区域划分来准备，一般分为售楼处外部、签约区、等候区、选房区 / 销控区、财务区、签约区、复核区等，对于开盘活动分区，各个房企各有不同，具体以企业情况为准。

分享两个代表性开盘活动物料准备表案例，作为参考。

【节点案例 1】开盘物料准备示例一

表 1　开盘物料准备表

区位	具体位置	物料名称	物料数量	备注
售楼处外部	正门入口	主题背景墙	1 块	
	停车区	交通指示牌	5 个	
	沿路指引	注水大旗	10 面	
	售楼处外部	背景板	1 面	
	入口楼梯	地毯	1 块	
签到区	入口	签到背景	1 块	
		签到桌	4 张	含桌布、桌裙
		签到笔	16 支	
		入口指示牌	1 个	指示会场入口
		隔板		每组签到区配隔离带 2 个，指示客户签到动线
		对讲机	1 个	巡场总控
签到区	签到台	签到单	4 份	印有客户姓名，以及尊享卡号，客户只要签名就可以
		签到区工作证	10 个	10 个签到人员，一个巡场总控
		资料袋	300 个	方便客户装资料

续表

区位	具体位置	物料名称	物料数量	备注
等候区	客户落座区	椅子	500 张	带椅套
		地毯	1 块	
		插线板		
		电线		
		食品	500 人份	
		水		
		内场隔断		用于分离认购等候区与选房区
	叫号台	桌子	6 张	含桌布、桌裙、椅子
		桌牌	3 个	叫号台、桌裙、椅子
		桌花	4 个	
		音响	4 个	
		麦克风	1 个	
		笔记本电脑	2 台	含投影仪接线，足够长
		签字笔	10 支	
		隔离带		隔离出叫号台后的排号等候通道
		打印机	1 台	
		对讲机	2 个	
	销控板	销控板	1 块	
		销控贴	500 张	销控板贴销控
		展板	1 块	分离排号区与选房区，文字内容为安抚客户情绪
		指示牌	1 个	
		隔离带	1 个	
		对讲机	1 个	
选房区	选房区	指示牌	1 块	选房区、弃权通道
		销控板	1 块	
		销控贴	500 个	
		背景板	1 块	隔断处
		桌牌	2 个	
		展板	3 块	
		弃权通道指示牌	1 个	
		桌子	2 张	

续表

区位	具体位置	物料名称	物料数量	备注
选房区	选房区	签字笔	8支	
		隔离带		
		价格表	10份	
		销控表	1份	销控板记录员记录销控情况，指挥贴板员贴板
		便利贴	3本	传递销控情况
		对讲机	3个	销控板记录员记录销控情况，传递房源销控情况
签约区	认购书领取处	认购书	300份	认购楼书
		桌牌	1个	认购书领取处
		桌子	2张	含桌布、桌裙、椅子、桌花
	签约区	POS机	8台	
		桌子	3张	
		桌牌	1个	
		签字笔	30支	
		指示牌	1个	
		计算器	10台	计算总价及优惠价格
		对讲机	1个	总控
		收据		
		印泥	10套	
		打印机	1	
		格尺	10把	方便核实价格
		纸抽	10盒	
		垃圾桶	10个	
		曲别针/订书器	10盒	方便财务整理收筹单据
		白纸		
	盖章审核区	指示牌	1个	
		盖章印泥	2个	
		格尺		
		桌牌	2个	审核区桌牌
		价格表	4份	
		销控表	1份	

【节点案例 2】开盘物料准备示例二

表 1　开盘物料准备表

<table>
<tr><th>区域</th><th>物料</th><th>数量</th><th>负责人</th><th>备注说明</th></tr>
<tr><td>会所内场</td><td>项目工作证</td><td>60 个</td><td>开发商、活动公司</td><td>工作人员佩戴</td></tr>
<tr><td>前台电话接听区</td><td>来电登记本</td><td>3 本</td><td>代理公司</td><td>登记来电客户用</td></tr>
<tr><td rowspan="5">新客户接待区</td><td>新客户接待区指示牌</td><td>1 个</td><td>开发商、活动公司</td><td>指示位置</td></tr>
<tr><td>精装楼书</td><td>200 本</td><td>开发商</td><td>诚意客户派发</td></tr>
<tr><td>物料袋</td><td>200 个</td><td>开发商</td><td>装精装楼书和户型单页</td></tr>
<tr><td>户型单张</td><td>200 份</td><td>开发商</td><td>到访客户用</td></tr>
<tr><td>到访登记本</td><td>3 本</td><td>代理公司</td><td>登记客户用</td></tr>
<tr><td rowspan="6">VIP 客户签到区</td><td>签到区指示牌</td><td>1 个</td><td>广告公司</td><td>布置签到区</td></tr>
<tr><td>VIP 客户签到本</td><td>1 本</td><td>代理公司</td><td>登记签到客户</td></tr>
<tr><td>文件袋</td><td>200 个</td><td>开发商</td><td>装客户资料</td></tr>
<tr><td>签字笔</td><td>6 支</td><td>开发商</td><td>填写信息用</td></tr>
<tr><td>选房流程展板</td><td>1 份</td><td>开发商、活动公司</td><td>告知客户流程展板</td></tr>
<tr><td>选房须知展板</td><td>1 份</td><td>开发商、活动公司</td><td>告知客户选房须知</td></tr>
<tr><td rowspan="2">等候区</td><td>等候区指示牌</td><td>1 个</td><td>开发商、活动公司</td><td>指示区位</td></tr>
<tr><td>二楼财务区、销控区导视牌</td><td>2 个</td><td>开发商、活动公司</td><td>知会客户销控区位置</td></tr>
<tr><td>沙盘区</td><td>销控公示板（副）</td><td>1 份</td><td>开发商、活动公司</td><td>公示销控情况</td></tr>
<tr><td rowspan="9">销控区</td><td>销控区指示牌</td><td>1 个</td><td>开发商、活动公司</td><td>指示区域</td></tr>
<tr><td>价格表</td><td>15 份</td><td>开发商</td><td>置业顾问
给客户算价使用</td></tr>
<tr><td>房号确认单</td><td>100 张</td><td>代理公司</td><td>客户选房确认</td></tr>
<tr><td>销控公示板（主）</td><td>1 份</td><td>开发商、活动公司</td><td>公示销控情况</td></tr>
<tr><td>销控表</td><td>2 张</td><td>代理公司</td><td>填写销控</td></tr>
<tr><td>铅笔</td><td>1 支</td><td>开发商</td><td>主销销控房源用</td></tr>
<tr><td>橡皮擦</td><td>1 块</td><td>开发商</td><td>擦除未成交的房号</td></tr>
<tr><td>签字笔</td><td>6 支</td><td>开发商</td><td>填写销控单</td></tr>
<tr><td>销控贴纸</td><td>100 张</td><td>开发商、活动公司</td><td>贴销控</td></tr>
</table>

续表

区域	物料	数量	负责人	备注说明
销控区	计算器	15个	销售员自备	算价使用
财务区	财务区指示牌	1个	开发商、活动公司	指示区域
	收款收据	若干	开发商	财务使用
	POS机	2台	开发商	收款使用
	点钞机	1台	开发商	收款使用
	签字笔	5支	开发商	签单使用
	订书机	1个	开发商	装订资料
	订书针	1盒	开发商	装订资料
	信封	100份	开发商	财务使用
	印泥	1盒	开发商	财务使用
	财务确认章	1枚	开发商	财务使用
签约区	签约区指示牌	1个	开发商、活动公司	指示签到区
	认购协议书	100份	开发商	客户认购使用
	签字笔	12支	开发商	客户填写资料使用
	计算器	15个	销售员自带	算价使用
	价格表及折扣说明	15份	代理公司	工作人员签订认购协议书使用
	印泥	1盒	开发商	签约使用
复核区	复核指示牌	1个	开发商、活动公司	指示区域
	开发商印章	1枚	开发商	复核后为认购协议书盖章
	印泥	1盒	开发商	客户按手印确认《认购书》内容
	计算器	1个	开发商	复核人员算价使用
餐点区	若干餐点	若干	活动公司	

节点时间

开盘物料一般在开盘前20天开始准备，在开盘前2天完成所有物料的筹备制作，并摆放到位。

节点 TIPS

所有物料应分类或分区列表，避免出现多项、少项、漏项，从而影响项目销售。在进行项目开盘物料准备时，最好能参考本节点案例中的物料准备表，以分类或分区的形式，将准备物料进行一一梳理归类、全面统筹。另外，开盘物料准备时间尽量提前，避免遇到意外情况导致物料不能按时到位。各项开盘物料的准备，建议统一提前进行，中途如有意外情况，可有充足的时间进行调整。

节点 41

开盘前培训

节点背景

决定战斗胜负最关键的因素是人。

尽管在开盘前期我们做了很多物料的准备，但是每个营销操盘手都应该清楚地知道，决定战斗胜负最关键的因素是人。人的综合素质和战斗力是决定战斗胜负的最关键因素。提升战斗力的最主要的方法就是实践＋培训。实践出真知，实践的作用毋庸置疑。培训，尤其是有实战性的培训非常重要。48 个节点中有关培训的节点有两个，一个是摘牌后团队的组建和培训，另一个就是开盘前培训。如果说团队刚组建的培训是融入培训和打基础的培训，那么开盘前的培训就是冲刺阶段的培训，是临阵磨枪的培训。培训对象是所有参加开盘的员工，通过培训让大家明确开盘目标，全方位了解开盘流程，清晰自己在开盘过程中的工作职责，并对开盘出现的突发情况做好相应的准备，确保完美开盘。

节点内容

一、开盘前培训的主要内容

开盘前培训可按照项目销售、策划、财务、客服、银行、物业、行政及开盘相关知识等内容进行，具体课程清单示例如下。

【节点案例 1】开盘前培训课程清单

表 1　开盘前培训课程清单

<table>
<tr><th>序号</th><th>培训课程</th><th>培训对象</th><th>培训讲师</th><th>培训时间</th></tr>
<tr><td>1</td><td>开盘活动培训：
整体开盘流程讲解；
各岗位职责讲解；
注意事项；
问题讨论和答疑</td><td>开盘组委会成员、各岗位负责人</td><td>项目负责人</td><td>开盘前 3 天</td></tr>
<tr><td>2</td><td>销售板块培训：
开盘现场逼定技巧；
开盘填单规范；
客户异议处理技巧；
开盘邀约说辞培训；
价格构成特点；
销售板块计价培训</td><td>置业顾问</td><td>销售总监 / 销售经理</td><td>开盘前 2 天</td></tr>
<tr><td>3</td><td>策划板块培训：
价格输出口径；
优惠政策输出口径；
落位指引指导；
竞品项目说辞</td><td>置业顾问</td><td>策划经理 / 策划总监</td><td rowspan="4">开盘前 3 天</td></tr>
<tr><td>4</td><td>财务板块培训：
1. 认购收款流程；
2. 客户交款答疑；
3. 签约收款流程</td><td>财务部工作人员</td><td>财务经理</td></tr>
<tr><td>5</td><td>客服板块培训：
1. 签约流程、复核流程；
2. 资料填写规范；
3. 签约环节客户答疑；
4. 交房交付等答疑；
5. 客服板块计价培训</td><td>客服人员</td><td>客服经理</td></tr>
<tr><td>6</td><td>银行按揭板块培训：
1. 按揭办理流程；
2. 按揭银行要求；
3. 资料收集和填写规范；
4. 客户关于按揭答疑</td><td>按揭人员</td><td>金融经理</td></tr>
</table>

<table>
<tr><th>序号</th><th>培训课程</th><th>培训对象</th><th>培训讲师</th><th>培训时间</th></tr>
<tr><td>7</td><td>物业板块培训：
1. 停车引导；
2. 服务礼仪；
3. 各区域秩序维护；
4. 各环节突发事项应变能力</td><td>保安、保洁</td><td>物业经理</td><td>开盘前 3 天</td></tr>
<tr><td>8</td><td>行政板块培训：
1. 办公用品、物料准备；
2.OA 办公软件使用、明源系统维护等；
3. 人员住宿、餐饮、车辆安排</td><td>行政人员</td><td>行政经理</td><td rowspan="2">开盘前 1 周</td></tr>
<tr><td>9</td><td>外联协调：
与市政、交警、公安、医疗沟通关系等</td><td>开发部外联人员</td><td>开发经理</td></tr>
</table>

二、培训考核

参加培训后，需要通过考核来验证培训效果。如果没有考核，参训人员就没有压力，部分学员会对培训不够重视。所以培训之后一定要有考核，不管考核方式是开卷、闭卷，还是口头、书面。通过考试增加参训学员的压力，提高学员对培训的重视，同时也检验培训的效果。考核可以是纸面考试，对公司介绍、项目介绍、开盘流程、按揭流程等介绍性、流程性内容可以采用纸面考试进行；考核也可以是实际演练，如区位讲解、沙盘讲解、客户逼定技巧等实操类课程，可以采取实际演练的形式进行考核。开盘前的培训和考核安排案例如下，供参考。

【节点案例 2】开盘前销售人员培训及考试安排

项目开盘之前，营销部须完成销售人员培训及考核工作，并组织销售人员进行考试，负责监考。具体培训内容及要求如下表所示。

表 1　具体培训内容及要求

培训人员	培训内容	培训时间	考核标准
销售人员	对销售人员培训的基本内容有：区域价值、项目概况、项目规划、建筑特色、园林环境、户型特色、产品品质、高性价比、物业管理、开发商品牌实力、品牌合作企业等	销售人员的培训，要求在开盘之前全部完成	开盘前，培训总次数不得少于 8 次，营销部邀请工程部、园林、设计、物业公司等专业部门对销售人员进行的专业培训次数必须在 3 次以上
			考试次数：营销部须负责组织对销售人员进行不少于 3 次的培训基本内容考试，并负责监考；营销部组织阅卷评分工作，对考试不合格者须组织补考工作（80 分及格），不合格者不予以上岗
其他人员	各自相关专业知识	其他人员的培训，需于开盘前一个月完成	培训次数：不得少于 3 次； 考试次数：不得少于 1 次

三、培训满意度调查

每次课程结束，培训对象应填写培训反馈表，及时反馈意见和建议，最终进行培训后评估，培训满意度调查内容包括：培训内容理解程度、培训的收获、建议或意见等。

节点时间

一般在开盘前 10 天组织开盘前培训，在开盘前 3 天完成。

节点模板

开盘前培训结束后要填写《培训满意度调查表》，模板如下。

【模板1】《培训满意度调查表》

<table>
<tr><td colspan="6">培训满意度调查表</td></tr>
<tr><td>培训名称：</td><td colspan="2">主讲老师：</td><td colspan="3">培训时间：</td></tr>
<tr><td>培训地点：</td><td colspan="5">反馈日期：</td></tr>
<tr><td colspan="6">说明：1. 请参加培训人员如实填写；
2. 请您在认可的选项上打“√”；
3. 请您给予真实的反馈评价，以帮助我们对未来的培训进行科学、合理、有针对性的改进。</td></tr>
<tr><td rowspan="3">评价项目</td><td colspan="5">满意度</td></tr>
<tr><td>非常满意</td><td>满意</td><td>一般</td><td>不满意</td><td>非常不满意</td></tr>
<tr><td>10分</td><td>8分</td><td>6分</td><td>4分</td><td>2分</td></tr>
<tr><td>课程内容</td><td colspan="5"></td></tr>
<tr><td>1. 您对此次培训教材设计制作是否满意？</td><td></td><td></td><td></td><td></td><td></td></tr>
<tr><td>2. 课程内容条理清晰，重点突出，易于理解。</td><td></td><td></td><td></td><td></td><td></td></tr>
<tr><td>授课讲师</td><td colspan="5"></td></tr>
<tr><td>3. 课程、讲师准备非常充分。</td><td></td><td></td><td></td><td></td><td></td></tr>
<tr><td>4. 讲师们的表达及课程进行方式有效。</td><td></td><td></td><td></td><td></td><td></td></tr>
<tr><td>5. 讲师们讲课重点突出，条理清晰。</td><td></td><td></td><td></td><td></td><td></td></tr>
<tr><td>6. 有很多师生互动的课堂活动。</td><td></td><td></td><td></td><td></td><td></td></tr>
<tr><td>7. 讲师们回答问题的准确性如何？</td><td></td><td></td><td></td><td></td><td></td></tr>
<tr><td>8. 您对讲师们的能力和表现是否满意？</td><td></td><td></td><td></td><td></td><td></td></tr>
<tr><td>培训效果</td><td colspan="5"></td></tr>
<tr><td>9. 本次培训是否让您接受到了新的知识、理念？</td><td></td><td></td><td></td><td></td><td></td></tr>
<tr><td>10. 获得了可以在工作上应用的一些有效的技巧或技术。</td><td></td><td></td><td></td><td></td><td></td></tr>
<tr><td>11. 您觉得培训内容对于个人能力提升有多少帮助？</td><td></td><td></td><td></td><td></td><td></td></tr>
<tr><td>12. 您觉得培训内容对今后工作有多少帮助？</td><td></td><td></td><td></td><td></td><td></td></tr>
<tr><td>13. 通过此次培训您对以后工作的信心如何？</td><td></td><td></td><td></td><td></td><td></td></tr>
<tr><td>整体评价</td><td colspan="5"></td></tr>
<tr><td>14. 您觉得培训时间安排合理吗？</td><td></td><td></td><td></td><td></td><td></td></tr>
<tr><td>15. 您对本次培训的总体评价。</td><td></td><td></td><td></td><td></td><td></td></tr>
</table>

节点 TIPS

项目营销负责人需充分认识开盘前培训的重要性，避免培训成为走过场。要明确培训人员和计划，提前做好培训计划，包括培训的人员、培训的时间、培训的内容、考核方式等，切忌事前无计划、临时拍脑门进行培训，不仅培训随意无序，被培训人员也无法对培训加以重视。

培训形式应多样化，避免单一、沉闷。培训时间过长，加上很多讲师没有受过专业的授课技巧培训，容易导致课程沉闷。培训进行到后半段，就出现有人打瞌睡、心不在焉的情况。因为房地产项目开发的复杂性，建议采用多种培训方式，如视频播放、现场展示、实地考察、实战演练等。部分难以用文字和图片表达清楚的内容，可以运用视频播放或者实地考察的形式。针对工程、园林、设计等授课内容，如有条件，可组织大家前往工程实地进行考察，让大家对培训内容更加印象深刻。针对销售说辞内容的培训，建议增加现场实战演练，增强现场的互动性以及趣味性。

节点 42

开盘价格确定

节点背景

营销的核心价值不是把产品卖掉，而是把产品卖一个好价钱。

在经典营销 4P 理论中，价格（Price）是最后 1P，也是非常关键的 1P。说价格很关键，是由于价格在销售、利润当中起到一个非常重要的杠杆作用。定价低了，没有利润；定价高了，可能就卖不动。从商业的角度来看，所有的销售都应追求利润，而利润来自定价，科学定价的内涵就是在确保能够销售的情况下，取得利润的最大化。

当产品出现滞销，推广、渠道效果不好的时候，最常用的招式就是促销，打价格战。价格在整个营销环节中起到关键性的杠杆作用，所以打价格战，以价换量是常规手法。正因为如此，有些营销操盘手遇到销售困难时就习惯性申请折扣，通过低价来换得销售，换得业绩目标的达成，从而牺牲了利润。

打价格战是一种常见的营销策略，企业为了现金流、为了生存，有时必须采用降价来促销，毕竟企业首要的目标是生存。笔者不支持的是，在所有策略里面，一遇到困难就想到降价，而不是先在产品升级、价值塑造、渠道开拓、团队建设上下功夫。举一个极端的例子，某项目销售不佳，同地段竞品卖 9000 元 /m^2，为了实现销售目标，最后本项目以 6000 元 /m^2 促销，实现了清盘。在这个极端的案例里面，尽管项目实现了快速回款，可能也达成了销售目标，但是属于亏本销售，没有利润。从营销的角度看，如果都是亏本销售，那么营销策略的意义何在？推广的价值何在？动用渠道的目的何在？从老板的角度看，如果最终是靠贱卖实现了销售，老板一方面会认为这样的项目开发没有意义，另一方面会觉得营销没有专业性，没有太多的价值，最终导致的结果是降低营销费用和压缩营销人员编制。

回归营销的本源，营销的核心价值不是把产品卖掉，而是把产品卖一个好价钱。好价钱的关键是如何科学和合理地定价。在营销全过程中，开盘定价不仅是开盘前最重要的节点，也是获得项目利润最关键的节点。

节点内容

一、房地产价格构成

一般商品定价是按照制造成本 + 营销费用 + 管理成本 + 行业平均利润 + 税费 = 销售价格，按照这个总体逻辑，房价可以由土地成本、建安成本、税费、融资、管理、营销、开发商利润构成，如表 42–1 所示：

表 42–1　房价的构成

<table>
<tr><td>利润部分</td><td>开发商利润，约占 12%</td></tr>
<tr><td rowspan="4">成本部分</td><td>其他成本（融资、管理和营销等），约占 8%</td></tr>
<tr><td>税费成本，约占 10%</td></tr>
<tr><td>建安成本（人工、建材等），约占 20%—40%</td></tr>
<tr><td>土地成本，约占 20%—40%</td></tr>
</table>

通过总房价构成可以倒推出项目均价，如表 42–2 所示。

表 42–2　某四线城市项目的价格构成

<table>
<tr><th>序号</th><th>分类</th><th>工程或费用名称</th><th>楼面成本（元 /m²）</th><th>成本售价比（%）</th></tr>
<tr><td>1</td><td rowspan="11">成本</td><td>土地成本</td><td>1200</td><td>20.00</td></tr>
<tr><td>2</td><td>建安工程费</td><td>2095</td><td>34.92</td></tr>
<tr><td>3</td><td>前期工程费</td><td>152</td><td>2.53</td></tr>
<tr><td>4</td><td>公共配套设施费</td><td>70</td><td>1.17</td></tr>
<tr><td>5</td><td>基础设施建设费</td><td>528</td><td>8.80</td></tr>
<tr><td>6</td><td>不可预见费</td><td>99</td><td>1.65</td></tr>
<tr><td>7</td><td>管理费用</td><td>125</td><td>2.08</td></tr>
<tr><td>8</td><td>销售费用</td><td>139</td><td>2.32</td></tr>
<tr><td>9</td><td>财务费用</td><td>190</td><td>3.17</td></tr>
<tr><td rowspan="2">10</td><td>营业税金</td><td>385</td><td>6.42</td></tr>
<tr><td>土地增值税</td><td>139</td><td>2.32</td></tr>
<tr><td>11</td><td>利润</td><td>利润部分</td><td>878</td><td>14.63</td></tr>
<tr><td colspan="3">销售价格</td><td>6000</td><td>--</td></tr>
</table>

和其他行业不同的是，房地产定价除了成本、费用、利润、税费这几大要素，还要综合考虑其他的因素影响，主要有以下三项。

- 客户感知：客户对该地段的价格承受能力，基于成本和利润的定价如果超出了客户的心理预期，销售会比较困难；
- 产品类型：项目为了实现销售目标，会采用多产品类型的组合，有的产品是现金流型，以走量为目的，可以定低价，有的产品是利润型，则要定高价，追求高溢价；
- 市场竞争：定价要考虑周边的竞品以及竞争策略，如果想高出竞品价格销售，就要体现核心卖点和品牌价值，如果想快速抢客户，并尽快占领市场，就要低价入市。

二、定价策略

房地产定价策略按照类别分为目标定价、产品定价、阶段定价、差异化定价。目标定价是按照成本加上利润要求进行定价，是一种基于财务测算的定价方式。产品定价是针对不同产品，采用不同的定价方式，如表 42–3 所示。

表 42–3　不同产品的价格策略

产品	类型	价格策略
明星产品	精装豪宅类产品，以别墅、洋房为主，地段稀缺，服务高端，凸显客户尊贵感	采用高价策略，高举高打，提升项目档次和调性
现金流产品	以刚需和刚改类产品为主，总价不高，属于当地热销户型	以低开高走策略为主，以低开热销尽快获得现金流，涨价后再带动新客户入场
婴儿产品	新产品，需要市场培育期，引起客户的关注	新品入市，客户需要更多认知，不适宜采用激进价格策略，价格效用不明显
瘦狗产品	滞销产品、户型或者配套不适应市场需求	为避免库存过多，在经过营销策略调整后依然不见成效，在有市场需求的情况下，采用低价策略，尽早出货

阶段定价是指不同阶段的价格策略不同，如表 42–4 所示。

表 42-4　不同营销阶段的价格策略

开盘前	景观、样板间开放，工程形象逐步完善，可通过推广手段提高产品认知度，为吸引开盘人气，可针对具体情况通过输出价格区间或优惠方式蓄客，并对客户心理价格摸底
首期开盘	项目首开，如果是高端产品可以采用高开高走策略，如果是刚需、改善产品，为了力保开盘效果，可以采用低开高走策略
常销期	已积聚一定的品牌效应，在当地占据市场份额，可通过前期销售，调高热销户型、稀缺面积段价格；或对部分销售较差的单位，适当增加优惠
尾货销售	实楼展示，产品优势展示，客户购房风险减少，价格有一定的上涨空间；但亦可能为尾盘销售，为尽早出货，适当降低部分利润，达到快速清货退场目的

差异化的价格策略主要包括低开高走、高开高走、高开低走这三种。

- 低开高走：采取低价入市，保证人气和市场占有率，随后再根据销售工作的开展，逐步提升项目价格的价格策略。

表 42-5　低开高走的价格策略

适用情况	操作要点	策略优势
中低档项目	低价格入市，聚集人气	资金回笼迅速
郊区大型项目	预留高走的空间，即从低档到高档进行推货安排	创造项目升值空间，促进后期成交，积累市场口碑
市场不好或情况不明朗时	创造高走的空间：产品均等的情况下，通过户型设计、装修标准等提升后期产品档次	掌握价格主动权，后期可根据市场反应灵活调整价格

- 高开高走：采取高价入市，突出产品档次和产品高端形象，随后不断较快、较大提升产品价格的策略。

表 42-6　高开高走的价格策略

适用情况	操作要点	策略优势
高端项目	高价入市，高调引起关注	品牌优惠，溢价提升
市场状况好、竞争不激烈、项目规模不大	按照产品品质从低到高进行开发部署和推售铺排，保证每次都有新的升值点	高举高打，提高市场调性

- 高开低走：采取高价入市，突出产品档次和产品高端形象，随后再根据后续产品的素质调整价格的策略。

表 42-7　高开低走的价格策略

适用情况	操作要点	策略优势
项目品质拉差大，通过高端项目树立形象，带动较差产品的销售	按照产品的品质从高档到中低档进行推货铺排	开盘销售有压力，可能“卖少”或卖不出去
通过高报价树立项目形象和品牌形象，低成交争得客户和市场份额	处理好价格下调的阐释工作和控制好价格下调幅度，避免负面影响	后期可能陷入降价漩涡：不降价无法促成当期销售，降价则对项目形象造成损失，影响后续推货

三、价格制定的常见方法

价格制定的常见方法有成本导向定价法、需求导向定价法和市场比较定价法三种。

1. 成本导向定价法

基于成本加上利润诉求的定价法，是一种理性的计算方法，由于没有考虑客户和市场竞争，现在主流开发商一般很少用。

2. 需求导向定价法

根据客户对价位的心理需求定价，以满足客户心理价位作为定价的原则，这种方法的主要问题是过于感性，因为客户心理易变，不好把握。

3. 市场比较定价法

市场比较定价法是以竞争者的价格为基础，根据竞争双方的实力对比（如区域、品质、品牌）等情况，制定自己项目价格的定价方法。在竞争激烈而产品弹性较小或供需基本平衡的市场上，这是一种比较稳妥的定价方法，在房地产行业应用比较普遍。

表 42-8　市场比较定价法

对比维度及占比 \ 主要竞品及所占权重		竞品 A			竞品 B			竞品 C		
		权重（40%）	打分	得分	权重（40%）	打分	得分	权重（20%）	打分	得分
区位环境	项目位置	10%	2	0.2	10%	−2	−0.2	10%	3	0.3
	片区环境	10%	−2	−0.2	10%	−1	−0.1	10%	2	0.2
	交通条件	10%	0	0	10%	−1	−0.1	10%	2	0.2
	配套条件	10%	2	0.2	10%	−2	−0.2	10%	3	0.3
楼盘品质	项目规划	5%	2	0.1	5%	0	0	5%	0	0
	产品设计	10%	−2	−0.2	10%	−2	−0.2	10%	−2	−0.2
	项目形象	5%	1	0.05	5%	−1	−0.05	5%	−1	−0.05
	材料设备品质	10%	−2	−0.2	10%	−2	−0.2	10%	0	0
	内部环境设计	10%	2	0.2	10%	2	0.2	10%	1	0.1
楼盘附加值	品牌形象	5%	0	0	5%	−1	−0.05	5%	−2	−0.1
	物业管理	10%	2	0.2	10%	1	0.1	10%	0	0
	营销现场包装	5%	1	0.05	5%	−1	−0.05	5%	−2	−0.1
影响因素折扣合计		100%	–	0.04	100%	–	−0.085	100%	–	0.065
市场均价（元 /m^2）		10500			8000			11500		
调整后均价（元 /m^2）		10080			8680			10753		
项目市场比准价格（元 /m^2）		9654.6								

采用市场比较定价法主要分为以下三步。

第一步：确立竞争对手权重。

根据竞争对手与项目的可比性程度划分权重比例，权重比例直接影响产品的定价，所以确定竞争对手权重要慎重，主要考虑要素为：价格接近、产品重合度、距离项目路程、品质相当。不同项目的权重不同，如表 42-8 中三个竞品的权重分别为 40%、40%、20%。

权重的比例是根据和本项目的相似度来确定的，如表 42-9 所示，以区域和品质两个维度作为参考。

表 42-9　项目权重分配表

项目	权重（%）	备注
A	40	同区同质
B	20	不同区同质
C	20	不同区同质
D	10	同区不同质
E	10	同区不同质
合计	100	/

第二步：确定竞争对手打分标准。

根据竞争对手研究分析，针对 10 多个方面进行打分（如区位、交通、周边环境、商服配套、品质、园艺、规模、景观、户型结构、项目自身配套、开发商知名度），点对点对比打分。在这些对比维度中，区位地段和产品品质这两者所占权重比例都是最高的，这两者加在一起有时要占到 70% 以上，如图 42-1 所示。

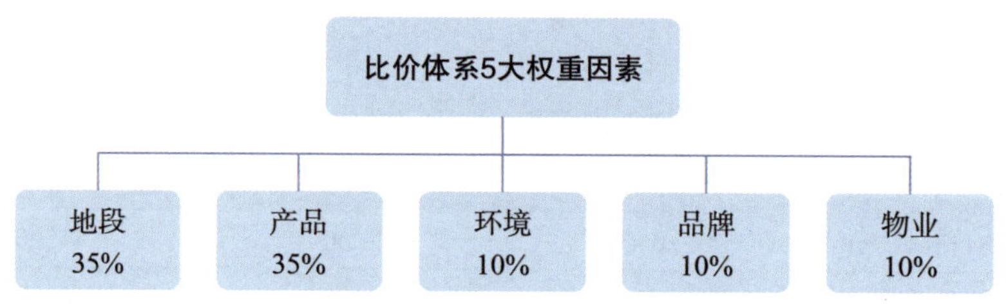

图 42-1　比价体系 5 大权重因素

设定好各个维度的权重后，开始用竞品项目对标本项目进行加减分打分，其中打分区间取值为 -5—5，有 10 分的跨度。和本项目对比，竞品相对较差，则为负值，相对较好则为正值。比如，表 42-8 中竞品 A 中项目位置打分为 2，是说明竞品项目比本项目位置要好。

第三步，比较打分汇总。

比较打分后，将打分值乘以权重因素就得到该因素的得分。因为得分要还原，所有得分最后相加后的总分要除以系数 10，如竞品 A 所有得分为 0.4，最后除以 10，得到 0.04，所以本项目和竞品 A 相比，其价格系数最终为 1-0.04 = 0.96，再乘以竞品 A 的市场均价 10500 元 /m^2，得到本项目和竞品的比准价格 10500×0.96=10080

元 /m²。最终的比准价格为所有对标竞品的比准价格乘以加权后求和，即 $10080 \times 0.4+8680 \times 0.4+10753 \times 0.2 = 9654.6$ 元 /m²。

四、价格制定流程

价格制定流程如图 42–2 所示，有 6 个环节。

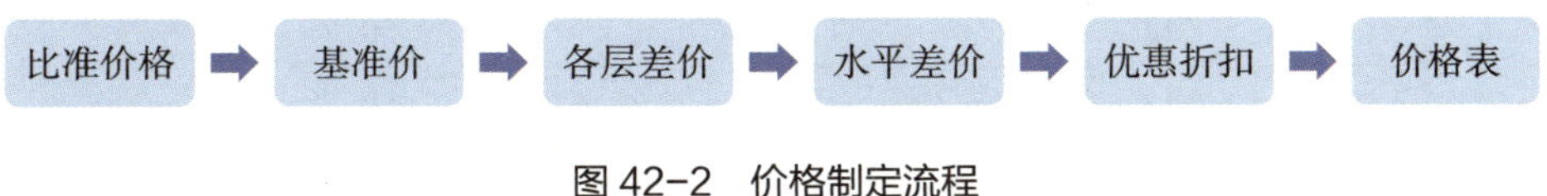

图 42–2　价格制定流程

1. 比准价格

通过市场比较法得到的是比准价格，比准价格是价格制定的最开始价格。

2. 基准价

比准价格再结合定价策略（高开低走或低开高走，以溢价为主还是跑量为主等）和蓄客情况（主要是看筹货比和落位率）得到基准价，如果以溢价为主，则基准价要调高，如果筹货比和落位率都不高，则基准价要低。

3. 各层差价

根据楼层的区域定价，这个需要根据项目价格体系、楼层结构、楼间距等综合因素来决定，如多层和小高层，一般是累加，最终呈现金字塔形，也就是楼层越高，价格越贵；高层常用中间高两头低的纺锤型价格体系。首层、顶层单独定价，有的区域对数字 4、13、18 敏感，对这些楼层也要单独定价。

表 42–10　不同层的价格拉差

层数	层差
1	0
2	–100
3	50
4	–50
5	50
6	50
7	50

续表

层数	层差
8	50
9	50
10	50
11	50
12	50
13	50
14	0
15	100
16	100
17	100
18	–200
19	400
20	100
21	150
22	150
23	150
24	0
25	300
26	0
27	–200
28	–600

4. 水平差价

按照户型的不同性质进行制定，如景观、朝向、噪声、视野、面积大小、户型结构、采光、通风是否有赠送等，综合考量各户型的差价，并对不同的因素设定不同的权重。定价过程中，水平差和层差通常是同步进行的。

表 42-11　户型打分的权重因素

分项	景观	噪声	朝向	面积	户型	采光	通风
权重	30%	25%	20%	10%	5%	5%	5%

户型调节系数还要考虑不同楼栋的差异性，包括景观、朝向、位置等，因此在做价格拉差时也需要考虑，如表 42-12 所示。

表 42-12　不同楼的调节系数

1# 楼调节系数及权重赋值（%）					
系数类别	权重赋值	系数赋值			
		01 室	02 室	03 室	04 室
楼栋整体系数	10	15			
景观系数	25	–5	–5	5	10
房型系数	25	10	–5	–5	15
朝向系数	25	20	–10	–10	10
安静度	15	10	10	10	10
综合调节系数	100	9	–2	1	12
楼栋综合调节系数		35			

2# 楼调节系数及权重赋值（%）					
系数类别	权重赋值	系数赋值			
		01 室	02 室	03 室	04 室
楼栋整体系数	10	25			
景观系数	25	–5	5	10	10
房型系数	25	10	–5	–5	15
朝向系数	25	20	–10	–10	10
安静度	15	–5	–5	–5	–5
综合调节系数	100	8	–1	1	11
楼栋综合调节系数		34			

局部特殊户型进行特殊化调差处理。例如，高层产品顶层赠送阁楼，多层产品首层赠送花园等，都需要进行特殊调差处理。

5. 优惠折扣

基准价格做了层差和水平差后，接下来就是折扣和优惠政策，首开项目优惠政策会比较多，包括但不限于以下几种。

- VIP 卡优惠：如 9.9 折；
- 认筹优惠：如 2 万元抵 5 万元；
- 开盘当日优惠：如 9.9 折；
- 付款方式优惠：如一次性优惠；
- 开盘当天签约优惠：如 9.9 折；
- 开盘当日认购优惠；
- 员工折扣；
- 老业主再次购房优惠；
- 特殊折扣。

6. 价格表

在比准价格基础上得到了基准价，再由基准价做层差和户型差调整，加上折扣优惠最终形成了价格表，价格表中包括房号、楼层、建筑面积、套内面积、套数、单价、总价等要素。由于价格表上将每一户的价格标出，也称为一房一价表。项目取得预售证之前，需要向房产局报备一房一价表，此表价格一般高于最终的售价，即项目每一套房的最终成交价格不能超越一房一价表。

节点时间

一般在开盘前 15 天启动开盘价格确定流程，在开盘前 3 天完成。

节点 TIPS

价格表制定时，对于平面价差的设置，如果具备条件，最好自己去现场各个房源看看，一般称为跑楼打分。只有亲自体验，才能了解同一层内各个户型之间的差异，只是从项目平面图来看，对平面价差的感受远远不如跑楼打分准确。

本节点没有就客户落位对价格的影响进行讲解，在实际操作中，得到最后的开盘价格要充分考虑不同户型的落位情况，根据落位做价格拉差。在均价不变的情况下，落位多的单位价格拉高，落位少的单位价格拉低，通过价格挤压，引导部分客户从热销户型转向滞销户型，从而实现不同产品、户型的均匀落位，实现均匀去化，在完成销售目标的同时，确保利润的最大化。

节点 43

开盘

节点背景

对营销团队来说，业绩就是尊严。

营销和投拓、工程、设计一样，属于地产开发的一个模块，但是和其他模块最大的不同是，营销直接对业绩负责，为销售结果埋单。企业中大部分的部门是成本部门，营销是营收部门，是销售中心、利润中心。尽管业绩是否达成涉及各个专业模块的协同配合，但营销是第一责任部门，销售业绩不好，公司首先要问责的是营销。业绩好，表现突出的营销人员得到提拔，受到尊重；业绩不好，指责和批评便随之而来。无论是营销管理者还是营销团队成员，因为业绩差被降级或辞退非常常见，对营销团队来说，业绩就是尊严。

开盘对营销管理者是一个大考，尤其是首开项目，从前期的市调定位到摘牌后做的一系列营销动作都是为开盘做准备。顺利开盘、房子大卖，对营销的意义非常重大，一方面快速实现了回款，为后续的开发提供资金，为项目高周转提供了可能；另一方面开盘热销，意味着客户认可度高，可以利用热销进一步造势，从而为后面的二次加推打下基础，为项目的快速销售乃至清盘开了好头。

节点内容

开盘是指项目对外集中公开发售的过程。根据时间节点，开盘可以分为首开和顺开两种。首开是指项目首次开盘，顺开是指首开后，进入持续销售期的开盘。本节点内容聚焦首开，通过首开解筹，实现客户顺利转签，资金快速回笼，形成项目热销局面，达到销售目标的同时，通过热销和客户口碑进一步加强公司的品牌宣传。

一、开盘时间规划

开盘工作思路体现在开盘方案中，包括开盘方式、主题、房源、销售目标、时间、地点、开盘优惠等。进入开盘倒计时阶段，首先做好要开盘时间规划，对开盘各项事务进行具体安排，如表 43-1 所示。

表 43-1　开盘各项工作时间安排

序号	工作内容	完成时间	责任人
1	开盘前巨幅喷绘	开盘前 20 天	营销负责人
2	银行协调	开盘前 15 天	项目总 / 营销负责人
3	政府部门报批	开盘前 7 天	项目总 / 营销负责人
4	开盘前宣	开盘前 7 天	营销负责人 / 媒体推广部
5	开盘预算及报批	开盘前 5 天	营销负责人
6	开盘物料准备	开盘前 1 天	营销负责人
7	开盘	开盘当天	营销负责人
8	开盘后宣	开盘后 7 天	营销负责人 / 媒体推广部

以开盘时间倒计时，开盘前 1 天进入开盘准备的关键时间，对物料、现场布置、流程等进行相关准备，如表 43-2 所示。

表 43-2　开盘倒计时各项工作时间安排

工作内容	工作要求	完成时间	责任方
气氛布置	布置完毕	9 月 30 日 18：30 前	活动公司
物料准备	所有开盘物料准备完毕	9 月 30 日 19：00 前	项目
检查各环节	检查完毕	9 月 30 日 19：00 前	项目、活动公司
准备工作	走场	9 月 30 日 19：00	项目、活动公司
现场布置	现场防护	10 月 1 日 6：00	项目
工作人员	全体工作人员到位到岗	10 月 1 日 6：00 前	项目、活动公司
所有环节首次检查	各种准备完毕	10 月 1 日 6：30 前	活动公司

续表

工作内容	工作要求	完成时间	责任方
所有环节再次检查	确认现场各项工作完毕无误	10 月 1 日 8：00 前	活动公司
警务、医疗、消防	人员全部到位	10 月 1 日 8：00 前	项目
礼仪人员	到位，准备提供服务	10 月 1 日 8：00 前	活动公司
演出人员到位	人员全部到位	10 月 1 日 8：00 前	活动公司
到位时间	所有人员进入工作状态	10 月 1 日 8：00 前	活动公司
暖场	暖场音乐播放	10 月 1 日 9：30	活动公司
表演	舞狮、军乐队间歇性表演	10 月 1 日 9：30	活动公司
正式开盘	轮候区、选房区各区有序开展	10 月 1 日 10：00	项目

二、线下开盘执行要点

传统的线下开盘执行有以下四点。

1. 现场动线

一般项目线下开盘动线为：签到区—等候区—预选房区—选房区—销控区—财务区—签约区—审核区，如图 43-1 所示。

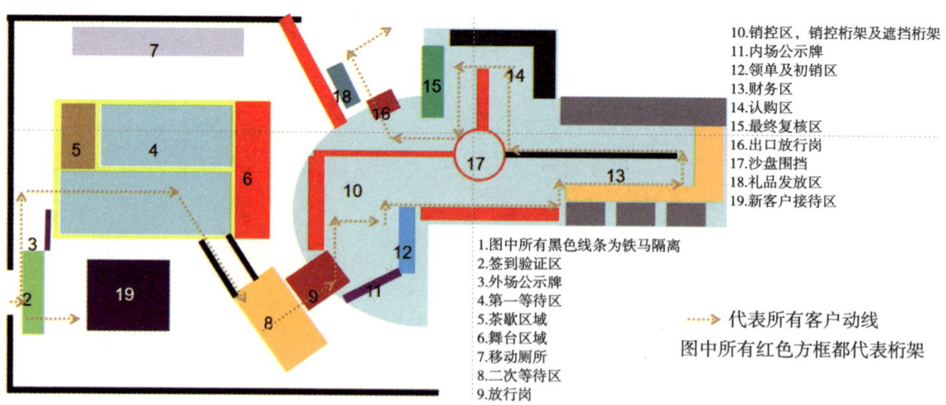

图 43-1　开盘现场动线规划

2. 开盘客户选房流程

开盘客户选房流程如图43–2所示。

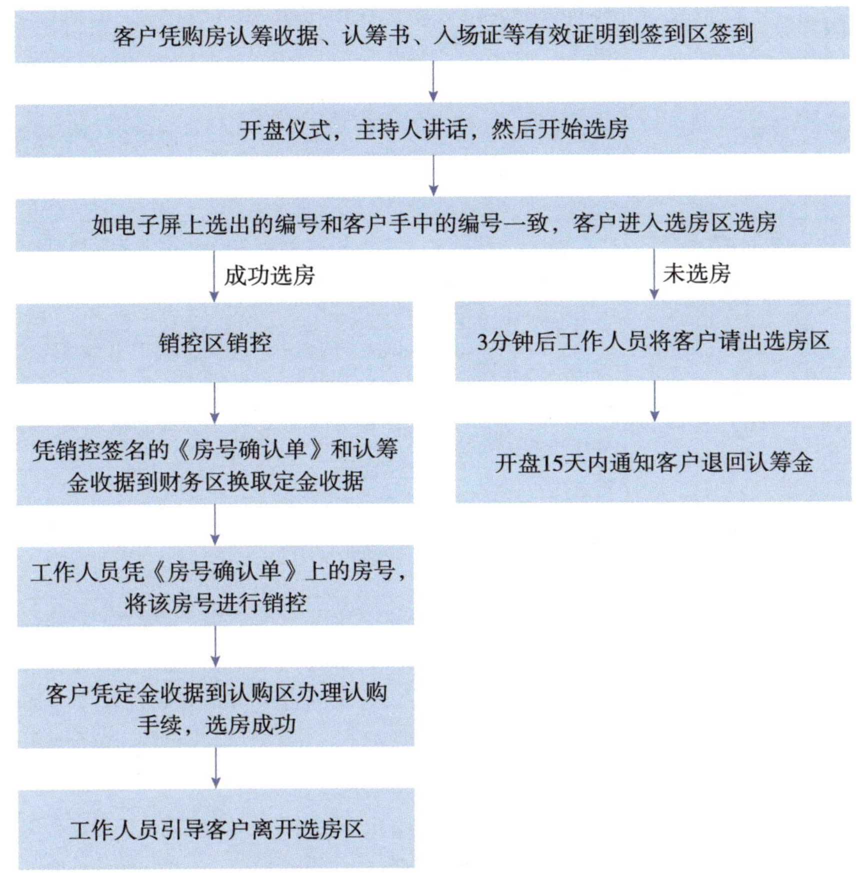

图43–2　开盘客户选房流程示例

3. 区域功能细分

项目开盘区域一般划分为外围区、签到区、等候区、摇号区（如有）、选房区/销控区、财务区、签约区、审核区，各个房企不完全相同，具体根据自身情况而定。

开盘各分区环节设备应注意提前调试妥当，尤其是刷卡机、打印机、发票、协议模板等，在开盘前务必复核清楚，避免现场出错，手忙脚乱。开盘现场各区域动线应衔接顺畅，单向流动，少回流，避免相互干扰，并有专人负责协调，如表43–3区域功能划分表所示。

表 43-3　区域功能划分表

区域	人员	人数	功能	工作流程	工作职责
外围区	项目销售 / 项目人员	20	形成盛大开盘氛围	维护现场秩序，防止突发情况	巡查是否有踩盘及截客现象； 确保现场秩序
选房入口	项目销售	4	引导客户有序进入选房区	客户资料检查及核对； 签到登记； 发放早餐	避免客户忘记带资料及无关人员进入
等候区	项目 / 总部支援	20	制造紧张氛围	维护现场秩序	确保等候区秩序； 应对突发情况
选房排队区	项目工程	5	验证进入客户认筹协议、收据及中签号码；根据现场指挥指示等待选房	验证客户身份—选房排队区等待—引导进场选房（开盘节奏关键区域）	呼叫引导客户进场选房； 务必确保客户排队秩序
选房通道区	总部支援	4	制造紧张氛围	维持排队秩序	务必确保客户排队秩序
选房区 / 财务区	项目销售 / 总部	28	制造紧张氛围	迅速逼定客户选定房源并填写确认单； 将认筹收据更换为定金收据	保障客户迅速订房； 确保房源合理消化； 快速回答客户问题； 确保房源合理消化
认购区	项目销售	5	负责更换定金收据；负责签订《商品房买卖认购协议》	检查定金收据—核对选房单—做好房源销控	确认房号没有卖重； 确保销控准确
选房出口	项目销售	4	回收入场证	检查认购书—回收入场证	检查客户是否选到房源； 了解客户反映； 告知签约细则

开盘现场各功能分区的注意事项如表 43-4 所示。

表 43-4　各功能分区的注意事项

区域	注意事项
签到区	关键意向客户到场的确认，正式开盘前 15—30 分钟将认筹而未到场的客户名单返给销售经理及时进行客户联系
等候区	预估客户到访量，设置等候区范围，注意流程及相关事项的公示
摇号区	设置独立空间，提前模拟测试，确保不重号、错号、漏号
选房区	注意销控表的制作、价格备注说明，贴点物料应保证易贴及易撕
销控区	设置独立空间，需有备用打印设备，注意特殊销控，明确特殊事务处理要求，防止一房二卖
财务区	及时跟进处理销控不交款情况
签约区	规范签署，注意《签约须知》的告知，建议银行工作人员在此区域驻点以便客户咨询
审核区	合同盖章处是避免销售出错的最后屏障，避免错签、漏签

4. 突发事件应急预案

开盘前要对突发事件的出现进行预估，并制定针对性的应对措施，现场设专人处理突发事件。

开盘必须保持通水、通电、通路、通网，根据地方人文特点，提防竞争对手使用不正当手段干扰，提前跟相关政府部门沟通，现场安排移动通信网络信号应急车支援，安排工作人员看守电缆端以及安排应急发电机，与总部技术组沟通安排人员到现场协助，保证整个开盘流程顺利进行。

三、开盘后的主要工作

1. 开盘后客户追踪

开盘后快速对认购房源进行梳理，销售人员及时向客户联系询问是否选到满意房源，选到即恭喜，对未选到房源的客户进行安抚并告知后期加推信息。对于未到场的意向客户，告知开盘情况以储备新一轮客户。

2. 开盘后宣

项目开盘后即时发布开盘火爆场面并快速发酵，提升影响力及项目实力。开盘后宣的主要内容包括以下几个方面。

- 项目开盘火爆热销，对销售金额及热销氛围进行展示和宣传；
- 热销原因剖析，顺便引出项目价值，对核心价值点进行阐释；
- 如果下期产品已经有规划，可适当公布下期产品，敬请大家期待。

3. 开盘后复盘及总结

项目开盘后一周内做出简要明晰的分析评价，对项目后续的销售策略提出建议，具体见节点 44“开盘后评估”。

四、微信开盘

微信开盘是近几年比较常见的线上开盘方式，本节点对微信开盘进行部分讲解，作为对线下开盘的补充。

1. 微信选房步骤

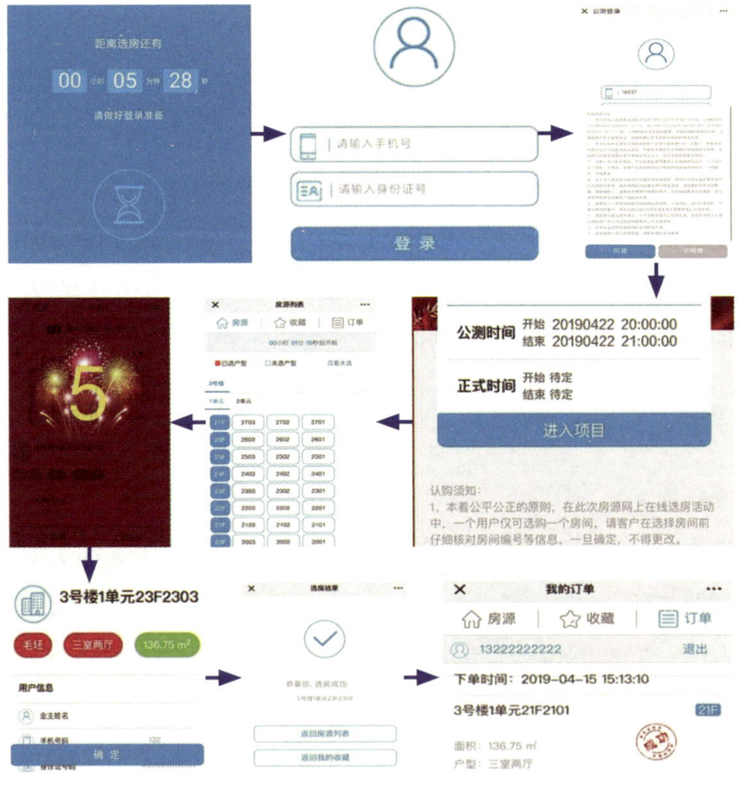

图 43-3 微信选房

（1）关注项目微信公众号，进入微信选房功能页面；

（2）选房开始前倒计时；

（3）输入购房人手机号和身份证号登录；

（4）仔细阅读选房协议，选择同意登录；

（5）点击“进入项目”选择房源；

（6）切换楼栋和单元查看房源，点击房源进入详情；

（7）选房开始前10秒进入倒计时，留在意向房源详情页；

（8）倒计时结束后立即点击“确定”选购下单；

（9）提示选房成功；

（10）点击订单页可查看自己的选房订单。

为了提高微信开盘的成功率，避免因操作不熟练导致选房失败，一般在正式选房前会进行模拟开盘，通过模拟开盘让客户熟悉选房流程，减少操作失误。

2. 微信开盘流程

微信开盘分为分散式选房和集中式选房，分散式选房就是客户自己选择地方进行微信选房，集中式选房是开发商选择地方，客户集中选房。下面就集中式选房流程进行说明。

步骤一：签到。客户携带二代身份证、筹纸客户联、刷卡纸、刷卡收据联及线上选房协议书前往签到区签到，并进入指定等候区等待选房。

步骤二：等待区等候。在等候区等候选房，选房以手机微信登录抢房形式，如需了解本次所开售房源信息及其价格的，提前向跟办销售人员了解和索取相关资料。

步骤三：手机微信线上选房。在项目指定推售时间开始时，项目将所有可售房源统一开放，客户在微信平台自行选择意向房源抢购，以最终抢到的房源确定购买房号。

步骤四：办理诚意金转定金/签署认购书。购房者在选定房源后凭“已成交”页面在工作人员陪同下，进入认购区完成转定、认购书的打印、签字和盖章等流程。

3. 微信开盘注意事项

• 置业顾问需提醒客户在集中式选房当天携带手机，充满电，并准备充电宝，选房时需谨慎使用微信选房系统，避免操作失误；

- 确保现场网络信号良好，客户手机可畅通使用4G或5G网络；
- 购买房源客户需按要求缴纳保证金，一房一号；
- 系统限时选房，开始及结束时间以选房程序上显示的时间为准，到达结束时间系统自动关闭；
- 如果客户操作失误导致退出选房系统，可再次通过同一部手机微信扫一扫自动进入系统，不需要重新输入选房登记号及验证码。

五、开盘常见问题

开盘中常见的主要问题如下。

- 在客户储备过程中未设定初选推售范围，造成客户选择范围过于散乱或过于集中，不利于确定开盘推售范围和客户分流；
- 开盘价格的确定缺乏分步测试、逐步聚焦的过程，造成无法准确判断客户的心理价位；
- 开盘组织流程不科学、不严密，造成现场氛围差、容易出错和客户流失；
- 不注重开盘总结，不能及时制定和调整后期的推售安排；
- 不重视售楼系统在开盘中的应用，不能实时掌握开盘的成交数据。

节点时间

不同房企、不同类型的项目开盘时间差异较大，一般三四五线城市项目摘牌后4—6个月开盘，二线城市项目6—8个月开盘，一线城市项目8—10个月开盘。

节点TIPS

有的项目开盘前由于筹不足，筹货比不够，就推迟开盘时间，试图通过推迟开盘来获得更多的认筹时间，增加新筹。这种做法虽属迫不得已，但是需要把握时间限度。推迟太长，如超过二个月，是不可行的。一方面会让客户觉得项目迟迟不开盘，是不是出了什么问题；另一方面竞品也会在此期间做动作，如凭认筹单就可以打折等。这两个因素都会导致客户流失。开盘时间推迟到一定阶段，就会出现一个拐点，在这个时间点，流失的认筹客户比新增的认筹客户更多，过了拐点之后，再推迟开盘就没有意义了。所以营销操盘手要清晰认知开盘时间延迟可能存在的弊端，并精准地把握拐点，在拐点到来之前实现开盘。

节点 44
开盘后评估

节点背景

复盘的意义在于找到规律，固化成功经验，避免犯同样的错误。

复盘是围棋术语，是指对局完毕后，复演该盘棋的记录，以检查对局中招法的优劣与得失关键。下围棋的高手都有复盘的习惯，这样可以有效地加深对这盘对弈的印象，也可以找出双方攻守的漏洞，是提高自己水平的很好方式。复盘已经广泛运用到企业项目管理中，在地产行业，典型的复盘就是开盘后评估。开盘后评估是指新项目开盘后或在售项目大批量推售后，根据开盘当天的销售情况进行全面分析。后评估内容一般包括开盘背景、销售数据分析、推广活动分析、客户分析、价格策略等，通过后评估发现过程中的成功经验和优秀做法，同时找到不足，以便更好地把握后期价格策略、产品策略、货量策略，从而为后面的持续销售打下基础。

节点内容

开盘后评估工作一般分为两个步骤，第一步为组织召开开盘后评估会议，对本次开盘进行会议总结，第二步为根据会议内容，整理撰写开盘后评估报告并报批。

一、开盘后评估会议

通常由营销牵头，项目总经理组织工程部、报建部、财务部、物业部参会，根据开盘当天客户成交情况、意向反馈情况及数据附件报告进行分析（包括但不限于客户、市场及价格拉差等情况），同步提出下一阶段的整体策略建议。开盘后评估会议的主要内容如表 44–1 所示。

表 44–1　开盘后评估会议的主要内容

会议名称	开盘后评估会	
召开时间	项目首次开盘后 7 天内	
会议目的	新项目首次开盘后，对销售情况进行复盘	
会议决策事项	总结反思开盘过程的亮点、不足及后续工作安排	
参加范围	组织部门	营销部
	主持人	营销部经理
	汇报部门	项目营销负责人
	决策人	营销分管领导
	会议纪要负责部门	营销部
	其他参会人员	公司工程部、报建部、财务部、物业部相关人员
会前准备资料	项目开盘总结报告（客户成交情况、意见反馈情况及数据附件）	
会议议程	开盘总结报告汇报（包含预估 / 实际情况）； 参会人员补充发言； 下一阶段定价 / 调价、货量组织推售、后期地块户型组织等议题讨论，参会人员轮流发言； 分管营销领导总结发言，并进行后续工作安排	
会后输出成果	开盘后评估会会议纪要； 开盘后评估报告	
会后跟踪	营销部	
会议成果报备要求	会后 3 天内将开盘后评估报告进行流程审批，流程抄送参会人员知悉	

二、开盘后评估报告撰写

开盘后评估会议召开之后，根据会议主要结论及内容，整理撰写《项目开盘后评估报告》，后评估报告的主要内容有以下几个方面。

1. 推盘背景简述

推盘背景简述主要说明项目概况、市场概况以及推盘背景。

- 项目概况：包括地理区位、周边配套、项目定位、SWOT 简析、产品配比等；
- 市场概况：当前市场政策、区域竞争情况等；

• 推盘背景：综合项目概况、市场情况和其他因素。

2. 开盘回顾

开盘回顾包括推售房源、认筹数量和结构分析、销售数据等，开盘回顾的重点内容是针对不同的房源分析其去化结构，从而总结出不同户型热销和滞销的原因，为后期的推售提供参考。

（1）推售房源

推售房源包括本次开盘的取证范围、推售范围，如表 44-2 所示。

表 44-2　产品推售结构

楼栋	房号	总套数	面积（m^2）	推出套数
1 号楼	1 号	28	122	28
	2 号	28	136	28
	3 号	28	113	28
	4 号	28	113	28
合计				112

（2）认筹数量分析

认筹数量分析主要是分析进入认筹阶段的每天认筹数，由此推断认筹效果，从图 44-1 中可以看出，从 10 月 12 日启动认筹以来，13 天累计收筹 700 多组，除了开始认筹头两天超 100 组筹之外，其余平均每天 47 组左右。

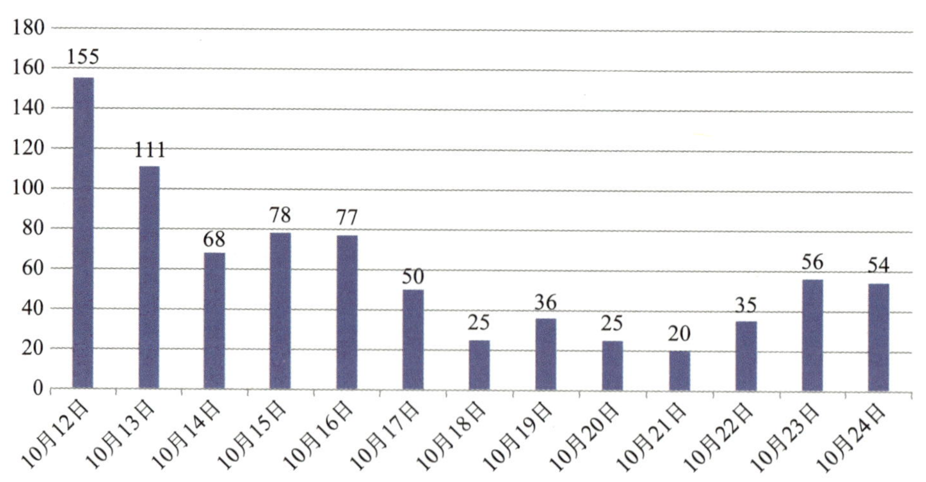

图 44-1　每日认筹情况

续表

（3）认筹结构分析

认筹结构分析是从户型、面积段对认筹结构进行分析，从表 44-3 中可以看出 88—120m² 面积段客户较为充沛，而大面积户型客户明显不足，反映出刚需刚改型产品比较受欢迎。

表 44-3　认筹结构分析表

面积段（m²）	88	105	120	140	165	合计
房源数量	147	65	158	88	32	490
认筹组数	265	103	198	78	23	667
筹货比（%）	180.3	158.5	125.3	88.6	71.9	136.1

（4）销售数据

开盘当天销售数据包括前期认筹情况、目标达成情况（包括开盘目标及实际完成）、开盘当天销售数据（包括到访人数、成交量、到场解筹率、推售量、去化率、实现均价）以及本项目累计销售数据（包括认购套数、认购面积、认购金额、去化率、签约套数、签约面积、签约金、签约率等）。对销售数据没有统一的要求，都是各房企针对自身要求定制。

【节点案例 1】项目开盘数据及分析

表 1　开盘当天销售数据

产品	户型面积（m²）	房间间隔	首推套数	认筹情况		落位情况		去化情况	
				认筹数	认筹率（%）	落位数	落位率（%）	认购数	去化率（%）
别墅	167	3 房 2 厅 3 卫	38	55	144.7	20	52.6	9	23.7
	175	3 房 2 厅 3 卫	12	28	233.3	12	100.0	5	41.7
	275	5 房 2 厅 4 卫	24	23	95.8	11	45.8	11	45.8
	260	5 房 2 厅 4 卫	26	38	146.2	17	65.4	20	76.9

产品	户型面积（m^2）	房间间隔	首推套数	认筹情况		落位情况		去化情况	
				认筹数	认筹率（%）	落位数	落位率（%）	认购数	去化率（%）
小计	–	–	100	144	144.0	60	60.0	45	45.0
洋房	79	2房2厅1卫	46	96	208.7	32	69.6	42	91.3
	115	3房2厅2卫	46	267	580.4	46	100.0	46	100.0
			92	363	394.6	78	84.8	88	95.7
	82	2房2厅1卫	62	76	122.6	37	59.7	17	27.4
	94	3房2厅1卫	62	219	353.2	62	100.0	61	98.4
			124	295	237.9	99	79.8	78	62.9
	52	1房2厅1卫	46	186	404.3	46	100.0	23	50.0
	49/51	1房1厅1卫	46	36	78.3	24	52.2	29	63.0
			92	222	241.3	70	76.1	52	56.5
	163	4房2厅3卫	62	101	162.9	38	61.3	45	72.6
小计	–	–	370	981	265.1	285	77.0	263	71.1
超豪	416	5房3厅6卫	5	8	160.0	3	60.0	4	80.0
商铺	–	–	19	40	210.5	11	57.9	18	94.7
合计	–	–	494	1173	237.4	359	72.7	330	66.8

项目共派筹1173套，当天签到607套，签到率52%；当天推售494套，4.15亿元，当天认购330套，认购金额2.42亿元，按金额去化率58.3%，按套去化率66.8%。本次开盘去化率不高，主要原因有以下4点。

第一，项目原定于10月1日开盘，后改为10月15日开盘。中间过渡时间过长，错过了国庆节销售旺季节点，造成部分意向客户流失。

第二，项目属于城市郊区位置，周边无配套，学区和交通不便。

第三，由于大多数客户的意向选择房源是 115m^2 和 94m^2，两种房源数量有限，造成部分意向客户流失。

第四，由于别墅价格偏高，超出客户心理价位，造成部分意向客户流失。

3. 营销推广回顾

对开盘前的营销推广进行总结分析，回顾的核心是通过关键客户数据（来电、到访、办卡、认筹）反映推广效果，并进行相应分析。营销推广回顾包括五个方面，分别是营销节点、渠道、活动、来电、来访情况的回顾。

4. 定价逻辑回顾

结合开盘销售数据，对不同品类、户型产品的去化及其对应的价格进行分析。以下案例是某项目在下行市场，为了走量采用的定价逻辑分析。

【节点案例 2】某项目开盘价格分析

表 1 定价逻辑分析 （价格单位：元 /m^2）

<table>
<tr><th>产品</th><th>对比项</th><th>定案时</th><th>开盘时</th><th>对比分析</th></tr>
<tr><td rowspan="6">双拼</td><td rowspan="2">定价均价</td><td>毛坯 11000</td><td>毛坯 8830</td><td rowspan="6">开盘时毛坯较定案时对比：毛坯售价低 20%；精装售价低 17%；毛坯净利润率低 33%；精装净利润率低 30%；成本高 17%</td></tr>
<tr><td>精装 12000</td><td>精装 9949</td></tr>
<tr><td rowspan="2">单方成本</td><td>毛坯 7843</td><td>毛坯 9170</td></tr>
<tr><td>精装 8858</td><td>精装 10336</td></tr>
<tr><td rowspan="2">净利润率</td><td>毛坯 29%</td><td>毛坯 –4%</td></tr>
<tr><td>精装 26%</td><td>精装 –4%</td></tr>
<tr><td rowspan="6">洋房</td><td rowspan="2">定价均价</td><td rowspan="2">毛坯 6200</td><td>精装 5435</td><td rowspan="6">开盘时精装较定案时对比：精装售价低 12%；毛坯售价低 26%；精装净利润率低 27%；毛坯净利润率低 39%，精装成本高 21%；毛坯成本高 21%</td></tr>
<tr><td>毛坯 4566</td></tr>
<tr><td rowspan="2">单方成本</td><td>精装 4368</td><td>精装 5294</td></tr>
<tr><td>毛坯 3715</td><td>毛坯 4505</td></tr>
<tr><td rowspan="2">净利润率</td><td rowspan="2">精装 30% 毛坯 40%</td><td>精装 3%；</td></tr>
<tr><td>毛坯 1%</td></tr>
<tr><td rowspan="3">商业</td><td>定价均价</td><td>毛坯 10500</td><td>毛坯 8483</td><td rowspan="3">开盘时精装较定案时对比：售价低 19%；净利润率低 32%，成本高 23%</td></tr>
<tr><td>单方成本</td><td>毛坯 6342</td><td>毛坯 7797</td></tr>
<tr><td>净利润率</td><td>40%</td><td>8%</td></tr>
</table>

5. 成交 / 未成交客户分析

对成交 / 未成交客户进行分析，成交分析包括区域分析、购房目的 / 动机分析、购房预算分析、渠道分析等，未成交分析主要是分析未成交的原因，如以下案例所示。

【节点案例 3】某项目成交 / 未成交客户分析

下面 3 张图分别显示了该项目的成交客户地图、成交客户职业特征以及未成交原因。

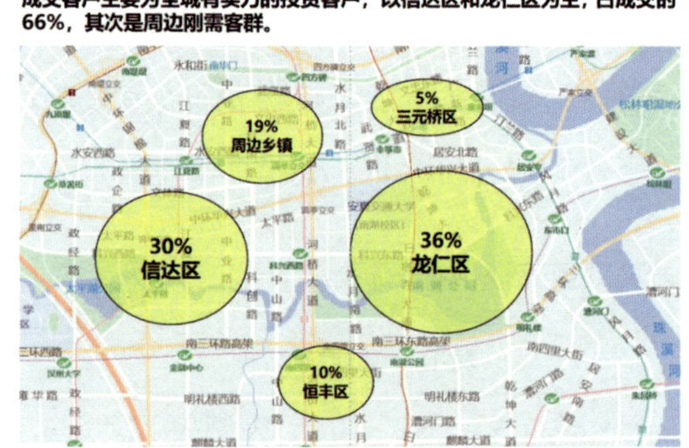

图 1　成交客户地图

职业特征	上叠	中叠	下叠	别墅北端	别墅南端	别墅中户	叠加小计	别墅小计	合计
私营企业老板	3	8	8	2	6	6	19	14	33
公司高管	2	2	6	1	1	4	10	6	16
机场人员	1	2	1			2	4	2	6
企事业单位	4	5	2	1		2	11	3	14
职员	3	6	4	1		1	13	2	15
退休	2	2					4	0	4
教师	2	1	1			2	4	2	6
公务员		1	1				2	0	2
其他							0	0	0
合计	17	27	23	5	7	17	67	29	96

- ◆整体成交职业分布在私营企业老板、公司高管、企事业单位工作人员、企事业职员四类；
- ◆叠拼产品以这四类人为主；
- ◆别墅以私营企业老板为主。

图 2　成交客户职业特征

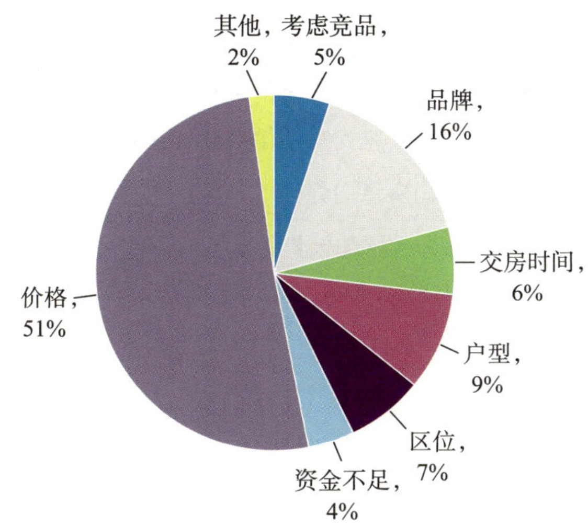

客户未成交四大原因

1.别墅价格高于客户预期；
2.品牌影响力不够；
3.叠拼产品户型不好；
4.项目处于城郊，周边无配套。

图 3　未成交原因

6. 后续营销策略及推盘计划

后续销售措施及推盘计划主要包括以下五个方面。

- 总结与反思：对营销推广方面、销售执行方面、价格管理方面、开盘组织进行总结反思；
- 后续核心策略：针对总体货量及后续销售目标，拟定核心营销策略；
- 后续销售策略：包括货量铺排、推盘计划、价格策略等；
- 后续推广策略：针对开盘情况，进行价值点的再梳理，并在后续采取相应的推广策略调整；
- 后续渠道策略：根据开盘数据分析，对拓客、老带新、中介分销、全民营销等渠道进行调整。

节点时间

开盘后评估一般在开盘之后即可开始，在开盘后 7 天内完成。

节点 TIPS

开盘后评估要认真准备，要拿数据、拿事实说话。后评估重在评估，要认真分析主观原因和客观原因，以便为后续的营销策略提供正确的指导方向。比较常见的是，如果开盘效果不好，评估过程中指出的问题多，评估也相对比较认真，深刻；一旦开盘热销，有的项目对后评估就掉以轻心，认为开盘效果好了，自然一切都好了，这是不对的。开盘效果好，要具体分析好的原因，是产品适销对路，还是价格优势；是营销动作到位，还是整体市场环境好，客户购房意向强烈。这些都需要一一剖析。开盘取得佳绩，更需要总结经验，为后续的加推和持续销售做准备，而不是走过场。

节点 45

认购转签约

节点背景

签约和回款是营销最关键的两个 KPI。

签约意味着客户的正式购买，双方权益得到法律的保证。回款是现金流，高利润回款是项目开发追求的目标。开盘当天的一般情况是完成了认购，因此开盘后快速从认购转为签约就是一项非常重要的工作。因为只有签约了，购房的过程才真正确认了下来。只有签约了，才有真正意义上的回款。认购转签约是开盘之后的第二个主要节点，因为它关乎项目真正卖了多少钱、公司回款预计达到多少钱，事关销售目标和业绩的达成。无论对于公司层面还是项目层面，认购转签约都非常重要。

节点内容

一、认购流程及规范

认购是指商品房买卖双方，即出卖人与买受人在签订合同前先行签订认购书，就房屋买卖有关事宜进行初步确认，并收取一定数量的定金作为订立商品房买卖合同的担保，这是当前商品房买卖的通常形式。

一般来说，一旦完成认购流程，签订了《房屋认购协议书》，开发商就承诺在一定期间内保证不将房屋卖给除认购人外的第三人，认购人则保证将在此期间内遵循协议约定的条款与开发商就买房事项进行商谈。这种认购行为的主要特征是买卖双方约定了为将来订立合同而谈判的义务，而并非最终达到签约。

在认购过程中，涉及的《房屋认购协议书》一般会确认认购人打算购买的商品房的位置、朝向、楼层、房价及签订《商品房买卖合同》的时间。认购人在购房前作为签订《商品房买卖合同》的保证，向开发商支付一定数额的定金。

1. 认购基本流程

房企认购流程虽不尽一致，但都大同小异，图 45-1 所列的认购基本流程仅作参考。

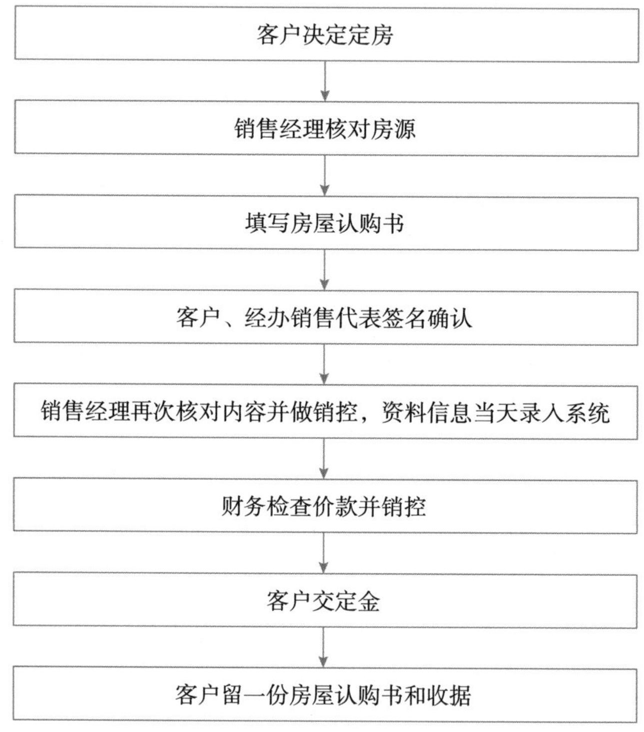

图 45-1　认购基本流程

2. 认购要点

- 非当天下定的客户，为了缩短认购办理时间，可提前 1—3 天进行认购前准备工作，并要求客户提供征信查询报告；
- 提前与客户约定办理认购的时间，做好相应准备；
- 应至少提前一天电话通知客户认购当天所需携带的资料；
- 填写认购书时，置业顾问向客户解释房屋认购书的条款和内容，强调双方的权利和义务，明确告知客户房源保留时间为 7 天（有的为 5 天），确认客户以前是否有过购房和贷款经历，确认付款方式，告知签约时的付款要求及按揭资料准备、资料要求，并为客户提供按揭告知书；

- 现场销售经理检查该房屋是否销售，房源位置、面积及价格是否正确，并第一时间查询销控，以防止撞单；
- 置业顾问须在选房时告知客户，认购信息原则上应与签约客户信息保持一致；
- 置业顾问禁止与客户私自承诺任何补充条款；
- 如客户认购当天未交款或未走完认购流程，已有的客户档案也应交到销售后台处归档，在销售经理同意后，在第二天完成后续认购流程；
- 如客户在认购过程中放弃所选房屋，置业顾问应及时告知销售经理，并将选房单交回至销售经理处；
- 已认购客户档案袋内的资料一般包括下列文件：身份证件复印件、户口本复印件、结婚证复印件、1 份认购书及补充协议、认购定金收据复印件、与购房资格相关的文件和表格。

二、签约规范

签约是指开发商在客户确认购买住房后和客户签订《商品房买卖合同》，对涉及的房屋基本信息、房屋价格和付款方式、房屋交付的时间和方式、房屋质量的标准以及合同违约责任进行约定。

签约所涉及的《商品房买卖合同》是房地产开发企业将尚未建成或者已经竣工的房屋向社会销售，转移房屋所有权于买受人，买受人支付价款的合同。

签约对房企来讲是展示公司形象和服务的一个重要窗口，签约的快慢直接关系工程的进度、公司的下一步发展以及公司每位员工的切身利益。

1. 签约流程

签约基本流程如图 45–2 所示，企业可以根据自身情况做调整。

通知客户交款、提供签约信息、上交查询资料
收取资料，讲解流程、合同范本等
查询住房、信贷信息
购房姓名变更
根据查询结果，通知客户办理房款核算手续
特例折扣申请
提交房款确认单由各部门确认，引导客户交款
根据已交款名单，客户按顺序签约
签约员录入并打印合同
客户签约
收集按揭相关资料归档
合同原件报专人审核、盖章
登记归档
提交相关部门备案
领取合同
办理银行按揭

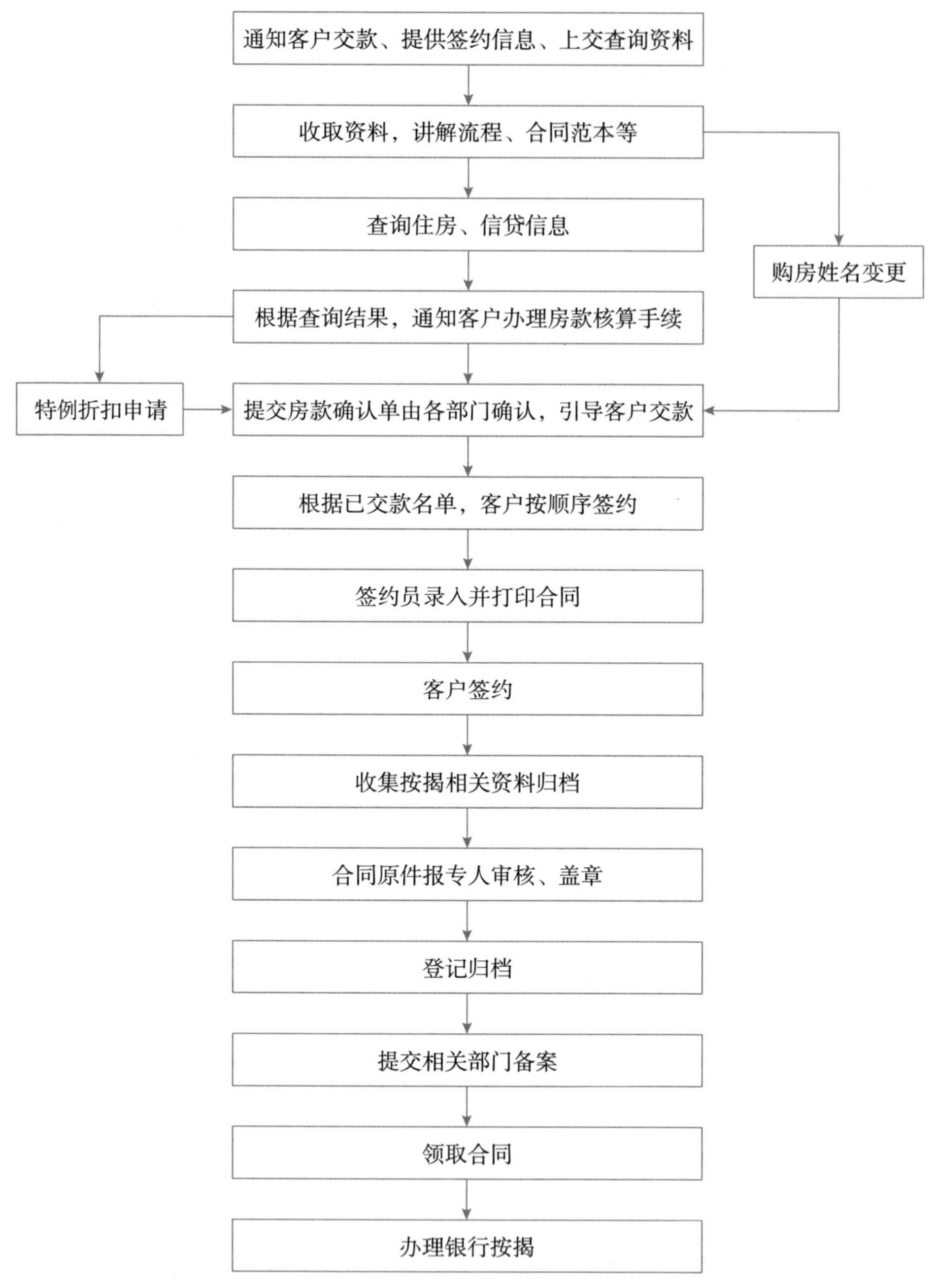

图 45-2　签约基本流程

2. 签约要点

- 置业顾问提前与客户预约签约时间，提示客户带齐签约所需资料，需提示客户签约当天带齐贷款所需资料，按照跟客户确认过的信息，提前填好“流转单”上的内容；
- 销售后台在签约前准备好需要客户签署的文件，装入档案袋中，1 户 1 袋，标好房号，供置业顾问领取，出正式合同前，应将客户提供的身份证复印件与草稿合同内容进行核对，准确无误后方可打印，确保正式合同使用的模板是经过公司审批的版本，无增减、无错漏；
- 签约前，置业顾问应将客户手中的认购书及补充协议收回，不得泄漏、遗失客户资料，所有客户要求的合同附加条款，一般未经公司许可任何人员不得私自应允签署，违者将追究法律及经济责任，所有审批文件均要归档备案；
- 现场工作人员不得假借任何理由，以错误、虚假信息售房，不得私自更改房号、价单或增加合同条款，对所有签约资料做到逐一检查，对所有表单上的签字处都须认真查看，签署人的字迹要求清晰可辨；
- 销售经理对正式合同审核时要核对是否在合同要求签字处都有客户签字，签署人的字迹要清晰可辨，保证做到不漏签；
- 对于首付分期、无购房资格等特殊客户，按照公司要求引导签署相应文件；
- 已签约客户档案袋内资料包括：身份证件复印件、户口本复印件、结婚证复印件、认购书及补充协议 2 份、正本合同、认购定金收据复印件、首付款 / 全款收据复印件、首付款 / 全款发票复印件、与购房资格相关的文件和表格；
- 销售后台在与客服进行合同交接时，要求数目清晰，有详细记录。

三、加快认购转签约的措施

1. 设定时间

可以通过设定时间来加快认购转签约。一般来说，大部分房企都要求在开盘之后 3 天或 7 天之内完成认购转签约工作。在开盘期间就要和客户说清楚这一点，并特别加以强调，尽可能让客户能够按时完成签约工作。为了加强认购转签约的进度管理，项目上可以用进度表的形式进行过程管控，如表 45-1 所示，某集团对全国所有项目的认购转签约情况进行统计，其中包括本日新增认购、认购未签约合计，并将认购未签约分成 3 天内、3—7 天、7 天以上，以及特殊批复延期。

表 45-1　每日认购签约监控

每日认购签约监控											
本日新增认购		认购未签约合计		认购未签约明细							
				3 天内签约		3—7 天内签约		7 天以上签约		特殊批复延期	
套数	金额（万元）	套数	金额（万元）	套数	金额（万元）	套数	金额（万元）	套数	金额（万元）	套数	金额（万元）
118	14433	1563	140785	349	30933	411	57912	95	16263	708	35677

2. 销售激励

可以利用销售激励增加认购转签约的进度。销售激励主要针对置业顾问，对规定时间内签约率较高的置业顾问予以奖励，刺激置业顾问积极推动客户前来签约。

3. 客户奖励

还可以对客户设置奖励来加快认购转签约。例如，项目在操作中通常会出台按时签约的折扣优惠，在要求时间内完成签约的客户会额外享受折扣或优惠，而在签约要求时间之后来签约的客户不享受此类优惠，以此调动客户签约的积极性。

节点时间

开盘后，为了快速回款，会加快认购转签约过程，一般要求 1 周内完成。

节点模板

认购转签约节点相关文本比较多，此处提供《签约须知》《没收定金公函》《合同解除通知书》供参考。

【模板 1】《签约须知》

一、签约时间

请您务必在签订《××项目认购书》（以下简称《认购书》）后 ××日内亲自前往

××项目售楼中心，凭《认购书》正式签署《商品房买卖合同》及相关补充协议和附件，同时支付全额房款或首付款（按揭客户需携带按揭贷款需提供的所有证件文本及相关资料），记得携带《认购书》原件及定金收据原件、POS 单原件。

二、签约携带资料

签署《商品房买卖合同》及相关补充协议和附件之日须缴付全额房款或首付款（包含认购时缴付的定金）。

1. 一次性付款客户办理（包括原件及复印件 3 份）

（1）购房人具有法律效力的身份证件（身份证、军官证及其他有效证件）。

（2）购房人户籍证明（户口本或其他有效居住证明）。

2. 按揭贷款客户办理（请自行提前准备相应复印件）

（1）借款人及配偶具有法律效力的身份证件（身份证、军官证及其他有效证件，原件及复印件 4 份）。

（2）借款人及配偶户籍证明［户口本（户口本首页、户主页、本人页）或其他有效居住证明，原件及复印件 4 份］（非 ××区户籍客户需要提供 ××区连续两年及以上社保缴纳证明，原件 1 份）。

（3）借款人婚姻情况证明（已婚的提供结婚证，丧偶的提供丧偶证明，离婚的提供离婚证、离婚协议或法院判决书，原件及复印件 4 份）。

（4）借款人及配偶收入证明（单位出具的收入证明并加盖公司公章、银行 6 个月以上流水、贷款银行储蓄卡，原件 1 份）。

（5）个人及共同借款人征信报告（原件 1 份）。

（6）首付款缴纳收据、定金及首付款 POS 单（复印件各 2 份）。

（7）公积金贷款客户需提供公积金缴存证明（原件 1 份）。

3. 按揭贷款额度

（1）首套房：首付款比例不得低于 ××%。

（2）二套房：首付款比例不得低于 ××%。

（3）贷款额度、年限及利率等以当地银行审批结果为准。

4. 按揭贷款流程

（1）提出申请：签订《商品房买卖合同》及相关补充协议和附件，交首付款，借款人持首付款收据、身份证、户籍证明、婚姻状况证明、收入证明等向贷款银行申请住房按揭贷款。

（2）贷款审批并签订借款合同：经贷款银行初步调查同意后，签订借款合同，办理公证手续，明确按揭贷款金额、年限、利率、还款方式及其他权利义务。

（3）等待银行审核回复，如需补充相关资料和首付款的，请在约定时间内办理。

三、签约注意事项

（1）如委托他人办理选房相关事项需提供公证委托书。

（2）缴纳定金及房款只能使用购房人自己的储蓄卡，不支持使用信用卡和借用他人储蓄卡。

（3）有两个共同共有人的，只能一方到场，另一方需提供公证委托书。

（4）资产佐证尽量提供：存款、理财产品、股票、基金、信托认购书、个人商业保单、汽车行驶证、房产证等复印件1份。

（5）个体工商户、企业法人另需提供营业执照、公司章程、近3个月纳税证明复印件各1份。

（6）所有客户均需提供1份查房证明。

四、温馨提示

为使全程购房手续能够及时有效地办理，请务必在签署《商品房买卖合同》及相关补充协议和附件时，完整、准确地提供以上签约所需材料。

【模板2】《没收定金公函》

尊敬的×××先生/女士：

贵方与我司于××年××月××日签订了《商品房认购书》，根据认购书的约定，贵方应于××年××月××日前来我司签订正式的《商品房买卖合同》，但在约定的时间内，我司多次电话提醒，贵方一直未来签订正式合同。随后，我司于××年××月××日向贵方寄出《签约催告函》，在催告函约定的时间内贵方仍无回应，给我司的正常工作带来极大的不便。现我司将处理结果告知如下：

我司依照相关法律规定及双方签订的《认购书》约定，没收贵方向我司缴纳的

定金 ××××元。

特此告知！

告知人：

日期：

【模板 3】《合同解除通知书》

尊敬的 ×××先生 / 女士：

贵方与我司于 ××年 ××月 ××日签订了《商品房买卖合同》，贵方购置 ×××小区 ××栋 ××单元 ××号，并按约定缴纳了合同首付款。按照双方合同约定，贵方以银行按揭贷款为付款方式，同时也约定，买受人若采取银行按揭或公积金贷款方式付款的，应积极配合银行或其他相关机构办理按揭或贷款手续，提交相关手续材料。买受人接到银行或其他相关机构通知后，拖延办理按揭或贷款手续的，出卖人将以书面形式予以函告，买受人收到书面函告之日起七日内仍不办理的，出卖人可解除合同并要求买受人承担总房款 ××% 的违约金。

在贵方拒绝配合银行办理按揭贷款后，我司于 ××年 ××月 ××日向贵方寄出《办理按揭贷款催告函》，贵方仍无回应。贵方不负责任的态度给我司的工作带来极大的不便。现我方向贵方告知如下：

1. 我司解除与贵方的《商品房买卖合同》；

2. 贵方收到本告知函三日内与我司联系并按约定向我司支付总房款 ××% 的违约金。

如贵方有异议或拒不做出处理，我司将通过法律程序维护自身的合法权益。

特此告知！

告知人：

日期：

节点 TIPS

一般来说，项目开盘之后认购转签约会采用集中签约的方式，集中签约可以在短时间内大量回款，是最常用的认购转签约方式。为了最大限度加快认购转签约，可以采用以下几个小技巧。

第一，集中签约前，合理做好分区划分以及动线设置，提前做好资料的准备，能提前复印的都提前准备好，如客户档案袋、草签合同等。

第二，分批次通知，避免客户扎堆来办理签约手续。

第三，为了激励客户按时签约，对符合时间要求、准时签约的客户给予物质奖励，如送购物卡、物业管理费等。

节点 46

持销期营销策略

节点背景

能够持续的胜利才是真正的胜利，每个阶层的管理者都必须保持这种动力。

——腓特烈·罗培兹

腓特烈·罗培兹是美军海军陆战队准将，他的这句话指出了持续胜利的重要性。对地产营销来讲，持续胜利就是首开热销后的持续热卖。全程营销按照功能节点，可以分成不同的阶段，前期筹备期、品牌导入期、形象入市期，一直到持续销售期。全程营销如果按照大的时间节点，也可以简单分成两个阶段，一是首开阶段，指的是项目从前期准备到第一次开盘；二是持续销售阶段，亦称为持销期或常销期阶段，指的是从首开后持续的销售直至项目全部销售、交楼。首开阶段销售相对持销期销售要容易一些，对首开项目无论项目层面还是公司层面都非常重视，投入的人力物力比较多，这一点我们从营销费率上也可以清楚看出，首开项目的营销费率比持销期营销费用要高。

“持续的胜利才是真正的胜利”，对营销来说，就是首开成功后持续销售直至清盘才是真正的成功、真正的胜利。由于持销期的产品既有新品，也有开盘后未能销售的剩余单位，加上费用不足，销售战线拉得很长等不利因素，持销期营销对很多营销管理者来讲是一个挑战，不仅需要专业性，更需要耐心和足够的动力才能取得最后的胜利。

节点内容

项目进入成熟的持续销售阶段，销量已经趋于平稳，成交量比较平均，客户消费行为明显理性化。本阶段的营销重点工作有如下几项。

第一，巩固首开成果。针对已认筹未成交的客户，通过客户沟通找到未成交的核心原因，耐心解释，输出利好和项目价值，逐个攻破，最终达到成交效果。

第二，以老客户带动新客户。通过老客户的口碑带动新客户的购买行为，给老客户以奖励，如减免物业费、赠送购物卡等优惠。

第三，满足不同客户需求。尽量满足不同类型客户的购房需求，如果客户需求是共性的，并且有一定的需求量，如觉得总价高或喜欢毛坯房、则可以采取统一的营销动作，满足客户需求，如价格打折或精装改毛坯等。

第四，优化和调整销售人员。销售人员也需要休整一下，调整工作状态，回顾开盘以来的工作得失，士气低者解除聘任，以降低成本。人员有冗余则释放到其他项目。

第五，媒体投放力度逐渐减小。广告宣传在这个阶段基本保持平稳状态，除非有大的加推和营销节点，一般保持一个正常的广告投放，而不是密集投放。

除了上述工作，最重要的还是制定持销期营销策略，明确持销期的打法和阶段性的策略，持销期营销策略是首开后的策略总纲，对后续营销有指导性意义。持销期营销策略包括以下几个部分。

一、持销期营销策略的整体框架

持销期营销策略通常包括以下几部分。

1. 市场近况分析

- 城市市场简介；
- 城市房地产市场；
- 项目竞品市场；
- 主要竞品动态；
- 市场小结。

2. 营销工作回顾

- 项目总体营销定位；
- 项目核心价值点；
- 项目营销工作策略；
- 项目形象策略及现场包装；
- 媒体推广策略及推广回顾；
- 项目活动策略及活动回顾；
- 项目渠道策略及拓客回顾。

3. 销售情况分析

- 项目销售数据分析；
- 客户成交区域分析；
- 客户成交地图；
- 客户职业分析；
- 客户置业目的分析；
- 客户付款分析；
- 成交客户分析；
- 未成交客户分析；
- 客户分析小结。

4. 营销策略方案

- 项目存在问题分析；
- 营销策略方案；
- 项目营销工作铺排；
- 媒体宣传推广；
- 项目活动执行；
- 项目渠道拓客；
- 项目形象包装。

以上内容在营销总体策略和开盘后评估节点中有所涉及，本节点不再详细展开。

二、三种不同产品的营销策略

常规产品从客户需求角度，分为刚需型、改善型、高端型三种，不同产品的持销期营销策略有差异性。三类产品的客户特征在前面节点已有描述，本节点主要从产品、推广、价格等方面展开。

1. 刚需型产品

（1）客户关注

- 房屋总价：刚需客户通常购买力有限，对价格敏感，总价不宜过高；
- 户型实用性：在乎得房率、公摊面积；
- 配套设施：有娱乐休闲需求，以及下一代的教育需求；
- 付款方式：首付高会增加他们购房的压力。

（2）产品策略

- 产品面积段：100m² 以下，主力户型以 80—100m² 为主；
- 户型：两房或小三房，一般是面积紧凑型功能小户，得房率高的产品；
- 类型：多层或者高层。

（3）推广策略

推广要点 1——线上覆盖面要广。刚需客户由于是有强烈购买需求的客户，因此通过广泛宣传，让客户知道项目，了解项目价值点成为项目推广的关键。为了全面覆盖，可以采用占点 + 占商 + 占道 + 新媒体的模式，如图 46–1 所示。

占点	占商	占道	新媒体
覆盖人流爆点区，如地铁、高铁、长途客运站等交通枢纽点、区域或社区人气聚集点、聚会网红点等。	覆盖商场、广场、步行街、大型超市等商业聚集地。	以关键通路包装拦截目标客户，在目标客户所在的主干道，竞品所在的道路等进行户外投放。	利用新媒体平台，焦点看房，抖音，小游戏，直播等对活动及区域配套进度报告，以有趣及实用性话题，吸引客户关注。

图 46–1　占点 + 占商 + 占道 + 新媒体运用模式

推广要点 2——线下活动要引爆全城。为了让更多客户了解项目，线下活动的目标应是引爆全城，引发市民高度关注并参与，需要注意的是对刚需客户，线下引爆活动应突出大众性，群体性活动，雅俗共赏，如长跑、才艺表演、歌咏比赛等，不建议举办比较小众的活动，如围棋赛、乒乓球赛、健美比赛，或者针对高端客户的活动，如高尔夫球或者品酒会等。

【节点案例 1】柳州钱隆世家项目线下活动

云星柳州钱隆世家项目举办 2017 年首届慈善彩虹跑，组织近 3000 人的参赛队伍，同时发动社区、零星团体、企事业单位等，当天约有 5000 多人参加了本次彩虹跑活动。在整个柳州制造了轰动，同时慈善的捐赠也为集团和项目赚足人气。

图 1 2017 年云星首届慈善彩虹跑现场

推广要点 3——凸显价格利好或优势。刚需客户对总价敏感，因此如果项目有价格利好，要及时推出，对刚需客户有较大的吸引力。

图 46-2 价格优惠海报

（4）价格策略

刚需盘客户对价格敏感，价格策略有以下几个要点。

- 对首开项目，低开高走为主要形式，确保首开热销；
- 首开热销后，可以借势加推并加价，加价幅度不宜过大，一般情况不超过10%；
- 首付不宜过高，必要时可以采用首付分期和低首付的方法。

2. 改善型产品

改善型产品主要针对对住房有改善需求的客户，包括刚改和再改等，改善型产品的营销策略要点如下。

（1）客户关注

- 改善型客户不仅关注面积大小，更考虑户型设计本身的合理性；
- 舒适性、功能性、私密性等是改善型客户对户型的考察点；
- 改善型客户购房时对居住环境有更高的要求，在乎景观、社区配套；
- 容积率是改善型客户鉴别社区环境规划的重要因素。

（2）产品策略

- 产品面积段：以100—150m^2为主；
- 户型：三房或者四房，动静分区，舒适宜居，方正，避免走道，南北通风，采光面多，两厅两卫，这些户型特征更受欢迎；
- 类型：以洋房、小高层为主。

（3）推广策略

推广要点1——核心价值点要突出品质。改善型客户对项目品质要求比较高，在推广中要突出品质。品质可以是户型、配套、地段、景观等客户比较关注的价值点，如图46-3、图46-4所示。

图 46-3　户型价值点广告

图 46-4　景观价值点广告

推广要点 2——线下活动体验感要强。改善型客户对户型、环境、配套要求比较高，线下活动要增加体验感，通过体验增加对产品、价值点的认知。可以以展厅或者示范区为载体开展活动，如嘉年华、家庭聚会，也可以是产品发布会。

在示范区举行的客户体验活动，比较容易带来人气的有以下两种。

- 突出科技要素的体验活动：人工智能、虚拟现实、3D 打印等高科技的体验活动很受欢迎，对小朋友尤其有吸引力，如图 46-5 所示；

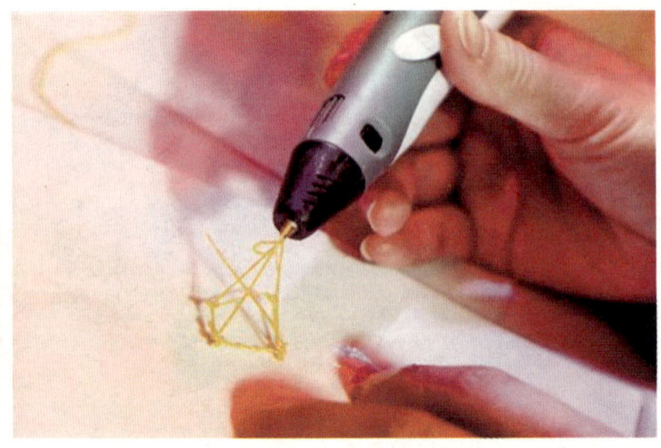

图 46-5　示范区高科技体验活动

- 以家庭为主题的活动：改善型客户大都是三口、四口之家，在示范区组织家庭活动，如嘉年华、插花、做手工等，很容易凝聚人气，组织活动没有难度，让客户参加活动的同时，感受项目的价值点，增进客户体验。

图 46-6　示范区家庭活动现场

（4）价格策略

改善型客户价格策略主要体现以下几点。

- 对首开项目，低开高走和高开高走相结合，以低开高走为主，如果市场环境好，蓄客量大，客户对项目品质认可，则可以采用高开高走；
- 改善型客户对户型、景观、楼层等因素比较敏感，因此在价格上采用“梯形”垂直层差模式，不同楼栋、不同层高、不同景观等形成价格拉差，有利于客户引导和转化；
- 在价格策略上应该建立自己的价格体系并为市场认可，对于改善型产品，维持价格箱体，保持产品竞争优势，促销多样化，保持市场新鲜感。

3. 高端产品

（1）客户关注

- 关注社区人群素质，希望社区带有高端社群标签；
- 周边小区的档次也要很好，拥有高素质的小区居民、有名气的开发商；
- 对价格不敏感，对部分高端客户而言，价格越贵越突出尊贵感；
- 部分客户存在跟风和攀比现象，同行或者好朋友如果购买，自己也想买。

（2）产品策略

- 产品面积段：以 120 —300m^2 为主；
- 户型：产品以低密产品、大平层洋房产品为主，或者在核心、稀缺地段的高层产品，产品应突出动静分离，南北通透，朝南房间多，单梯入户或者一梯两户等；
- 类型：别墅、大平层、精装花园洋房、核心地段的高层等。

（3）推广策略

推广要点 1——高端产品首先要突出调性。高端产品在品牌导入及项目形象入市阶段，要突出其高端属性和调性，引发高端人群关注，可以采用以下方法。

- 强调稀缺性：如地段的稀缺性、产品的稀缺性；
- 体现尊贵性：如超大阳台、私家电梯入户、动静分离等；
- 价值逻辑中要体现客群逻辑，体现专为成功人士打造。

推广要点 2——打造完美示范区和优质服务。高端客户在乎体验和视觉感受，希望得到礼宾待遇，所以在示范区包装、样板房打造上要精致，案场的服务接待要完美。尤其是在产品体验、园林景观、物业服务上，调性要高，建立高端形象。

【节点案例 2】中铁阅山湖 · 云著项目

中铁阅山湖 · 云著坐落于贵阳观山湖区观山西路与云潭北路交汇处，是中铁置业 TOP 级标杆产品。项目周边品牌房企林立、竞品多。为了在逆境中突围，项目定位为高端。在景观打造上，由知名园林景观设计天团——山水比德倾力打造的社区园林景观，遍寻全国找到上百种名树和景观石，打造了“一轴、两园、四庭、八台”的极致园林景观。

图 1　中铁阅山湖 · 云著项目实景图

项目携手亚洲顶级高端物业服务团队台湾地区怡盛物业，365 天 24 小时全天候秩序与安全维护，10 分钟“专属管家”双人响应，30 分钟提供解决方案，24 小时上门回访，为云著业主提供塔尖之家的专属尊荣服务。

图 2　台湾地区怡盛物业团队

（4）价格策略

高端客户价格策略主要体现以下几点。

- 价格以高开高走为主，高调亮相、高价入市；
- 高端产品具有稀缺性，同时考虑高端客户对价格不敏感，故如果蓄客量比较好的情况下，可以做高溢价产品；
- 高端产品首开后，应该采取提价策略，一般情况下不宜降价，以免影响其高端品质。

三、持销期常见的营销策略方式

持销期如果货量还比较大，需要让市场有新鲜感，保持热度。除了推广活动、市场发声，还有就是推出新的产品、品牌发声和营销策略创新。

1. 产品升级

推出新品、新户型或者在产品上重新包装，如以下案例所示。

【节点案例 3】持销期产品升级措施

1. 户型变革、居住升级——崭新价值样板居住体验全面升级展现；
2. 园林提质、景观升级——沿河景观与中央绿化全面升级展现；
3. 情景融入、体验升级——现场售楼部情景化体验系统全面升级；
4. 配套优化、教育升级——由幼小小学升级到全程名校教育系统；
5. 物业加强、服务升级——由入口到现场、由进门到离开的全程服务升级。

2. 品牌升级

通过首开品牌落地造势，市场对品牌有了基本认知，进入持销期，需要对品牌升级，在品牌影响力、品牌传播上进一步加强，如图 46–7 所示。

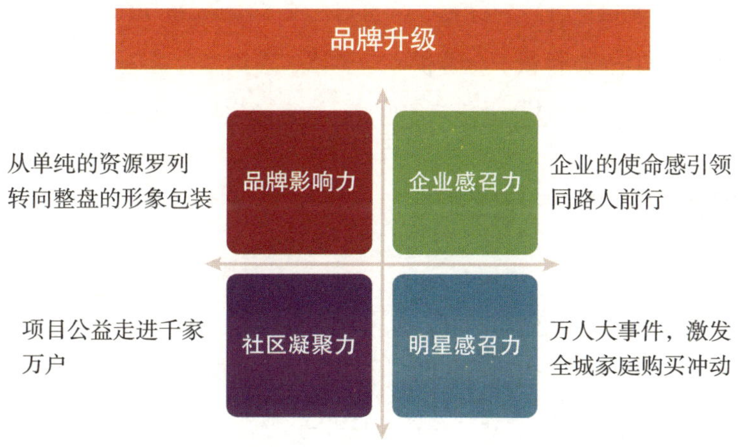

图 46–7　品牌升级示例

3. 营销策略优化

针对剩余货量和市场情况，持销期应采用新策略，以实现销售目标达成，如图 46–8 所示。

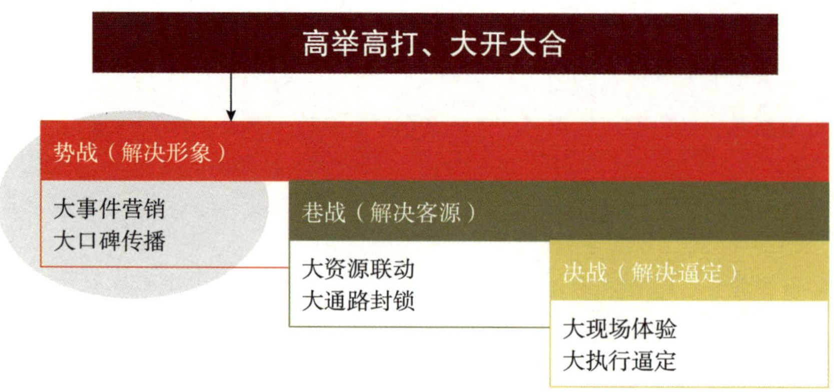

图 46-8　策略升级示例

4. 价格策略

在开盘之后的持销期，如果没有新品推出，只有库存，那么产品销售力不能和前期相提并论，毕竟库存的房子是客户挑剩下的房子。对库存项目，动用价格策略是比较常见的。价格是最后一张牌，如果出得好，也可能是王炸。例如，一口价、周年庆价、总经理接待日特别优惠、特价房、交 50 万元抵 70 万元、清盘大行动、首付一成、18 个月免息付款、免月供、送装修、送汽车、送车位、送 10 年管理费等都属于价格策略范畴。这些方法采用得好，往往也能有好的效果。

【节点案例 4】特价房销售政策

一、特价房推出目的

在一定期间内促进销售。

二、特价房推出模式

阶段性节点推出（如为庆祝五一劳动节或为回馈广大客户支持等），不定期推出少量（20—30 套）特价单位，客户在规定期间内购买指定的房号，可立即享受指定的购房优惠（8 折 /85 折 /9 折等）。

三、特价项目选取标准

无硬性标准，大多数情况下，选取以下项目作为特价房项目：

- 该月销售目标达成率较低的项目，放出特价房源，促进销售；

• 交房期临近的项目（半年内），为了尽快出货，推出特价房。

四、特价房销售考核标准

在特价房推出限期内，以“是否售罄特价房源”为考核标准。如未完成特价房任务，则在下一次推出特价房优惠时，减少该项目的特价房单位数量，或不给予特价房优惠资格。

当然，也有例外的情况，如果项目前期开盘供不应求，销售情况非常好，可以反其道而行之，利用价格的不断抬升对客户施加心理压力，起到逼定效果，刺激在观望的客户，同时也可以推动老带新，如图 46–9 所示。

图 46–9　涨价策略示例

5. 充分发挥新媒体作用

持销期费用有限，户外大牌、高炮，线下活动受到费用制约，在费用有限的情况下应充分发挥新媒体的作用，通过新媒体获得更多客户资源并实现销售。

【节点案例 5】非常时期中的线上营销

2020 年春节新冠疫情暴发高峰期，各地市房产局、住宅与房地产协会下达了暂停营业通知，要求关闭售楼部，在售楼部关闭、没有客户到访的情况下，各房企迅速将销售现场从线下转到了线上。以下是标杆企业采用的几种做法。

1. 线上售楼四步曲

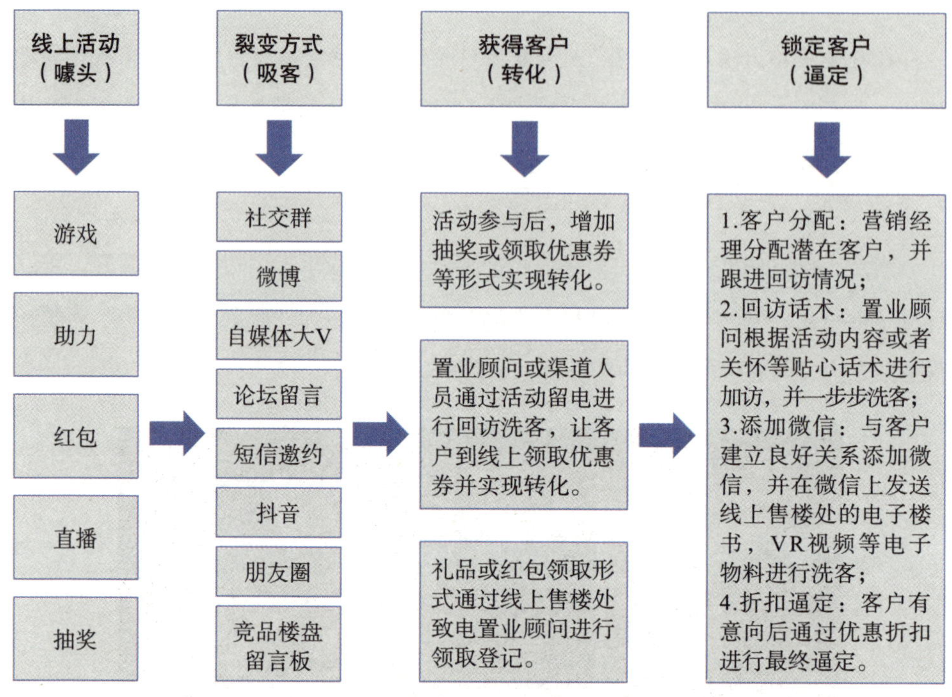

图 1　线上售楼四步曲

2. 线上线下打通六口模型

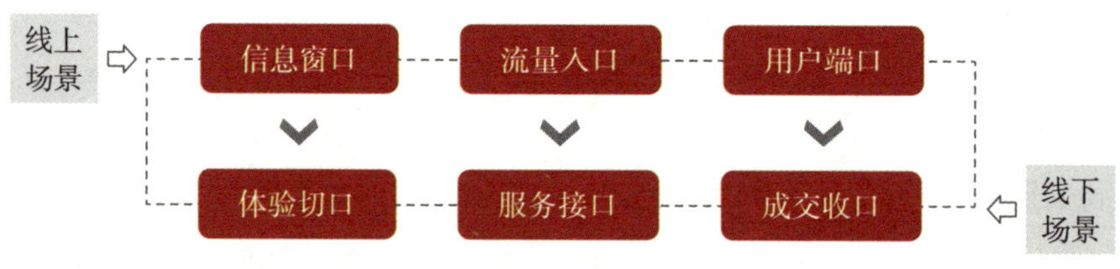

图 2　线上线下打通六口模型

在六口模型中，线上场景的核心是流量和客户收集，线下负责体验服务和成交。

3. 直播带货

值得一提的是，在疫情期间由于售楼部不能开放，带热了地产行业主播带货，通过案场的置业顾问直播，吸引客户关注，做好蓄客准备，为后续的售楼部开放直接储备了意向客户。做直播带货不难，做好却不容易，关于做好直播带货，有以下几点建议。

- 主播有特点：带货主播要有特点，特点可以是颜值、才艺或者在地产销售方面有专业性；
- 内容有趣：在直播过程中一味做地产销售，肯定没有观众和粉丝，要将房子销售和有趣内容相结合，增加故事性和娱乐性，如表 1 所示；

表 1 三种不同类型的直播

专业类	好看类	有趣类
密探精品别墅	教你挑好房 10 大秘笈	99 个买房的理由
买房买风水小常识	听帅哥讲购房的小秘密	我家是一个大花园
购房 10 大认知误区	汉服小姐姐带你看世界	机器人带你现场体验
如何选择好户型	生态城里好风光	热气球引爆购房热潮

- 宣传渠道定位：最大化使用宣传平台、媒介等，如老业主微信群、同城群，媒体群、员工群、朋友圈等；
- 设置比拼奖励：内部设置观看人数奖罚机制，针对高流量主播给予奖励，提高主播自身积极性；
- 直播后宣传：直播结束后通过朋友圈或抖音，增加二次曝光效果，设置官方微信客服私号，感兴趣的线上客户统一加客服私号。

节点时间

持销期营销策略制定在首开后即可开始，一般在二次加推前完成。

节点 TIPS

持销期营销策略制定和摘牌后的营销总体策略最大的不同是持销期项目有了真实的客户成交数据。制定持销期营销策略要以成交数据为依据，以成交客户描摹为核心，以找到客户到访的关键渠道和提升案场转化率的关键要素为重点。成交数据包括以下几项。

一是成交情况：包括不同产品、不同户型的成交套数、成交价格、成交比例、去化率、解筹率、未成交原因；

二是客户描摹：包括客户区域、职业、年龄、家庭结构、置业目的、关注因素；

三是成交客户渠道：户外、报纸、广播、电视、网络、新媒体、分销、自拓、老带新等渠道带来成交客户的占比。

通过成交情况，发现客户意向产品、意向户型和能够接受的价格，持销期的推售策略和价格策略据此做相应的调整；通过客户描摹和成交客户渠道，为后续的推广策略和渠道策略提供依据，为实现精准投放和拓展有效渠道奠定基础。

节点 47

回款管理

节点背景

市场下行环境下，现金流排第一位，销售额排第二位，利润率排第三位。

上面这句话基本适用于所有行业，在市场下行环境下，企业首要的是保住现金流。2020 年 3 月 17 日，万科 2019 年度业绩推介会在线上举行，会上万科董事会主席郁亮表示，“2018 年万科的主题词是‘活下去’，当时只是出于居安思危的考虑，让我们时刻保持清醒和警惕，但没想到，到今天‘活下去’成了特别真实的存在”。

要活下去，就需要现金流，房企现金流主要来自两个方面，一是融资，二是销售回款。对于企业而言，能否顺利回款，决定着企业的投资开发目标能否实现，因此高效回款，不仅成为房企做大的基础，更是活下去的保证。

节点内容

在地产营销中，销售和回款应该是同等重要的两个概念，销售目标和回款目标是否实现也是考核项目最重要的两个 KPI。销售目标指的是合同金额，回款目标指的是项目实际的进账流水。销售和回款这两个概念既统一又彼此矛盾。统一的是销售额上去了，回款自然高，没有销售自然就没有回款；矛盾的是，在市场竞争环境下，为了实现快速销售，常见的策略就是薄利多销，让利给客户，这种策略就可能牺牲回款。比如，项目采用低首付或零首付的方式，对客户来讲，降低了购房门槛，增加了成交的概率，促进了销售，但这种方式以牺牲回款为代价，所以销售与回款既统一又矛盾。

一、销售与回款矩阵

销售与回款矩阵分别以“销售重要性”和“回款重要性”为纵横坐标，并据此把企业的销售观念、行为导向区分为四种类型，如图47-1所示。

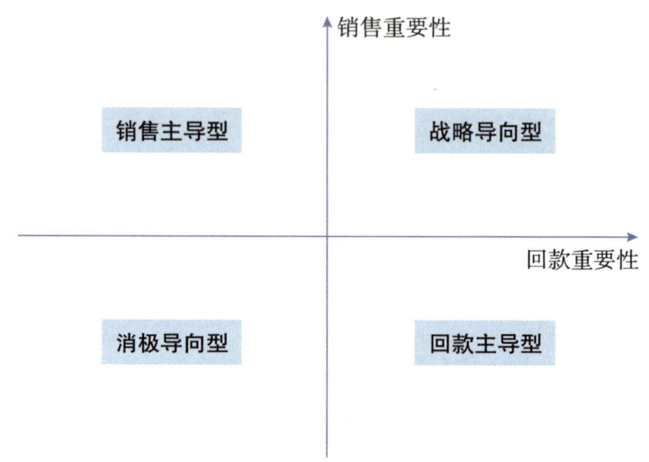

图47-1 销售与回款矩阵

1. 消极导向型

在某些时候，可能基于环境或体制的影响，也可能是受销售团队能力所限，致使销售和回款在销售工作中难以得到足够的重视。这种行为导向显然并不可取，企业必须认真分析其中的原因，并寻找解决问题的适宜方式。

2. 销售主导型

这是指在具体的销售政策或销售管理中，重视销售额的提升而轻视回款管理，在企业尽力扩大市场占有率时尤为突出。面对激烈的竞争环境，一些项目会使用分期付款或者零首付的政策，把延缓回款时限、降低回款要求作为促销手段，难免对以后的回款管理带来影响。

3. 回款主导型

市场下行环境下，企业很可能基于外欠款数额过大或财务上的困难，而不得不把回款管理当作第一要务。这样做的结果，又很容易导致销售额的下降。

4. 战略导向型

这是一种较为理性化的态度，即在销售管理中把销售与回款看得同等重要，并通盘进行考虑。显然，此种导向有利于企业制定较为稳定的长远战略。

二、回款的重要性

1. 高效回款为现金流回正提供了保证

对于公司和项目来讲，高效回款是现金流回正的保证。项目摘牌后，土地款投入大笔资金，随着建安成本和营销费用的增加，逐步加大了资金投入，直到开盘前，资金达到峰值。随着项目首次开盘，销售带来回款，资金从峰值逐步下降，直至现金流回正。回正的意思是项目回款超过了前期的各项资金投入，回正对项目开发很重要，因为这意味着项目可以不再投入资金做后期的开发，利用销售带来的资金可以自我周转，无须再向总部拿钱或者向外部融资。如果销售十分理想，还可以在回正的基础上，用销售的钱去买新的地，做二次或者多次开发。

2. 高效回款为资金高周转打下基础

销售和回款理想的模型如图 47–2 所示。项目在 5 个月开盘，7 个月资金回正，像这样的项目属于典型的高周转项目。地产开发高周转的含义就是快速开发、快速销售和快速回款。如果项目成功实现了高周转，就可以用少量的资金去撬动大的项目，用销售回款的资金去开发新的项目。高周转模式加快了资金在项目间的周转，提升了企业的资金周转率，降低了外部融资的资金成本。而实现高周转模式的最核心一环就是高效回款，高效回款为资金高周转打下基础。

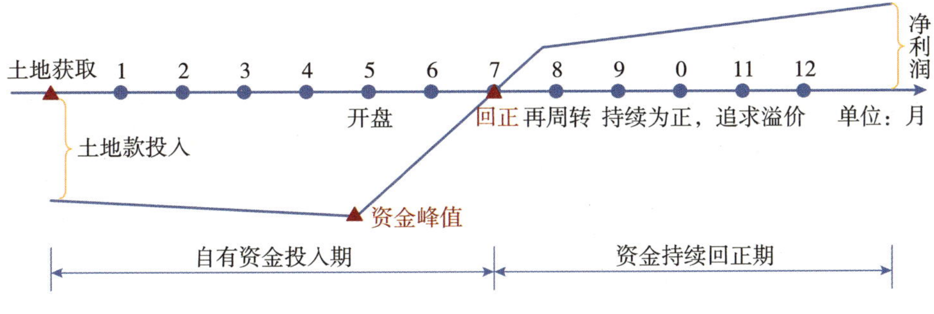

图 47–2　项目开发资金投入和回正图

3. 高效回款为项目后续配套所需资金提供保障

地产项目特别是综合体项目，项目后期规划有配套，如酒店、大型超市、运动场所，如果项目首开回款不理想，后续资金压力会非常大。反之，高效的回款可为后续资金提供保障，使得后续开发配套得以逐步落地建成，配套完善后又进一步加大项目利好，促进新的销售和回款，项目进入良性循环。

三、回款管理的分工职责

项目的回款管理主要由营销、财务、法务共同协作完成。其中，项目营销负责人的主要工作是统筹协调回款管理、有序组织清欠补款工作，确保项目整体回款任务达成；销售经理 / 置业顾问负责督促客户在《商品房预售 / 现房销售合同》《分期付款协议》约定的时间支付房款、按期补款，执行催告操作；后台经理 / 后台专员负责统计客户的回款情况、协助分期催缴、定期上报回款情况。

法务负责在客户逾期付款违约达到解约条件时，协助处理解约事宜，负责催款过程中相关事宜的法律咨询、文件审核，根据催款需求，负责拟定及发送律师函，负责启动拒不履行合同约定客户及其他问题客户的法律程序。

财务负责销售分期付款申请的评估、审核，负责动态监控分期回款情况，负责跟进银行放款工作。

四、回款管理的关键环节

为了提高回款效率，必须做好回款各个细节的管理，其中有以下几个关键环节。

1. 专人专岗，合作银行进场

客户签订认购书后，合作银行或项目财务部指定人员收取购房定金。根据客户选择的付款方式，一般是在一周时间内，与客户签订《商品房买卖合同》。合作银行按时进场，合同备案专员根据客户征信情况及时办理合同备案手续，按揭专员及时办理按揭手续，置业顾问及时跟催客户补全按揭材料漏项，项目财务及时跟催银行放款。

2. 及时跟踪，建立特殊客户明细表

以销售合同为单位，实现全过程的状态跟踪，填写认购未转签约统计表，跟踪并建立特殊客户明细表。

3. 客户延期分级预警机制

根据客户逾期时间的长短建立分级预警机制，预警机制在各企业做法不同，以下案例可供参考。

【节点案例 1】客户逾期分级预警机制

- 至约定期限前 7 天的客户设为一级预警，应及时提醒客户近期履约；
- 至约定期限没有按期履约的客户设为二级预警，应催促客户履约；
- 逾期 7 天的客户设为三级预警，向客户发书面函件并告知其将要承担的违约责任；
- 逾期 15 天的客户设为四级预警，要及时书面上报至法务处理。

4. 首付款和按揭贷款的催告

首付款和按揭贷款的催告方式不同，以下案例可供参考。

【节点案例 2】首付款和按揭贷款的催告

- 客户选择商业按揭或公积金按揭贷款方式购房的，应按照《商品房买卖合同》的约定如期支付首付款及提交按揭资料；
- 客户未按期支付首付款或提交完整的按揭材料的，由回款小组向客户寄发《办理按揭贷款催告函》，催告客户及时补齐首付款或按揭资料，促使客户补齐首付款或按揭材料；
- 如客户在收到函件后，逾期仍未支付首付款或提交完整的按揭材料的，向客户寄送《合同解除通知书》，客户支付总房款 15% 的违约金，营销管理部发起房产没收审批，并将该房源另行销售；
- 客户已支付首付款或按揭材料齐全，银行未及时放款的，由财务负责及时向银行催款，公积金未能及时放款的，由项目总负责催款，财务、营销共同配

合催款。

5. 退房处理

客户因特殊情况不能签订《商品房买卖合同》的，由客户提出书面申请，退回认购书、发票、收据等材料，营销管理部根据公司规定发起未签约客户退房申请，由项目回款小组会签，集团营销负责人审批后执行。

6. 欠款催收

每月确定重点款项跟进并锁定责任主体，对未回笼资金原因进行统一分类，基于不同的原因进行预期跟进动作，从而达到高效催缴欠款的目的。

【节点案例3】催款流程

- 项目财务在欠款发生逾期后，寄送《欠款催告函》通知客户付款；
- 逾期30日之内，公司根据合同约定按日收取客户逾期应付款万分之一的违约金，合同继续履行；
- 逾期超过30日后，按累计应付款的1%收取违约金（需与《商品房买卖合同》的约定保持一致），公司有权解除合同，如果经客户申请，公司同意继续履行合同，向客户收取逾期应付款万分之三的违约金；
- 客户在三个月内仍不履行的，直接寄送《解除商品房买卖合同告知函》，如合同尚未备案或协商解除备案的，营销另行销售房屋，如已备案，可通过协商或起诉方式处理。

7. 回款动作的协同管理

回款涉及营销、法务、财务，需要三个部门的协同。

【节点案例4】回款协同管理

分期款回款管理，包括首付款分期和全款分期两种，标准动作如表1所示。

表 1　分期款回款管理

	节点	标准动作
营销	签约当日	建立台账，每周更新发区域公司
	到期前 15 天	第 1 次提醒客户补款
	到期前 7 天	第 2 次提醒客户补款
	到期日	逾期客户名单提交给财务、法务
法务	到期日第 2 天	向逾期客户发催告函
	到期日第 7 天	向逾期客户发律师函
	到期日第 15 天	启动法律程序
财务	每周	监控分期比例和动态分期逾期率

按揭回款管理，标准动作如表 2 所示。

表 2　按揭回款管理

	节点	标准动作
营销	认购当日	认购前协助客户向银行咨询按揭问题 认购后将按揭所需资料清单给到客户
	签约前 3 天	提醒客户签约时带齐按揭资料
	签约后第 3 天	协助银行收齐客户缺失的按揭资料
	签约后第 15 天	将经过销售员沟通后仍未提供按揭资料的客户名单提交给法务
法务	签约后第 16 天	向未提供按揭资料的客户发催告函
	逾期未回款第 2 天	向逾期客户发律师函
	逾期未回款第 15 天	启动法律程序
财务	网签后每周	动态跟进银行贷款审批进度
	到放款节点后每周（封顶 / 竣备 / 网签 / 备案）	动态跟进放款进展，牵头与法务、营销、按揭银行共同对未放款客户及时处理
按揭银行	认购当日	审核客户的按揭资质； 告知客户办理按揭的流程和所需资料
	签约当日	审核和收齐客户按揭资料
	签约后第 3 日	收齐签约当日客户缺失的按揭资料
	签约后第 10 天	将未提供按揭资料的客户名单提交给营销
	到放款节点后每周（封顶 / 竣备 / 网签 / 备案）	动态向财务和营销提供未放款明细

五、回款慢的主要原因

回款慢原因较多，归纳起来主要有以下 6 项。

1. 开盘工期偏长

回款慢的首要原因是开盘工期偏长，回款的快慢与开盘周期紧密相连，开盘意味着房款开始进账，资金开始回流，更短的开盘工期意味着房款进账资金流入的时间更早，对于项目来说，资金更有可控性，所以要防止回款慢，首要就是把控好开盘工期。

2. 低首付促销

项目利用低首付甚至是零首付的促销手段，导致资金回款速度放慢。这里面不仅需要等银行放款，甚至首付都需要一定时间。

3. 银行放款慢

客户走按揭，由于银行内部流程长或者额度有限，导致银行放款比较慢，直接影响回款速度。

4. 开盘去化较差

开盘去化较差是营销层面导致项目回款慢的主要原因，开盘是项目集中销售的关键节点，一旦开盘去化效果较差，给后期销售带来困难，导致项目整体销售进度缓慢，加之后续还有银行贷款所需的放款周期，回款自然也会往后拖延。

5. 首推货量不足

首推货量不足也是回款慢的一个原因，即使是开盘销售情况较好，由于首推货量不足，回款的资金金额有限，也会导致项目整体的回款速度变慢。

6. 认购转签约不及时

认购转签约不及时也会导致回款慢，因为项目开盘时，一般都只是认购，并在开盘后进行认购转签约，或集中签约，或分散签约，如果认购转签约不及时会导致部分客户反悔，有可能退房，也会影响回款的进度，导致回款变慢。

六、回款考核指标

一般来说，回款管理的考核指标主要有两类，分别是正向指标和反向指标。

1. 正向指标

正向指标主要有签约回款率和新售回款率，其中签约回款率是反映项目总体签约回款管理水平的重要指标，签约回款率一般会有具体的时间周期。

签约回款率 = 回款总金额 / 签约总金额

新售回款率是体现今年新售回款的重要指标，剥离了去年销售今年回款的数据。

新售回款率 = 当年签约房源回款金额 / 当年签约房源成交金额

2. 反向指标

反向指标主要有分期逾期率和按揭逾期率，分期逾期率是体现项目营销对分期付款追踪管理水平的重要指标，按揭逾期率是体现项目对银行放款管理的重要指标。计算方式如下：

分期逾期率 = 分期逾期套数 / 分期总套数

按揭逾期率 = 按揭逾期套数 / 按揭总套数

节点时间

回款管理在开盘后即可开始，是一项持续性的营销工作。

节点模板

回款模板为回款管理涉及的相关函件及报表，本节点选取的模板有《办理按揭贷款催告函》《催款告知函》，仅供参考。

【模板 1】《办理按揭贷款催告函》

尊敬的 ×××先生 / 女士：

贵方与我司于 ××年 ××月 ××日签订了《商品房买卖合同》，贵方购置我司 ×××小区 ××栋 ×××单元 ××号，并按约定缴纳了合同首付款。按照双方合同约定，贵方以银行按揭贷款为付款方式。同时也约定，买受人若采取银行按揭或公积金贷款方式付款的，应积极配合银行或其他相关机构办理按揭或贷款手续，提交相关手续材料。买受人接到银行或其他相关机构通知后，拖延办理按揭或贷款手续的，出卖人将以书面形式予以函告，买受人收到书面函告之日起 ××日内仍不办理的，出卖人可解除合同并要求买受人承担总房款 ××% 的违约金。

我司收到银行反馈信息，银行于 ××年 ××月 ××日通知贵方前去办理按揭流程工作，但贵方未按约定履行。为了维护贵方的合法权益，避免造成不必要的损失，我司现温馨告知如下：

请贵方收到本催告函之日起 ×日内，主动与我司工作人员联系，立即配合银行或其他相关机构办理按揭贷款事宜。

特此告知！

告知人：

日期：××年 × 月 × 日

【模板 2】《催款告知函》

尊敬的 ×××先生 / 女士：

贵方与我司于 ××年 ××月 ××日签订了《商品房买卖合同》，贵方购置 ×××小区 ××栋 ××单元 × 层 × 号，约定了付款方式及付款时间。现贵方的应付款已超过合同约定的期限。根据《商品房买卖合同》约定的逾期付款的违约责任，买受人任何一期付款逾期的，自逾期之日起，买受人每日向出卖人承担未付款额的万分之 × 的违约金；逾期超过 ××日的，自逾期之日起，买受人每日向出卖人承担未付款额万分之 × 的违约金，且出卖人有权解除合同。买受人因上述原因向出卖人承担违约责任且需要支付违约金的，出卖人有权在买受人已付款中予以扣除。出卖人因上述原因解除合同的，买受人应另向出卖人承担总房款 ××% 的违约金。

现贵方已逾期 ××日，为了维护贵方的合法权益，避免造成不必要的损失，我司现温馨告知如下：

请贵方收到本告知函之日起 ×日内，主动与我司工作人员联系，立即缴纳逾期的款项。

特此告知！

告知人：

日期：×× 年 × 月 × 日

节点 TIPS

回款涉及现金流，直接关乎企业生存，回款对企业的重要性不言而喻。为了提高回款效率，可以采用以下措施。

第一，前置银企谈判，达成快贷协议，确保签约后快速放款。

第二，提前查询客户征信，提示客户提前准备按揭所需资料。

第三，对分期付款的客户，为了让客户提前还款，可以采取贴息方法，给客户提前还款进行利息补贴。

第四，由营销、财务、法务等专业条线组成回款小组，明确第一责任人，将回款具体抓落实。回款小组组长一般由一把手担任，如区域层面由区域和城市总担任，项目层面由项目总担任。副组长则由营销、财务、法务各专业条线负责人担任。采用组长负责制，加大回款激励。任务达标，回款小组所有成员享有奖励；任务不达标，则给予处罚措施。以奖励为主，处罚为辅，将回款工作落实到位。

节点 48

交付

节点背景

行稳致远，善始善终。

最后一个节点用“行稳致远，善始善终”这八个字收尾。行稳致远是给房企发展的建议。纵观房地产 30 年发展，能生存到现在，并还能持续发展的品牌房企无不深谙行稳致远的道理。只有走得稳健，才能走得更长、更远。善始善终是给项目开发的建议。项目从最开始的市调、摘牌、开盘、持续销售，直到第 48 个节点交付，整个链条才算完成。业主拿到房间钥匙那一刻，才算构成了一个闭环。善始者易，善终者难。行百里，半九十。尽管对整个房地产开发来讲，项目交付是最后一个节点，但却不可掉以轻心，有时因为交付过程中客户不满意，出现投诉乃至舆情，这样不仅影响了整个交付过程，更因为没有一个好的收尾而给项目留下遗憾。

节点内容

一、交房组织架构

为顺利交付，房企会成立交房领导小组，小组下设执行小组，执行小组由各部门组成，具体架构如图 48–1 所示。

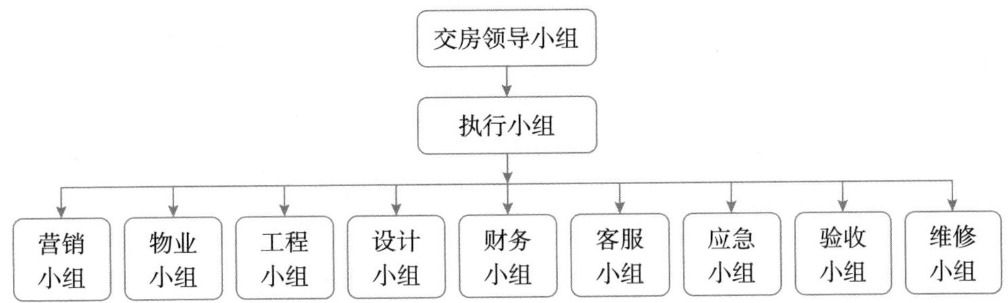

图 48-1　交房小组组织架构

交房小组的工作职责包括以下几项。

- 负责收集业主办理权证的资料，并组织办理；
- 提前对交房业主发放或邮寄《入伙通知书》；
- 入伙相关资料移交物业；
- 对入伙客户进行分类（如余款未清、资料齐全、业主入伙时间等）；
- 联合工程 / 物业 / 营销等部门对所交楼栋进行验收检查，并对需要整改房源进行二次整改；
- 负责制定交房主流程并公示；
- 负责确定现场交房路线，并制作指示牌等标示；
- 负责交房入住前现场的包装、标识及现场的布置工作，交房环节预演；
- 配合物业公司处理业主投诉；
- 核对销售贴图与现场施工是否一致；
- 负责会同物业针对项目制定百问百答。

二、交房时间安排

交付阶段工作以时间为单位，如以下案例所示。

【节点案例 1】房企交付工作时间安排表

表 1　房企交付工作时间安排表

时间倒排	工作事项
收楼前 30 天	营销提供交楼客户名单
收楼前 21 天	开始制订交房方案
收楼前 20 天	相关部门启动交房评估
收楼前 10 天	完成交房方案和风险预案、完成客户资料移交
收楼前 7 天	确定交房名单，发送交房通知
收楼前 2 天	交房人员的分工及培训
收楼前 1 天	现场包装及物料准备、应急小组确定
收楼当天	交房

三、交房方案拟定

交房前营销或客服部负责制订交房方案，交房方案体现了整个收楼过程并对现场突发状况有所预估。方案中有职责分工和相应的应急预案，在拟定方案的同时，提前做好相关执法部门的外联工作。最迟不晚于收楼前 10 天，完成收楼方案的审批流程，审批通过后执行。

四、交房培训

为了保证业主收楼工作顺利执行，让大家明白自己的工作职责，在收楼前 2 天，要求对工作人员进行收楼培训，参与交房的工作人员均须参加培训。

五、交房组织与执行

为了创造一个好的收楼环境，小区内绿化要到位，室外休闲设施要到位。室内外清洁要认真、细致。环境卫生良好，让业主心情舒畅，体现住宅小区收楼准备工作充分，有利收楼。收楼现场布置风格应体现温馨、喜庆、祥和及物业管理高品质服务的氛围。

收楼现场设置需离住宅区近，避免让客户来回奔波产生烦躁心理。门口设置红色气球和充气拱门，张贴“恭贺业主回家”条幅。销售中心设立桁架及指引，收楼场地门口设立指示牌，收楼大厅设置休息桌椅，供业主临时休息。各个手续的办理应为流水线作业，在办公区以指示牌标明办理入住的程序步骤。设立咨询处，咨询处的主要工作是对业主入住前的手续和问题进行解答，同时也能减少办理手续人员的工作负担，创造良好沟通环境，减少业主等待的烦躁感。现场设背景音乐，播放项目及物业宣传片。交房全过程管理如下文案例所示。

【节点案例 2】房企交付工作时间安排

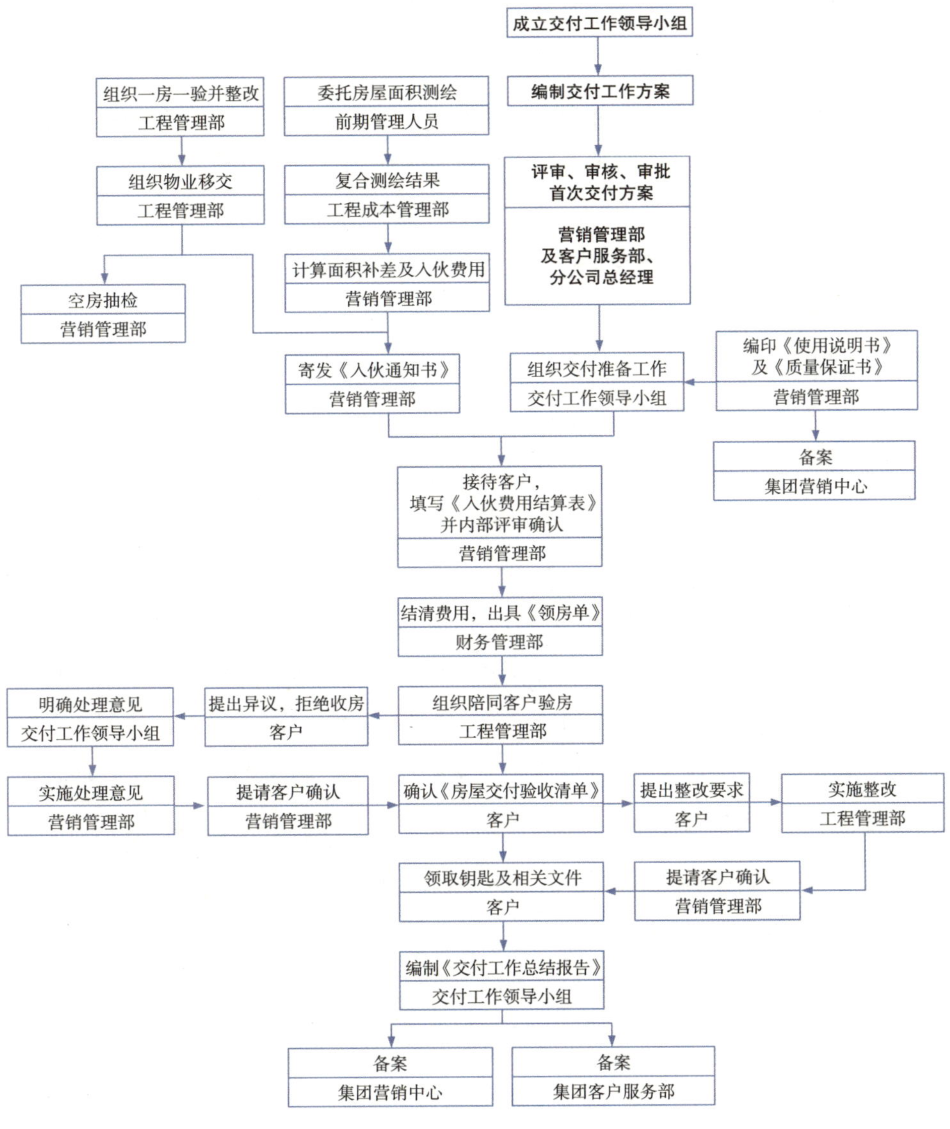

图 1　交房全过程管理

六、交房执行要点

- 根据交房进度，客服部负责制定管理职责与分工，并进行交房全过程管理；
- 按照交房流程执行竣工交房工作，成功交房不仅可以让业主满意，交房活动的热烈气氛也能营造旺销的局面，为项目加推带来利好；
- 交房当天管理秩序井然，积极、热情、精神饱满、礼仪规范，让业主感受到居住得安全、安心、舒心、放心，体现项目整体管理有条不紊，服务周到；
- 交房小组人员熟知交房流程和交房标准，对待业主热情，充分解答业主提出的问题，对部分不合理要求有理有据地解释，使业主理解且满意；
- 交房当天，按照交房方案完成各项流程办理、妥善处理现场客户诉求；
- 从交房当天开始，开展交房问题的整改，并完成每日整改进度及相关数据的反馈及统计；
- 批量交房期结束后，完成相关文档的存档工作。

节点时间

项目交付时间一般为销售合同约定的时间。

节点 TIPS

交付是整个营销过程的最后一个节点，根据项目主项计划时间，并结合项目商品房买卖合同约定时间，在预定时间内做好相关的收楼工作，并做好业主服务工作。成功收楼不仅可以让业主满意，树立项目良好口碑，收楼活动的热烈气氛也能营造旺销的局面，为项目加推带来利好，间接促进下一阶段加推房源的去化。项目应重视收楼节点，将收楼节点作为向客户提供服务、促进老带新，并带来二次成交的一项重要工作。

我们不仅需要一个好的开始，更需要一个完美的结尾。

公司介绍

易达咨询公司 2016年在北京成立，专注于房地产营销咨询业务。公司以房地产营销标准化体系构建、营销策略诊断及营销人才培养3项业务为核心，助力房企规模化发展和业绩跨越式增长。成立4年，为20多家房企搭建营销标准化体系，其中百强房企有建发集团、远洋集团、云星集团、中铁置业、东投集团、恒信集团等。

易达咨询致力于以创新方法解决项目营销痛点，为200多个地产项目进行了营销策略诊断，为项目树品牌、提利润、去库存提供系统营销解决方案。公司研发了从一线销售、策划、销管到项目营销负责人、城市营销总的系列营销课程，培训服务覆盖80%的百强房企，与国内主要地产培训机构紧密合作，提升营销人员专业能力，培养营销梯队人才，共同助力房企业绩增长及发展。

房地产营销指南公众号

关于本书图片版权的说明

本书引用的大部分图片和照片，已获得作者的授权；少数未获授权的，欢迎作者见书后，与本书的作者或出版社联系。

图书在版编目（CIP）数据

营销制胜：房地产营销标准化体系搭建的 48 个关键节点 / 朱晓波著．—北京：中国法制出版社，2021.4

ISBN 978-7-5216-1685-9

Ⅰ．①营…　Ⅱ．①朱…　Ⅲ．①房地产市场—市场营销　Ⅳ．①F293.352

中国版本图书馆 CIP 数据核字（2021）第 047160 号

策划编辑：潘孝莉（editorwendy@126.com）

责任编辑：马春芳　　封面设计：汪要军

营销制胜：房地产营销标准化体系搭建的48个关键节点

YINGXIAO ZHISHENG: FANGDICHAN YINGXIAO BIAOZHUNHUA TIXI DAJIAN DE 48 GE GUANJIAN JIEDIAN

著者 / 朱晓波

经销 / 新华书店

印刷 / 保定市中画美凯印刷有限公司

开本 / 710 毫米 ×1000 毫米　16 开　　印张 / 30.75　字数 / 498 千

版次 / 2021 年 4 月第 1 版　　2021 年 4 月第 1 次印刷

中国法制出版社出版

书号 ISBN 978-7-5216-1685-9　　定价：198.00 元

北京西单横二条 2 号　邮政编码 100031　　传真：010-66031119

网址：http://www.zgfzs.com　　**编辑部电话：010-66073673**

市场营销部电话：010-66033393　　**邮购部电话：010-66033288**

（如有印装质量问题，请与本社印务部联系调换。电话：010-66032926）